PSYCHOLOGIE
ÉCONOMIQUE

AUTRES OUVRAGES DE M. G. TARDE

FÉLIX ALCAN, ÉDITEUR

Les Transformations du Droit. 2e édition. 1 vol. in-12, de la *Bibliothèque de Philosophie contemporaine* . . . . 2 fr. 50

Les Lois de l'imitation. Etude sociologique. 3e édition. 1 vol. in-8, de la *Bibliothèque de Philosophie contemporaine* . . . 7 fr. 50

L'opposition universelle. Essai d'une théorie des contraires. 1 vol. in-8 . . . . 7 fr. 50

La Logique Sociale. 2e édition. 1 vol. in-8, de la *Bibliothèque de Philosophie contemporaine* . . . . 7 fr. 50

Les Lois Sociales. 1 vol. in-12, de la *Bibliothèque de Philosophie contemporaine.* 3e édition. . . . . 2 fr. 50

La Criminalité comparée. 5e édition. 1 vol. in-12, de la *Bibliothèque de Philosophie contemporaine* . . . . 2 fr. 50

Les Transformations du Pouvoir. 1 vol. in-8, de la *Bibliothèque générale des Sciences sociales*. . . . . 6 fr. »

L'opinion et la foule. 1 vol. in-8, de la *Bibliothèque de Philosophie contemporaine*. . . . . 5 fr. »

La Philosophie pénale. 1 vol. in-8. 4e édition (Storck et Masson, éditeurs) . . . . 7 fr. 50

Études pénales et sociales. 1 vol. in-8 (Storck et Masson, éditeurs, 1891). . . . . 7 fr. 50

Essais et Mélanges sociologiques. 1 vol. in-8 (Storck et Masson, éditeurs) . . . . 7 fr. 50

Études de Psychologie pénale. 1 vol. in-8 (Giard et Brière, éditeurs). . . . . 6 fr. »

ÉVREUX, IMPRIMERIE DE CHARLES HÉRISSEY

PSYCHOLOGIE
ÉCONOMIQUE

PAR

G. TARDE

de l'Institut,
Professeur au Collège de France.

TOME PREMIER

PARIS
FÉLIX ALCAN, ÉDITEUR
ANCIENNE LIBRAIRIE GERMER BAILLIÈRE ET Cie
108, BOULEVARD SAINT-GERMAIN, 108

1902

AVANT-PROPOS

Ce livre est la substance d'un cours professé au Collège de France en 1900-1901. Il est l'application au domaine économique et, ce me semble, la confirmation d'idées générales que j'ai depuis longtemps exposées. Ce qu'il y a de plus caractéristique dans le point de vue auquel je me place pour explorer à mon tour un champ si souvent parcouru était déjà en germe dans plusieurs études publiées par la *Revue philosophique* dès 1881 et par la *Revue d'économie politique* quelques années plus tard. Envisagée sous son aspect industrieux, laborieux, producteur, comme par son côté criminel, immoral, destructeur, la vie sociale m'a paru relever avant tout de l'*inter-psychologie*, qui étudie ses rapports élémentaires. J'ai pensé cependant qu'il était inutile d'intituler cet ouvrage « Cours d'*inter-psychologie économique* », titre qui eût été peut-être plus exact, mais moins clair et moins simple.

G. T.

Octobre 1901.

PSYCHOLOGIE ÉCONOMIQUE

PARTIE PRÉLIMINAIRE

CHAPITRE PREMIER

CONSIDÉRATIONS GÉNÉRALES ET LOIS SOCIALES

I

Avant d'aborder le sujet spécial de ce traité, il me semble bon de tracer à grands traits la conception générale de la société humaine à laquelle on est conduit quand, tenant fermement en main les principes sur lesquels se fonde à mon avis la science sociale, on les applique non seulement au côté économique mais à tous les autres côtés sociaux de l'humanité.

Ces principes, je n'ai pas à les démontrer de nouveau ; je me borne à les répéter en les résumant. La société est un tissu d'actions inter-spirituelles, d'états mentaux agissant les uns sur les autres, mais non pas de n'importe quelle manière. Expliquons-nous clairement. Chaque action inter-spirituelle consiste dans le rapport de deux êtres animés — d'abord, la mère et l'enfant — dont l'un impressionne l'autre, dont l'un enseigne ou dirige l'autre, dont l'un parle à l'autre qui l'écoute, dont l'un, en un mot, modifie l'autre mentalement, avec ou sans réciprocité. Je dis d'abord que cette modification, quand elle est de nature à nouer ou à resserrer le lien social entre ces deux personnes est un rapport de modèle à copie. En effet, toutes ces actions d'esprit à esprit ne sont pas, il est vrai, des empreintes du sujet actif sur le sujet passif, des reflets du premier par le second. Souvent, le sujet modifié l'est dans un sens diamétralement contraire à celui du sujet modifiant, il pense et il veut précisément l'opposé de ce qu'il voit penser et vouloir. Parfois même, bien rarement, l'influence qu'il subit a pour effet de lui suggérer un état mental qui n'est ni semblable ni contraire à l'état mental du sujet modifiant, mais qui est quelque chose de tout différent. Or, dans ce dernier cas, le sujet modifiant et le sujet modifié restent étrangers l'un à l'autre, après comme avant la modification. Quand un paysage suggère un sentiment à un paysagiste, quand un animal suggère une idée à un naturaliste, le paysage et le paysagiste, l'animal et le naturaliste, n'entrent pas en rapport social. Pourquoi? Parce que le lien social n'est pas seulement une action inter-mentale mais encore, et avant tout, un accord inter-mental né de cette action. Accord, cela signifie que l'un désire ce que l'autre désire, ou repousse ce que l'autre repousse, que l'un affirme ce que l'autre affirme ou nie ce que l'autre nie. La société, donc, en son essence intime, doit être définie une communion mentale ; ou mieux, car cette communion n'est jamais parfaite, un groupe de jugements et de desseins qui se contredisent ou se contrarient le moins possible, qui se confirment ou s'entr'aident le plus possible. La société est un système, un système qui diffère d'un système philosophique en ce que les états mentaux dont il se compose sont dispersés entre un grand nombre de cerveaux distincts, au lieu d'être ramassés dans le même cerveau. Mais cette différence, qui constitue toute celle de la logique sociale à la logique individuelle, seule étudiée par les logiciens, n'empêche pas les règles de celle-ci de s'appliquer, en se transposant, moyennant quelques additions importantes, aux phénomènes de la vie sociale. La vie sociale, avec ses concurrences ou ses coalitions d'efforts, avec ses alliances ou ses luttes de partis et de peuples, est une grande et bruyante dialectique qui tend à résoudre un problème ardu, renaissant à chaque âge de ses solutions mêmes, toujours incomplètes et provisoires, le problème d'un maximum de croyances et de désirs à équilibrer.

Partant de là, il est facile de comprendre que c'est seulement dans le cas où l'action du sujet modifiant sur le sujet modifié aboutit à refléter l'état mental du premier dans celui du second, que le lien social se trouve créé ou renforcé entre eux. L'harmonie sociale commence toujours par être un unisson et ne peut commencer que par là. Si l'image de l'état mental modifiant est non pas positive mais négative, il se peut que, indirectement, par suite de la discussion ou de la guerre engagée, un accord social plus profond ou plus vaste finisse par résulter de là, mais, par son effet direct, cette contre-imitation est anti-sociale. On s'explique ainsi la fécondité du phénomène de l'imitation, qui est le rapport social élémentaire, et, de fait, le cas de beaucoup le plus fréquent de l'action inter-spirituelle. La contre-imitation est, en somme, exceptionnelle. Quant à l'hypothèse de deux esprits se suggérant l'un à l'autre des états tout à fait dissemblables sans être opposés, elle ne se réalise jamais, si ce n'est entre esprits déjà très civilisés, ultra-cultivés, au cours, par exemple, d'une conversation où, d'ailleurs, en parlant la même langue et agitant un même fonds de pensées, accumulées par une commune éducation, ils se sont révélé l'un à l'autre infiniment plus de similitudes que de dissemblances, et n'ont pu se différencier que grâce à ces similitudes mêmes.

A ce point de vue, nous avons à distinguer deux grandes espèces ou plutôt deux degrés principaux du lien social :

1° le lien le plus fort, celui qui naît, entre le sujet modifiant et le sujet modifié, de la similitude mentale produite par l'action de l'un sur l'autre, — action qui commence par être unilatérale et qui tend toujours à devenir réciproque. C'est le nœud qui lie les parents à l'enfant, le maître au disciple, le meneur au mené, le parleur à l'écouteur, et, en général, tous les gens habitués à vivre, à causer, à travailler ensemble. 2° Le lien, beaucoup plus faible, qui résulte, entre sujets ne se modifiant pas l'un l'autre, entre personnes ne causant pas l'une avec l'autre, ne s'écrivant pas, ne se lisant pas, de la similitude produite en chacun d'eux par l'empreinte qu'ils ont séparément subie d'un même sujet actif. Cette dernière catégorie comprend la majorité des gens qui appartiennent au même milieu social. Sans se connaître entre eux, ils sont vigoureusement liés les uns aux autres par une multitude de fils invisibles, par ces innombrables manières de parler, de penser, de sentir, d'agir, qui leur sont communes parce qu'elles procèdent — si on les analyse chacun à part — des mêmes auteurs premiers, des mêmes inventeurs, découvreurs, initiateurs, anciens ou modernes, connus ou anonymes.

Comme on le voit, le rapport proportionnel de ces deux espèces de liens sociaux, du lien primaire et du lien dérivé, va changeant au profit du dernier, à mesure qu'une société se complique et s'étend ; mais le lien primaire n'en reste pas moins le plus important, puisque, sans lui, l'autre ne saurait être. C'est donc à celui-ci qu'il faut nous attacher.

II

La première généralisation, bien réelle et bien positive, qui s'offre à nous ici, est la suivante. Un groupe d'esprits en contact mental étant donné, si l'un d'eux conçoit une idée, une action nouvelle, ou paraissant telle, et que cette idée ou cette action se montre avec une apparence de vérité ou d'utilité supérieure[1], elle se communiquera autour de lui, par reflet, à trois, quatre, dix personnes ; et chacune d'elles, à son tour, la répandra autour de soi, et ainsi de suite, jusqu'à ce que les limites du groupe[2] soient atteintes. Telle sera, du moins, la tendance de cet exemple, arrêtée souvent par l'obstacle d'autres tendances contradictoires ; et cette tendance générale des inventions, des innovations, des initiatives individuelles, à se propager suivant une sorte de progression géométrique, à se déployer en ce que j'appelle un rayonnement imitatif, — c'est-à-dire en un éventail indéfiniment allongé de rayons rattachant chaque imitateur, par une chaîne d'intermédiaires, au *foyer* initial — me paraît jouer en sociologie un rôle égal à celui que joue, en histoire naturelle, la tendance de chaque animal ou de chaque plante, de chaque variété nouvelle de plante ou d'animal, à se propager suivant une progression géométrique, ou, pour remonter plus haut, la tendance de chaque ovule, de chaque cellule initiale, à une prolifération croissante... J'ajoute que, en physique, à ces deux grandes sortes d'expansions virtuelles ou actuelles correspond la force pareillement expansive qui pousse toute onde, toute vibration, tout mouvement

(1) Cette *apparence d'utilité ou de vérité supérieure* tient à la nature des besoins ou des idées déjà installés dans ces esprits et qui s'y sont répandus et enracinés eux-mêmes de la manière qui vient d'être dite. Entre cent exemples qui s'offrent, chaque individu choisit le plus logiquement ou téléologiquement d'accord avec ses idées ou ses besoins actuels.

(2) Pourquoi ce *groupe a-t-il telles limites* et non telles autres? J'accorde à M. Giddings que c'est parce que les individus qui en font partie ont seuls *conscience d'être de la même espèce sociale*, autrement dit ont un même *esprit de corps*. Mais c'est là une définition plutôt qu'une explication. Car pourquoi l'*esprit de corps* s'est-il formé dans telles limites et non en deçà ni au delà? N'est-ce pas parce que, en vertu des lois logiques et téléologiques indiquées dans la note précédente, le rayonnement moyen des exemples s'est arrêté là? — Noter la multiplicité des *esprits de corps* (domestique, professionnel, national, politique, religieux, etc.) et leur entrelacement.

harmonieusement périodique de la matière pondérable ou de l'éther, à rayonner dans tous les sens où il peut se propager, sous forme de son, de lumière, de chaleur. L'atmosphère est toute vibrante de ces progressions enchevêtrées d'ondes sonores à partir d'une bouche qui a parlé, d'une aile qui a frémi, d'une eau qui tombe ; l'immensité du firmament est toute palpitante de ces épanchements lumineux qui, à partir de chaque étoile et de chaque point d'une étoile, se croisent et se compliquent en chaque point de l'éther. Il n'est pas une force physique qui ne se résolve ainsi en ondulations rayonnantes ou aspirantes au rayonnement. Cela est vrai de la force astronomique elle-même, de la gravitation ; car les mouvements elliptiques des planètes sont eux-mêmes comparables à d'immenses ondes, et, comme tels, on voit chacun d'eux non seulement se répéter sans fin par la gravitation indéfinie de la planète que l'on considère, mais encore se propager au dehors, parmi les astres du même système, sous la forme de ces perturbations périodiques qui sont l'image multipliée des mouvements périodiques de toutes les autres planètes par le mouvement périodique de chacune d'elles. Il n'est pas jusqu'aux forces chimiques qui, vraisemblablement, ne consistent en une circulation de mouvements enchaînés, plus ou moins complexes suivant la complexité de la molécule. Comment s'est formé, à l'origine, l'atome des substances réputées simples ? Nous l'ignorons ; mais, quand nous constatons avec stupeur, par le spectroscope, l'identité de ces atomes, d'hydrogène, d'oxygène, d'azote, etc., dans les astres de notre système et jusque dans les étoiles les plus éloignées, pouvons-nous admettre que ces myriades d'atomes homogènes, disséminées de la sorte dans le ciel infini, sont nés semblables? ne devons-nous pas conjecturer irrésistiblement que cette similitude, comme toute autre similitude actuelle, a été opérée jadis, en une phase pré-cosmique, pré-chimique, par une propagation expansive, maintenant épuisée,

moins merveilleuse que celle d'un type nouveau, auquel chacune d'elles vise, et est du même ordre, au fond. En sorte que la genèse des innovations vitales est pour ainsi dire, postulée par cela même qui est censé l'expliquer. La croissance d'un embryon individuel n'est pas autre chose que la refonte du type spécifique par un ovule fécondé, — c'est-à-dire par un ovule né d'un croisement, d'un mariage, — qui s'est approprié ce type et en a modifié solidairement toutes les parties en vertu d'une corrélation des plus intimes et des plus profondes, où gît le mystère de la création même des espèces. Si nous nous laissons guider par l'analogie de la tendance à la progression géométrique des exemplaires de chaque espèce avec la tendance sociologique correspondante à la propagation croissante des exemples de chaque sorte, nous observerons que celle-ci elle-même a pour effet de produire d'innombrables croisements, des interférences de rayons imitatifs dans des cerveaux associés, et que c'est là, vraiment, la condition indispensable de l'éclosion d'inventions nouvelles, mais que, au fond, l'opération même d'où naissent celles-ci se cache dans l'intimité du cerveau privilégié que nous nommons génial. N'y aurait-il pas au fond de chaque nouvelle espèce apparue — de même que, à vrai dire, au fond de toute variation individuelle d'une espèce — quelque chose de comparable à un trait de génie ou d'ingéniosité ?

Ainsi, la réponse au premier des deux problèmes capitaux que nous avons distingués en toute science n'est pas plus avancée en biologie qu'en sociologie. Elle l'est même bien moins, car nous savons jusqu'à un certain point, par quelques auto-biographies d'inventeurs, comment leur idée s'est formée dans leur esprit, comment, par exemple, Newton a conçu l'attraction universelle, ou Denis Papin la possibilité d'utiliser la force motrice de la vapeur pour la navigation. M. Ribot, dans son remarquable essai sur l'*Imagination créatrice*, ainsi que M. Paulhan, dans son livre sur l'*Invention*, ont éclairci plusieurs points de ce sujet obscur. Mais le comment de la création du moindre type organique nous est profondément inconnu.

Quand, dans une exposition universelle rétrospective, nous voyons une suite de moyens de transports successivement apparus au cours des âges, depuis la chaise à porteur et le chariot jusqu'à la voiture suspendue, à la locomotive, à l'automobile, à la bicyclette, nous sommes comme le naturaliste qui, dans un musée, compare la série des vertébrés au cours des âges géologiques, depuis l'amphioxus jusqu'à l'homme. Mais il y a cette différence, que, dans le premier cas, nous pouvons dater exactement l'apparition de certains anneaux de la chaîne et préciser l'invention et l'inventeur d'où chacun d'eux procède, tandis que, dans le second cas, nous sommes réduits à de simples conjectures sur le mode de transformation d'une espèce dans l'autre.

Quant au second problème, qui a trait aux répétitions, il n'a pas moins été éclairci par le sociologue dans sa sphère, ou par chacun de ces sociologues partiels qu'on appelle linguistes, mythologues, économistes, juristes, moralistes, qu'il ne l'a été par les physiciens et les biologistes dans leurs domaines particuliers.

Ce n'est pas que ces savants, pas plus les sociologues partiels que les autres, aient eu conscience de ne s'occuper que de répétitions et de similitudes. Mais il n'en est pas moins vrai que, au fond de toutes les lois formulées par eux, on ne voit jamais que des rapports établis entre des groupes ou des amas de choses semblables, entre des éditions d'exemplaires naturels, telles ou telles ondes, telles ou telles cellules, telles ou telles formes d'action ou de pensée, qui se disputent la force et la vie, la vie corporelle et la vie mentale. La science idéale, le prototype scientifique universel auquel toutes les sciences concrètes aspirent à se conformer, les mathématiques, qu'est-ce sinon le développement et la combinaison des notions du nombre, de l'étendue et de la durée, c'est-à-dire de l'unité répétée indéfiniment, répétition qui se nomme groupe ou *total* quand les unités répétées restent distinctes, *quantité* quand elles restent annexées et indistinctes? La quantité, c'est la possibilité d'une infinité de répétitions d'unités différentes. Et toutes les sciences, quelles qu'elles soient, la sociologie même par la statistique, comme la biologie par ses instruments de laboratoire, s'élèvent en grade à chaque pas qu'elles font vers la formule de leurs lois en termes quantitatifs.

III

Maintenant, abandonnons, sans les oublier, ces vues générales, et renfermons-nous dans le domaine social. J'ai tâché de montrer ailleurs, et je n'y reviendrai pas, quelles sont les diverses influences principales qui entravent ou favorisent la tendance à l'expansion imitative des exemples jugés bons, des idées jugées vraies; pourquoi ces jugements de vérité ou d'utilité sont prononcés dans tel milieu et non dans tel autre, et déterminent ici et non là le triomphe d'un modèle sur ses rivaux. Je ne rappellerai que pour mémoire la loi de la descente des exemples du supérieur à l'inférieur, tantôt des noblesses aux plèbes, tantôt des capitales aux petites villes et aux campagnes; la loi de l'alternance de l'imitation-coutume, et de l'imitation-mode, etc. Sans entrer dans ce détail, d'ailleurs important, attachons-nous seulement, à présent, à la tendance expansive que nous avons signalée et aux conséquences qui s'ensuivent.

Il s'ensuit d'abord un grand fait, assez vague mais très intéressant, qu'il s'agit de mettre en lumière, et qui pourrait être désigné sous le nom d'*amplification historique.* Tous les domaines sociaux vont s'élargissant depuis les débuts d'une histoire jusqu'à son terme : le domaine linguistique, d'abord réduit à une seule famille, puis étendu à une tribu, à une peuplade, à un État municipal, à un Empire ; le domaine religieux, qui, parti d'une petite secte, devient une immense Église ; le domaine politique, le domaine juridique, qui a traversé des phases analogues ; le domaine économique, le *marché*, qui, d'un étroit marché de village, est devenu par degrés international, interocéanique ; le domaine esthétique enfin, et le domaine moral. Si nous comparions, à diverses époques successives, par exemple du XIIe siècle à nos jours les changements subis par la carte linguistique de l'Europe, ou aussi bien par sa carte religieuse, par sa carte politique, par sa carte juridique, par sa carte économique, nous constaterions entre toutes ces cartes cette ressemblance que toutes ont été se simplifiant, par la diminution graduelle du nombre des langues, des cultes, des formes politiques, des coutumes, des régimes industriels, juxtaposés et coexistants ; ce qui signifie que les langues survivantes, les cultes, les droits, les industries survivantes, ont été s'amplifiant sans cesse. Ce que les cartes ne peuvent nous dire, c'est le *verso* inaperçu de ce phénomène, c'est-à-dire l'épanouissement des originalités individuelles, grâce à cette diffusion même des banalités triomphantes ; car il est à noter que, par bien des côtés, par la floraison philosophique ou poétique des esprits, l'individualisme progresse à la faveur des progrès du communisme mental exprimés par les cartes en question. Nous laissons cela pour le moment.

Cet élargissement des domaines sociaux n'est pas dû essentiellement au progrès de la population, car il se continue même quand la population est stationnaire ou rétrograde, comme dans les derniers siècles de l'empire romain. Il est à remarquer aussi que la marche de ces diverses expansions sociales n'est pas égale ; mais ce serait une erreur de penser qu'il y en a toujours une, toujours la même, — par exemple l'expansion économique — qui devance les autres et les entraîne. C'est tantôt l'une, tantôt l'autre, qui prend l'avance, et il y a comme une sorte d'émulation de vitesse entre elles[1]. La comparaison de leur marche inégale peut donner lieu toutefois à des remarques générales. Quel est celui de ces mouvements progressifs qui est habituellement en tête des autres ? Est-ce le mouvement de la religion ou de la langue, de l'État ou du marché, qui ouvre aux autres la voie triomphale et les conduit à la conquête du monde ? Ou bien y a-t-il, à chaque époque, et en chaque région, des causes particulières qui favorisent ici l'expansion de la langue d'abord, ailleurs celle de la religion, ou celle du marché ou celle des institutions politiques et juridiques ? Et quelles sont ces causes ? Questions dignes d'étude, mais que nous n'agiterons pas encore. Insistons, avant tout, sur la réalité des faits même que nous énonçons. Si l'on veut avoir la preuve manifeste que le *champ social* des anciens, même sous l'Empire romain, était beaucoup moins large et moins profond que le nôtre, il suffira de faire cette remarque bien simple : l'exotisme, le cosmopolitisme littéraire, ce caractère si remarquable de nos littératures contemporaines, et qui va s'accentuant depuis le XVIIIe siècle, était inconnu des Grecs et des Romains. L'archaïsme, ce repli sur soi, leur était connu, non l'exotisme, je le répète. Jamais la moindre vel-

(1) Par exemple, il est visible que, dans les grands empires de l'antique Orient, le groupe politique déborde de beaucoup le groupe social (si l'on entend par *social* tout ce qui est économique, religieux, linguistique, etc., par opposition au côté politique). Il en a été de même sous l'Empire romain, et même dans les temps modernes. L'Empire anglais, l'Empire russe sont des amalgames de nationalités. Mais, dans la Grèce antique, le groupe social dépassait extrêmement le groupe politique. Le monde hellénique s'étendait fort loin, et avançait toujours pendant que, — jusqu'à Alexandre — chaque cité grecque formait un État distinct. Pareillement en Gaule, avant Jules César, quel que fût le morcellement politique, il y avait une nation gauloise internationale pour ainsi dire, dont l'existence est attestée par les monnaies. Au IVe siècle, avant J.-C., date où commence en Gaule le monnayage, les types monétaires sont très variés, mais ils présentent dans leur variété une remarquable unité, comme le remarque M. Alexandre Bertrand dans sa *Religion des Gaulois*. En Italie avant Rome, même phénomène. En Amérique aussi, les tribus iroquoises formaient une *société* beaucoup plus vaste que chacune d'elles. — A notre époque, la *socialisation* de l'Europe marche bien plus vite que son unification politique, et son morcellement politique ne se comprend plus.

léité d'importer les littératures persanes, ou indiennes même, à plus forte raison germaniques et scythes, jamais le désir de s'en inspirer, de les imiter, de les utiliser, n'est venu à un ancien. Si les Romains ont romanisé les lettres grecques, on ne saurait voir là rien de comparable à l'importation du roman russe ou de la tragédie anglaise ou du conte norvégien dans notre littérature française. Le rapport du poète latin au poète grec était celui de disciple à maître, non de pair à pair. Mais, à vrai dire, ce n'est là qu'un côté bien superficiel de la question.

Il serait éminemment instructif de passer en revue tous les aspects par lesquels les sociétés antiques se montrent à nous comme l'image réduite et anticipée, en quelque sorte, du monde moderne. Non seulement en politique, où cette similitude, au degré près, est apparente, mais par tous les côtés de la vie sociale, il est aisé d'observer dans le monde hellénique ou romain des phénomènes que notre civilisation européenne reproduit avec un vaste agrandissement. Il ne s'agit pas là toujours, ni le plus souvent, d'une reproduction imitative, car, si, par exemple, l'évolution du drame moderne depuis les mystères du moyen âge jusqu'à Racine reproduit en quelque manière, avec plus d'ampleur, l'évolution de la tragédie grecque depuis le char de Thespis jusqu'à Euripide, ce n'est pas le moins du monde parce que la seconde de ces évolutions s'est modelée sur la première, quoique Racine se soit inspiré d'Euripide. Aussi, comme toutes les similitudes sociales qui ne sont pas dues à l'imitation, et que le retour des circonstances analogues, sous l'action d'une logique identique, a provoquées, les similitudes dont il s'agit sont-elles en général extrêmement imprécises. Il ne faut pas non plus confondre avec le caractère amplifiant des vastes et vagues répétitions d'ensemble dont je parle, le caractère expansif des petites et précises répétitions de détail qui sont imitatives. Les choses qui se répètent par imitation (mots d'une langue, rites d'une religion, actes de travail, etc.), se multiplient sans se grossir ; les choses qui se répètent spontanément d'un âge à un âge postérieur de la même grande élaboration sociale (institutions gouvernementales, juridiques, professionnelles, etc.), se grossissent sans se multiplier toujours. Mais il n'en est pas moins vrai que, si les répétitions imitatives, à chacun des deux âges comparés, n'avaient pas fonctionné, conformément aux lois de logique sociale qui les régissent, les répétitions non imitatives n'auraient pas eu lieu, et que, si celles-ci se présentent comme des amplifications, c'est parce que les autres ont une tendance, souvent satisfaite, à l'expansion.

Non seulement entre les âges successifs d'un même cycle de civilisation, mais aussi entre deux cycles sociaux différents, entre deux sociétés hétérogènes, on remarque un grand nombre de similitudes non imitatives, approximatives. Or, de celles-ci pareillement on peut dire que, si chacune de ces sociétés, séparément, ne s'était pas conformée aux lois logiques de l'imitation dans la production et reproduction continue de ses similitudes de détail, précises et multipliées, les ressemblances spontanées entre elles n'auraient pu se produire. — Il est à noter que, entre sociétés hétérogènes, ces répétitions ne peuvent être conçues ni comme des amplifications ni comme des réductions ; tout ce qu'on peut dire c'est que d'une société à une autre, le module des choses spontanément répétées est très différent.

Parlons du côté économique de nos sociétés, puisque, aussi bien, c'est le sujet spécial de ce cours [1]. A propos du capital et du crédit, M. Paul Leroy-Beaulieu est conduit,

(1) Les banques sont nées en Grèce, ainsi que beaucoup d'autres institutions de crédit qui ont reparu, sans imitation, sur une plus grande échelle, à partir des temps modernes. Les mêmes opérations et spéculations commerciales spécialement maritimes (voy. *Plaidoyers civils* de Démosthène) auxquelles se livrent les Grecs se produisent dans nos Bourses de Londres, de Paris, de New-York. C'est là une répétition non imitative. Mais elle n'aurait pu avoir lieu, si en Grèce, et dans l'Europe moderne, séparément, les lois de l'imitation n'avaient fonctionné : et, si cette répétition est un agrandissement, c'est parce que les exemples se propagent expansivement...

incidemment, à confirmer cette vue. De deux passages de Démosthène où il est dit que « il y a deux genres de biens, la fortune et le crédit, ce dernier supérieur à l'autre », et que « si l'on ignore que le crédit est le plus grand capital pour l'acquisition de la richesse, on est ignorant de tout », il déduit, ainsi que de beaucoup d'autres passages d'écrivains grecs, que la situation commerciale d'Athènes, attestée par ces fragments, présente la plus grande analogie avec la situation sociale du marché britannique si bien décrite par Bagehot, à cela près que le marché britannique est infiniment plus étendu.

Il dit encore que la tendance du capital à s'essorer et s'universaliser par le crédit n'est pas nouvelle. « Ce n'est pas d'aujourd'hui ni d'hier que le crédit suit cette pente et obéit à cette loi d'expansion et d'universalisation. Les anciens Grecs, les précurseurs du monde moderne, l'avaient déjà éprouvée. Sauf les inventions mécaniques[1], l'antique Grèce paraît avoir peu différé, au point de vue du commerce, de l'Europe contemporaine : *Ce sont les mêmes phénomènes mais actuellement agrandis*[2]. D'après Thucydide, Plutarque, Xénophon, Socrate, et surtout les plaidoyers de Démosthène, il a été possible aux érudits de démontrer qu'Athènes, dans ses beaux jours, fournissait les fonds de roulement du commerce aux habitants de toute la Méditerranée orientale ; de même, la monnaie d'Athènes était prédominante à Cyrène, dans la plus grande partie de la Sicile, en Etrurie[3]. » Il

(1) Exception plus apparente que réelle : l'invention de la trirème, tous les perfectionnements de la métallurgie, des métiers, cela ne compte-t-il pour rien? Ici aussi, c'est surtout une différence de degré qui sépare les civilisations antiques des nôtres. Nos inventions se sont substituées aux leurs en agrandissant singulièrement leur portée. Malgré tout, notre auteur exagère quand il ajoute que « l'antique Grèce paraît avoir *peu différé* » commercialement de l'Europe actuelle. Elle en différait beaucoup, et c'est seulement à travers bien des singularités et des originalités caractéristiques qu'on parvient à démêler les analogies signalées.

(2) C'est moi qui souligne.

(3) *Traité d'économie polit.*, t. III, p. 391 et suiv.

ajoute : « Plus tard il en fut de même chez les Romains[1] : tous les âges eurent leur pays neufs où se déversaient non seulement les émigrants, c'est-à-dire les hommes en surabondance, mais aussi les capitaux superflus des vieux pays. La Méditerranée orientale, la mer Noire ou le Pont-Euxin, l'Afrique méditerranéenne, furent les pays neufs des Phéniciens et des Grecs ; l'Espagne, la Sicile, furent les pays neufs des Carthaginois ; puis la Gaule jusqu'au Rhin, la Grande-Bretagne furent des contrées neuves pour les Romains[2]. Ces pays furent respectivement, pour les peuples commerçants d'alors, plus encore au point de vue de l'émigration des capitaux qu'à celui de l'émigration des hommes, ce qu'ont été à l'Europe l'Amérique du Nord, l'Amérique du Sud, l'Australie, en partie les Indes, et l'Afrique bientôt. Le mot de Cicéron, qu'il ne se payait pas un écu en Gaule dont il ne fût tenu écriture au forum, est, à ce sujet, singulièrement significatif. »

On voit que la découverte de l'Amérique a eu simplement pour effet d'agrandir beaucoup le champ des *pays neufs*, le domaine de l'exploitation coloniale, des débouchés extérieurs, du rayonnement imitatif et expansif dont les foyers de la civilisation, à toute époque, ont toujours besoin — et qui cependant, un jour, est destiné à leur manquer. — La différence du *module* de civilisation est énorme sans doute entre les Iles Britanniques et les États-Unis, entre le Por-

(1) Et alors la répétition (vague) de ces phénomènes eut lieu sur une échelle déjà bien plus grande, mais moindre que de nos jours.

(2) La Germanie aussi pendant longtemps. — Un historien récent a pu dire (Chélard, *la Civilisation française dans le développement de l'Allemagne*, livre fort intéressant) que, pour les rois français mérovingiens et carolingiens même, l'Allemagne n'avait été « qu'une terre coloniale, une espèce d'*interland* où ils implantaient leur pouvoir... *en procédant exactement comme les puissances modernes dans leurs colonies*, par voie d'expéditions armées, de *missions religieuses* et de *traités de protectorat* avec les chefs indigènes ». Tout cela a été repris par nous, en Asie et en Afrique, en Amérique, sur une plus grande échelle. D'après l'auteur, rien ne ressemble plus « au missionnaire qui aujourd'hui se fait massacrer en Chine ou au Soudan que les premiers apôtres de la Germanie, saint Fridolin, saint Colomban, etc... ».

tugal et le Brésil ; elle le sera bientôt entre la vieille Europe en général et tous les nouveaux mondes colonisés par elle, Amérique, Australie, Asie, Afrique. Mais cette différence n'est pas plus grande que celle qui existait, au VIIe siècle avant J.-C., entre les métropoles de la Grèce, de la petite Grèce indigente et minuscule, et leurs riches et puissantes colonies de l'Asie Mineure ou de l'Italie, « de la Grande-Grèce », Sybaris, Crotone, Milet : de même qu'entre Tyr et l'empire Carthaginois. L'activité, la grandeur, la civilisation relatives — au sens luxueux et financier du mot civilisation — de ces rejetons transplantés de l'Hellade, éclipsait autant Argos ou Athènes [1] que le développement des communications de tout genre, des entreprises industrielles et du commerce aux État-Unis l'emporte sur celui de l'Angleterre même.

M. Paul Leroy-Beaulieu fait cette remarque très juste : « Les pays neufs jouissent aujourd'hui de ce privilège d'avoir une nature inoccupée, vierge, et, en même temps, pour la mettre en œuvre, de disposer de capitaux qu'ils n'ont pas formés et qui leur viennent en abondance du vieux monde. » Il n'est pas étonnant que, dans ces conditions, ces pays neufs, États-Unis ou Australie, nous éblouissent de leur luxe de civilisation parvenue, et ce serait naïvement qu'ils en feraient honneur à leur seul mérite. Mais ce n'est pas seulement aujourd'hui, c'est dans le passé aussi, que les pays neufs ont eu le privilège si bien remarqué par l'auteur cité. Et en passant, on peut voir là une explication plausible de cette marche de la civilisation dans le sens habituel du Sud-Est au Nord-Ouest — jusqu'à nos jours du moins, car, à présent, elle se déplace à la fois et déborde dans de multiples directions — qui a tant étonné les philosophes de l'histoire. Si l'on admet — ce qui est loin d'être admis par tout le monde, il est vrai — que la civilisation a commencé

(1) Voir à ce sujet le *Parthénon*, par M. Boutmy.

à éclore au Midi et à l'Est, c'est à l'Ouest et au Nord que, de tout temps, se trouvaient les pays neufs, les pays privilégiés sous les deux rapports indiqués : virginité des ressources naturelles et affluence des capitaux formés dans les vieux pays. D'ailleurs, quand, par hasard, ces terres en friches étaient à l'Est et non à l'Ouest, au Sud et non au Nord, il y avait exception à la prétendue loi de rotation géographique. C'est pourquoi les rives orientales, encore plus qu'occidentales, de la Méditerranée, ont été colonisées et civilisées par les Athéniens, comme, à présent, l'Australie et l'Afrique le sont par nous.

Quoi qu'il en soit, le rapport des métropoles aux colonies, on le voit, peut être cité comme un exemple bien net — bien net parce qu'ici la similitude est due en partie à l'imitation — de la loi de répétition amplifiante qui nous occupe. Mais ce n'en est pas le meilleur. Car les civilisations coloniales, si elles agrandissent, en la répétant, la civilisation métropolitaine, en sont plutôt la vulgarisation superficielle, peu profonde et souvent peu durable, que la reprise perfectionnée. Sans doute, au point de vue extérieur, monumental et décoratif, les grandes villes commerçantes de la grande Grèce ou des côtes occidentales de l'Asie Mineure, dépassaient beaucoup la vieille Grèce : chez elles se trouvaient les temples les plus grands et les plus riches, mais non les plus vraiment beaux, pas le Parthénon. Et leur prospérité fut courte, pendant que les destins d'Athènes évoluaient toujours. Ceci soit dit sans oublier pourtant que Carthage, en répétant Tyr et l'agrandissant, lui a longtemps survécu. — Mais tout autre est la répétition, moins fidèle et plus profonde, d'une civilisation historique par d'autres civilisations historiques qui, à travers un temps de crise, de barbarie parfois, où se préparent les éléments d'une palingénésie sociale, la ressuscitent transfigurée. Il y a alors amplification à la fois et transformation originale.

On peut se demander si l'intervalle de crises, de guerres,

de révolutions sanglantes, qui sépare ces floraisons successives de la sociabilité humaine, est un labour nécessaire à leur épanouissement. Est-ce que, sans la barbarie mérovingienne et la longue série de catastrophes qui ont suivi la chute ou plutôt les couches nocturnes de l'Empire romain, le phénomène inouï de la civilisation moderne aurait pu éclater ? Est-ce que, antérieurement, on aperçoit ou on entrevoit des intervalles analogues entre les éclosions civilisatrices qui ont apparu successivement ?

IV

Ce point d'interrogation soulèverait de longues discussions. Mais quelles que puissent être les solutions données à ce problème, après tout, secondaire, il ne résulte pas moins déjà du point de vue développé dans ce qui précède, que, s'il est justifié par les faits, il fournit une réponse claire et satisfaisante à la grande question de la Destinée humaine. On conçoit alors qu'Auguste Comte ait eu raison de regarder l'évolution de l'*humanité* comme unique en somme. En effet, si les points de départ des évolutions des peuples sont multiples et leurs sentiers divers, on voit que, nécessairement, par toutes les pentes de l'histoire, ces courants convergent vers une même embouchure finale après un certain nombre de confluents intermédiaires, puisque, à force de s'agrandir, le domaine d'une civilisation finalement triomphante doit arriver à couvrir le globe entier.

Ainsi se réalisera, inévitablement, en sociologie, le rêve astronomique d'un doux mystique[1] qui, déplorant le morcellement des astres, des terres habitées éparses dans le firmament, imaginait leur pelotonnement paradisiaque à la fin des temps. S'il n'en sera pas ainsi des astres, il en sera ainsi au

(1) Bien oublié à présent, le P. Gratry.

moins des cités humaines qu'une seule et même civilisation fraternelle, aux variantes nombreuses, enveloppera dans une paix féconde.

Cette nécessité, d'ailleurs, ne permet pas de prédire d'avance quelle sera la nature de l'état final ; elle n'a trait qu'à la *quantité*, pour ainsi dire, non à la *qualité* de cet état. Il est inévitable, d'après les principes d'où nous sommes partis, que, parmi les diverses formes de civilisation qui aspirent toutes à se propager indéfiniment, il y en ait une qui devienne prépondérante et, en s'appropriant toutes les autres, assouplies et assujetties, s'universalise. Il ne l'est pas que ce soit telle forme de civilisation plutôt que telle autre, — la forme anglaise ou russe, par exemple, plutôt que la forme française ou allemande. La nécessité en question se concilie avec la libre et pittoresque diversité, avec l'indétermination essentielle qui fait l'intérêt poignant de l'histoire. — Dira-t-on que, si un esprit d'une compréhension et d'une pénétration infinies pouvait connaître dans leur dernière intimité les phénomènes actuels, les êtres actuels, il y lirait l'inévitable avènement de tel dénoûment historique et non de tout autre, en sorte que l'imprévu, l'indéterminé, l'accidentel, serait entièrement banni de l'histoire ? Mais ce postulat est arbitraire. Si l'on y réfléchit, on sera stupéfait de la facilité singulière avec laquelle on l'admet, quoiqu'il échappe à tout essai de démonstration et qu'il repose sur une hypothèse qu'on sait irréalisable, inconcevable, impliquant contradiction au fond, celle d'un *cerveau infiniment* intelligent. Sous cette évidence apparente, comme sous toutes les évidences *a priori* en général, il y a une *tautologie* cachée. Cela revient à dire que ce qui sera sera, proposition insignifiante.

Cependant, si nous ne pouvons prédire *quelle* sera finalement la civilisation prédominante, nous pouvons conjecturer de quelle manière probablement s'opérera l'unification finale. Il y a à tenir compte d'un facteur très important à cet égard, quoique, à d'autres égards, son rôle ait été souvent exagéré, le facteur géographique. Et, avant tout, parmi les influences géographiques, il en est une à laquelle on n'a pas pris garde et qui me paraît destinée à jouer un rôle décisif dans le choix des moyens, belliqueux ou pacifiques, de parvenir à l'unité où le monde social aspire. Je veux parler de la forme même de l'habitat humain, de la sphéricité de la terre.

Si la terre était une surface plane, comme le croyaient les anciens, et non une surface sphérique, les problèmes que soulève la tendance de l'imitation, en tout ordre des faits, à une progression indéfinie, se poseraient tout autrement et comporteraient d'autres solutions. Il y aurait des États périphériques, dont le rayonnement imitatif, soit en fait d'institutions politiques, soit en fait de besoins, de produits, de mœurs, d'arts, etc., ne pourrait s'étendre que dans un sens, non dans tous les sens, à cause des bornes de la terre, des infranchissables colonnes d'Hercule, tandis que les États du centre jouiraient du privilège de pouvoir rayonner imitativement dans tous les sens, à l'Ouest, à l'Est, au Sud, au Nord. La région centrale de la terre serait donc celle qui, inévitablement, à la longue, servirait de modèle à toutes les autres, et ferait prévaloir sa forme sociale, étendue de proche en proche à tout l'univers. Mais, la terre étant sphérique, aucun avantage naturel de ce genre n'appartient à aucun Etat, puisque aucun point de la surface d'une sphère ne peut être considéré comme central par rapport aux autres. Il y a d'autres avantages naturels, celui, par exemple, d'appartenir à une zone plus tempérée, moins voisine des pôles ou des tropiques, mais cet avantage est partagé par une foule d'Etats placés sous la même latitude ; ils forment une longue ligne fort large, et non un point.

Dans l'hypothèse de la terre plane, le progrès des voies de transport aurait pour effet, non pas de niveler peu à peu les conditions géographiques de la mise en relation des divers peuples, mais au contraire d'accentuer de plus en plus leurs inégalités essentielles. Le réseau des chemins de fer, au lieu d'être ou de devenir un tissu qui tend à être à peu près aussi serré partout, ou du moins à présenter des centres multiples, toujours nombreux, de ramifications, qui vont s'anastomosant, serait ou tendrait à devenir de plus en plus une immense toile d'araignée, ayant un centre unique, comme l'est le réseau d'un seul Etat où tout converge vers la capitale.

Cette disposition géographique favoriserait, on le voit, le despotisme; et, quand l'unité politique du genre humain s'établirait, — car elle est toujours inévitable, à raison de la tendance au rayonnement progressif des exemples et, par suite, des pouvoirs, — cette unité ne pourrait se réaliser que sous la forme *impériale*. Mais la sphéricité de la terre favorise, au contraire, grandement, ou favorisera dans l'avenir (dans un avenir déjà rapproché), l'unification sous forme fédérative. — L'*Empire*, remarquons-le, l'Empire, dont l'Empire romain a été le type le plus parfait, à jamais éblouissant dans la mémoire des hommes, suppose l'illusion de croire que la surface de la terre est plane, — comme elle l'était à peu près, en effet, dans cette faible portion de la planète, qui était « le monde connu des anciens ». L'Empire, c'est, essentiellement, une ville qui se croit et qui est crue le centre du monde, une *urbs* qui projette son image prodigieusement agrandie dans tout un *orbs*, dans un cercle dont l'*urbs* est le centre. Les parties de cet *orbs* constituent une hiérarchie toute naturelle dont les degrés sont mesurés par leur éloignement ou leur voisinage de l'*urbs*.

Ce n'est pas que, même sur notre terre sphérique, la domination universelle d'un seul Etat ne *puisse* s'établir *momentanément;* et le rêve impérialiste des Anglais, en ce moment, n'a rien d'insensé. Les autres nations auraient tort de ne pas le prendre au sérieux. Mais, supposons cette ambition britannique réalisée, est-ce que cet exemple ne susciterait pas des tentatives d'imitation parmi les peuples subjugués? Est-ce qu'il n'y aurait pas quelqu'une des capitales soumises à Londres qui éprouverait à son tour le besoin d'expansion rayonnante d'abord sous forme économique, puis sous forme politique, comme Byzance, Alexandrie, et d'autres villes de l'Asie Mineure ou de la Gaule ont pu rêver en secret sous l'Empire romain de rivaliser avec Rome en richesse d'abord, puis en pouvoirs? Seulement, ce rêve, chez celles-ci, a dû rester comprimé, par l'impossibilité manifeste de trouver à se développer autrement que *du côté* de Rome même, — car, *de l'autre côté*, du côté non encore romanisé, c'était, sinon la fin de la terre, du moins, ce qui revient à peu près au même, la fin du monde civilisé, la barbarie ou la demi-barbarie. Mais, dans le siècle où nous allons entrer, rien de pareil : les rivales de Londres pourraient donner carrière de tous côtés à leur besoin d'expansion, comme Londres elle-même, et, par suite, acquérir autant de richesse et de pouvoir.

On ne voit donc d'unité stable et de paix durable du genre humain dans l'avenir que moyennant une *fédération* de *quelques* nations gigantesques.

La terre étant ronde, le trajet de la civilisation dans un sens quelconque, à force d'aller, finit toujours par revenir sur lui-même. Tous les *rayons d'exemples* finissent par s'y *réfléchir*. Si elle était plate, le déplacement de la civilisation serait son éloignement progressif et sans retour, de son point de départ, et rien n'y contraindrait l'imitation à revenir à sa source.

— Les conséquences économiques de la platitude terrestre seraient considérables. Par exemple, si, à un moment donné, une région se trouvait présenter des conditions exceptionnelles pour la production du blé à bon marché — comme, de nos jours, le sud de la Russie ou l'ouest des États-Unis ou bientôt la vallée de la Plata, ou plus tard celle du Niger — elle ne pourrait facilement inonder le monde de ses céréales, et provoquer une crise agricole intense qu'à la condition d'être *centrale* et non *périphérique*. Périphérique, elle aurait, pour faire parvenir ses produits à la région diamétralement opposée, à supporter des frais de transport doubles de ceux qui incomberaient à une région centrale. — Il en serait de même pour une industrie quelconque.

En somme, une terre plate conduirait à l'inégalité croissante entre les Etats et entre les hommes ; une terre ronde conduit à une égalité croissante. Par égalité, j'entends *réciprocité*. La loi du *passage de l'unilatéral au réciproque* est grandement aidée dans son action par la sphéricité de la terre.

On peut concevoir ou imaginer une terre plate qui, sans avoir une surface *infinie* (chose inconcevable), aurait une surface prodigieusement étendue, extrêmement supérieure à la surface ronde de notre globe, c'est-à-dire telle qu'il serait *pratiquement impossible* d'en atteindre les limites. Ce serait comme si elle était infinie. Dans cette hypothèse, l'expansion rayonnante d'une civilisation quelconque ne saurait jamais dépasser un certain rayon, plus ou moins étendu, suivant l'état des moyens de locomotion et de communication, mais toujours fort petit eu égard à la quasi-immensité terrestre. Au delà de ce rayon, d'autres civilisations pourraient rayonner — contiguës parfois, d'autres fois distantes — ou plutôt d'abord très distantes, puis, à mesure que les moyens de communication se perfectionneraient dans chacune d'elles, de moins en moins distantes, et enfin quasi contiguës. De là des conflits fréquents, des conquêtes et des annexions ; mais conquêtes et annexions qui ne sauraient jamais constituer durablement un empire excédant le *rayon-limite* dont je viens de parler... Un Etat conquérant ne *pourrait donc conquérir toujours qu'à la condition de se déplacer sans cesse*, de perdre d'un côté (par l'impossibilité pratique d'y maintenir sa domination) ce qu'il gagnerait de l'autre... Jamais donc, il n'y aurait de terme assignable à l'ère des guerres, et c'est alors qu'on serait en droit de regarder l'espoir d'une paix finale, d'une paix romaine généralisée, étendue à la terre entière, comme une utopie. En effet, un État aurait beau s'étendre, il trouverait toujours des voisins, avec qui des causes de conflit ne manqueraient pas de naître... Mais, sur notre terre sphérique, et qui, en outre, n'est pas d'un volume disproportionné à nos moyens de locomotion et de communication mentale, on peut, sans chimère, espérer la fin des batailles, et assigner pour terme à l'ère belliqueuse le moment où une seule et même civilisation, susceptible de variations infinies, et fractionnée en nationalités diverses, mais alliées et solidaires, régnera sur le *globe*.

C'est donc, au point de vue soit de la justice, soit de la paix, une chose bienfaisante que la sphéricité de la terre ; et je ne serais pas loin d'y soupçonner une de ces grandioses harmonies naturelles spontanées dont la cause nous échappe, et qui nous émerveillent à la pensée que ces conditions favorables à la justice et à la paix ne sont pas particulières à notre humanité terrestre, mais qu'elles sont communes à toutes les humanités dispersées dans les innombrables planètes des mondes stellaires, à toutes les sociétés lancées comme la nôtre dans le fleuve épars, sanglant ou boueux, d'une évolution historique aux bras multiples, mais convergeant vers une embouchure profonde et paisible[1].

V

Des considérations qui précèdent découlent une conception et une division nouvelles de l'histoire. L'histoire apparaîtra sous un jour tout autre, plus simple et plus intelligible, si

(1) Est-ce que les considérations ci-dessus ne nous conduiraient pas *peut-être* à penser, — à conjecturer — en songeant aux analogies entre les trois formes de la *répétition* et de l'*expansion* universelle — que l'*espace* est un *espace sphérique* et non un espace plan — et que, en cela, les *métagéomètres* ont eu, à travers bien des obscurités, une intuition profonde?

l'on se pénètre de cette idée que tous les efforts de toutes les sociétés embryonnaires et arrêtées dans leur développement jusqu'à ce jour, tendaient inconsciemment au débordement d'une civilisation qui couvrît tout le globe. Ce but ne pouvait être atteint avant les grandes inventions de notre âge, relatives à la locomotion rapide et à la communication instantanée de la pensée. Or, ce but atteint, une nouvelle période de l'histoire humaine s'ouvrira, infiniment plus intéressante et sans doute plus régulière dans son déroulement que la précédente. Il ne s'agira plus seulement, ni surtout, de s'étendre, pour une variété de civilisation nouvellement apparue, pour un nouveau type qui surgira de l'ancien ; car cette extension sera relativement facile et aura vite atteint sa limite infranchissable, le tour complet de notre petit globe. Mais, cela fait, il s'agira pour ce type, et ce sera là sa tâche la plus difficile et la plus chère, de se développer logiquement, avec une pleine harmonie, d'empêcher la naissance des types hostiles et de susciter tous les perfectionnements d'accord avec son principe essentiel. Alors le rêve d'Auguste Comte, l'établissement d'une immense Église, non pas rigide et cristallisée comme il la voulait, mais plastique et extensible à l'infini, pourrait bien devenir réalisable jusqu'à un certain point. Ce qu'on peut dire, c'est qu'à une évolution toute de luttes et d'accidents successifs, de rencontres extérieures, aura succédé un *développement interne*.

Quand tout sera colonisé — car le globe n'est pas illimité, et déjà ses bornes sont touchées partout — il faudra bien par force que la fièvre coloniale s'arrête, épuisée, et que les nations civilisées cherchent un autre dérivatif de leur ambition, de leur besoin d'expansion économique ou politique. Qu'adviendra-t-il à ce moment ? Jusqu'ici, — depuis trois siècles au moins, ou plutôt de tout temps, car, avant la découverte de l'Amérique et de l'Océanie, c'était l'ancien continent presque tout entier qui était à découvrir peu à peu

— les colonies, les terres neuves, ont servi d'exutoire et de purgation à nos humeurs malignes, autant que de refuge à nos indépendances, ou de mirage à nos chimères et de proie à nos ambitions. Que deviendrons-nous quand toute la férocité, toute l'avidité, tout le désordre, et aussi bien toute l'activité conquérante, toute la générosité remuante, que nous exportons en Afrique, en Extrême-Orient, dans l'Amérique du Sud, sera refoulée en nous et fermentera dans notre propre sein? Ce sont de grandes questions qu'il est déjà permis de poser.

Comme corollaire de ces vues, une division tripartite de l'évolution humaine s'offre à nous. Trois phases doivent être distinguées dans la vie de l'humanité :

En premier lieu, la phase préhistorique, d'une durée prodigieuse et incalculable, où les groupes sociaux étaient si petits et si épars, et, vu l'absence de moyens suffisants de communication, si éloignés les uns des autres, que leur distance, pratiquement infinie, comme celle des systèmes stellaires, équivalait à leur isolement absolu. En second lieu, la phase intermédiaire, où nous entrons dès les premières heures de l'histoire, où nous nous débattons encore douloureusement, et dans laquelle les groupes humains, à force de grandir séparément, se sont touchés, se sont alliés ou heurtés, et, à travers des guerres d'abord de plus en plus fréquentes et meurtrières, puis de moins en moins fréquentes mais de plus en plus formidables, s'acheminent soit vers une immense fédération, soit vers un Empire gigantesque. En troisième lieu, la phase qui suivra le moment où, l'unité de domination politique, sous forme impériale ou fédérative, s'étant établie sur le globe entier, la guerre — du moins la guerre extérieure — sera close à jamais, où il n'y aura plus de terres à explorer ni à coloniser, où, jusqu'au cercle polaire, jusqu'au cœur de l'Afrique, tout sera civilisé, pacifié, régi souverainement.

C'est à cette troisième phase que se poseront et se formuleront avec une rigueur et une acuité toutes nouvelles les profonds problèmes sociaux, prématurément agités par les fractions les plus avancées des écoles socialistes. Les poussées successives du socialisme, dans le passé, et surtout dans notre siècle, se sont conformées à la loi de répétition amplifiante[1]. L'accès qui nous agite est certainement plus vaste et plus fort que celui de 1848 qui était aussi très supérieur en intensité à celui de 1830. Il est à croire que bien plus majestueuse encore et entraînante sera la reprise du même effort intermittent de rénovation sociale dans l'ère future dont je parle. Aucun souci de politique extérieure ne venant détourner les esprits des questions de politique intérieure et de réorganisation sociale et empêcher de les creuser à fond, de les pousser à bout, — aucun dérivatif colonial ne s'offrant plus aux instincts féroces ou déprédateurs, aux aspirations inquiètes, — la conquête du pouvoir par un parti ou l'harmonie définitive et la fusion absolue des classes, seront le but fixe, le but obsédant et persécuteur des grands ambitieux. Alors aussi le problème de la population se posera dans de tout autres termes : non sous sa forme quantitative, mais sous sa forme qualitative. Il ne s'agira plus d'accroître mais d'améliorer les races humaines.

Il faut bien prendre garde, quand on agite la question sociale, et en particulier les questions d'ordre économique, à ne pas oublier qu'elles comportent des réponses très différentes suivant qu'on a égard à la seconde ou à la troisième des trois phases que je viens de distinguer. Beaucoup de

(1) Bien d'autres poussées — celles du néo-catholicisme en fait de religiosité, celles du naturalisme ou du réalisme littéraire, celles de l'esprit d'entreprise en fait d'industrie ou de spéculation financière, etc. — se conforment à la même loi. — Est-ce que cette loi n'embrasse pas et n'explique pas tous les faits qui servent d'appui apparent à une prétendue loi de retour aux formes anciennes, de symétrie des extrêmes, d'évolution en spirale, dont certains sociologues font état ? — Cette loi de répétition amplifiante ne fait point pendant en sociologie à la loi biologique de la répétition de la *phylogenèse* par *ontogenèse*. C'est plutôt l'inverse de cette dernière loi qui a trait à une répétition *abrégée* et non amplifiée. Et c'est pour le moins aussi bien démontré.

théories n'ont que le tort de se croire applicables à la seconde tandis qu'elles ne le seront qu'à la troisième, dans une certaine mesure, bien entendu.

VI

Revenons en arrière pour reprendre quelques-unes des idées générales exposées plus haut et en mieux pénétrer le sens. Insistons un peu sur les rapports généraux de l'adaptation et de la répétition qui, dans le monde vivant et le monde physique même, ainsi que dans le monde social, nous apparaissent comme les deux grands faits capitaux. Partout, avons-nous dit, ce sont des harmonies qui se répètent ; car une onde est vraiment une suite harmonieuse de mouvements, un équilibre mobile revenant sur soi, comme une phrase musicale ; et il en est de même, avec une complexité supérieure, d'un être vivant, onde très compliquée, pourrait-on dire, qui naît, grandit et décroît à l'instar d'une onde sonore ou liquide, et dont l'état adulte correspond à ce que les physiciens appellent le *ventre* de l'onde. Pareillement, un acte d'imitation quelconque, un mot ou une phrase qu'on prononce, une pratique religieuse qu'on accomplit, un travail qu'on exécute, une formalité juridique qu'on remplit, etc., est un *tout* qui a son commencement, son milieu et sa fin, et qui consiste en une série de changements agrégés et solidaires, gravitant autour d'un centre de gravité, la syllabe accentuée du mot ou le mot accentué de la phrase, l'acte essentiel dans la cérémonie rituelle, le point principal du travail ou de la procédure, etc.

Comment se sont formées ces harmonies? Il importe beaucoup de ne pas confondre ce problème avec celui de savoir comment elles se répètent; confusion que nous trouvons cachée au fond de l'idée darwinienne. On a fait justement observer à Darwin que la lutte pour la vie présuppose l'association pour la vie, c'est-à-dire l'*organisation* que les répétitions multipliantes des organismes et les luttes qui s'ensuivent n'expliquent pas mais impliquent. C'est comme si on espérait expliquer par des chocs d'ondulations la formation des molécules chimiques qui ondulent, ou par des concurrences d'imitations la genèse des inventions imitées.

Ce n'est pas qu'il n'y ait à considérer ces luttes, ces chocs, ces concurrences, ces *oppositions*. Et, de fait, l'*opposition* est un fait général, moins général cependant que l'adaptation et la répétition et qui doit prendre place entre eux, au-dessous d'eux, en sa qualité de simple auxiliaire ou de simple intermédiaire, fréquemment nécessaire. Les harmonies qui se répètent, en effet, peuvent quelquefois, par exception, s'harmoniser entre elles directement, par le seul fait de leur rencontre, grâce à leurs répétitions multipliantes, et former ainsi des adaptations plus hautes ; mais, le plus souvent, elles s'opposent sous quelque rapport et, par là, à force de froissements et de mutuelles corrections, préparent le terrain pour les harmonisations supérieures. Ces heurts et ces froissements ont conditionné et provoqué celles-ci, elles ne les ont pas causées. Partout, dans le monde vivant et social, dans le monde physique même, nous voyons des choses harmonieuses qui, en se multipliant, entrent en lutte les unes contre les autres, des adaptations qui s'opposent : microbes contre cellules, organismes contre organismes, corporations contre corporations, États contre États, molécules contre molécules, conflagration qui précède la combinaison chimique et qui paraît être une multitude innombrable de chocs, etc. Et partout aussi, au résultat de cette crise, nous voyons des oppositions qui s'adaptent : phénomènes de commensalisme et d'acclimatation, fécondations, traités d'alliance, combinaisons chimiques. Le passage du militarisme à l'industrialisme peut être encore cité comme un exemple remarquable de la même transformation.

Puisque nous avons distingué trois grands cercles concentriques de réalité — qu'il serait facile, à la vérité, de subdiviser et aussi bien de synthétiser — à savoir le cercle physique, le cercle vivant et le cercle social (ces deux derniers bien plus étroitement liés entre eux qu'avec le premier), nous n'aurons pas de peine à remarquer en chacun d'eux une forme d'adaptation, une forme de répétition et une forme d'opposition, qui la caractérise et y prédomine[1]. Le type de l'adaptation physique, c'est la combinaison chimique, avec son équilibre interne de mouvements enchaînés dont l'équilibre mobile d'un système solaire n'est peut-être que l'amplification grandiose. Car la loi d'agrandissement semble applicable à la nature extérieure. Le type le plus parfait de l'adaptation vivante, n'est-ce pas la fécondation, l'accouplement fécond d'où résulte une nouvelle variété ou une nouvelle race viable? Et le type propre, élémentaire, de l'adaptation psycho-sociale, n'est-ce pas l'invention, j'entends l'invention viable, imitable, qui commence par lier les idées pour finir par lier les hommes? Car, à l'origine de toute association entre les hommes, il y a une association entre des idées, qui l'a rendue possible ; et tout ce qui s'opère par collaboration maintenant a été dû d'abord à une conception et à une opération individuelle ; ce qu'on oublie quand on attribue au travail collectif, à la division et à l'association soi-disant spontanées des travaux, les merveilles créées par le génie individuel. Si des centaines d'ouvriers collaborent dans un même atelier, c'est parce que la tâche qu'ils exécutent de concert, tissage, métallurgie, céramique, a été primitivement conçue dans son entier par un inventeur illustre ou obscur et repensée à nouveau par

(1) On peut commencer par le terme que l'on veut la série des trois termes énumérés. Ici je préfère commencer par l'*adaptation* suivie de la répétition et de l'opposition. C'est plus logique puisque la répétition et l'opposition supposent quelque chose qui puisse se répéter et s'opposer à soi, et ce quelque chose ne peut être qu'un agrégat, un *adaptat* (je demande pardon pour ce néologisme). Ailleurs, j'ai préféré, pour des raisons didactiques, débuter par la *répétition*. En réalité la suite de ces termes forme une chaîne sans fin et dont le commencement peut nous échapper.

l'entrepreneur. Et si des centaines d'ateliers collaborent, sans nulle direction d'ensemble, avec une apparence de spontanéité, à une même fabrication, par exemple à la fabrication d'une locomotive ou d'une étoffe de soie, c'est parce que la locomotive ou l'étoffe de soie a été inventée par quelqu'un.

La différence marquée entre les trois formes de l'harmonie universelle, que nous venons de rapprocher, c'est que les deux premières restent très mystérieuses pour nous tandis que la nature de la troisième est assez claire. Toutes les fois qu'il y a invention, cela signifie soit que des faits auparavant étrangers les uns aux autres ou paraissant tels (le mouvement de la lune et la chute d'une pomme, l'étincelle électrique et la foudre, etc.), ont été aperçus comme des conséquences d'un même principe, comme des confirmations d'une même proposition, c'est-à-dire comme des affirmations diverses de la même chose au fond, — soit que des procédés et des outils, jusque-là inutiles les uns aux autres (le rail, la roue, la machine à vapeur, — l'aiguille à coudre et la pédale, le courant électrique et l'écriture, etc.), ont été mis dans un rapport tel qu'ils se sont servis réciproquement de moyens en vue d'une même fin, c'est-à-dire qu'ils ont répondu au désir d'une même chose. Il nous apparaît clairement ici que l'accord social, l'harmonie sociale, consiste, au fond, en un faisceau de jugements qui affirment la même idée, ou d'actions qui impliquent la poursuite d'un même but. — Mais qu'est-ce que l'accord harmonieux de mouvements invisibles, produit par la combinaison chimique? Est-il sûr que ce soit une gravitation commune autour d'un même centre? Et n'est-ce que cela? Et l'harmonie des fonctions organiques, née de l'ovule fécondé, savons-nous mieux ce qu'elle est? Convergence vers une même fin? ou vers des fins multiples et associées? ou concordance d'une autre sorte, peut-être, que nous aurions tort de confondre avec la finalité, et qui différerait de celle-ci comme une théorie diffère d'une machine? Rien de plus conjectural.

Il y a aussi trois formes de la Répétition universelle, que j'ai distinguées depuis longtemps. La forme physique est la plus répandue, c'est l'ondulation qui, de ses rayonnements sphériques et entre-croisés, remplit l'immense éther pendant que de ses rayonnements plus entravés et polarisés ou de ses séries linéaires elle pénètre les corps jusque dans les profondeurs de leurs intimités. La force vivante est la génération, qui, de ses populations grandissantes et concurrentes d'animaux et de plantes, couvre le sol, l'air et les mers. La forme sociale est l'imitation. — Sur les analogies et les différences de ces trois formes typiques, je renvoie aux ouvrages où j'en ai parlé. Mais je me permets de rappeler combien leur comparaison est propre à nous éclairer sur l'impérieux et irrésistible besoin qui pousse la nature à se répéter, à multiplier, pour en exprimer le riche contenu virtuel, les exemplaires de ses œuvres. Les procédés répétiteurs qu'elle a employés nous stupéfieraient d'admiration si nous prenions la peine de regarder ce que nous ne cessons de voir. Que les multiples mouvements périodiques d'une même planète et jusqu'aux moindres perturbations où se reflètent en elle les mouvements périodiques de toutes les autres du même système, se mêlent sans se confondre et se répètent sans se lasser ni s'effacer ; qu'une vibration sonore de l'air, avec ses moindres dentelures particulières, se répète indéfiniment sans se déformer, qu'elle soit portée de la bouche parlante à l'oreille écoutante à travers le fil téléphonique, par une série encore plus extraordinaire de vibrations électriques reproduites exactement avec leurs infinitésimales et innombrables particularités, cela est déjà bien merveilleux. Mais ce n'est rien auprès du miracle de l'hérédité vivante qui, des milliers et des millions de fois, pendant des siècles de siècles, avec une inconcevable fidélité, reproduit dans leurs détails les plus délicats itinéraires si compliqués de l'évolution embryonnaire, les caractères et les fonctions d'une espèce ;

qui cache dans un ovule, dans un atome d'ovule pour ainsi dire, le cliché de ces reproductions, et l'y perpétue endormi à travers plusieurs générations successives jusqu'au jour d'un réveil inopiné. Et tout aussi prodigieux est le phénomène de l'imitation, mémoire sociale, qui, comme la mémoire, imitation interne, dont elle est l'agrandissement énorme, ressuscite et multiplie ce que l'hérédité elle-même est impuissante à reproduire, des états intimes, des idées et des volontés ; l'imitation qui fait la permanence séculaire des coutumes et des mœurs, des langues et des religions, l'identité des racines verbales passées de bouche en bouche, des rites sacramentels, passés de fidèle à fidèle ! — De la première à la seconde, de la seconde à la troisième, de ces trois formes de la répétition, on la voit croître à la fois en compréhension et en pénétration, en exactitude et en liberté. La génération est une ondulation plus compliquée et plus profonde dont les ondes sont détachées; l'imitation est une génération sans nul contact, une fécondation à distance, qui dissémine les germes d'idées et d'actions bien plus loin encore que les germes vivants, et permet au modèle mort, après les plus longues durées d'enfouissement, de susciter encore des exemplaires de lui-même, agissants, animés, capables de révolutionner le monde.

Il y a enfin des formes d'oppositions spéciales à chaque sphère de la réalité. La forme la plus nette de l'opposition physique est le *choc*, la rencontre de deux mouvements diamètralement contraires, sur la même ligne droite. La forme la plus aiguë de l'opposition vivante est le *meurtre*, dans le sens le plus général du mot, qui comprend l'étouffement d'une plante par une autre, ou la manducation d'une plante par un animal aussi bien que le duel mortel de deux bêtes. La forme la plus violente de l'opposition sociale est la *guerre*, qui, en apparence, n'est qu'un duel animal agrandi, mais qui, au fond, en diffère beaucoup par la nature et la conscience précise de sa cause interne : la *contradic-*

tion des jugements ou la *contrariété* des desseins en présence.

VII

On peut formuler des considérations générales, — appelons-les des lois, si l'on tient à ce vocable un peu abusif, commode d'ailleurs comme tous les monosyllabes — à propos des diverses formes de l'adaptation, de la répétition, de l'opposition. La loi générale des trois formes de la répétition, nous l'avons vu, c'est leur tendance commune, le plus souvent entravée, à la multiplication indéfinie. La même loi d'agrandissement progressif s'applique nécessairement aux trois formes de l'opposition et aux trois formes de l'adaptation puisque les oppositions et les adaptations, se multiplient avec les répétitions dont elles sont les interférences-luttes ou les interférences-alliances. — L'opposition a donné lieu à une autre généralisation bien simple qui a eu un immense succès, bien supérieur, je crois, à son mérite explicatif : toutes les formes de luttes, vivantes, sociales ou même physiques, aboutissent au triomphe du plus fort, qu'on appelle en biologie la survivance du plus apte. Cela est aussi vrai des concurrences de forces physiques ou d'affinités chimiques, que des concurrences d'espèces ou des concurrences de nations. Il suit de là une sélection tour à tour physique, vivante, sociale, qui possède, avant tout, une vertu essentiellement éliminatrice, épuratrice, nullement créatrice.

L'adaptation n'aurait-elle pas aussi ses lois générales ? Une tendance à l'*accumulation* croissante, malgré des substitutions et des destructions fréquentes, n'est-elle pas commune à ses trois formes, à la combinaison chimique, qui va se compliquant depuis les corps réputés simples jusqu'aux substances organiques, — à l'accouplement fécond, qui est un trésor sans cesse grossi de legs héréditaires depuis les monères jusqu'à l'homme, depuis le champignon jusqu'au mammifère le plus élevé, — à l'invention enfin, qui, formée d'un faisceau d'inventions antérieures, y greffe une idée nouvelle, destinée à servir de porte-greffe à son tour, et ainsi de suite, depuis l'invention préhistorique du levier ou de la roue jusqu'à celle des machines les plus perfectionnées de notre temps? Chaque invention, en effet, ajoute quelque chose aux anciennes qu'elles synthétise encore plus qu'elle ne s'y substitue, de même que chaque espèce ou chaque race nouvelle, créée par une succession de petites innovations vitales dues à des mariages heureux, est une synthèse d'espèces et de races antérieures, — et de même que les corps chimiques nouveaux sont des complications de corps chimiques antérieurs.

Non moins que ce principe d'accumulation, le principe d'*irréversibilité*, qui en dérive, me paraît s'appliquer à toutes les formes de l'adaptation. Nous n'apercevons pas de loi qui prédétermine l'apparition de toutes les inventions, ou de la plupart d'entre elles, à telle date plutôt qu'à telle autre, ici plutôt que là ; rien ne nous empêche de supposer que la boussole eût été découverte deux ou trois siècles plus tôt ou plus tard, et aussi bien l'Amérique, ou l'imprimerie, ou l'électricité. Mais, d'une invention quelconque, nous pouvons dire qu'elle ne pouvait naître avant telle autre qui l'a précédée et provoquée ; et, dans une large mesure, nous savons, à n'en pouvoir douter, qu'il y a un enchaînement logique des découvertes et des inventions, c'est-à-dire un ordre irréversible de leur apparition. Or, non moins que la série des idées et des progrès humains, la série paléontologique des faunes et des flores successives, est conçue comme essentiellement irréversible [1], et, aussi bien, la série astronomique

(1) Sans cela, comment comprendre que la série des phases embryonnaires répète, dans une certaine mesure, l'ordre de succession des espèces

ou géologique des formations chimiques. Il n'est pas jusqu'aux transformations des forces physiques qui, d'après la thermo-dynamique, ne soient lancées sur une pente impossible à remonter, par leur conversion finale en chaleur. Ainsi, par ces trois aspects à la fois, la vie universelle nous apparaît comme *ayant un sens* et une raison d'être.

Ce principe d'irréversibilité a une signification si haute qu'on pourrait être tenté d'exagérer sa portée. Il convient de bien le circonscrire pour bien le comprendre. Car, nettement compris, il laisse encore très large la part de l'accident individuel, du génie et de l'initiative personnelle, dans les destinées sociales. L'irréversible est loin d'être une règle sans exception. Il est des séries de découvertes qui peuvent être toujours conçues comme s'étant suivies dans un ordre précisément inverse. Telles sont les découvertes géographiques. Cependant elles ont aussi cela de particulier qu'elles se déduisent nécessairement les unes des autres, qu'on est porté fatalement de l'une d'elles je ne dis pas à *une* autre mais à d'*autres*, dans leur voisinage immédiat. Si donc un sociologue s'avisait de chercher une formule de l'évolution des découvertes géographiques, on peut être sûr qu'il perdrait son temps. En revanche, il est certain que, *par n'importe quelle évolution de découvertes* géographiques, suffisamment prolongées, on devait inévitablement aboutir au tracé définitif d'une carte du monde plus ou moins conforme dans ses principaux traits à celle qu'étudient nos écoliers. Par quelque point qu'on eût abordé en Amérique et commencé à explorer ses côtes, la série, quelle qu'elle eût été, des explorations poussées à bout aurait conduit les navigateurs de n'importe quelle nation ou de n'importe quelle race à la carte d'Amérique qui nous est connue. Tous les chemins,

antérieures ? On ne peut s'expliquer le mystère de cette répétition, même abréviative, qu'en supposant que la suite paléontologique des espèces d'où procède celle de l'individu considéré est une suite *logique* avant tout, une sorte de déduction biologique, qui, comme telle, doit être recommencée *ab ovo*, en s'abrégeant, à chaque nouvelle génération.

tous réversibles essentiellement, auraient conduit inévitablement à ce résultat. Et ce que je dis là, on peut le dire aussi bien des découvertes qui ont trait à l'*anatomie*, à la *cristallographie*, et, en général, à toutes les sciences purement *descriptives* d'un tout nettement circonscrit, dont la forme seule importe.

Mais en est-il de même des découvertes physiques, chimiques, biologiques, psychologiques ? Est-ce que, par n'importe quelle évolution de découvertes, nous serions arrivés ici à des corps de sciences semblablement constitués, à des théories pareilles? Plus se multiplient et se diversifient les découvertes géographiques, et plus leur aboutissement commun, la mappemonde, va s'identifiant. Pouvons-nous dire aussi bien que, plus les voies de la recherche scientifique sont variées, et plus les théories se fusionnent et s'unifient ? Conjecturera-t-on que les réalités physico-chimiques, vivantes ou autres, sont, par rapport aux êtres sensibles et plus ou moins intelligents qui cherchent à les connaître et à les pénétrer, de l'amibe au cerveau humain, en passant par toute la gamme psychologique de l'animalité, ce que les continents et les mers sont par rapport aux diverses peuplades ou nations humaines qui se sont efforcées de les explorer ? Dira-t-on que le point de départ des découvertes géographiques, pour chaque peuple qui entre dans la voie des explorations, à savoir le lieu où il se trouve quand ces ailes lui poussent, lui est imposé aussi nécessairement que l'est, pour tout esprit animal ou humain, qui commence à ramasser des connaissances, le point de départ de ses petites ou grandes découvertes astronomiques, chimiques, botaniques, zoologiques ?... A ce point de vue, la série des découvertes géographiques devient irréversible : elle l'est relativement à ce peuple et à son point de départ obligatoire ou réputé tel ; et cette irréversibilité ne diffère en rien d'essentiel de celle des découvertes physico-chimiques, vivantes ou autres, faites par un animal donné.

Chacun des côtés intelligibles de l'univers, en effet, — la réalité astronomique, la réalité chimique, la réalité vitale, la réalité mentale, — peut être considéré comme un continent dont il s'agit pour l'esprit investigateur de faire l'exploration entière. Chaque esprit le touche par un point où il naît placé ; ce point, ce sont les données immédiates de ses sens ; et de ce point il part pour découvrir dans son voisinage le plus rapproché, puis un peu plus loin ; car il y a un voisinage logique et psychologique comme un voisinage géographique, et la série des découvertes quelconques est forcée de parcourir successivement ces degrés de proximité rationnelle ou locale. Le loi suprême de l'invention, comme celle de l'imitation, est d'aller ainsi de proche en proche. A la vérité, il ne suit pas de là que, ce point de départ des investigations scientifiques étant supposé commun à tous les peuples, l'itinéraire de leurs recherches dût être le même ; car, d'un lieu donné, on peut rayonner dans une infinité de sens ; et rien n'empêche d'admettre que, pendant longtemps, les sentiers ou les routes partis de ce même lieu, iront divergeant de plus en plus. Mais, si la comparaison employée est juste, ne faut-il pas concevoir aussi que, passé un certain maximum de divergence, ces chemins iront se confondant de plus en plus dans un même croquis définitif et total du vrai ?

Eh bien non, cela n'est pas certain. Car, si l'ordre de succession de nos découvertes géographiques, — ajoutons, si l'on veut, de nos découvertes anatomiques ou cristallographiques, ou d'autres semblables — n'a qu'une importance, après tout, secondaire, c'est que les continents terrestres sont limités ainsi que le nombre des pièces du squelette d'un animal ou le nombre des formes cristallines, et que leurs dimensions n'excèdent pas les forces exploratrices de l'homme. Sans cela, la connaissance, toujours fragmentaire, que l'homme pourrait acquérir des contours terrestres différerait grandement suivant le point d'où seraient partis ses navigateurs. Or, il est fort possible que ces continents, ces océans, ces forêts vierges des faits chimiques, astronomiques, biologiques, sociaux même, où notre curiosité anxieuse s'est jetée, soient illimités, c'est-à-dire que nulle série de découvertes n'y puisse être *poussée à bout*, faute de bout. Le problème de l'*infini réel* se dresse ainsi devant nous; et, si on le résout par l'affirmative, cette solution entraîne, on le voit, la *relativité*, je ne dis pas la *subjectivité*, de la science. Mais nous n'avons pas besoin de la résoudre; car il se peut aussi que, bien que ces étendues aient des limites, l'homme reste à jamais impuissant à les rencontrer, tant il y a de disproportion entre ces domaines grandioses et les pas minuscules de l'animalcule humain. Et, dans un cas comme dans l'autre, la différence du point de départ ou celle du chemin parcouru aura pour effet de changer profondément le résultat final, la science devenue inextensible et réputée définitive.

Il découle de là une conséquence digne d'attention. D'une part, rien ne prouve qu'un même point de départ s'imposait aux recherches des premiers chercheurs mathématiciens, astronomes, physiciens, naturalistes, embryonnaires. Et, de fait, dans le très petit nombre de cas où une science, telle que l'astronomie, nous laisse entrevoir des origines multiples, indépendantes les unes des autres, nous remarquons la dissemblance des données premières. La vérité est que, de très bonne heure, ces petites sources distinctes des futures sciences ou n'ont pas tardé à tarir, ou se sont promptement jetées, avec la source principale, chaldéo-égypto-hellénique, dans le grand fleuve du progrès moderne des sciences. Fleuve unique, par malheur, sans comparaison possible avec nulle autre évolution scientifique spontanément née et déroulée en quelque autre monde humain : nous ne sommes donc nullement autorisés à croire que, quelles qu'eussent été les voies et méthodes, les séries enchaînées et ramifiées des recherches scientifiques, elles auraient finalement conduit en astronomie à la loi de Newton, en physique au principe de la conservation de l'énergie, et bien moins encore en biologie à la théorie de la sélection naturelle. On ne peut pas plus dire cela qu'on ne peut dire que toutes les évolutions religieuses, parties d'idées dissemblables suggérées par la diversité des climats, des races, des circonstances, ici du culte des ancêtres surtout, là du culte des astres, devaient aboutir fatalement à l'Évangile du Christ. D'autre part, il n'est pas douteux, quel que soit le caractère obligatoire ou non, du point de départ, qu'à chaque pas dans une direction, choisie entre mille de préférence à telle autre, l'action puissante d'une rencontre accidentelle, d'un génie ou d'un caprice individuel, s'est fait sentir sur le cours du grand fleuve spirituel. Et nous avons lieu de penser, d'après les observations présentées plus haut, que cette influence n'a pas été toujours ni le plus souvent une perturbation passagère, bientôt effacée par la prépondérance d'influences majeures et d'ordre plus rationnel, mais qu'elle a été fréquemment décisive aux époques où le courant scientifique hésitait entre deux versants, sur la ligne de partage de ses eaux. Quand, parmi les mille orientations que la curiosité savante pourrait choisir, il en est une qui a la chance d'être adoptée par un grand chercheur, tel qu'Archimède, Newton, Lavoisier, Pasteur, la foule des disciples se précipite sur ses pas, et toutes les autres routes sont négligées. On avance donc dans le sens indiqué par lui, et plus loin surgit un nouveau pionnier célèbre qui, sans le premier, n'eût pas apparu. Ainsi, les suites d'une initiative individuelle — d'une grande idée, qui souvent peut être logée dans un fort petit homme — sont incalculables. Et nous pouvons conclure hardiment que, si d'autres génies ou d'autres accidents, qui auraient pu naître et qui ne sont point nés, s'étaient produits, la science moderne serait toute différente de son état actuel; solide aussi mais à d'autres égards, et donnant aussi l'illusion d'une plénitude qui lui ferait défaut.

Mais. telle science, telle puissance militaire et industrielle, telle civilisation (toutes choses égales d'ailleurs). Par suite, on en saurait vraiment exagérer le rôle de l'accidentel ou de l'individuel en histoire. et c'est ce que des historiens très pénétrants commencent à démêler. Ceux mêmes qui le nient ne s'aperçoivent pas du démenti qu'ils se donnent par l'admirable patience de leurs recherches érudites qui portent sur la biographie des grands acteurs historiques et sur les péripéties des grandes guerres. Si l'on interroge ces grands acteurs eux-mêmes, ils sont tous d'accord pour attribuer au « hasard » — lisez à la rencontre non prévue, impossible à prévoir, de lignes régulières de causes et d'effets — ce que des narrateurs phraséologues expliquent par des mots creux. Dans toutes ses conversations sur l'histoire de son temps, Napoléon à Sainte-Hélène fait jouer à l'accident individuel, je ne dis pas même au génie individuel, un rôle énorme, très supérieur à celui que les historiens les plus *accidentalistes* lui prêtent.

Ceci ne tend point à démontrer que l'évolution scientifique échappe à toute formule générale, à toute *loi*. Je n'ai point à examiner ici si la *loi* des trois états, d'Auguste Comte, se vérifie, ou si, dans leur ordre de maturité successive, les diverses sciences, des mathématiques à la sociologie, se conforment à la série formulée par lui. Ces deux généralisations abstraites peuvent être vraies sans que la vérité des considérations précédentes soit en rien atteinte. Et l'on peut formuler bien d'autres lois qui, tout en se conciliant pareillement avec la libre diversité des phénomènes, serrent de plus près la réalité des faits[1]. De ce nombre est

1 « L'historien, dit en passant Mommsen, n'a pas à suivre dans les détails infinis de la vie individuelle le sillon laissé par les grands faits qu'il relate... » Par cette phrase incidente, le sagace historien a nettement distingué en quoi l'histoire, qui s'occupe, avant tout, des phénomènes sociaux considérés par leur côté individuel, accidentel, pittoresque, diffère de la sociologie, qui, elle, a pour tâche précisément, d'étudier les *sillons* négligés — ou dédaignés à tort — par elle et de rechercher les lois générales auxquelles ils sont soumis.

la loi d'irréversibilité relative dont je viens de parler. Elle n'est qu'un corollaire des règles de la logique, qui régissent souverainement le monde mental et inter-mental, comme les principes de la mécanique le monde matériel. Mais, après tout, l'ordre d'apparition des inventions, auquel s'applique cette loi, si important qu'il soit[1], n'est pas ce qui importe le plus à considérer. L'essentiel est de savoir, une fois apparues dans un ordre quelconque, comment elles vont s'agencer et s'organiser, pour former un de ces grands agrégats systématiques et rationnels d'idées accidentelles, qui sont la charpente des sociétés : une grammaire, un *Credo*, un corps de lois, un corps de sciences, une constitution, une morale, un art.

Il y a ici à distinguer trois périodes : d'abord une période de chaos, où les inventions éparses, clairsemées, réponses fortuites à des besoins différents, ne se heurtent encore ni ne s'associent. Quand tout est à créer en faits de mots, en fait d'idées, en fait de coutumes et d'industries, les premiers inventeurs et initiateurs sont comme les premiers colons d'Amérique, peu exposés à se heurter dans leurs explorations d'une terre vierge. Mais cette période est assez courte, et bientôt commence la seconde période de crise génétique, de laborieuse organisation. Celle-ci s'opère, toujours et partout, par deux procédés opposés qui alternent et collaborent, le duel logique des idées qui impliquent contradiction de croyances, ou des œuvres qui impliquent contrariété de désirs; et l'accouplement logique des idées qui se confirment ou des œuvres qui s'entr'aident. Ces deux procédés d'élimination et de construction, d'épuration et de

(1) Il est très important en effet, pour le *succès* d'une invention ou d'une découverte, de venir *avant* plutôt qu'*après* telle autre, ou *vice versa*. Par exemple, telle découverte scientifique, — celle de la terre tournant autour du soleil, — qui, si elle était apparue (par hypothèse impossible) avant les idées religieuses fondées sur l'illusion anthropocentrique, les aurait empêchées de naître, ne suffit pas à les faire mourir parce qu'elle est venue après elles.

consolidation, d'assainissement et de croissance, sont continuellement opérants dans la vie sociale, envisagée sous tous ses aspects. Enfin, quand cette période d'organisation est parvenue à constituer un système à peu près définitif et arrêté, une troisième période s'ouvre, indéfinie, de développement en richesse et en profondeur : c'est celle où, les grammaires étant à peu près fixées, les dictionnaires vont se grossissant; où, les principes du Droit étant à peu près assis, les actes législatifs se multiplient; où, les bases de la constitution étant posées, le pouvoir politique se déploie; où, un régime industriel, un mode d'organisation du travail, étant établi, la production se développe et remplit le marché [1].

On remarquera que cette division tripartite des phases traversées par les groupes d'inventions en voie de formation et de transformation, ou plutôt de concentration et d'expansion graduelles, concorde avec la division pareillement tripartite dans laquelle nous avons fait rentrer plus haut l'histoire générale de l'humanité. L'ère *préhistorique* où, avons-nous dit, les diverses sociétés embryonnaires étaient éparses sur le globe, séparées par des distances pratiquement infranchissables, correspond à la phase chaotique des inventions. L'ère *historique* des guerres et des alliances alternantes et entre-croisées qui nous acheminent péniblement vers la grande fédération finale, correspond à la phase des duels et des accouplements logiques entre inventions rapprochées qui vont s'organisant. Et l'ère future, qu'on peut appeler *post-historique*, où, ne pouvant plus s'étendre en surface, la civilisation définitive travaillera à se perfectionner intérieurement, correspondra à la phase dernière des agrégats d'inventions qui, constitués, travaillent à leur enrichissement et à leur perfectionnement interne. Cette analogie n'a rien de surprenant; elle s'explique

(1) Voir à ce sujet *Logique sociale*, p. 192-204.

par ce même besoin, universel et fondamental, d'harmonisation logique et téléologique, qui, par des voies uniformes, s'ingénie en nous à accorder nos idées et nos vœux (d'abord sans lien, puis liés en conceptions, en plans, en inventions, enfin développés et perfectionnés) et s'évertue hors de nous, *entre nous*, à systématiser les inventions des divers individus en institutions d'un certain ordre (grammaticales, religieuses, etc.), comme les institutions des divers ordres en nationalités et en Etats, comme les divers Etats et les diverses nationalités en une même civilisation.

La logique (y compris la téléologie) telle que je l'entends, la logique concrète et vivante, qui n'est pas une entité mais la satisfaction d'un sourd besoin de l'esprit, besoin précisé et fortifié par ses satisfactions mêmes, régit ainsi souverainement le monde mental et le monde social. Non seulement elle préside aux phénomènes psychologiques de l'association des images et des idées et de leur agrégation, mais encore elle domine tous les phénomènes sociologiques, c'est-à-dire les inventions et leurs imitations. Les lois de l'imitation comme les lois de l'invention relèvent d'elle.

Je ne voudrais pas quitter ce sujet sans formuler une autre constatation générale, propre à caractériser la nature de ces initiatives individuelles, de ces découvertes, de ces inventions, d'où nous disons que, socialement, tout découle. Ces nouveautés-là consistent toutes, au fond, dans un affranchissement partiel de l'individu qui, échappant pour un moment et sous un certain rapport à la suggestion ambiante de ses semblables, entre en rapport direct avec la Nature, avec l'immensité sauvage, divine, extra-sociale, et rapporte de cette fugitive vision soit une explication nouvelle, imaginaire ou positive, du monde, soit une force nouvelle exploitée et captée, soit un charme nouveau, un beau nouveau. Car il y a des inventions esthétiques comme il en est de théoriques et de pratiques, de morales aussi, de philosophiques et d'industrielles. Chaque homme qui pense par soi-même ou *qui sent par soi-même* — chose tout aussi rare — puise, en quelque sorte, dans le bassin profond et magique de la Nature une eau féconde dont il arrose autour de lui la société; et cette eau se répand, multipliée comme le pain de la légende évangélique, par les mille canaux de l'imitation. Artistes, savants, ingénieurs civils ou militaires, ne font ainsi qu'exploiter l'univers au profit de l'homme. Non moins, il est vrai, que le contact direct du monde extérieur, l'exotisme, le contact exceptionnel avec une société étrangère à la nôtre, est une source d'innovations réussies, d'importations utiles, parmi beaucoup d'emprunts malheureux ou désastreux. Mais, si l'on remonte à l'origine première de ces choses importées, on trouve toujours le contact immédiat, le dévisagement hardi de la réalité naturelle, moyennant le soulèvement ou le déchirement momentané du tissu des mutuelles illusions sociales, du voile des influences inter-mentales. Il faut toujours en revenir là.

VIII

Disons maintenant quelques mots d'une question importante, la classification des types sociaux, qui a été soulevée par un sociologue très distingué, M. Steinmetz. Mais d'abord il convient d'interpréter, à la lumière de nos considérations sur la logique sociale, la véritable nature de ces coïncidences si surprenantes et si nombreuses que l'observation révèle aux ethnographes entre des peuples ou des peuplades étrangers les uns aux autres et qui se ressemblent sous tant de rapports sans avoir pu s'imiter. Quoique dépourvues de précision et s'évanouissant souvent si on les regarde de près, ou, plus souvent encore, se laissant expliquer par des emprunts et des imitations cachées si l'on fait des fouilles dans leur passé [1], ces ressemblances sont certaines et tout

(1) M. Alexandre Bertrand, dans sa *Religion du Gaulois*, après avoir exposé la frappante similitude, chez beaucoup de peuples anciens et

à fait dignes d'attention. Mais l'erreur serait de les regarder, avec des yeux de naturaliste égaré en science sociale, comme des manifestations d'un *instinct* humain analogue aux instincts des animaux, ou à ce qu'on désigne ainsi pour en masquer le mystère, alors qu'on a sous la main l'explication toute naturelle de ces faits par l'action d'une même logique qui, sollicitée, en des circonstances semblables, par des difficultés pareilles à surmonter et des ressources pareilles offertes pour en triompher, doit, dans beaucoup de cas, suggérer à l'esprit de différents initiateurs des solutions à peu près les mêmes[1]. Ce que c'est que l'instinct en vertu duquel toutes les fourmilières ou tous les essaims reproduisent, sans s'être jamais copiés, les mêmes *institutions* quasi politiques et quasi industrielles, nous n'en savons rien. Il se peut — c'est une idée comme une autre — que

modernes, des superstitions relatives aux vertus des plantes et aux remèdes bizarres qu'on peut en extraire, fait cette remarque très juste. « Si nous n'avions affaire qu'à des plantes ou à des herbes vraiment salutaires, si la cueillette n'en avait pas été entourée jusqu'au moyen âge des prescriptions les plus bizarres, les plus absurdes, on pourrait croire à la *polygénésie*, pour ainsi dire, de ces remèdes. Les pasteurs des divers pays auraient pu en découvrir isolément et à des dates diverses les propriétés curatives. Mais comment alors expliquer la croyance persistante, en Italie à la fois et en Gaule, à des qualités médicinales imaginaires, à des pratiques aussi folles qui ne peuvent relever que des formules magiques, œuvre des collèges de prêtres qui les auraient fixées à une époque où toute science se concentrait dans la magie. » Remarquons qu'il n'est pas nécessaire le moins du monde de recourir à des collèges de prêtres — plus ou moins problématiques — pour expliquer la propagation imitative des superstitions dont il s'agit d'Italie en Gaule ou de Gaule en Italie.

(1) Nillson, dans son livre sur les *habitants primitifs de la Scandinavie* (1868), attache beaucoup d'importance à des ressemblances frappantes de formes entre les *pointes de flèches* de la Terre de Feu et celles de la Suède, — et, en général, entre les outils ou armes de silex des peuplades séparées par les plus grands espaces de terre et de mer. Mais ces similitudes toutes spontanées qu'elles soient vraisemblablement, n'ont rien de surprenant. Elles sont *imposées* comme la *solution unique* d'un problème *très simple* dont les données, toutes les mêmes, sont à la fois sous la main des primitifs.

Mais les *combinaisons ethniques de ces éléments* similaires, se ressemblent-elles aussi ? Est-ce que les langues se ressemblent — et les religions — et les mœurs — et est-ce que des mœurs semblables, des mots semblables, des idées semblables, se trouvent semblablement combinées? Voilà ce qu'il faudrait pour que l'existence d'un *instinct* social, analogue aux instincts des animaux, fût démontrée.

l'instinct ne soit, au fond, qu'une logique ou une téléologie vitale fixée par l'hérédité. Tout ce qu'on en sait de clair, c'est que bien rares sont les cas où, comme dans les deux cas cités, l'instinct a suffi, sans l'aide de l'imitation des parents par les jeunes, à la reproduction exacte des phénomènes réputés instinctifs de l'espèce, tels que la nidification ou le chant des oiseaux. Ce qu'on sait aussi, c'est que, à mesure qu'on s'élève sur l'échelle zoologique et psychologique, la part de l'instinct, dans la formation de ces similitudes frappantes d'actions, va se resserrant, tandis que celle de l'exemple va s'élargissant. Chez l'homme, qui est au sommet de la hiérarchie, la première doit être réduite au minimum, et la seconde, par suite, au maximum. De telle sorte que, si, malgré tout, des coïncidences spontanées se produisent entre nations différentes, entre évolutions sociales indépendantes, cela ne peut tenir qu'à une nécessité ou à une suggestion de nature logique. C'est ainsi que les analogies de forme et de mouvement entre l'aile de l'oiseau et l'élytre de l'insecte, entre le poisson et le cétacé, ne pouvant s'expliquer par une commune descendance héréditaire (comme les analogies de beaucoup de religions et de coutumes ne peuvent s'expliquer par une commune descendance imitative), sont attribuées en général à une sorte de nécessité logique qui a forcé la Nature vivante à se répéter spontanément. On ne dira pas ici, je pense, que la vie, au sens abstrait du mot, a obéi, elle aussi, à un *instinct*, encore plus incompréhensible et inimaginable que celui de ses créatures.

Comme on le voit, les évolutionnistes qui, généralisant abusivement les coïncidences spontanées des institutions comparées, veulent couler les transformations historiques des différents peuples dans des formules rigides d'évolution, tendent sans le vouloir à faire de l'homme un animal inférieur, impérieusement gouverné par ses instincts.

Cela dit, nous sommes d'accord pour reconnaître avec

Steinmetz l'utilité de dresser un tableau, aussi complet que possible, des différents groupes de sociétés classées d'après les similitudes ou les différences qu'on remarque entre elles. Mais, encore ici, nous avons à lutter contre l'obsession si répandue des comparaisons biologiques en sociologie. Steinmetz a beau être opposé à l'idée de la société organisme, il n'en est pas moins fasciné malgré lui par les classifications zoologiques et végétales, et persuadé qu'elles sont le modèle idéal, auquel il rêve, sans l'espérer, de conformer sa classification des types sociaux. Je crois que, si l'on veut se laisser guider par des exemples, il vaut mieux ici prendre pour guide celui des linguistes que celui des naturalistes. Les types sociaux — dont la langue n'est qu'un élément, fondamental il est vrai — sont quelque chose de tout autrement compliqué que les types linguistiques. Mais la classification générale de ceux-là doit reposer sur les mêmes fondements que la classification spéciale de ceux-ci. Or, avant tout, les linguistes ont été conduits à faire, entre les similitudes que présentent les langues différentes, une distinction au fond identique à celle que j'établis entre les similitudes par imitation et les similitudes par nécessité logique. Et, sans méconnaître l'importance de ces dernières dont la signification rationnelle ne leur a pas échappé, c'est sur les premières qu'ils se sont fondés pour diviser les langues en familles. Les langues d'une même famille sont celles qui, par l'identité de leurs racines et de leurs procédés grammaticaux, attestent leur dérivation imitative d'une même souche initiale, c'est-à-dire d'un même modèle commun, répété des milliards de fois de bouche en bouche avec des variantes accumulées, avant de s'incarner à présent dans des copies souvent fort dissemblables. Cette descendance imitative d'un même modèle est, en effet, l'équivalent social de la parenté des individus vivants et des espèces vivantes. On peut aussi bien distinguer des familles de religions, ou de gouvernements, ou de morales, ou de droits, ou d'arts, et entendre par là les rayons imitatifs émanés d'un même foyer. Par exemple, les divers exemplaires du gouvernement parlementaire, belge, français, italien, allemand, etc., se rattachant imitativement au parlementarisme anglais, forment avec celui-ci une même famille politique. Donc, pour classifier les *types sociaux*, envisagés dans l'ensemble des aspects de la vie sociale, il faut d'abord grouper les sociétés d'après leurs affinités d'origine imitative.

Il est à remarquer que ces rapports de similitude par imitation sont liés, en général, au rapport de voisinage géographique. Étudier les groupements géographiques des langues, des religions, des États, c'est étudier leur parenté sociale, qui se combine avec leur parenté physiologique pour former les nations fortes et vivaces, mais qui n'en est pas moins très distincte. La carte politique, — et aussi bien la carte linguistique, religieuse, juridique, etc., — n'offre tant d'intérêt que parce qu'elle implique une sorte de classification sociale. Les classifications sociales les plus claires, bien que les plus vagues à vrai dire, sont celles qui s'expriment en termes géographiques : peuples européens, peuples asiatiques, peuplades africaines, peuplades océaniennes. Mais les plus profondes sont celles qui s'expriment en termes religieux : la *chrétienté*, l'*islam*, le *monde bouddhique*, le *monde brahmanique*. La distinction des civilisations, c'est-à-dire des types sociaux les plus accentués, coïncide avec celle des religions, et persiste longtemps après que la foi religieuse s'est évanouie.

Quant aux similitudes non par imitation mais par contrainte logique — ou téléologique — qui existent entre divers peuples indépendants et sans relations connues ou vraisemblables les uns avec les autres, elles doivent aussi donner lieu non pas à une classification naturelle des types sociaux, des familles nationales, mais à une classification toute théorique des diverses sortes de solutions logiques, d'équilibre logique stable que comporte le problème de la vie sociale d'après la diversité des circonstances extérieures, climat, faune, flore, sol, et des races humaines. Ce serait là quelque chose de comparable à cette *grammaire générale* que rêvaient les idéologues du siècle dernier, et qui, reprise de nos jours avec plus de souci de la réalité des faits, pourrait exercer utilement la sagacité des chercheurs. — Les considérations géographiques, à ce nouveau point de vue, présenteraient encore un réel intérêt, mais tout autre, et, en somme, secondaire. Il s'agirait de marquer, entre peuples séparés d'ailleurs par de grandes distances, et qui, — par hypothèse, hypothèse beaucoup trop facilement accueillie par beaucoup de savants — ne se sont rien emprunté les uns aux autres, les ressemblances géographiques qu'ils offrent à l'observateur, telles qu'une situation analogue dans une vallée, au bas d'une montagne, au bord d'une mer intérieure ou d'un grand lac, dans des plaines fertiles ou des steppes plus ou moins herbues, sous des latitudes tropicales, tempérées, septentrionales. L'école de la « Science sociale », branche nouvelle (et branche gourmande) poussée sur le tronc des idées de Le Play, a rendu à nos études le grand service d'exploiter à fond cette mine de recherches ouverte par Montesquieu et de montrer clairement, par l'insuccès de ses recherches, l'insuffisance du principe qui lui sert de fondement. Que des ressources spontanées du sol habité par un groupe d'hommes dérive le type de famille, le type politique, juridique, moral, qui le distingue, c'est là une exagération évidente, ou plutôt une erreur des plus graves, qui a pour conséquence d'aveugler des esprits très pénétrants sur des vérités palpables. Elle est suffisamment réfutée par le fait que des peuples habitant un sol très dissemblable, mais voisins les uns des autres, se ressemblent beaucoup malgré la dissemblance de leur territoire, de leur faune, de leur flore, de leur climat, et que des peuples situés sur des territoires semblables, dans des conditions physiques et biologiques analogues, mais séparés par de grandes distances, sont très différents en dépit de cette analogie de leurs habitats. On peut citer comme exemples du premier cas : la Suisse allemande et l'Allemagne, la Norvège et la Suède, les diverses provinces françaises. Visiblement, les ressources extérieures ne sont que l'une des données du problème social, à savoir les *moyens* mis à la disposition de l'homme ; l'autre donnée, ce sont les *buts* que l'homme poursuit. Encore faut-il observer que ces *moyens* ne sont réellement offerts que dans la mesure où, par des découvertes et des inventions successives, individuelles et accidentelles, les ressources du sol, virtualité pure et simple au début, sont mises en lumière et mises en œuvre ; et que ces *buts* diffèrent ou changent, se modifient, se différencient, se compliquent, au gré non de la nature extérieure mais des inventeurs, des initiateurs, des meneurs quelconques qui, dans une large mesure, tracent au désir humain des lits capricieux. Un besoin organique n'est qu'un terrain de culture sur lequel les besoins sociaux, les mobiles économiques les plus divers et les plus changeants, peuvent éclore.

Les sociétés humaines doivent encore être classées à un autre point de vue, qu'il convient de ne pas confondre avec les précédents. Autre chose est le degré de dissemblance ou d'hétérogénéité des types sociaux, autre chose est leur hiérarchie. Deux peuples, quoique très dissemblables, quoique appartenant à des types de culture très différents, peuvent être placés au même rang sur l'échelle hiérarchique ; et, inversement, deux peuples placés sur cette échelle à des degrés très inégaux, peuvent appartenir au même type de civilisation. Cette considération ne saurait être oubliée si l'on veut faire une classification vraiment *naturelle* des sociétés. Mais quel sera le fondement du classement hiérarchique dont il s'agit? Là est la grande difficulté. Rien de plus confus et de plus contradictoire que les vues émises à cet égard. Je me permets de penser qu'on jetterait quelque lueur dans ce chaos en se plaçant au point de vue de la psychologie inter-cérébrale. On aurait, ce me semble, une excellente pierre de touche du *niveau* des sociétés en se réglant sur l'intensité comparée des actions inter-spirituelles qui s'échangent et s'enchevêtrent dans le sein de chacune d'elles, — sur la proportion relative de ces actions inter-spirituelles et des actions intercorporelles concomitantes, qui décroissent pendant que les autres grandissent quand une société *s'élève*, — et, par suite, sur le degré d'exploitation des forces extérieures, animales, végétales, physico-chimiques, qui, à mesure qu'elle grandit, amoindrissent l'action inter-corporelle et compliquent l'action inter-spirituelle des hommes associés.

IX

Terminons ces aperçus généraux par quelques mots sur une question qui nous était naturellement indiquée pour la fin : celle de savoir s'il y a une mort nécessaire des sociétés en vertu d'une loi des âges qui les assujettirait, comme les individus, à passer de la jeunesse à la maturité, puis de la maturité à la vieillesse, et enfin au fatal dénoûment de tout ce qui a vie. Le problème consiste à se demander non pas si toutes les sociétés finiront un jour, mais si, dès leur naissance, et en vertu même des causes qui les poussent à la vie, elles sont condamnées à périr dans un délai plus ou moins déterminé ; si, en un mot, il y a pour elles une *mort naturelle* et non pas seulement une mort violente. La réponse affirmative à cette question a été dictée à la plupart des sociologues soit par la conception biologique du monde social, soit, en même temps, par l'obsession d'un besoin de symétrie qui fait opposer à la nécessité de l'évolution la nécessité d'une dissolution correspondante, opposition manifeste dans les *Premiers principes* de Spencer.

Dans la première moitié de ce siècle, c'est surtout en s'appuyant sur les sciences de la nature inorganique que l'on espérait pouvoir fonder la science des sociétés. Quételet voyait dans le monde social une sorte de système solaire, comme l'indique le titre de son principal ouvrage : « Le système social. » Cette même préoccupation de comparaisons astronomiques se retrouve chez Carey. Chez Comte, les divisions de la sociologie sont empruntées à la mécanique (partie statique et partie dynamique) et il parle de « physique sociale » sauf à se corriger plus tard. Carey va même jusqu'à imaginer une chimie sociale. Il dira que « les combinaisons dans la société sont soumises à la loi des proportions définies ». C'est la physique qui est le plus en faveur auprès des sociologues naissants, et, malgré, çà et là, des tendances marquées à regarder le groupe social comme une sorte d'organisme, le plus souvent il n'est question chez eux que de masse et de mouvement. « Tout acte d'association est un acte de mouvement. » dit Carey. « Les lois générales du mouvement sont celles qui régissent le mouvement sociétaire. Tout progrès a lieu en raison directe de la substitution du mouvement continu au mouvement intermittent. »

Mais, encore une fois, la métaphore de la société-organisme allait progressant — au fur et à mesure des progrès de la biologie — et, chez les deux auteurs mêmes que je viens de citer, elle apparaît nettement. Carey en a fait usage, chose étrange — car elle peut servir à toutes fins — pour faire sentir l'unité du genre humain. « De même, dit-il, que l'organisme complexe du corps humain, par l'effet des dépendances et des sympathies de ses diverses parties, forme une unité dans son action, l'humanité entière, dans un sens aussi réel et aussi vrai, devient un seul homme et doit être traitée ainsi. » C'était l'idée courante — née d'une phrase de Pascal — à l'époque où Carey écrivait. Sous la plume de Comte, qui en a fait l'idée capitale de son système, elle devient la déification de l'humanité dont le culte est proposé à tous les hommes comme le seul digne de se substituer au christianisme. Ainsi, ce ne sont pas les nations qui, à cette époque, passaient pour de vrais organismes sociaux, c'était l'humanité considérée dans son ensemble. Remarquons en passant que ces deux manières d'entendre la conception biologique de la société sont inconciliables. Quoi qu'il en soit, Quételet a très bien vu que, si les sociétés sont assimilables à des individus vivants, les nations doivent avoir une *durée moyenne* comme les individus ont une *vie moyenne*. Cette durée moyenne, il l'a cherchée, en bon statisticien, dans son *Système social* (ch. IV). Et il se persuade même l'avoir trouvée. « Si maintenant, conclut-il, on compte 1580 années pour la durée de l'empire des Assyriens, 1663 pour les Egyptiens, 1522 pour les Juifs, 1410 pour les Grecs et 1129 pour les Romains, on trouvera que la durée moyenne de ces cinq empires, qui ont eu le plus de retentissement dans l'histoire, a été de 1461 ans. » Et il fait remarquer, « rapprochement assez singulier », dit-il, que cette durée constitue exactement la période *Sothiaque* ou le cycle caniculaire des Egyptiens. « C'est dans la durée de ce cycle, écrit-il, qu'était renfermée l'existence du Phénix. Cet oiseau en renaissant de ses cendres, formait l'emblème de la coïncidence qui se rétablissait entre les années des Egyptiens et celles des Indiens (?). »

Le malheur est pour ces belles imaginations statistiques, que la durée de la nation égyptienne, d'après les nouvelles découvertes des égyptologues, est infiniment supérieure à la durée indiquée plus haut — qu'on ne sait pourquoi Quételet a fixé à telle date plutôt qu'à telle autre la mort des nations dont il parle, leur naissance aussi bien[1], — qu'on se

(1) Il y a bien d'autres objections à présenter contre l'idée de l'organisme social, et je les ai présentées ailleurs. En voici une saillante. Si les nations étaient des organismes, la plupart des Etats, même les plus civilisés, seraient des monstres doubles ou des monstres triples. L'Autriche

demande aussi pourquoi il exclut de sa liste et la Chine et le Japon et beaucoup d'autres nations qui, pour avoir eu moins de « retentissement dans l'histoire », n'ont pas eu moins de réalité que les plus notoires. Il dit plus loin, fort sagement, que « l'origine et la fin d'une ville ne sont pas marquées d'une manière précise comme les deux termes extrêmes qui limitent la vie humaine ». Mais cela est encore plus vrai des nations ; car, encore avons-nous quelques exemples de villes disparaissant en un jour et beaucoup d'exemples de villes bâties sur un plan, à une date assignable ; mais l'histoire ne connaît pas de nation née *ex abrupto* et engloutie tout entière dans une catastrophe.

A notre avis, il est fort possible que toute société soit destinée *à finir* comme, *peut-être*, tout système stellaire ou toute harmonie physique aussi bien que tout organisme ; mais la preuve que cette fin, si fin il y a, ne doit pas être confondue avec une *mort* et traitée comme telle, c'est qu'elle est matière à discussion et à controverse, tandis que le caractère le plus indiscutable d'un individu vivant est d'être mortel. Il y a quelques raisons, en effet, mais tout à fait étrangères aux métaphores organiques, de penser que toute évolution sociale, en se prolongeant indéfiniment, court non pas dans un délai à peu près fixe, mais dans un délai prodigieusement variable, à son déclin lent, graduel, sans nulle chute brusque comparable au dernier soupir d'un mourant. La première chose, en sociologie, pour savoir si la nécessité de ce déclin continu existe est de rechercher si, vraiment, il existe une tendance naturelle de la population à

monstre triple, avec ses trois nationalités, ses trois corps confondus en une seule tête : l'Angleterre, monstre double, avec son Irlande soudée de force ; monstre quadruple et quintuple, avec son Empire colonial, si hétérogène : la Prusse, monstre double aussi, avec ses provinces polonaises...

Mais la vérité est que les *soudures sociales* sont chose autrement naturelle et facile que les soudures animales ou même végétales : et cela seul suffit à montrer l'inanité de la métaphore de l'organisme social.

croître d'abord, puis à décroître. Est-ce que les mêmes causes, le progrès de la prévoyance, de l'égoïsme, des besoins, qui, pendant une certaine période, au début des peuples, sur une terre neuve à peupler, provoquent la progression ascendante de la population, ne sont pas les mêmes qui, plus tard, une fois certaines limites de densité franchies, déterminent sa diminution par degré? A priori, c'est vraisemblable; et l'on peut citer à l'appui de cette vue l'Empire romain, voire même les nations de l'Europe moderne, y compris les États-Unis d'Amérique, où le ralentissement du progrès de la natalité, sinon son déclin, accompagne l'urbanisation et la civilisation grandissantes. Mais, en sens contraire, on peut objecter la Chine où la population continue à surabonder, même dans les provinces où elle est le plus dense.

A un point de vue plus proprement social, une société peut être regardée comme déclinante quand, malgré l'état stationnaire ou même progressif de sa population, elle présente un abaissement graduel du niveau de sa civilisation. Cette phase d'abaissement continu est-elle nécessaire? Si nous nous permettions aussi des arguments d'analogie, la comparaison des trois principales formes de la répétition universelle, sur laquelle nous nous sommes étendus plus haut, serait de nature à nous suggérer une réponse pessimiste. Ne vient-il pas toujours un moment où les sources de l'énergie *ondulatoire*, qui sont les contacts physiques ou chimiques, les chocs et les combustions, — où les sources de l'énergie *générative* ou régénérative (nutritive), qui sont les fécondations et les croisements, — où les sources de l'énergie *imitative*, qui sont les inventions et initiatives individuelles de tout genre, tarissent définitivement? Or, en vertu d'une nécessité inhérente à leur essence même, est-ce que ces trois formes de l'énergie, quand elles cessent d'être renouvelées, ne doivent pas s'affaiblir par degrés? Il paraît en être ainsi de l'énergie vibratoire, soit que l'ondulation propagée reste contenue dans le sein d'une molécule ou se développe en un sens purement linéaire (par exemple, dans un fil électrique), soit qu'elle se déploie librement en tous sens comme la lumière et la chaleur rayonnantes. Si, dans une pile électrique, l'action chimique s'arrête, le courant s'arrête aussitôt, et, tout le long du fil, on constate, à partir de sa source, son affaiblissement progressif, dû au frottement inévitable. Si le soleil cessait de brûler, son rayonnement, pendant quelques siècles encore, continuerait à s'épandre dans l'immensité, mais, toujours pour la même cause, il finirait par s'arrêter, à des distances incommensurables d'ailleurs. — Il en est de même, à coup sûr, de l'énergie vitale, générative ou régénérative, à partir du moment où la fécondation a cessé, soit que cette énergie reste enfermée dans le même organisme (nutrition), soit qu'elle s'extériorise par bourgeonnement ou par enfantement sans fécondation préalable. Enfin, n'en est-il pas de même de l'énergie imitative, de la vitalité sociale des peuples, dès que leur génie inventif s'éteint, soit qu'elle se concentre sur le territoire national, soit qu'elle se dépense au dehors en essais de colonies lointaines? De là, pourrait-on conclure, la nécessité égale de ces trois grands phénomènes : l'équilibre final de température, ou, en général, de force physique, par le refroidissement et le repos universels, la mort des êtres vivants, et l'épuisement des civilisations.

Ce sont là des analogies spécieuses, qui méritent, je crois, d'être discutées. Sans entrer dans cette discussion, pour le moment, je ferai observer que, même dans le monde vivant, la nécessité de la mort, de la mort naturelle et non violente, n'embrasse pas, d'après Weissman, la totalité des individus vivants et qu'elle ne paraît pas s'appliquer du tout aux espèces vivantes. Il est des espèces qui ont traversé, sans périr, plusieurs âges géologiques, et tout semble montrer que, aussi longtemps que persistent les conditions extérieures au milieu desquelles une espèce animale ou végétale est née, a crû, s'est fortifiée, elle se perpétue indéfiniment sans présenter des traces de dégénérescence spontanée. Rien ne démontre non plus la nécessité d'une dislocation finale du système solaire (je ne dis pas de l'extinction du foyer solaire), et les astronomes d'après Laplace ont longtemps dogmatisé sa stabilité éternelle. On ne voit pas, *a priori* pourquoi une société civilisée ne jouirait pas du même privilège.

CHAPITRE II

LA VALEUR ET LES SCIENCES SOCIALES

I

Avant d'entrer au cœur de notre sujet, nous avons à indiquer la place de l'Economie politique parmi les autres sciences sociales, ce qui va nous conduire à passer en revue les principales notions dont cette science fait usage et à montrer jusqu'à quel point elles lui appartiennent en propre. Il s'agira surtout de la plus fondamentale et de la plus vague de toutes, la Valeur.

La Valeur, entendue dans son sens le plus large, embrasse la science sociale tout entière. Elle est une qualité que nous attribuons aux choses, comme la couleur, mais qui, en réalité, comme la couleur, n'existe qu'en nous, d'une vie toute subjective. Elle consiste dans l'accord des jugements collectifs que nous portons sur l'aptitude des objets à être plus ou moins, et par un plus ou moins grand nombre de personnes, crus, désirés ou goûtés. Cette qualité est donc de l'espèce singulière de celles qui, paraissant propres à présenter des degrés nombreux et à monter ou à descendre cette échelle sans changer essentiellement de nature, méritent le nom de *quantités*.

Cette quantité abstraite se divise en trois grandes catégories qui sont les notions originales et capitales de la vie en commun : la *valeur-vérité*, la *valeur-utilité* et la *valeur-beauté*. Nous prêtons aux idées, aux informations, aux connaissances scientifiques ou usuelles, et aux signes palpables où elles se matérialisent, tels que les livres, une vérité plus ou moins grande ; aux biens de tout genre, pouvoirs, droits, richesses, une utilité plus ou moins grande ; aux chefs-d'œuvre de l'art et de la nature, aux choses considérées comme sources de voluptés collectives des sens supérieurs affinés par l'éducation sociale, une beauté plus ou moins grande. Aussi bien que l'Utilité, la Vérité et la Beauté sont filles de l'Opinion, de l'opinion de la masse en lutte ou en accord constant avec la raison d'une élite qui influe sur elle. Et, s'il n'y avait pas d'opinion quelque peu unifiée, il n'y aurait nulle notion vraie, c'est-à-dire sociale, de l'idée de vérité, pas plus que de l'idée de beauté, dont le sens individuel même ne serait pas conçu. Le plus ou moins de vérité d'une idée signifie trois choses diversement combinées : le plus ou moins grand nombre, le plus ou moins grand *poids* social (ce qui veut dire ici *considération, compétence* reconnue) des personnes qui s'accordent à l'admettre, et le plus ou moins d'intensité de leur croyance en elle. Le plus ou moins d'utilité d'un objet, d'un produit ou article quelconque, exprime le plus ou moins grand nombre de gens qui le désirent, dans une société donnée et en un temps donné, le plus ou moins grand poids social (ici poids veut dire pouvoir et droit) de ces personnes, et le plus ou moins d'intensité du désir qu'elles en éprouvent. Le plus ou moins de beauté d'une œuvre artistique ou d'une création naturelle dépend aussi de trois facteurs : le plus ou moins grand nombre d'individus qui se plaisent à la vue ou à l'audition de cette œuvre, de cet être, le plus ou moins grand poids social (c'est-à-dire ici goût et culture du goût) de ces personnes, et le plus ou moins d'intensité ou de finesse de leur plaisir. Ces trois facteurs, ici comme plus haut, peuvent varier séparément, et leurs combinaisons infiniment multiples expliquent la complexité du problème esthétique, aussi bien que celle du problème économique, ou juridique, ou politique, et du problème pédagogique ou religieux.

Il est facile de voir que la *vérité* et l'*utilité* mènent le monde social, comme la *croyance* et le *désir*, auxquels elles correspondent et dont elles sont faites, mènent l'individu. J'ai cru montrer ailleurs [1] que la croyance et le désir sont la grande bifurcation psychologique, exprimée souvent en termes moins précis, moins simples et moins élémentaires, comme ceux d'intelligence et de volonté, d'esprit et de conscience ; mais, comme point nécessaire d'application ou de visée de ces deux quantités élémentaires de l'âme, il y a les sensations pures, dépouillées par hypothèse de tout jugement implicite et de tout appétit inconscient. Or, le sentir pur est ce qu'il y a de plus incommunicable de personne à personne, et ce dont la similitude d'une personne à l'autre est le plus indémontrable, tandis que la croyance et le désir se transmettent à autrui avec une facilité toujours plus grande et se reconnaissent comme des états d'âme parfaitement semblables (abstraction faite de leurs points divers d'application ou de visée) dans tout le genre humaine. Mais cette chose impossible, la transmission et l'assimilation des manières de sentir entre les hommes, l'Art l'a tentée, et, passant sur toutes leurs sensibilités mises en vibration son magique archet, les disciplinant, les accordant par l'imposition douce des sensations plus exquises de l'artiste qui se répandent contagieusement dans son public, il a socialisé les sensibilités, comme la religion ou la science les intelligences, comme la politique ou la morale, les volontés. Ainsi, suprême couronnement de la logique et de la téléologie sociales qui vont harmonisant en un système d'idées ou d'actions les esprits et les cœurs des hommes, est née l'esthétique qui travaille à accorder et systématiser leurs *goûts*.

Ce sont là les trois maîtresses branches, très inégalement développées, de la science sociale. Si elle était achevée et mûre, elle présenterait à la fois ces trois théories complètes : 1° la théorie des vérités, ou, si l'on aime mieux,

(1) Voir notamment, dans l'*Opposition universelle* le chapitre relatif aux oppositions psychologiques.

des *lumières*, qui se subdivisent en plusieurs espèces, telles que connaissances linguistiques, fois religieuses, confiances enthousiastes, connaissances scientifiques ; 2° la théorie des utilités, ou, si l'on veut, des *biens*, qui comprennent les *pouvoirs*, les *droits*, les *mérites*, les *richesses ;* 3° la théorie des *beautés*, qui se décomposent en autant d'espèces distinctes qu'il y a de variétés des beaux-arts et de la littérature. Dans un autre ouvrage[1], j'ai essayé de faire voir que la sociologie, comme toute science, offre trois aspects différents, suivant qu'on la considère au point de vue de la *répétition* de ses phénomènes, ou de leur *opposition*, ou de leur *adaptation*. Cette division tripartite ne fait pas double emploi avec celle que je viens d'indiquer, elle lui est perpendiculaire pour ainsi dire : chacune des trois *branches* de la sociologie se montre à nous sous les trois *aspects* dont il s'agit, comme nous le verrons bientôt.

La caractère quantitatif de tous les termes que je viens d'énumérer est aussi réel que peu apparent ; il est impliqué dans tous les jugements humains[2]. Il n'est pas d'homme, il n'est pas de peuple qui n'ait poursuivi, pour prix de ses efforts acharnés, un certain *accroissement* ou de richesse, ou de gloire, ou de vérité, ou de puissance, ou de perfec-

(1) *Lois sociales*, Paris, F. Alcan, 1898.

(2) Toute époque, toute civilisation, d'après Nietzche — et c'est là une de ses meilleures considérations — a ce qu'il appelle « *une table des valeurs* ». Par exemple, elle estime que « la vérité est supérieure à l'erreur, ou qu'un acte miséricordieux est préférable à un acte de cruauté ». (V. Lichtenberger, *Philosophie de Nietszche*.) Un groupe des jugements comparatifs de ce genre constitue le caractère propre d'une phase de l'humanité. « La détermination de cette table des valeurs, et en particulier la fixation des plus hautes valeurs, est le fait capital de l'histoire universelle, puisque cette hiérarchie des valeurs détermine les actes conscients ou inconscients de tous les individus et motive tous les jugements que nous portons sur leurs actes. » Et l'on sait que, d'après le fameux philosophe, « la table des valeurs actuellement reconnue par les civilisations européennes est mal faite et demande à être revisée ». On ne saurait contester à Nietzche ni l'existence ni l'importance capitale de cette table des valeurs dont il parle. Mais elle suppose, avant tout, qu'il existe des *quantités* sociales. Car, pour qu'une chose puisse être réputée *plus* ou *moins* qu'une autre, ne faut-il pas qu'elles aient une *commune mesure?* — Il faut donc admettre des *quantités sociales*.

tion artistique, et qui ne lutte contre le danger d'une *diminution* de tous ces biens. Nous parlons tous et nous écrivons comme s'il existait une échelle de ces diverses grandeurs, sur laquelle nous plaçons plus haut ou plus bas les divers peuples et les divers individus et les faisons monter ou descendre continuellement. Tout le monde est donc implicitement et intimement persuadé que toutes ces choses, et non pas la première seule, sont de vraies quantités, au fond. Méconnaître ce caractère vraiment quantitatif, sinon mesurable en droit et en fait, du pouvoir, de la gloire, de la vérité, de la beauté, c'est donc aller contre le sentiment constant du genre humain et donner pour but à l'effort universel une chimère. Cependant, de toutes ces quantités, une seule, la richesse, a été saisie avec netteté comme telle, et a paru digne, par suite, d'être l'objet d'une science spéciale : l'Economie politique. Mais, quoique cet objet, en effet, à cause de son signe monétaire, se prête à des spéculations d'une précision plus mathématique, parfois même illusoire, les autres termes aussi méritent d'être étudiés chacun par une science à part. Toutes ces sciences, hâtons-nous de le dire, rentrent les unes dans les autres, quoique séparables en théorie. On s'explique par là, et on excuse parfaitement la prétention que l'Economie politique a longtemps affichée d'être la science universelle des sociétés. De fait, il n'est rien, en fait de valeur sociale, ni vérité, ni pouvoir, ni droit, ni beauté quelconque, qui ne puisse être envisagé comme richesse, comme ayant une valeur vénale. Mais l'économiste néglige de voir qu'il n'est pas de richesse non plus, agricole ou industrielle ou autre, qui ne puisse être considérée au point de vue des *connaissances* qu'elle implique, ou des *pouvoirs* qu'elle donne, ou des *droits* dont elle est le fruit, ou de son caractère plus ou moins *esthétique* ou inesthétique. Le savant, le prêtre, l'artiste, le politicien, le juriste, etc., tous ceux qui traitent de l'une des trois branches de la valeur sociale ou de leurs sous-branches, auraient donc les mêmes titres que l'économiste au caractère d'universalité dont il a revendiqué le monopole. Ajoutons que le côté théorique et le côté esthétique de tous les *biens* vont se développant de plus en plus, non pas aux dépens, mais au-dessus de leur côté utilitaire. Mots, dogmes ou rites, connaissances, droits, pouvoirs, noblesse, gloire, ont pu d'abord n'être recherchés que comme utilités ; mais ils le sont aussi, et toujours davantage, comme objets de connaissance, comme vérités, et comme moyens d'expression artistique, comme beautés.

Quoi qu'il en soit, l'Économie politique, ainsi entourée, perdrait, il est vrai, son mystérieux isolement de bloc erratique déposé dans le désert de la sociologie encore à naître par les métaphysiciens ou les logiciens, mais elle y gagnerait d'apparaître à sa vraie place en science sociale, et de voir ses notions usuelles, ses divisions, ses théories, contrôlées par les sciences-sœurs qui s'éclaireraient de sa lumière et l'éclaireraient de la leur. Examinons d'abord quelques-unes des principales notions dont elle fait usage et voyons si elles ne peuvent pas servir, si elles ne servent pas déjà, à tracer les premiers délinéaments d'autres rameaux de la sociologie générale. En tête de ces notions, plaçons, comme nous l'avons dit, la valeur, ajoutons-y celle de monnaie, celles de travail, d'échange, de propriété, de capital, d'association.

Mais, avant tout, disons, ce qui ne peut être contesté, que la question de la population n'appartient pas en propre aux économistes. Elle appartient aussi bien aux politiques, aux juristes, aux moralistes, aux esthéticiens mêmes, ainsi qu'aux linguistes et aux mythologues. Chacun de ces groupes de savants se pose à sa manière le problème soulevé par la *tendance* de la population à croître en progression géométrique. Il s'agit, pour l'économiste, d'étudier les rapports de cette *tendance* avec la production des substances et des autres richesses, et de chercher les moyens pratiques soit de la réfréner dans la mesure où elle semble nous menacer — à tort ou à raison — d'un danger formidable, soit de faire que la production marche aussi vite ou plus vite que la population, par la substitution, notamment, de la grande à la petite industrie, de la grande à la petite culture. Il s'agit, pour la politique, de voir les rapports de cette même tendance avec la puissance des Etats, et de lever les obstacles qui s'opposent à sa réalisation en présence des nations rivales où elle est moins entravée. Il pourrait aussi se préoccuper de voir grandir le pouvoir de l'opinion, et spécialement celui des célébrités et des popularités de tout genre, à mesure que la population augmente. Le légiste sait aussi, ou doit savoir, que par telles ou telles institutions on peut stimuler ou amortir le progrès de la population, et que ce progrès, d'autre part, l'oblige à des remaniements législatifs et judiciaires. Le moraliste ne peut ignorer que le Devoir se transforme à chaque grand accroissement numérique d'un groupe d'abord étroit, qui, de la morale de clan, passe à la morale de cité puis de grande nation, et de la pratique de la vendetta ou de l'hospitalité traditionnelle au sentiment large de la justice et à la religion de l'humanité. Il devrait donc se réjouir des progrès de la population, s'il ne voyait aussi les populations se heurter en progressant et les guerres d'extermination naître de là. Enfin, le linguiste, le mythologue, l'esthéticien, ont à noter le lien qui existe entre le progrès ou le déclin de la population, c'est-à-dire les stimulants ou les obstacles historiques que rencontre sa tendance à progresser géométriquement, et les transformations de la langue, de la religion, de l'art.

Le problème se complique, pour chacun d'eux, si l'on remarque que la tendance en question est ou se révèle très inégale non seulement dans les diverses populations, mais dans les diverses couches de chacune d'elles et dans leurs générations successives. La question de savoir si les populations et si les couches de la population les plus fécondes sont ou ne sont pas les plus inférieures, les plus mal douées, est d'une importance suprême au point de vue de l'avenir social envisagé sous tous ses aspects. Ce grand problème de la population, si multicolore et si changeant, chevauche à la fois, pour ainsi dire, sur la biologie et la sociologie. L'Economie politique n'a donc point le droit de l'accaparer.

II

Mais revenons à l'idée de valeur. Je dis qu'elle s'applique aux objets quelconques, hommes ou choses, considérés comme visés par l'attention et la croyance du public, aussi bien qu'aux objets quelconques, hommes ou choses, considérés comme visés par le désir du public. Je dis, en d'autres termes, qu'elle est applicable au plus ou moins de « vérité générale » des connaissances dont une société compose son trésor intellectuel, de même qu'au plus ou moins d'utilité générale des richesses et des autres biens qui forment l'outillage de son activité volontaire. Au nombre de ces connaissances, de ces *lumières*, il faut bien se garder d'omettre, à côté des groupes de connaissances qui constituent sa foi religieuse, sa foi linguistique et sa foi scientifique, sans compter sa foi politique, sa foi juridique et sa foi morale, cette grande constellation de célébrités, de crédits, de gloires, de popularités qui sont allumés par ses actes de foi ou de confiance personnelle en certains hommes à raison de leurs talents ou de leurs vertus supposés.

Or, la gloire d'un homme, non moins que son crédit, non moins que sa fortune, est susceptible de grandir ou de diminuer sans changer de nature. Elle est donc une sorte de quantité sociale. Il serait intéressant de mesurer avec une certaine approximation, moyennant des statistiques ingénieuses, pour chaque espèce de célébrité, cette quantité singulière[1].

Le besoin d'un *gloriomètre* se fait sentir d'autant plus que les notoriétés de toutes couleurs sont plus multipliées, plus soudaines et plus fugitives, et que, malgré leur fugacité habituelle, elles ne laissent pas d'être accompagnées d'un pouvoir redoutable, car elles sont un *bien* pour celui qui les possède, mais une *lumière*, une foi, pour la société. Distinction qu'il y a lieu de généraliser. La confiance générale est, pour l'individu qui l'inspire, une grande force, un grand moyen d'action; mais, pour le public qui l'éprouve, elle est une profonde tranquillité d'âme, une fondamentale condition d'existence. Quand une armée perd la foi en ses chefs, c'est aussi lamentable pour elle que pour eux, quoique diversement. Eux deviennent impuissants ; elle inexistante. — Le problème que je pose est, d'ailleurs, des plus malaisés à résoudre, quoique non insoluble en soi. La *notoriété* est un des éléments de la gloire ; elle peut se mesurer facilement par le nombre d'individus qui ont entendu parler d'un homme ou d'un de ses actes. Mais l'*admiration*, autre élément non moins essentiel, est d'une mesure plus complexe. Il y aurait à la fois à compter le nombre des admirateurs, à chiffrer l'intensité de leurs admirations, et à tenir compte aussi — ce serait là le *hic* — de leur valeur sociale très inégale. Comment ne pas regarder le suffrage de trente ou quarante personnes de l'élite, en chaque genre d'élite, comme bien supérieur à celui de trente ou quarante individus pris au hasard dans une foule? Mais comment préciser

(1) J'ai dit ailleurs (*Logique sociale*, chapitre sur l'Esprit social) que, en psychologie sociale, la gloire tenait la place de la conscience, du moi, en psychologie individuelle. Cette manière de voir n'est nullement inconciliable avec celle qui vient d'être indiquée, et d'après laquelle les gloires font partie des « vérités » nationales. La gloire — et j'entendais par là la notoriété *maxima* à chaque moment, notoriété favorable ou défavorable — est la simultanéité et la convergence des attentions, des jugements, portés sur un homme ou sur un fait qui devient dès lors notoire ou glorieux, et cet état vif de l'opinion est en quelque sorte un état de conscience national. Mais chacun de ces faits ou de ces hommes constitue pour le public une *connaissance*, une *vérité*. C'est le côté objectif du phénomène dont la gloire est le côté subjectif.

numériquement cette supériorité-là? Si ardu que soit ce problème (que certains anthropologistes simplifient fort, en le réduisant à mesurer l'*indice cranien*, le plus ou moins de *dolicho* ou de *brachy-céphalie*), il faut bien qu'il soit susceptible d'une solution, puisqu'en fait il est résolu tous les jours, dans tous les examens universitaires ou administratifs, pour l'appréciation comparée du mérite des candidats.

Ce n'est pas la gloire seulement, c'est la noblesse, c'est le crédit, qui donne à un homme « de la valeur ». Le plus ou moins de noblesse était évalué avec beaucoup de finesse et un discernement délicat des nuances dans les salons de l'ancien régime. Cependant, la noblesse semble comporter bien plutôt des types différents que des degrés inégaux. On les classait malgré tout : dans chaque type de noblesse, soit de robe, soit d'épée, ou dans chacun de leurs sous-types, le degré de noblesse d'un homme se mesurait à l'ancienneté et à l'illustration de son nom, c'est-à-dire au nombre et à la valeur sociale des gens qui le savaient noble, et au nombre de générations qui l'avaient réputé tel, avec plus ou moins de respect. La noblesse est une sorte de notoriété héréditaire, de croix d'honneur apportée en naissant[1]. La richesse est quelque chose de beaucoup plus simple et de beaucoup plus aisément mesurable ; car elle comporte des degrés infinis et fort peu de types différents, dont la différence va s'effaçant. En sorte que la substitution graduelle de la richesse à la noblesse, de la ploutocratie à l'aristocratie, tend à rendre l'état social plus sujet au nombre et à la mesure.

Le crédit d'un homme, né de la croyance du public en lui, est pour lui un grand moyen d'action, comme, pour le public, une grande sécurité, apparente ou réelle. Et les économistes ont raison de parler du crédit. Mais le crédit financier d'un

(1) De la noblesse, comme de la gloire, il convient de remarquer qu'elle est une force, un moyen d'action, pour celui qui la possède, mais qu'elle est une foi, une paix, pour le peuple qui l'admet, et qui, en y croyant, la crée.

homme, le seul dont ils s'occupent, n'est pas le seul dont il y ait à s'occuper. La confiance qu'un citoyen suscite, comme homme d'Etat, comme général, comme savant, comme artiste, est un crédit moral, tout autrement important que la confiance de quelques banquiers en sa solvabilité.

Comment naît, comment grandit le crédit d'un homme sous toutes ses formes, ou sa célébrité et sa gloire? Il vaut bien la peine de s'intéresser à ces divers genres de *production*, aussi bien qu'à la production des richesses et de leur valeur vénale. Et peut-être ces sujets plus neufs se prêtent-ils à des considérations qui ne sont pas inférieures en généralité ni en exactitude à celles que les économistes ont décorées du nom de lois. S'il y a des « lois naturelles » qui règlent la fabrication de tels ou tels articles en plus ou moins grande quantité, et la hausse ou la baisse de leur valeur vénale, pourquoi n'y en auraient-ils pas qui régleraient l'apparition, la croissance, la hausse ou la baisse de l'enthousiasme populaire pour tel ou tel homme, du loyalisme monarchique d'un peuple, de sa foi religieuse, de sa confiance en telles ou telles institutions? Il y en a, assurément, mais non pas celles que les économistes ont formulées. Je prétends que tout ce qu'on a le droit de légiférer ici consiste en imitations rayonnantes de proche en proche à partir d'initiatives individuelles, en rencontres de ces *rayonnements imitatifs* et en conflits ou accords logiques qui résultent de leurs interférences, comme je l'ai abondamment expliqué ailleurs. Par exemple, la célébrité d'un homme naît quand les premiers hommes qui ont découvert ou imaginé un talent parviennent à faire partager leur admiration dans leur entourage qui la propage au dehors, et ainsi de suite, jusqu'à ce que cette expansion admirative se heurte à des âmes déjà remplies d'une admiration rivale et contradictoire qui elle-même est née et a grandi semblablement. Autant de chocs, autant de combats intérieurs où le plus fort des deux sentiments antagonistes, — le plus fort, parce qu'il se sait ou se croit partagé par le plus grand nombre d'autres hommes ou par des hommes d'un plus grand poids — l'emporte sur l'autre. Le crédit moral ou financier d'un homme naît et croît de même, il s'arrête et rétrograde en vertu des mêmes causes.

Quant à la fameuse *loi de l'offre et de la demande*, qui serait le principe suprême de la détermination des valeurs, on a démontré depuis longtemps, depuis les critiques de Cournot à ce sujet, l'insignifiance de sa portée, si on l'entend au sens vague et indéterminé, le seul où elle soit à peu près vraie, et les erreurs où elle conduit si, l'entendant au sens précis, on se risque à la presser un peu. Voilà pour le domaine économique. Mais, si l'on s'avisait de l'exporter dans les domaines voisins, ce serait bien pis. Qu'on essaie d'expliquer par elle les variations de la valeur-foi, de la valeur-confiance, de la valeur-gloire, de la valeur-crédit même. On sait assez bien comment, c'est-à-dire par prédications enflammées et contagieuses d'apôtres, est née en chaque pays d'Europe, s'est propagée et s'est consolidée au moyen âge, la foi chrétienne. On sait encore mieux par quelles causes, — par propagations des idées scientifiques successivement découvertes, et jugées contraires aux dogmes — la foi religieuse, en chaque peuple, a décliné, et par quelles causes opposées, — par prédications nouvelles de nouveaux apôtres apportant de nouveaux arguments — elle s'est ravivée ici ou là[1]. Qu'est-ce qui ressemble, en ces contagions et en ces conflits d'exemples, au rapport inverse entre une offre et une demande ? De quelle offre, de quelle demande peut-il être question ici ? On voit donc que cette loi soi-disant fondamentale de la valeur, ne pourrait jamais être, fût-elle

(1) Les prêtres et les religieux ont étudié les facteurs de la production (lisez reproduction) des croyances, des « vérités », avec non moins de soin que les économistes la reproduction des richesses. Ils pourraient nous donner des leçons sur les pratiques propres à ensemencer la foi (retraites, méditations forcées, prédications) et sur les lectures, les conversations, les genres de conduite qui l'affaiblissent. Les journalistes commencent à être très forts aussi dans l'art d'attiser l'enthousiasme et les gloires de leur parti.

applicable à la valeur vénale, qu'une loi secondaire et spéciale. Mais la valeur vénale elle-même récuse son autorité.

Les économistes ont donné le nom de *marché* au domaine géographique et social où est circonscrit le système des valeurs vénales solidaires les unes des autres et où règne l'uniformité de prix. Qu'est-ce qui correspond au « marché » en fait de valeurs morales, de valeurs scientifiques ou artistiques? Ne serait-ce pas la *société* dans le sens étroit du mot, le « monde » où la conversation roule sur les mêmes sujets, où l'on a reçu une instruction et une éducation communes? Il est à remarquer que en vertu de la nature *rayonnante* de l'imitation en tout genre d'exemples, les *sociétés* tendent toujours à déborder leurs limites et à s'étendre sans cesse, comme les *marchés*, si, comme ceux-ci, elles n'y parviennent pas toujours. En d'autres termes, e champ de l'opinion va s'unifiant et s'élargissant [1], et, avec le sien, celui des valeurs sociales de toute sorte dont elle est l'âme. Cette extension de la valeur en surface n'est pas, d'ailleurs, sans compensation; et, *pendant qu'elle s'accomplit*, elle s'accompagne d'une instabilité plus grande de la valeur, dont les changements sont plus rapides à mesure que son uniformité est plus étendue. L'observation est facile à vérifier par nos cours publics, où l'on voit les Bourses des capitales du monde entier présenter, le même jour, des cotes de moins en moins inégales, mais, d'une époque à l'autre, des variations plus profondes, — quoiqu'une tendance à la consolidation des cours se laisse déjà apercevoir parce que l'œuvre d'uniformisation des cours est bien près d'être achevée. — Mais ce qui est vrai de la valeur vénale l'est aussi bien de la valeur-gloire, de la valeur-popularité, de la valeur-autorité, qui, de plus en plus facilement étendues, sont de moins en moins durables [2].

(1) Voir notre ouvrage sur *l'Opinion et la foule*. Paris, F. Alcan, 1901.

(2) Il n'y a pas de Bourse de la valeur littéraire des écrits, de la valeur artistique des peintures, etc., mais elle tend à se former par le groupe-

Sur la hausse ou la baisse de la valeur, dans tous les sens du mot, l'action de la presse, qui est un puissant agent de l'imitation, est indéniable. Elle agit sur les variations de la valeur vénale, par les informations de la Bourse, par les réclames de tout genre, directes ou indirectes, insinuées en entrefilets captieux ; sur les variations de la valeur littéraire ou scientifique des livres, par ses revues de la littérature ou des sciences ; sur les variations de la valeur morale ou esthétique des œuvres quelconques, des produits quelconques, par l'ensemble des idées qu'elle préconise ; sur les variations de la valeur des personnes, et en particulier, de leur réputation et de leur gloire, par ses diffamations ou ses apologies, par ses encensements redoublés ou ses conspirations du silence.

Ce qui est manifeste aussi, c'est que le développement de la presse a pour effet de donner aux valeurs morales un caractère de quantité de plus en plus marqué et propre à justifier de mieux en mieux leur comparaison avec la valeur d'échange. Cette dernière, qui devait être bien confuse aussi dans les siècles antérieurs à l'usage courant de la monnaie, s'est précisée à mesure que la monnaie s'est répandue et unifiée. Alors elle a pu donner naissance, pour la première fois, à l'économie politique. De même, avant la Presse quotidienne, les notions de la valeur scientifique ou littéraire des écrits, de la célébrité et de la réputation des personnes, restaient assez vagues, car le sentiment de leurs accroissements et de leurs diminutions graduels pouvait naître à peine ; mais, avec les développements de la presse, ces idées se précisent, s'accentuent, deviennent dignes de servir d'objet à des spéculations philosophiques d'un nouveau genre. La Presse, en effet, en se répandant, tend à rendre plus nombreux et plus semblables les exem-

ment des critiques littéraires, des critiques d'art, dans les capitales, et par les *académies*, dont la première destination était, ce semble, de remplir cet office de Bourse morale et esthétique, en servant de métronome à l'opinion.

plaires des jugements individuels dont l'ensemble s'appelle l'Opinion, et à rendre plus égale ou moins inégale d'un individu aux autres l'intensité de l'adhésion de chacun d'eux à chacune des idées qu'elle leur suggère. Ce sont là les deux *facteurs* principaux dont la gloire d'un homme ou celle d'un livre est le *produit*.

III

Pas plus que l'idée de la valeur, l'idée de la *monnaie* n'est du domaine exclusif des économistes. La monnaie sert de mesure aux richesses surtout, mais non pas à elles seules. D'abord, par le fait même qu'elle est le mètre des richesses, qui sont telles en tant que satisfaisant des désirs et jugées propres à les satisfaire, elle est aussi bien le mètre de ces désirs et de ces croyances. Tout aussi bien elle peut servir à mesurer avec une certaine approximation, par le chiffre comparé des legs pieux, des dons faits au clergé ou aux ordres monastiques, à diverses époques, les attiédissements ou les réveils des croyances religieuses et des mystiques désirs ; par les recettes comparées des théâtres où l'on joue les pièces de diverses écoles, la vogue plus ou moins grande de ces formes de l'art ; par une bonne statistique de la librairie (si elle pouvait être faite, *desideratum* énorme), le succès relatif des divers genres d'écrits et des divers écrivains qui les représentent, ainsi que ses variations successives, qui nous renseigneraient sur celles de l'esprit public, etc. La monnaie est donc le mètre universel des quantités sociales, et non pas seulement des richesses [1].

On peut faire cette remarque générale : en tant que mesure des richesses, la monnaie n'a trait qu'à des échanges, ventes ou achats ; mais, en tant que mesure des croyances

(1) Il y a bien d'autres mètres : chaque espèce de statistique en est un. La hausse ou la baisse de la popularité d'un homme public se mesure assez exactement par la statistique électorale.

considérées à part des désirs, elle a trait surtout à des donations ou encore à des vols. C'est par des munificences, par des générosités en faveur d'œuvres scientifiques, ou littéraires, ou philanthropiques, ou patriotiques, par des souscriptions à des statues ou à des manifestations quelconques, que chacun de nous exprime la nature et la force des convictions qui dominent sa vie, des lumières qui constellent son ciel intérieur. C'est par ses dépenses désintéressées aussi qu'il révèle le degré de son admiration esthétique. Quelquefois même c'est par des vols où se montre la perversion d'un esprit sectaire, l'aberration et la profondeur de ses convictions passionnées.

Et, de fait, la donation et le vol sont des notions morales, étrangères en soi à l'économie politique, mais l'*échange* est une notion proprement économique. C'est par métaphore ou abus de langage qu'on dit de deux interlocuteurs qu'ils « échangent leurs idées » ou leurs admirations. Échange, en fait de lumières et de beautés, ne veut pas dire sacrifice, il signifie mutuel rayonnement, par réciprocité de don, mais d'un don tout à fait privilégié, qui n'a rien de commun avec celui des richesses. Ici, le donateur se dépouille en donnant ; en fait de vérités, et aussi bien de beautés, il *donne* et *retient* à la fois. En fait de pouvoirs, il fait quelquefois de même : le roi d'ancien régime délègue son pouvoir judiciaire sans jamais s'en dessaisir. — Aussi le libre-échange des idées, des croyances religieuses, des arts et des littératures, des institutions et des mœurs, entre deux peuples, ne saurait-il, en aucun cas, encourir le reproche qu'on a souvent adressé au libre-échange de leurs marchandises, d'être une cause d'appauvrissement pour l'un d'eux. En revanche, et par cela même qu'il est une addition réciproque, non une substitution, il suscite soit des accouplements féconds, soit des chocs meurtriers, entre les choses hétérogènes qu'il fait se confronter. Il peut donc faire beaucoup de mal, quand il ne fait pas beaucoup de bien. Et, comme ce libre-échange intellectuel et moral sert toujours tôt ou tard d'accompagnement au libre-échange économique, on en peut dire autant de celui-ci, qui, s'il pouvait être séparé de l'autre, serait ordinairement aussi inefficace qu'inoffensif. Mais, je le répète, ils sont inséparables, et, pour être durable indéfiniment, un tarif prohibitif doit se doubler d'un *Index*, ce prohibitionnisme ecclésiastique.

Les idées de *perte* et de *gain* sont applicables aux connaissances, comme aux richesses, quoique l'idée d'échange ne convienne proprement qu'à celles-ci. La mémoire humaine a une capacité limitée, la conscience attentive a un champ des plus étroits. Donc, toute idée nouvelle qui entre dans ce champ, apportée par la conversation, le livre ou le journal, en chasse une autre dont elle prend la place. Expulser n'est pas échanger. On a gagné une idée, on en a perdu une autre. A-t-on plus perdu que gagné ? C'est la question du Progrès. Elle est insoluble si l'on n'accorde qu'il y a une commune mesure des deux idées. L'opinion finit, dans les cercles instruits, par prêter aux idées elles-mêmes, aux théories, aux connaissances, un classement hiérarchique par ordre d'importance, où les mieux démontrées (les plus croyables) et les plus fécondes en applications (les plus désirables) passent avant les moins démontrées et les moins fécondes. Quant à savoir si, de deux théories dont l'une est mieux prouvée mais moins applicable et dont l'autre est plus applicable mais moins prouvée, la première ou la seconde *vaut* davantage, a plus de *vérité*, c'est là une difficulté très délicate, non insoluble toutefois, pas plus que ne le sont les problèmes de physique où des quantités hétérogènes, telles que la masse et la vitesse, entrent en combinaison.

La notion de *propriété* est-elle applicable à toutes les acceptions de la valeur ? Peut-être, mais pas dans le sens où les économistes l'entendent comme les juristes, celui de *libre disposition*. En ce sens, un homme n'est pas plus propriétaire de sa réputation, de sa gloire, de sa noblesse, de son crédit, qu'il ne l'est de ses membres, dont il ne saurait se dessaisir — comme membres vivants — en faveur d'autrui. Il n'a donc pas à redouter d'expropriation pour ces valeurs-là, les plus importantes de toutes, les plus impossibles à *nationaliser*. Est-il même propriétaire de ses sensations ? Non, car elles sont essentiellement incommunicables à volonté et par la parole. Il l'est un peu plus de ses convictions et de ses passions, qu'il peut communiquer en les exprimant ; mais, comme nous venons de le dire, en les répandant il ne s'en dépouille pas ; il ne les affaiblit pas même, il les fortifierait plutôt dans son propre cœur par cette expansion hors de lui-même. Les idées que vous avez découvertes, vous les possédez d'une tout autre façon que les richesses que vous avez fabriquées, les eussiez-vous inventées et fabriquées le premier. Vos découvertes et vos inventions, vous les possédez d'autant plus, ce semble, que vous les propagez davantage par la conversation et le discours. Quant aux richesses que vous avez créées, si vous les avez transmises par l'échange ou la vente, elles ne vous appartiennent plus. Vous continuez, il est vrai, si vous en êtes l'inventeur, à posséder leur idée même et le mérite de l'avoir trouvée, mais c'est en tant que vérité et célébrité, non en tant qu'utilité. La distinction reste donc justifiée, car elle repose, au fond, je le répète, sur celle des états de l'âme *représentatifs*, qui sont transmissibles par leur expression verbale, et des états de l'âme *affectifs*, qui sont, comme tels, intransmissibles verbalement. La merveille de l'art est de rendre transmissibles, par l'expression vive qu'il en donne, et qui alors est jugée belle, non pas les sensations et les sentiments, il est vrai, mais leur image, et de socialiser de la sorte, d'apprivoiser en quelque sorte, ces états de l'âme individuels et sauvages par nature.

L'idée de *travail*, cela est clair, n'appartient pas en propre à l'économiste. Est travail tout effort humain en vue d'un but, que ce but soit la production ou l'acquisition des richesses, ou du pouvoir, ou du savoir, ou de la célébrité, ou de la beauté. Ce qui appartient en propre à la théorie des richesses, c'est l'emploi abusif de l'idée du travail qu'elle est trop portée à regarder comme la source unique (y compris le capital, travail accumulé suivant elle) des valeurs spéciales étudiées par elle. Nul juriste n'a commis l'erreur de dire que le travail est l'unique source des droits, et le politique sait bien que le pouvoir d'un homme ou sa popularité sont le fruit de la chance plus que de l'effort, qu'ils naissent plutôt d'une convenance accidentelle entre la nature de cet homme et les besoins de son temps et de son pays que d'une persévérance opiniâtre. Le professeur, de son côté, n'aura jamais l'idée de penser que l'acquisition des connaissances ou la production de beaux tableaux et de belles statues sont proportionnelles chez ses élèves à leur application. Il y a une autre erreur que l'Économie politique a toujours commise et qu'elle est seule à commettre, c'est celle qui consiste à ne pas distinguer, à l'égard de l'importance du travail, entre la création d'un nouveau genre de richesses ou d'un nouveau perfectionnement d'une richesse ancienne, et ce qu'elle appelle la *production*, mais ce qui, en réalité, n'est que la *reproduction* de cette richesse à l'exemple contagieux du premier créateur. Le travail *reproducteur* et copiste de l'ouvrier, de l'élève, du disciple en tout genre, est ingrat et pénible, et, dans une certaine mesure, malgré l'inégalité des talents, son résultat se proportionne à son intensité et à sa durée. Mais le travail joyeux du créateur, du producteur véritable, n'en est pas un à vrai dire, et c'est justement, je crois, que j'ai opposé l'inventeur au travailleur[1]. L'inventeur peut avoir passé des années et des années à travailler péniblement sans rien trouver, et tout ce travail-là est

(1) J'ai développé cette opposition, il y a longtemps, en 1885, dans un article intitulé *Darwinisme naturel et Darwinisme social*, publié par la *Revue philosophique*.

perdu ; quand l'idée a lui, toute cette peine est oubliée, et, brève ou longue, ne compte plus, noyée dans sa joie laborieuse. Et c'est sa joie, non sa peine, qu'on lui paie. Et sa joie, bien plus que sa peine, pourrait servir à mesurer la valeur sociale de son invention.

L'idée du *capital* a-t-elle un sens en dehors de la théorie des richesses? Oui, mais si l'on veut la généraliser, il faut l'entendre en un sens différent de ses acceptions scolaires, d'ailleurs confuses et inconciliables. Disons d'abord que le capital doit être conçu comme une condition *sine quâ non* de la reproduction des richesses, et aussi bien des pouvoirs, des droits, des connaissances, des célébrités, des beautés. Mais cette condition quelle est-elle ? Dirons-nous que c'est l'existence d'un outillage, d'un outillage d'école ou d'atelier artistique aussi bien que d'un atelier industriel ou de ferme ? Mais cette condition, qui n'est pas universelle, puisqu'on ne voit rien d'analogue pour la reproduction des pouvoirs, des droits, des popularités, des célébrités, n'est pas non plus absolument indispensable là où elle apparaît. A la rigueur, s'il n'a pas d'outils, l'ouvrier des champs s'en fabriquera avec d'autres outils plus simples, ou même avec ses doigts ; le peintre, s'il n'a ni couleurs ni pinceaux, parviendra à s'en faire aussi ; mais à une condition, nécessaire celle-là et seule nécessaire : c'est que l'un et l'autre auront déjà vu et vu faire des outils pareils qu'ils prendront pour modèle, à moins que, n'en ayant jamais vu, ni vu faire, ils les inventent. D'autre part on aura beau leur mettre en mains des outils tout fabriqués, ils ne pourront s'en servir s'ils ne l'ont déjà appris, c'est-à-dire si, en regardant leur patron ou leur maître, ils n'ont tâché de se modeler sur lui. L'essentiel, ici, est donc qu'on ait ou qu'on ait eu sous les yeux un type d'action qu'on puisse reproduire à plus ou moins d'exemplaires pour arriver à reproduire un type d'œuvre qu'il faut aussi voir ou avoir vu. La distinction du capital et du travail se ramène ainsi, au fond, à celle d'un modèle et d'une copie, et l'on voit que, à ce point de vue, il est facile de la généraliser. Il n'est pas de pouvoir politique, judiciaire, sacerdotal, qui n'ait été conféré et répandu à l'exemple d'un type traditionnel ou d'un type étranger, et suivant un procédé électoral, ou autoritaire, ou sacramentel, copié de même sur un premier modèle antérieur ou extérieur. Il n'est pas de droit qui, pour se propager, n'exige des modèles analogues. Il n'est pas de beauté littéraire ou artistique qui ne soit *en partie* (car en partie aussi, elle est ou prétend être modèle à son tour) composée d'imitations d'œuvres et de procédés magistraux. Il n'est pas de gloire qui ne soit faite de manifestations rituelles calquées sur un type ancestral ou importé, applaudissements, bouquets offerts, sonnets en Italie, chansons ailleurs, etc., et d'où résulte une illustration d'un certain genre qui rentre dans un type déjà connu. Partout s'impose, comme condition seule indispensable de la *reproduction*, de ce que les économistes appellent la production, l'existence et la connaissance de modèles, qui partout sont fournis par des inventions, par des initiatives individuelles. Le groupe des inventions connues dans un pays constitue son véritable capital, capital qui s'accroît de deux manières bien distinctes : par le grossissement de ce groupe, ou par la diffusion de la connaissance qu'on en a.

Que dirons-nous de la *division du travail*, autre notion aisée à exporter hors de l'économie politique, si ce n'est que les économistes lui ont souvent prêté les précieux avantages qui reviennent, en réalité, à l'harmonie des travaux ? La *division des richesses*, leur différenciation toujours croissante au cours de la civilisation, et correspondant à celle des besoins, à la complication de notre psychologie raffinée, a par elle-même une tout autre portée que la *division des travaux* destinés à les reproduire. De même, la division des pouvoirs, leur complexité croissante, a une signification tout autrement importante que la division ou même la coalition des efforts en vue d'arriver au pouvoir. Il y a aussi une division des gloires, une multiplicité et une différence toujours grandissantes des célébrités et des notoriétés, et elle mérite beaucoup plus d'être signalée à l'attention que la division des efforts pour parvenir à se faire connaître. C'est en se spécialisant dans un travail unique, bien plus que par la diversité des travaux, qu'on arrive à s'illustrer. Non pas que cette diversité soit sans importance, mais, pour atteindre à la gloire, à la popularité, au pouvoir, au savoir, à la perfection esthétique, aussi bien qu'à la fortune, ce qui importe avant tout, c'est l'harmonie des travaux, la convergence des efforts. Il est vrai que l'harmonie des travaux suppose leur division, mais elle est loin de lui être proportionnelle, et elle peut s'accroître sans que celle-ci augmente ou même pendant qu'elle diminue. Il se pourrait fort bien qu'une meilleure « organisation du travail » dans l'avenir fût liée à une moindre division du travail, ce qui ne serait pas un mal ; mais, si par hasard elle s'accompagnait aussi d'une moindre différenciation des richesses, ce serait autrement fâcheux.

C'est par l'*association* consciente ou inconsciente, rassemblée ou dispersée des travailleurs que s'opère la solidarité des travaux. Est-il nécessaire d'insister pour montrer que l'idée d'association n'est pas du domaine exclusif des économistes ? C'est évident.

Une société ne poursuit pas seulement à chaque époque la plus grande somme possible de richesses, de connaissances, de gloires, de puissances, de beautés ; elle poursuit encore la plus grande somme possible des richesses, des connaissances, etc., jugées les meilleures possibles à l'époque dont il s'agit. Le problème du *maximum*, déjà si ardu, se complique d'un problème d'*optimum* qui, à première vue, semble insoluble, mais qui, chose étrange, est le plus facilement résolu. Il y a, en tout temps et en tout pays, une hiérarchie de gloires diverses unanimement acceptée, et où une société se reflète aussi bien que dans sa hiérarchie de crimes, non moins admise par tous. Et ceci s'applique pareillement à sa hiérarchie de pouvoirs ou de savoirs. Le crime *majeur* est tantôt le blasphème, tantôt la lèse-majesté, ou le vol, ou l'homicide; la gloire majeure était hier militaire, avant-hier religieuse, la canonisation ; elle a été, sous la Restauration, poétique ; aujourd'hui elle serait plutôt celle du comédien que du dramaturge, celle du critique littéraire — extraordinairement en vogue de nos jours — que du poète ou du romancier même. A d'autres époques, en Italie, l'homme le plus glorieux a été un grand peintre, un grand sculpteur, un grand architecte. Dans l'Allemagne actuelle, la gloire musicale l'a emporté de beaucoup sur les autres gloires artistiques. Il y aurait à subdiviser : par exemple, chaque période et chaque nation du moyen âge chrétien se peignent dans la nature de ses saints ; là où fleurissent les saint Jérôme et les saint Augustin, les saint François d'Assise ne sauraient germer ni les Catherine de Sienne [1].

Pareillement, toute société a sa hiérarchie de richesses, non moins significative ou symptomatique, et dont la comparaison avec les hiérarchies voisines pourrait être fort utile à l'économiste. Il n'est pas indifférent que la richesse majeure soit en troupeaux, ou en sacs de blé, ou en capitaux, ou que les capitaux les plus recherchés consistent en créances nominatives sur des particuliers ou en rentes d'États au porteur [2]. N'y a-t-il pas quelque chose d'irréversible dans cette série, qui va, non seulement du concret à l'abstrait, du particulier au général, mais surtout du personnel à l'impersonnel, de rapports intimes avec un groupe étroit de personnes, parents et serviteurs, pendant l'ère

(1) Qu'on lise a ce sujet la *Psychologie des saints*, de M. Henri Joly.

(2) Comment peut-il se faire que des choses hétérogènes, sans commune mesure apparente, soient classées, soient jugées supérieures ou inférieures les unes aux autres ? Cela n'est possible que parce qu'elles sont l'objet de désirs ou de croyances plus ou moins intenses, plus ou moins généralisés. Si donc l'on refuse d'admettre le caractère quantitatif de ces deux forces psychologiques et sociales à la fois, le classement dont il s'agit devient inexplicable, je ne dis pas simplement injustifiable.

pastorale, puis agricole, à des rapports anonymes avec d'innombrables et invisibles inconnus? Et n'y a-t-il rien d'analogue dans les séries voisines? Le pouvoir et le droit le plus fort, le type idéal du pouvoir et du droit, a commencé par être celui du patriarche sur sa famille, du suzerain sur ses vassaux, lien tout personnel d'homme à homme, formé par l'hérédité du sang ou le serment héréditaire; il a fini par être le pouvoir, le droit du fonctionnaire sur le public. Le devoir le plus fort, le plus sacré, a commencé par être familial; il a fini par être patriotique ou humanitaire. La gloire la plus enivrante a commencé par être l'admiration fanatique, passionnée, dévouée, d'un petit groupe de partisans, de thuriféraires serrés dans une chapelle étroite, elle a fini par être l'acclamation relativement froide, et sans dévouement vrai, d'un public dispersé et immense, qui ne connaît pas personnellement son héros [1]. La vérité la plus crue et la plus vivante, la vérité par excellence, a commencé par être le crédo d'une petite secte, vérité toute personnelle acceptée sur la foi d'autrui; elle a fini par être la vérité impersonnelle des lois scientifiques. En toutes ces transformations, en tous ces courants multiformes d'une société à l'autre, mais pareillement impossibles à remonter sur leur pente commune, se constate la tendance irrésistible à l'élargissement du champ social, orientation générale de l'histoire.

Quant à la multiformité de ces évolutions, indépendamment de leur même sens, elle tient aux caprices de l'opinion, qui dirige tantôt ici, tantôt là, le rayon de son regard visuel, sous l'influence de ses directeurs et des circonstances. Par exemple, de la disposition à admirer ou à respecter telle ou telle chose, ou à admirer en général plus qu'à respecter, naissent les célébrités en tel ou tel genre. Nos nations con-

(1) Bien entendu, cette irradiation froide de la renommée d'un homme n'est possible, à l'origine du moins, que par l'existence d'un foyer chaud, d'une coterie enthousiaste.

temporaines ont de grands talents ou même de grands génies, parce qu'elles ont gardé le sentiment de l'admiration ; elles n'ont plus guère de grands caractères, ou semblent n'en plus avoir, parce qu'elles ont perdu le sentiment du respect. Les grands respects font les grandes vertus renommées, comme les grandes indignations font les grands crimes, comme les grandes convictions font les grandes vérités. J'ajoute : comme les grandes confiances nationales font les grands hommes d'Etat. Une presse systématiquement diffamatoire tarit leurs sourcees. — On voit par là ce qu'il y a d'accidentel dans la gloire. A génie naturel égal, un homme rencontrera ou ne rencontrera pas d'idées géniales, suivant que les éléments de cette idée lui seront ou ne lui seront pas apportés par les courants croisés de l'imitation. Et, à égale génialité d'idées découvertes, elles le rendront illustre ou obscur suivant qu'elles rencontreront ou non un public soucieux d'elles et disposé à les accueillir.

IV

Nous venons de passer en revue quelques-unes des principales notions dont l'économie politique fait usage ; nous avons vu que les plus importantes, celles de valeur, de travail, d'association, ne lui appartiennent pas en propre et gagnent encore en importance à être généralisées ; que d'autres, celles de propriétés, d'échange, de division du travail, se transforment en se transplantant et ne sont pas généralisables sans remaniement. Il en est une dont nous n'avons rien dit encore, et dont nous dirons simplement qu'elle n'a guère d'emploi possible en dehors du domaine économique ; elle est donc, à notre point de vue actuel, la moins importante de toutes, quoique les économistes l'inscrivent en tête de l'une des trois ou quatre grandes divisions de leur science : la *consommation*. On consomme des richesses, c'est-à-dire que pour les employer on doit les détruire plus ou moins vite ou lentement ; et peut-être peut-on dire aussi que l'on consomme un pouvoir en l'exerçant, ou en en abusant ; mais consomme-t-on sa gloire, son crédit même ? Consomme-t-on ses croyances en y pensant et les chefs-d'œuvre qu'on admire en les regardant[1] ? En revanche, il est deux idées dont ils font un usage beaucoup trop restreint, celles d'alliance et de luttes, d'*adaptation* et d'*opposition*, et qui sont susceptibles au plus haut degré d'être

(1) Les richesses tendent à être consommées, mais les gloires ne tendent pas à être détruites. Leur destruction est un accident fréquent, presque universel, mais qui est toujours étranger à leur nature propre. Chacune d'elles, considérée à part des autres, tend à croître indéfiniment jusqu'aux limites de sa *société*, mais non à rétrograder ensuite. Sa rétrogradation ne peut être que l'effet de sa rencontre accidentelle avec d'autres renommées incompatibles avec elle, ou bien de la mort naturelle des admirateurs, quand ils ne sont pas remplacés. C'est la mort, phénomène biologique et non sociologique, qui met le plus sûrement fin aux renommées que des causes sociales ont produites, ou qui donne lieu à leur affaiblissement, à leur refroidissement graduel. A chaque vieux grognard qui mourait, après 1815, la gloire de Napoléon, en ce qu'elle avait de vivant et de contagieux, de brûlant et de rayonnant, était diminuée, comme l'est une illumination par l'extinction d'une bougie. Il est vrai qu'à cette gloire vivante, de première formation, succède, pour les génies privilégiés, une gloire plus froide, fantomatique et crépusculaire, qui peut même aller en s'étendant toujours mais n'en est pas moins à la précédente ce que la vie d'Achille aux champs Elysées était à son existence sous les murs de Troie. — Quand un homme sympathique et bon vient à mourir, il reste de lui quelque chose de vivant encore et qui peut être comparé hardiment à la gloire du plus grand capitaine : le souvenir tendre, affectueux ou reconnaissant, qu'il a laissé au cœur de ceux qui, l'ayant vu et apprécié, le revoient encore, l'entendent parler et reconnaissent pour ainsi dire le son de sa voix. Mais, malheureusement, quand ceux-là meurent à leur tour, ils ne sont pas remplacés ; aussi peut-on dire que, à chacun d'eux qui meurt, le mort aimé perd un peu de sa vie survivante, s'achemine vers sa seconde mort bien plus navrante peut-être que l'autre, car elle n'est remarquée ni pleurée de personne. Toutes les fois que nous apprenons la mort de quelqu'un, si indifférent qu'il nous puisse être, qui a connu le parent ou l'ami dont nous portons le deuil, nous devrions nous attrister profondément, si nous avions le cœur moins léger.

Pour revenir à cette distinction des deux gloires, l'une chaude et vivante, l'autre spectrale et glacée, remarquons qu'elle est susceptible d'autres applications. Est-ce qu'il n'y aurait pas à distinguer aussi entre le pouvoir vivant et le pouvoir survivant, entre la noblesse vivante et la noblesse survivante, « ombre d'elle-même », et même entre la vérité vivante et la vérité pâle, exsangue, froidement répétée de bouche ? — La gloire vivante consiste bien plus en conversations qu'en écrits ; la gloire survivante, en écrits qu'en conversations ; elle finit par ne plus consister qu'en signes commémoratifs, une statue, une plaque de marbre, une inscription sur un rocher...

généralisées. Ils ne s'occupent de l'opposition qu'à propos de la concurrence des productions ou des consommations, négligeant l'opposition cachée et continuelle des produits qui joue un rôle économique capital, et ils n'ont nul égard non plus aux alliances invisibles des produits, à leurs adaptations fécondes.

Mais, pour bien comprendre ce point, prenons un exemple concret qui nous permettra en même temps d'examiner, à la lueur de nos comparaisons, certaines « lois » des économistes. Nous emprunterons cet exemple au *livre*. — On a pu dire de la monnaie qu'elle est une marchandise comme une autre, et c'est déjà une grande erreur. Mais, si l'on disait que les livres sont des marchandises comme d'autres, ce serait une erreur encore bien plus profonde. Ranger les livres parmi les richesses, c'est confondre ce qui a trait à l'intelligence avec ce qui a trait au besoin ou à la volonté. La *valeur* d'un livre est une expression ambiguë, car chacun de ses exemplaires, en tant qu'il est tangible, appropriable, échangeable, consommable, a une valeur vénale qui exprime son degré de *désirabilité*, mais, en lui-même, en tant qu'intelligible, inappropriable, inéchangeable, inconsommable essentiellement, ce qui ne veut pas dire indestructible, il a une valeur scientifique, qui exprime son degré de *crédibilité*, sans compter sa valeur littéraire, qui veut dire son degré de séduction expressive[1]. Mais, soit considéré comme produit, soit considéré comme enseignement, un livre est susceptible de s'allier à d'autres livres ou de les combattre. Il n'est pas de livre, considéré comme ensei-

(1) Il n'y a pas que les livres, nous le savons, qui comportent une valeur autre que leur valeur d'échange : d'objets fabriqués quelconques on peut dire aussi qu'ils ont, outre leur valeur vénale, leur valeur morale ou esthétique, et aussi leur valeur documentaire (qui rentre dans la valeur scientifique). Cette valeur documentaire est destinée à survivre à toutes les autres. Elle se dégage avec netteté et se renforce quand, dans un tombeau antique, on découvre un vase, une épée, un ustensile quelconque qui ne vaut plus rien pour l'usage auquel il était primitivement destiné mais dont l'intérêt comme document est immense.

gnement, qui ne soit fait avec d'autres livres dont il donne souvent la bibliographie, et parmi lesquels il en est dont on peut dire qu'il est fait *pour* eux, car il les confirme et les complète. Et il n'est pas de livre non plus qui ne soit fait *contre* d'autres livres. De même il n'est pas de produit qui ne soit fait soit *avec* et *pour*, soit *contre* d'autres produits. Les produits se combattent quand, par des procédés différents, ils poursuivent la satisfaction du même besoin, chacun d'eux prétendant être le meilleur et niant la prétention analogue des autres : par exemple, l'éclairage au gaz ou à l'électricité, les tissus de toile ou de coton, la faïence ou la porcelaine, etc. Ils s'allient, ils s'adaptent, quand ils se complètent au point de vue de la satisfaction d'un même besoin ou répondent à des besoins connexes : verres et assiettes, chemises et faux-cols, habit et cravate blanche, etc. En un autre sens, un produit s'allie à tous les produits antérieurs qu'il utilise. Dans l'automobile s'allient la roue, la machine à pétrole, le caoutchouc pneumatique, etc. Il n'est pas de produit qui ne soit ou ne puisse devenir auxiliaire d'un autre, *outil* de cet autre. La distinction de l'outil et du produit n'a donc qu'une vérité relative ou superficielle.

Il faut distinguer, pour les marchandises comme pour les livres, deux manières de se combattre : leur *concurrence* et leur *contradiction*. Leur concurrence, c'est-à-dire leur émulation à la poursuite de la meilleure solution d'un même problème, de la satisfaction d'un même besoin, est excellente et louable, même accompagnée d'une contradiction indirecte et implicite, celle de leurs prétentions contraires ; mais leur choc direct, leur contradiction violente, sous la forme de polémiques littéraires ou de guerres commerciales, est détestable.

Si nous cherchions les conditions générales de la production des livres, comme les économistes ont cherché celles de la production des marchandises, nous verrions que la distinction célèbre des trois facteurs, Terre, Capital et Travail, peut à la rigueur s'appliquer ici mais avec de grandes et instructives transformations, notamment en ce qui concerne le capital qui devrait être conçu comme le legs, sans cesse grossi, des bonnes idées du passé, des découvertes et inventions successives. — Mais, s'il est des « lois » de la production (ou reproduction) des marchandises et des livres, pourquoi n'y en aurait-il pas aussi de leur *destruction?* Et pourquoi n'est-il question de celle-ci, en économie politique, qu'implicitement et à propos de la consommation, chapitre sur lequel on s'étend trop ? Cependant ce ne sont pas seulement les produits consommés qui sont détruits. Sans avoir même servi, combien de mobiliers ont été remplacés et anéantis par d'autres mobiliers, combien de bibliothèques par d'autres bibliothèques ! Que de fois l'humanité a renouvelé son outillage avant qu'il ne fût usé, ses provisions en tout genre encore intactes, comme elle a renouvelé ses sciences et ses arts, ses laboratoires et ses musées ! Car ces choses-là ne sont pas, le plus souvent, mortes de leur belle mort, les unes ont tué les autres. Et ces *duels* incessants, ces duels logiques ou téléologiques des livres et des marchandises, des statues et des meubles, demanderaient à être étudiés de près, non moins que leurs unions fécondes.

Comment se fait un livre ? Ce n'est pas moins intéressant que de savoir comment se fabrique une épingle ou un bouton. Dans un cas comme dans l'autre, il y aurait à distinguer ce qui revient à l'association des travaux (lisez la division du travail) et à la concurrence des travailleurs. Il faudrait distinguer aussi diverses sortes d'association qui concourent à la produire, concentrées ou dispersées, plus ou moins intimes, plus ou moins vastes, et, en somme, de plus en plus vastes — et de plus en plus conscientes, malgré leur étendue croissante — à mesure que le grand filet des relations humaines se déploie sur le monde social élargi. Un livre se fait maintenant avec l'aide de collaborateurs, bien plus nombreux, bien plus dispersés et lointains, et en même temps bien plus connus ou moins inconnus, qu'autrefois. Il en est de même d'un article industriel. — D'ailleurs ces collaborateurs sont bien rarement co-auteurs. La règle, en fait de livres, c'est la production *individuelle*, tandis que leur propriété est essentiellement collective ; car la « propriété littéraire » n'a de sens individuel que si les ouvrages sont considérés comme marchandises, et l'idée du livre n'appartient à l'auteur exclusivement qu'avant d'être publiée, c'est-à-dire quand elle est encore étrangère au monde social. Inversement, la production des marchandises devient de plus en plus collective et leur propriété reste individuelle et le sera toujours, alors même que la terre et les capitaux seraient « nationalisés ». — Il n'est pas douteux que, en fait de livres, la *libre production* s'impose comme meilleur moyen de produire. Une organisation du travail scientifique qui réglementerait législativement la recherche expérimentale ou la méditation philosophique donnerait de lamentables résultats. — En fait de production *livresque* aussi bien qu'industrielle, il y a des *crises*. En quoi consistent-elles ? Dans les crises de la librairie, ne confondons pas ce qui est de nature économique et ce qui est de nature littéraire. Une crise, en théorie, peut provenir aussi bien d'un déficit que d'un excès de fabrication. Mais, en fait, on ne donne ce nom de nos jours, qu'aux phénomènes économiques causés par l'encombrement du marché. En est-il de même des crises littéraires ? Est-ce que ce qui est vivement ressenti et remarqué par le public, ce n'est pas la disette des livres et d'informations quelconques pour répondre à sa vive curiosité ou à son goût du moment, encore plus que leur surabondance ? Et n'est-ce pas pourtant en fait de livres surtout, bien plus qu'en fait de marchandises, que la crainte de la *surproduction* est légitime et justifiée ?

La *demande* d'un livre, et aussi bien d'un produit, n'est qu'une des conditions de sa venue au jour. Elle ne suffit pas. Le besoin public a beau réclamer, à certaines époques, une plus grande abondance de monnaie d'or, tant que de nouvelles mines d'or ne sont pas découvertes, la monétisation de ce métal n'augmente pas. Pendant les ravages du phylloxéra, le vin était demandé instamment, et cette demande contribuait certainement à faire cultiver la vigne tant qu'on pouvait, mais, aussi longtemps que le remède au fléau n'a pas été *trouvé*, il a été impossible d'étancher la soif générale. De même, le goût public a beau appeler à grands cris un grand poète dramatique, ou la curiosité publique un grand rénovateur des études historiques, de telle ou telle science, il faut attendre l'apparition d'un talent naturel servi par les circonstances, sorte de mine naturelle à découvrir et à exploiter pour les besoins intellectuels.

La production des livres, comme celle des produits, a des phases dont la série est irréversible. Si nous n'y distinguons rien qui ressemble à la succession des phases chasseresse, pastorale, agricole, industrielle, nous y remarquons sans peine une phase initiale que Le Play n'a pas eu le tort de signaler, celle de la *cueillette*. Il y a eu, certainement, un âge de la cueillette aisée et facile des idées nées d'elles-mêmes, à l'usage des premiers moralistes, des premiers poètes chanteurs, des premiers conteurs... Et, en fait de livres, comme en fait de produits, la fabrication à la main a précédé la *machinofacture*, l'imprimerie, substitution qui n'a pas eu de moins graves conséquences ici que là.

La loi des débouchés, de J.-B. Say, suivant laquelle les produits trouvent d'autant plus facilement à s'écouler qu'ils sont plus abondants et plus variés, ne s'applique-t-elle pas beaucoup mieux aux livres, aux connaissances, qu'aux produits? Ou, pour préciser davantage, ne s'applique-t-elle pas beaucoup mieux aux succès littéraires des livres qu'à leurs succès de librairie, ce qui fait deux? Cette formule cesse d'être vraie au cas où une marchandise qui s'offre rencontre sur le marché beaucoup d'autres marchandises de même espèce ou répondant au même besoin : une lampe à pétrole ne se vendra pas d'autant plus facilement dans une localité qu'il y aura déjà dans les magasins plus de lampes à pétrole ou même de lampes électriques ou autres. Au contraire, un nouveau livre a d'autant plus de chances d'être lu et d'intéresser dans une région du public qu'il y a déjà plus de livres traitant des mêmes sujets, répondant aux mêmes problèmes. A l'inverse, une marchandise trouve dans un pays un débit d'autant plus facile qu'il y a déjà plus de marchandises hétérogènes, répondant à d'autres besoins, tandis qu'un livre d'histoire, par exemple, n'aura pas un succès d'autant plus probable dans un pays qu'il y rencontrera plus de livres de sciences naturelles ou mathématiques, ou de théologie. Toute société cultivée présente, intellectuellement, un certain courant général d'opinion et de goût qui lui fait dévorer aujourd'hui telle ou telle espèce de publications et dédaigner toutes les autres, qu'il dévorera demain. Cependant, à mesure que le lien de solidarité intime qui unit toutes les sciences et même les rattache aux diverses branches de l'art, apparaît mieux, ce que je viens de dire est moins applicable, et, dans un milieu *très* cultivé, un livre est d'autant plus sûr d'intéresser que la production livresque, en n'importe quel genre, est plus abondante. Un homme d'une curiosité encyclopédique, et le nombre s'en accroît peu à peu, est d'autant plus avide de nouvelles lectures qu'il en a fait de plus étendues sur de tout autres sujets.

Cette exception ou cette élite mise à part, demandons-nous à quoi tient l'inversion signalée plus haut. Dans la mesure où elle est exacte, elle tient à ce qu'un homme instruit, et aussi bien un public instruit, peut s'absorber dans un seul problème qui lui fait longtemps oublier tous les autres, ou se passionner pour un genre littéraire à l'exclusion de tous les autres, tandis que jamais homme, à moins d'être un monomane à enfermer, ne s'est préoccupé passionnément d'un seul besoin, celui de boire ou de se vêtir, au point d'oublier tous les autres. Le bien-être, poursuivi par l'activité économique, consiste en un chœur et non un solo de besoins, organiques ou artificiels, harmonieusement satisfaits et solidaires les uns des autres, le confort du logement faisant désirer d'autant plus le confort du vêtement et de l'alimentation, et ceux-ci faisant souhaiter l'agrément des voyages, etc. Pourtant il n'est pas douteux que les passions intellectuelles, les problèmes théoriques ou esthétiques, s'enchaînent et s'engendrent comme les besoins du corps. Aussi, quand l'un des grands problèmes de l'esprit, quand l'une des grandes curiosités ou avidités intellectuelles se développe dans un public, on peut être sûr qu'à côté il y a d'autres publics nourrissant les curiosités et les avidités complémentaires. Mais c'est bien rarement dans le même public qu'elles coexistent toutes, tandis que c'est sur le même marché en général, que coexistent les besoins multiples et solidaires auxquels l'industrie répond.

Au surplus, l'inversion signalée ne saurait être que passagère, de même que l'application de la loi de Say. En effet, où tend la production des livres? Elle tend, ou elle court sans le savoir, à reconstituer, sous des formes nouvelles, le bel équilibre mental — toujours temporaire — que le système catholique avait établi au moyen âge dans la chrétienté, ou le polythéisme homérique dans la Grèce antique. Quand la science moderne sera arrivée à son terme, je veux dire à sa période de fixation définitive des principes et des méthodes, il y aura, dans tous les esprits, une même hiérarchie des connaissances, un enchaînement de problèmes systématisés auxquels il aura été répondu par un certain nombre de livres capitaux, et répondu si parfaitement que la plupart des livres nouveaux, s'ils ne sont pas leur réédition avec variantes, seront refoulés par cette suprématie reconnue des anciens. Les livres dissidents seront mis à l'index social. On ne lira plus que les livres orthodoxes, conformes aux principes et les prolongeant, et, à vrai dire, ceux-là seulement seront, pour un temps plus ou moins long, instructifs et beaux.

Pareillement, où tend, où court inconsciemment la production économique? A la constitution, à la reconstitution d'une morale, sans qu'il y paraisse : je veux dire à l'établissement d'une hiérarchie des besoins réputée par tous juste et normale. Et tout produit nouveau qui sera de nature à ébranler cette hiérarchie en stimulant avec excès certains besoins au détriment de tels autres, sera éliminé. Et les produits jugés conformes à la *téléologie régnante* — car la morale n'est que cela — seront seuls achetés. Il ne sera donc plus vrai de dire alors, — comme il ne l'eût pas été non plus au XIIIe siècle — que l'écoulement d'un produit quelconque sera facilité par la présence, sur le marché, de produits plus abondants et plus variés. Quand le produit excommunié s'offrira, il aura beau rencontrer la plus grande abondance et la plus grande variété de produits autorisés par les mœurs, il ne se vendra pas. Au fond, ce n'est pas tant la variété que la solidarité et l'harmonie des produits qui doit importer ici, aux yeux du sociologue. Je ne dis pas peut-être aux yeux de l'artiste, ni même du philosophe, qui voit dans la libre diversité la source et la fin, pour ainsi dire divine, des choses, l'alpha et l'oméga de l'univers.

CHAPITRE III

DISCUSSION DU PLAN

Par les comparaisons multipliées qui précèdent, j'ai cherché à faire sortir l'Economie politique de son isolement majestueux et décevant. Tâchons de montrer maintenant que, si l'on concevait la pensée de constituer à côté d'elle et sur un plan plus ou moins rapproché du sien, une théorie des connaissances (science pédagogique, dans le sens encyclopédique de *logique sociale* pure et appliquée), une théorie des pouvoirs (science politique), une théorie des droits et des devoirs (science juridique et morale), une théorie des beautés (science esthétique), de manière à pouvoir les embrasser toutes ensemble avec elle dans une même théorie générale de la valeur, il faudrait nécessairement faire subir au plan sur lequel la théorie des richesses a été édifiée ou échafaudée jusqu'ici un complet remaniement.

Les défauts et les lacunes de ce plan nous sont déjà signalés par les essais embryonnaires de ces théories diverses tels qu'ils se sont déjà produits. A propos des pouvoirs, il est vrai, ou des droits, ou des lumières, on s'est occupé, avant tout, de leur *reproduction*, et de leur *répartition*, de leur diffusion plutôt, comme à propos des richesses, mais on s'est occupé aussi de leurs origines, de leur véritable *production* par insertions successives d'idées nouvelles, ce dont l'économie politique n'a nul souci ; et l'on s'est occupé plus encore de leurs accords ou de leurs désaccords et de leur emploi. L'économie politique ne paraît pas se douter qu'il y ait des accords ou des désaccords (psychologiques) des richesses entre elles.

M. Gide a critiqué avec beaucoup de raison la division en quatre branches, devenue classique : *production* (lisez *reproduction*), *circulation*, *répartition*, *consommation*. Il n'a jamais pu comprendre, dit-il, à quoi répond la circulation. « Elle n'est rien de plus qu'une conséquence et un aspect de la division du travail. » Il aurait pu pousser, je crois, sa critique plus avant. D'abord, à quoi bon consacrer toute une partie de la science des richesses à leur *consommation?* On a pu remarquer combien ce chapitre-là est vide et insignifiant, farci de remplissages hétérogènes, de généralités sur le luxe notamment, dans la plupart des traités. En réalité, la consommation est inséparable de la production qui ne se conçoit pas sans elle, qui ne doit faire qu'un théoriquement avec elle. La reproduction des besoins, chez le consommateur, explique et provoque seule la reproduction des efforts adaptés à leur satisfaction, chez le producteur. La consommation, considérée à part de la production (reproduction) des articles consommés, n'est qu'un fait de jouissance individuelle, qui ne prend un caractère social qu'autant qu'elle sert à leur reproduction directe ou indirecte ou à celle d'autres articles, ou à la création d'articles nouveaux. Dans le premier cas, elle fait partie du titre de la production (reproduction) des richesses, où, en effet, il est nécessairement question à chaque ligne de la consommation des subsistances par les travailleurs. Dans le second cas, elle rentre dans le titre inédit de l'*adaptation* économique, car un nouvel article n'a de succès (sans succès il ne compte pas socialement), que s'il est adapté à des besoins nouveaux ou mieux adapté à des besoins anciens. Reste le cas où la consommation est absolument inféconde : cette destruction pure et simple de richesse, perte sèche pour la société, est un simple accident qui n'intéresse pas plus la science théorique qu'un incendie ou un éboulement de rocher.

Des quatre branches de l'Économie politique, deux sont coupées. Conserverons-nous au moins les deux autres, *pro-*

duction (reproduction) et *répartition?* Mais ce dernier mot est ambigu. Si, par répartition des richesses, on entend leur diffusion, ce qui suppose la propagation imitative du désir qu'on a de chacune d'elles, de la confiance qu'on a en leur utilité, il n'y a pas lieu de séparer de la reproduction des richesses cette répartition-là qui a avec elle un lien si étroit. Mais, si par répartition des richesses, on vise surtout leur échange, leur appropriation et l'association libre ou forcée qui se crée ainsi entre les co-échangistes, sous l'empire des circonstances dominantes ou des règles imposées, ce n'est pas ici, c'est ailleurs, comme nous allons le voir plus loin, qu'il est à propos d'en parler. Il convient donc d'exposer en bloc, dans un même chapitre, sans solution factice de continuité, tout ce qui a trait à la reproduction et à la diffusion des richesses. Je dis diffusion plutôt que répartition, car elles tendent essentiellement à se répandre de plus en plus, à travers les frontières des pays et les distances des couches sociales : c'est là leur manière naturelle de se répartir.

Il ne subsiste qu'une seule des quatre parties de l'économie politique. Lui laisserons-nous son ancien titre : « production des richesses? » Non, il est doublement défectueux, car, d'une part, il s'agit des manières de reproduire la richesse déjà créée, et non de la produire pour la première fois: d'autre part, pourquoi ne s'occuper, dans la science économique, que de ces entités, les richesses, et non des hommes qui les demandent ou les fabriquent? On a reproché avec raison aux criminalistes classiques de n'avoir égard qu'aux *crimes* et non aux *criminels;* un reproche analogue, celui de s'inquiéter beaucoup plus des *produits* que des *producteurs*, est mérité par nombre d'économistes du passé. Aujourd'hui, il est vrai, en économie politique comme en *criminalistique*, une réaction vive s'opère contre cette obsession de l'abstraction scolastique et ce mépris de la réalité vivante. Donc, il importe de changer l'étiquette du sac dont le contenu n'est plus le même et est destiné à se modifier encore. Au lieu de « production des richesses », disons *répétition économique ;* et par là nous entendrons les relations que les hommes ont entre eux, au point de vue de la propagation de leurs besoins semblables, de leurs travaux semblables, de leurs jugements semblables portés sur l'utilité plus ou moins grande de ces travaux et de leur résultat, de leurs transactions semblables. Circulation et répartition des richesses ne sont qu'un effet de la répétition imitative des besoins, des travaux, des intérêts et de leur rayonnement réciproque par l'échange. Noter la connexion de cette propagation par imitation avec la propagation des hommes eux-mêmes par génération, car le problème de la population se pose ici comme partout en tête de la science. Il y aurait à marquer la profonde analogie entre les lois qui régissent la répétition des richesses et celle des hommes : la *tendance* à croître en progression géométrique s'applique aux richesses comme aux hommes, en dépit du contraste factice et erroné que Malthus a cru apercevoir entre les deux. Malthus dit que la population *tend* à grandir en progression géométrique, tandis que les subsistances ne seraient susceptibles que d'une progression arithmétique. Mais ces subsistances, qu'est-ce? Des plantes, des animaux, des produits chimiques ou industriels. Or, les animaux comme les plantes, les bœufs et les moutons comme les céréales, *tendent*, au même titre que l'homme, ni plus ni moins, c'est-à-dire en tant qu'êtres vivants, à une multiplication *rayonnante*, de plus en plus large ; et, si cette *tendance* est contrariée par des obstacles de plus en plus forts en ce qui concerne les plantes et les animaux, elle ne l'est pas moins en ce qui concerne l'espèce humaine. Si, quand l'humanité naissante servait d'aliment favori aux grands fauves des âges préhistoriques, quelque Malthus eût apparu parmi les ours ou les lions des cavernes, il aurait pu faire, en la retournant, la même remarque que le Malthus historique et songer tristement aux faibles progrès de l'espèce humaine, nourriture des ours ou des lions, pendant que ceux-ci se multipliaient si vite. Quant aux produits industriels, ils *tendent* aussi à se répandre par rayonnement, mais par rayonnement imitatif; car la seule différence, à cet égard, entre l'art pastoral et l'agriculture d'une part, et l'industrie de l'autre, c'est que le pâtre et l'agriculture font travailler au profit de l'homme la tendance des animaux ou des plantes à se multiplier par répétition — génération (combinée avec la répétition-imitation des divers pâtres ou des divers agriculteurs), tandis que l'industrie proprement dite est une répétition — imitation seulement.

Mais poursuivons l'esquisse de notre plan de psychologie économique. Nous arrêterons-nous là, au titre de la Répétition économique? Non, évidemment. Les besoins et les travaux des hommes ne se répètent pas seulement, ils s'opposent souvent, et plus souvent s'adaptent. C'est à la condition d'être adaptés les uns aux autres qu'ils parviennent à se répéter. On pourrait donc, si l'on voulait, placer en première ligne leurs rapports d'adaptation, mais peu importe. — Sous le titre d'*opposition économique* je me propose de comprendre les rapports des hommes au point de vue de la contradiction psychologique et inaperçue de leurs besoins et de leurs jugements d'utilité, du conflit plus apparent de leurs travaux par la concurrence, par les grèves, par les guerres commerciales, etc. Toute la théorie des *prix*, de la *valeur-coût*, qui suppose des luttes internes et des sacrifices de désirs à d'autres désirs, se rattache à ce même sujet. — Sous le titre d'*adaptation économique*, il sera traité des rapports que les hommes ont entre eux au point de vue de la coopération de leurs inventions anciennes à la satisfaction d'un besoin nouveau ou à la meilleure satisfaction d'un besoin ancien, ou de la coopération de leurs efforts et de leurs travaux en vue de la reproduction des richesses déjà inventées (*association* implicite ou explicite, organisation naturelle ou artificielle du travail). L'invention et l'association seraient présentées sous le même jour, comme il convient. Toutes les « harmonies économiques » seraient discutées là, celles qui existent et aussi celles qui devraient exister et qui existeront.

Notre discussion nous conduit donc à substituer aux quatre divisions classiques de la science des richesses, trois divisions fort différentes. Si l'on veut bien se donner la peine d'essayer un refonte de l'économie politique sur ce nouveau type, on verra, je crois, ce qu'elle peut y gagner en élimination de ce qui lui est étranger, en meilleure distribution de ce qui lui appartient et qu'elle possédait déjà, en acquisition de ce qu'elle avait négligé de revendiquer comme sien. Elle deviendra à la fois plus nette et plus dense, mieux délimitée et mieux remplie. Et, en même temps, apparaîtra la fécondité de ce classement tripartite qui peut être appliqué, aussi bien à la théorie des connaissances, à la théorie des pouvoirs, des droits, des devoirs, à l'esthétique. Mais disons quelques mots encore de l'opposition et de l'adaptation économiques. Ce qu'il est essentiel de remarquer, c'est que, en tête de ces deux divisions inédites aussi bien que de la première, se place le problème de la population, posé en termes différents pour chacune d'elles. La répétition économique n'avait à envisager la population qu'au point de vue de son accroissement numérique par génération ; l'opposition économique devrait s'occuper de sa destruction par la guerre, cette anti-génération. Par rapport au progrès lent des subsistances, l'excès possible de la population avait le droit d'effrayer ; par rapport à l'éventualité des conflits, au progrès rapide des armements, le déficit possible de population est, au contraire, un juste sujet d'effroi pour le patriote. Et de quel droit l'économiste se désintéresserait-il de la patrie ?

Par un autre côté, plus exclusivement social, cette question capitale de la guerre appartient à l'économiste : par le côté de la fabrication des armes et des munitions, de l'alimentation des troupes, de la construction des vaisseaux de guerre. Cette production de l'outillage belliqueux est une industrie à part, mais qui, protectrice de toutes les autres, ne saurait être passée sous silence ou dédaigneusement traitée en passant. Pourquoi n'aurait-elle pas ses « lois naturelles » aussi, comme les autres ? Si les économistes ne les ont pas cherchées, c'est peut-être parce qu'ils ont senti d'instinct, l'impossibilité de les faire rentrer dans leurs règles trop étroites. Ces singulières *richesses* qui remplissent les arsenaux de l'État ou ses chantiers maritimes ne sont pas destinées, comme les autres, à être échangées ni vendues, mais bien à être *données* ou volées à l'ennemi et *consommées* par cette donation même ou le vol. Que viendrait faire ici l'idée, soi-disant universelle, du libre échange ? Il n'y a nul échange. Peut-on s'en rapporter à l'initiative privée pour construire les grands cuirassés et les fusils perfectionnés ? et doit-on ici appliquer le principe du laissez-faire et du laissez-passer ? La marine de l'État forme avec la marine marchande un profond contraste au point de vue économique, comme la cavalerie avec l'art pastoral, comme l'artillerie avec la carrosserie. L'industrie guerrière est essentiellement collectiviste et prohibitionniste. Elle est et doit rester un monopole de l'État. Autant, pour le progrès des industries pacifiques, la nation est intéressée à la divulgation des secrets de fabrique, des inventions nouvelles, autant elle doit désirer que, pour tout ce qui touche aux industries militaires, les inventions nouvelles restent enveloppées d'un profond mystère, trop souvent, hélas ! décevant. De là l'espionnage et le contre-espionnage, les trahisons, les procès de trahison, et les illusions vaniteuses des diverses armées, jusqu'au jour décisif du combat. Ce caractère mystérieux des procédés de fabrication était commun, dans les temps les plus reculés, à toute industrie, par suite de l'hostilité fréquente des classes ou des cités ; à présent il est restreint en temps de paix à l'industrie guerrière, mais, en temps de guerre, où toute industrie a la guerre pour âme, le monopole antique tend de nouveau à se généraliser. Pour être monopolisées, les industries guerrières des divers États n'en sont pas moins concurrentes; au contraire. Mais l'idée de concurrence a ici un sens tout autre que l'acception usuelle, et un sens bien plus pur, où l'idée de conflit destructeur se présente dégagée de tout alliage avec celle de concours fécond.

L'étude de la concurrence des industries guerrières, comme celle de la guerre elle-même, comme celle de la concurrence des industries quelconques, conduit à reconnaître l'élargissement progressif de ces diverses oppositions qui deviennent à la fois de moins en moins nombreuses et de plus en plus importantes [1], condition favorable à leur apaisement futur. Par cette tendance à l'amplification indéfinie, l'opposition économique ressemble à la répétition économique et aussi, comme nous allons le voir, à l'adaptation économique.

A ce dernier point de vue, comme aux deux précédents, se pose pour l'économiste le problème de la population, dans des termes nouveaux. Il ne suffit pas d'étudier les questions qui se rattachent à l'excès ou au déficit de population, et à la destruction belliqueuse des populations; il faut s'inquiéter avant tout des causes de l'amélioration ou de la dégénérescence de la race, des conditions hygiéniques et des institutions sociales qui permettent à la race de s'adapter de mieux en mieux à sa destinée, notamment à la reproduction des richesses et à la défense nationale. Il est inouï qu'une science si préoccupée de l'élevage des animaux et de la culture des plantes, en vue des progrès de la richesse, ait si peu de souci de la *viriculture*.

Mais, ici comme plus haut, ce problème bio-sociologique de la population n'est que préliminaire, malgré sa gravité hors ligne. Les problèmes exclusivement sociologiques de

(1) Je me permets de renvoyer le lecteur à mes *Lois sociales*, à cet égard.

l'adaptation économiques sont ceux qui ont trait à l'invention, à l'échange et à l'association, trois choses intimement unies. — Les inventions se contredisent souvent, ou se contrarient, et par ce côté de leurs rapports extérieurs, elles sont la source première de l'opposition économique. Mais chacune d'elles, prise à part, est une adaptation d'inventions anciennes naguère étrangères les unes aux autres et convergeant vers un but nouveau ; et chaque invention nouvelle, en tant qu'elle triomphe, rend plus complète l'adaptation des conditions d'existence aux besoins de l'homme. D'autre part, les inventions accumulées vont s'harmonisant et se systématisant à travers des heurts. L'enchaînement logique des inventions, qui domine toute l'évolution sociale, doit être traitée ici par l'économiste en ce qui le concerne.

Par l'échange de plus en plus libre dans un domaine de moins en moins resserré et clos, — toujours clos d'ailleurs et toujours limité, — les diverses richesses se consomment là où elles sont le plus utiles, les hommes s'utilisent de mieux en mieux, chaque homme utilise un plus grand nombre d'hommes plus éloignés et plus étrangers, et réciproquement. L'échange est déjà une espèce d'association vague et inconsciente qui va s'élargissant. — Il n'est pas d'échange sans propriété. La question de la propriété, individuelle et collective, peut sembler pourtant, à des yeux socialistes, se rattacher au chapitre de l'opposition plutôt qu'à celui-ci. « Qui terre a guerre a. » Mais le partage et la délimitation des propriétés n'ont-ils pas été les seuls moyens pratiques de faire juxtaposer sans chocs continuels et meurtriers les avidités rivales, et de substituer, quand elles se heurtent, les procès aux combats, les discussions aux homicides ? Et n'est-ce pas aussi dans l'intérêt de l'harmonie et de la paix sociale que l'héritage a été imaginé ? C'est donc au chapitre de l'adaptation que la propriété doit être discutée et qu'on doit se demander si l'indivision collective réaliserait mieux l'accord social [1].

(1) Tout ce qui a trait à la légitimité ou à l'illégitimité de l'intérêt des

Ce qui est certain c'est que, le principe de la propriété individuelle étant posé, à mesure qu'il s'est propagé et a provoqué les progrès de la législation, les transformations de la jurisprudence, dans le sens de son extension territoriale et de sa cohésion interne, grandissantes à la fois, on a vu le bornage et l'héritage des terres devenir un élément plus fondamental de concorde.

Enfin, l'association véritable et consciente, celle qui continue l'échange et le complète par la division croissante des travaux et surtout par la croissante collaboration des diverses catégories de travailleurs à une œuvre commune, constitue le degré supérieur de l'adaptation économique. Toute la science économique aboutit à cette question à laquelle cependant on a souvent accordé moins de développements qu'à celle de la division du travail, qui n'en est qu'un aspect. Toute l'activité économique, en effet, converge vers l'association et ses agrandissements progressifs, depuis la petite culture et les petites industries familiales du plus haut passé jusqu'à la très grande culture et à la très grande industrie que commence à voir le présent, que verra surtout l'avenir, sous la forme d'ateliers ou de fermes gigantesques, dirigés par des sociétés nationales ou internationales supérieures à nos plus grandes compagnies. La loi d'amplification graduelle s'applique là comme plus haut avec une évidence qui doit frapper tous les yeux.

Je me persuade que, refondue dans le cadre qui vient d'être esquissé bien imparfaitement, l'économie politique échapperait au reproche d'étroitesse et de sécheresse, et ferait apparaître son vrai visage, tout psychologique et tout logique, tout vivant et tout rationnel. Il s'agit de bien comprendre l'Evolution économique. Mais *évolution* est un mot vague ; on le précise, en l'analysant, par ces trois termes, répétition, opposition, adaptation, qui distinguent ce qu'il confond.

capitaux, de la rente des terres, du profit des entreprises, doit être, par suite, traité ici.

CHAPITRE IV

COUP D'ŒIL HISTORIQUE

L'insuffisance manifeste des principes de l'économie politique classique a fait sentir depuis longtemps la nécessité de les élargir. A cela ont travaillé en sens différents ou divergents l'école historique d'une part, les écoles socialistes de l'autre. Mais, dans les discussions confuses qui se sont engagées ici et là entre novateurs et conservateurs, il y a eu beaucoup de malentendus. La plupart des coups n'ont pas porté, ou n'ont pas atteint au cœur l'adversaire, qui tout en se défendant mal, a cependant résisté. L'école historique aurait eu raison si elle s'était bornée à dire que les lois économiques véritables, découvertes ou à découvrir, doivent s'appliquer différemment aux diverses phases de la vie pastorale, agricole, industrielle d'une société, ou, dans un autre sens, aux périodes successives de son économie domestique, urbaine, nationale, internationale, comme les lois physiques reçoivent des applications différentes aux corps vivants à mesure qu'ils se transforment. Mais, au lieu de présenter ainsi les résultats de ses savantes recherches comme propres à déployer le riche contenu, jusque-là replié et caché, de l'économie politique véritable, elle a eu l'air de nier au fond l'existence et la possibilité même de celle-ci en attribuant un caractère essentiellement relatif et passager à toutes les prétendues lois qu'elle pourrait jamais formuler. De cela les économistes se sont plaints, et non sans cause : ils ont signalé la contradiction qu'il y a à vouloir réformer l'économie politique en la détruisant de fond en comble et la déclarant à jamais impossible.

Quant aux socialistes, ils n'ont pas contesté le caractère général et permanent des lois économiques, de quelques-unes du moins dont ils se sont emparés, pour combattre l'optimisme économique par ses propres armes. J'ajoute que leur point de vue les a conduits souvent à serrer de plus en plus près les réalités psychologiques méconnues ou négligées par l'économie classique, et à la frapper parfois aux points vraiment vulnérables. Mais, en somme, c'est plutôt sur le domaine de l'*art* que sur celui de la *science* que les socialistes combattent les économistes. Quand ils ont fait de la psychologie, c'est sans le vouloir, comme les économistes eux-mêmes ; aussi en ont-ils fait souvent d'assez mauvaise, les uns et les autres. Et c'est en philanthropes, non en psychologues, que les premiers ont fait la leçon aux seconds, avec la sévérité que l'on sait.

D'autres écrivains ont cru remédier assez à l'insuffisance, bien sentie, de l'économie politique, en montrant ses rapports avec la morale ou avec le droit, et leurs travaux les ont conduits à se montrer souvent bien plus psychologues que leurs prédécesseurs. Toutefois c'est surtout à l'art et à la pratique économique qu'ils ont égard.

Mais nous, c'est sur le terrain de la science, en ce qu'elle a de plus tranquille et de plus désintéressé, que nous avons à nous placer. A notre avis, — disons-le franchement tout d'abord, avec tout le respect dû à des maîtres de si haut mérite, — l'erreur des premiers architectes de l'économie politique et de leurs successeurs a été de se persuader que, pour constituer en corps de science leurs spéculations, le seul moyen, mais le moyen sûr, était de s'attacher au côté matériel et extérieur des choses, séparé autant que possible de leur côté intime et spirituel, ou, quand c'était impossible, de s'attacher au côté abstrait, et non concret, des choses. Par exemple, il fallait s'occuper des produits plutôt que des producteurs et des consommateurs ; et, dans le producteur ou dans le consommateur — car enfin on ne pouvait éviter d'en parler — il fallait considérer une dépense de force motrice (travail) ou un réapprovisionnement de force, et non des sensations, des émotions, des idées, des volontés. Être aussi *objectif* et aussi *abstrait* qu'on le pouvait : c'était là la méthode... L'idéal était de dissimuler si bien sous des abstractions, telles que crédit, service, travail, les sensations et les sentiments cachés là-dessous, que personne ne les y aperçût, et de traiter ces abstractions comme des objets, des objets réels et matériels, analogues aux objets traités par le chimiste et le physicien, et, comme eux, tombant sous la loi du nombre et de la mesure. Aussi le chapitre de la monnaie et des finances, où ce double idéal semble se réaliser, où tout semble nombrable et mesurable comme en physique et en chimie, a-t-il été de tout temps le carreau de prédilection du jardin des économistes. Il n'en est pas moins vrai que la valeur, dont la monnaie n'est que le signe, n'est rien, absolument rien, si ce n'est une combinaison de choses toutes subjectives, de croyances et de désirs, d'idées et de volontés, et que les hausses et les baisses des valeurs de Bourse, à la différence des oscillations du baromètre, ne sauraient s'expliquer le moins du monde sans la considération de leurs causes psychologiques, accès d'espérance ou de découragement du public, propagation d'une bonne ou d'une mauvaise nouvelle à sensation dans l'esprit des spéculateurs.

Ce n'est point que les économistes aient tout à fait méconnu cet aspect subjectif de leur sujet ; et même, dans ces dernières années, certaines écoles étrangères ont paru le mettre quelque peu en lumière, mais toujours incomplètement à mon gré ; toujours on l'a regardé comme le *verso* et non comme le *recto* de la science économique. Ses maîtres ont cru à tort, je le répète, que la préoccupation dominante, sinon exclusive, du côté extérieur pouvait seule ériger leurs observations à la dignité d'un corps de science. Même quand ils ont dû envisager directement le côté psychologique des phénomènes étudiés par eux, les mobiles du travailleur et les besoins du consommateur, par exemple; ils ont conçu un cœur humain tellement simplifié, tellement schématique pour ainsi dire, une âme humaine si mutilée, que ce minimum de psychologie indispensable avait l'air d'un simple postulat destiné à soutenir le déroulement géométrique de leurs déductions.

Mon intention est de montrer au contraire, que, si l'on veut atteindre en économie politique à des lois véritables, et, par conséquent, vraiment scientifiques, il faut retourner pour ainsi parler, le vêtement toujours utile mais un peu usé des vieilles écoles, faire du verso le recto, mettre en relief ce qu'elles cachent et demander à la chose signifiée l'explication du signe, à l'esprit humain l'explication du matériel social.

I

La nature éminemment psychologique des sciences sociales, dont l'économie politique n'est qu'une branche, aurait donné lieu à moins de contestations si l'on avait distingué deux psychologies que l'on a l'habitude de confondre en une seule. Si par ce mot on entend l'étude de ce qui se passe dans le cerveau, tel que la conscience du moi nous le révèle, quand le moi est impressionné par les objets du dehors, ou par les images de ces impressions, il convient de remarquer que les objets du moi peuvent être ou bien des choses naturelles, *insondables à fond en leur for intérieur hermétiquement* clos, ou bien d'autres moi, d'autres esprits *où le moi se reflète en s'extériorisant* et apprend à se mieux connaître lui-même en découvrant autrui. Ces derniers objets du moi, qui sont en même temps des sujets comme lui, donnent lieu à un rapport entre eux et lui tout à fait exceptionnel, qui tranche nettement, en haut-relief, parmi les rapports habituels du moi avec les êtres de la nature, minéraux, plantes, et même animaux inférieurs. D'abord, ce sont là des objets dont le moi ne peut révoquer en doute la réalité, sans infirmer la sienne propre : ils sont l'écueil du septicisme d'école. En second lieu, ils sont les seuls objets qui soient saisis par leur dedans, puisque la nature intime est celle-là même dont le sujet qui les regarde a conscience. Mais, quand le moi regarde des minéraux ou des astres, des substances matérielles quelconques, organiques ou inorganiques, les forces qui ont produit ces formes ne peuvent êtres devinées que par hypothèse, et leur signe extérieur est seul perçu.

On comprend donc très bien que, lorsqu'il s'agit d'étudier les rapports du moi avec les êtres naturels et de fonder les sciences physiques, y compris même la biologie, le moi s'évertue, en bonne méthode, à s'oublier lui-même le plus possible, à mettre le moins possible de lui-même et des impressions personnelles qu'il reçoit du dehors dans les notions qu'il se fait de la matière, de la force et de la vie, à résoudre, s'il se peut, la nature tout entière en termes d'étendue et de points en mouvement, en notions géométriques et mécaniques, dont l'*origine*, toute psychologique aussi, ne se décèle qu'à des yeux d'analystes très exercés et n'implique d'ailleurs en rien leur *nature* psychologique. Mais est-ce une raison pour que, lorsque le moment est venu d'étudier les rapports réciproques des moi, c'est-à-dire de fonder les sciences sociales, le moi continue à s'efforcer de se fuir lui-même, et prenne pour modèle de ses nouvelles sciences les sciences de la nature ? Par le plus exceptionnel privilège, il se trouve, dans le monde social, voir clair dans le fond même des êtres dont il étudie les relations, tenir en main les ressorts cachés des acteurs, et il se priverait bénévolement de cet avantage, pour se modeler sur le physicien ou le naturaliste qui, ne le possédant pas, sont bien forcés de s'en passer et d'y suppléer comme ils peuvent !

On pourrait donner le nom de psychologie inter-cérébrale, ou d'inter-psychologie (barbarisme commode) à l'étude des phénomènes du moi impressionné par un autre moi, sentant un être sensible, voulant un être volontaire, percevant un être intelligent, *sympathisant* en somme avec son objet. On réserverait le nom de psychologie individuelle à l'étude du moi isolé, impressionné par des objets tout autres que ses semblables. — Or, si, en psychologie individuelle, la méthode qu'on a appelée *introspective*, celle qui consiste à *s'écouter sentir*, à se regarder penser, à se replier sur soi-même et enregistrer ses faits intérieurs, a donné lieu à beaucoup de reproches, souvent fondés, il me semble que ces objections sont sans portée contre l'emploi de cette même méthode en inter-psychologie. L'introspection, quand il s'agit d'observer des phénomènes inter-psychologiques, c'est-à-dire sociaux, est une méthode d'observation subjective et objective en même temps. Et c'est même ici la seule méthode qui atteigne sûrement son objet. Car cet objet, en matière sociale, est toujours, en somme, quelque chose de mental qui se passe dans la conscience ou la subconscience de nos semblables. Et où pouvons-nous mieux étudier cet objet que dans son miroir qui est en nous-mêmes ?

Ce n'est pas seulement de l'inter-psychologie; c'est aussi de la psychologie individuelle que relève l'économie politique. On en peut dire autant de toutes les autres sciences sociales. En linguistique, par exemple, beaucoup de choses s'expliquent par l'impression directe des phénomènes naturels sur l'esprit de l'homme : de là les onomatopées, les harmonies imitatives, etc., c'est là la *source*. Mais bien plus de choses encore ne sont explicables que par l'action unilatérale ou réciproque des esprits en contact, qui se sont emprunté les mêmes sons pour exprimer les mêmes idées, et se sont sciemment ou à leur insu imités entre eux au lieu d'imiter les bruits de la nature. En mythologie comparée, l'espoir ou la peur, l'enthousiasme ou l'abattement de l'homme isolé en présence des grands spectacles de la nature, surtout des animaux et des plantes, jouent un grand rôle, moins grand cependant que l'action exercée sur les foules contagieusement hallucinées par quelque puissant séducteur d'âmes, thaumaturge, ascète, saint, prophète. En esthétique, si l'on veut comprendre la naissance d'un poème, d'un monument, d'une statue, d'un tableau, d'une école de musique, il faut faire une large part aux inspirations du climat, de la flore et de la faune ambiantes, qui ont timbré à leur sceau l'âme de l'artiste; mais, pour exercer une influence vraiment sociale, il est nécessaire que ces suggestions directes de la nature se combinent intimement avec des suggestions tout autrement profondes et continues du milieu humain, de la tradition ancienne ou de l'engouement momentané.

Dans le domaine économique, il en est de même. Il est impossible d'y expliquer les besoins d'alimentation, de vêtement, d'abri, sans avoir égard, avant tout, à l'action directe des agents extérieurs sur la sensibilité de l'individu; et il n'est pas moins impossible d'y rendre compte des besoins supérieurs d'art, de luxe, de vérité, de justice, ou d'y définir les notions de crédit et de valeur, sans invoquer les actions et les réactions mutuelles des sensibilités, des intelligences, des volontés humaines en échange perpétuel d'impressions. — Toutefois, il n'y a pas lieu d'étudier à part ces deux sortes d'influences, et, à vrai dire, il n'y aurait guère moyen. Car elles s'entre-croisent sans cesse, et c'est seulement en remontant aux premières années de l'enfance ou aux débuts hypothétiques des sociétés qu'on peut atteindre à des phénomènes de psychologie individuelle tout à fait séparés des phénomènes d'inter-psychologie. Ceux-là ne nous apparaissent jamais qu'à travers ceux-ci, verres déformants ou transfigurants qui exercent une réfraction de plus en plus forte au fur et à mesure des progrès de la vie sociale. Même les besoins les plus grossiers de l'organisme, tels que boire et manger, ne sont ressentis que moyennant des communications traditionnelles ou capricieuses d'esprit à esprit : ainsi le besoin de manger se spécifie en désir de manger ici du pain, ailleurs du riz ou des pommes de terre ; le besoin de boire, en désir de boire ici du vin, ailleurs du cidre ou de la bière ; et c'est seulement en se spécifiant de la sorte que ces besoins, estampillés pour ainsi dire par la société, entrent dans la vie économique.

Cette importance croissante des considérations tirées de l'inter-psychologie suffit à justifier déjà le reproche que je me permets d'adresser aux économistes de n'avoir pas été assez psychologues ou de l'avoir été mal. Quand ils l'ont été, ils n'ont fait que de la psychologie individuelle, celle précisément dont le rôle est subordonné et sans cesse amoindri. Ce défaut capital se montre avec évidence dans leur conception de ce qu'on a appelé l'*homme économique*, sorte d'être spirituel abstrait, supposé étranger à tout autre sentiment que le mobile de l'intérêt personnel[1]. C'est oublier que la conscience du *moi* ne se précise et ne s'accentue, ne se réalise à vrai dire, que par la conscience d'*autrui*, espèce très singulière du genre *non-moi*. S'il en est ainsi, les progrès de l'égoïsme ne sauraient être, dans l'humanité, que parallèles aux progrès de l'altruisme, à la condition d'entendre ce mot, d'ailleurs malsonnant, dans le sens le plus large, de préoccupation d'autrui, bienveillante ou malveillante, sympathique ou antipathique, sentimentale toujours. Le lien qui unit l'égoïsme et l'altruisme ainsi entendu est donc indissoluble, et la prétention d'isoler le premier est chimérique.

Cet *homo œconomicus*, qui poursuivrait exclusivement et méthodiquement son intérêt égoïste, abstraction faite de

(1) « L'économie politique, dit Carey, ayant créé à son usage un être auquel elle a donné le nom d'*homme* et de la composition duquel elle a exclu tous les éléments constitutifs de l'homme ordinaire qui lui étaient communs avec l'ange, en conservant soigneusement tous ceux qu'il partageait avec les bêtes fauves des forêts, s'est vue forcée, nécessairement, de retrancher de ses définitions de la richesse tout ce qui appartient aux sentiments, aux affections et à l'intelligence. »

tout sentiment, de toute foi, de tout parti pris, n'est pas seulement un être incomplet, il implique contradiction. Quel est l'homme dont l'intérêt le plus cher ne soit pas précisément d'éviter toute lésion faite à sa foi et à son orgueil, à son cœur et à son culte ? Dira-t-on que le progrès de la raison, accompagnement présumé du progrès de la civilisation, se charge de réaliser peu à peu l'abstraction imaginée par les économistes et de dépouiller l'homme concret de tous ses mobiles d'action, hormis le mobile de l'intérêt personnel ? Mais rien ne permet cette supposition et il n'est pas un seul des aspects de la vie sociale où l'on ne voie la passion croître et se déployer en même temps que l'intelligence. Dans le langage, est-ce que le style va se décolorant et se refroidissant ? En politique, est-ce que la névrose des partis va s'apaisant ? En religion, est-ce que la part des sentiments et de l'imagination se fait moindre ? Dans le domaine de la science même, est-il certain que la part de l'enthousiasme créateur, fécond en belles hypothèses, en théories larges et spécieuses, ait diminué depuis les Grecs ? Ainsi en est-il dans le monde économique, et nulle part, pas même ici, je n'aperçois trace d'une transformation réfrigérante de l'homme dans un sens de moins en moins passionnel et de plus en plus rationnel. Je n'aperçois pas non plus le contraire, mais il me semble que la passion et la raison, d'âge en âge, progressent ensemble.

En concevant l'*homo œconomicus*, les économistes ont fait une double abstraction. C'en est une d'abord, et très abusive, d'avoir conçu un homme sans rien d'humain dans le cœur ; et c'en est une autre, ensuite, de s'être représenté cet individu comme détaché de tout groupe, corporation, secte, parti, patrie, association quelconqne. Cette dernière simplification n'est pas moins mutilante que l'autre, d'où elle dérive. Jamais, à aucune époque de l'histoire, un producteur et un consommateur, un vendeur et un acheteur, n'ont été en présence l'un de l'autre, d'abord sans avoir été unis l'un à l'autre par quelque relation toute sentimentale, voisinage, concitoyenneté, communion religieuse, communauté de civilisation, et, en second lieu, sans avoir été escortés chacun d'un cortège invisible d'associés, d'amis, de coreligionnaires, dont la pensée a pesé sur eux dans la discussion du prix ou du salaire et finalement l'a imposé, au détriment le plus souvent de leur intérêt strictement individuel. Jamais, en effet, même dans la première moitié de XIXe siècle — et cependant c'est la seule période de l'histoire du travail où toute corporation ouvrière ait paru anéantie en France — jamais l'ouvrier n'est apparu libre de tout engagement formel ou moral avec des camarades, en présence d'un patron tout à fait dégagé lui-même d'obligations strictes ou de convenances envers ses confrères ou même ses rivaux.

Encore pouvait-on croire, depuis la suppression des corporations par la Révolution française jusqu'à 1848 environ, que les associations ouvrières d'autrefois, avec leurs hostilités réciproques, avec leurs puérilités d'orgueil et d'amour-propre collectifs, colorées de mysticisme, étaient chose enfouie pour toujours dans le passé, poussière et cendre irressuscitables. Mais, sans parler du *Compagnonnage* qui n'avait jamais cessé de vivre ou de se survivre, sans parler d'autres *Unions* « compagnonniques » qui attestaient le besoin incompressible d'un *esprit de corps*, les syndicats professionnels, enfin, ont surgi, et, avec eux, des vanités corporatives d'une taille gigantesque, des passions d'une intensité inouïe, des ambitions de conquêtes prodigieuses, une sorte de religion nouvelle, le socialisme, et une ferveur prosélytique inconnue depuis la primitive Église. — Voilà les intérêts, *les intérêts passionnés*, qu'il s'agit d'accorder ensemble et avec les intérêts, tout aussi passionnés, de capitalistes milliardaires coalisés, non moins qu'eux grisés par l'espoir de vaincre, par l'orgueil de la vie, par la soif du pouvoir.

Et c'est ce monde tumultueux de l'activité économique, c'est-à-dire poignante et profonde, souffrante et laborieuse, qui serait régi par une déduction géométrique de froids théorèmes à la Ricardo, applicables à je ne sais quel homme de bois, schématique ou mécanique ! A la psychologie économique il appartient de réintégrer à sa vraie place, la première, tout le côté appelé *sentimental* de la production, de la répartition, de la consommation des richesses ; de l'étudier dans la vie des anciennes corporations, où il se manifeste avec tant de pittoresque originalité, et dans la vie des nouvelles où il éclate avec plus de vigueur encore. C'est en Amérique, c'est dans le pays le plus utilitaire, nous dit-on, le plus avancé dans la voie du progrès économique, que l'on a imaginé les *grèves sympathiques*, les grèves faites par des ouvriers qui n'y ont aucun intérêt et qui en souffrent, simplement pour se solidariser avec des camarades dont le sort les *intéresse*. Et on n'a nulle part vu autant de sacrifices pécuniaires faits à une idée, à une question de principe, à une sympathie, que sur cette terre d'élection de l'intérêt bien entendu.

Non seulement les fondateurs de l'économie politique, quand ils se sont montrés quelque peu psychologues, n'ont eu égard qu'à la psychologie individuelle, mais encore ils se sont fait de celle-ci l'idée la plus étroite et la plus mutilée, celle d'ailleurs qu'on s'en faisait de leur temps, au XVIIIe siècle. Cette psychologie « hédonistique » qui réduit tous les mouvements de l'âme à des peines évitées ou à des plaisirs recherchés, qui ne voit rien au delà du culte du plaisir ou de la fuite de la douleur comme but de l'existence, était si répandue chez les esprits cultivés de ce grand siècle qu'elle les inspirait à leur insu. Voilà pourquoi l'économie politique classique est née à cette époque. Elle n'aurait pu naître plus tôt, au XVIIe siècle, où régnait une psychologie individuelle plus haute et plus noble ; et, quand notre siècle, avec Maine de Biran, avec toutes les nouvelles écoles de psychologie, a montré l'étroitesse du point de vue « hédonistique », on peut dire que l'économie politique, à partir de ce moment, a été mise en demeure de mourir ou de se métamorphoser, de disparaître ou de renaître. Car l'économie politique, telle que nous l'avons connue jusqu'ici, est une sorte de sociologie inconsciente et incomplète qui se fonde sur la seule psychologie de la sensibilité, méconnaissant à peu près celle de l'intelligence et de la volonté, de la foi et du désir. Encore, dans le domaine de la sensibilité, n'a-t-elle trait qu'à l'opposition des états agréables et des états pénibles, et néglige-t-elle le caractère spécifique de ces états. Quelquefois même elle va plus loin, et, chez certains pessimistes, qui broient du noir, elle semble ne faire jouer un rôle important qu'à la douleur, nullement au plaisir. Malthus et tous ses disciples, par exemple, sont persuadés que tout progrès s'opère sous l'unique aiguillon de la souffrance. D'autres, tout en reconnaissant que « à une période avancée de la vie des êtres (individus ou sociétés), le plaisir peut devenir, au moyen de l'imagination qui le fait goûter d'avance, le but et le moteur de l'activité », sont persuadés aussi qu'au début de la vie individuelle ou de la vie sociale la fuite de la souffrance a seule agi. Et je me demande ce qui autorise à exclure des débuts même de l'évolution la recherche de l'agrément positif, directement visé. Elle joue, chez le nouveau-né, un rôle aussi apparent que la répulsion de la souffrance. N'y a-t-il pas de la gourmandise dès ses premiers efforts pour téter ; et de la curiosité dès ses premiers regards? Est-ce que, chez les peuples les plus primitifs, l'amour de la danse et du chant, de la volupté et du jeu, ne sont pas les fins dominantes et habituelles de l'action?

L'importance véritablement exagérée que les économistes attribuent au *travail*, dont ils s'occupent toujours tandis qu'ils disent à peine, çà et là, quelques mots de son contraire, s'explique par la psychologie mutilée qui les inspire inconsciemment. Le travail, c'est de la douleur ou de l'ennui, en un mot de la peine. Dire que la valeur des choses consiste dans le travail, soit dans le travail qu'elles ont coûté à leur producteur, soit dans le travail qu'elles épargnent à leur consommateur, c'est définir en termes essentiellement psychologiques, mais d'une psychologie bien insuffisante, la notion économique fondamentale.

L'illusion est de croire que notre production agricole, industrielle ou autre, que notre richesse ou notre puissance en tout genre, est le fruit exclusif de notre travail. Notre travail n'y a été que pour une part, il n'a valu que par la collaboration séculaire de tous les ancêtres dont nous sommes les héritiers. Et cela même ne suffit pas, il faut, pour que notre travail ait un effet grand et durable, que nous fassions collaborer à cette œuvre contemporaine notre postérité même, ce qui arrive quand, préoccupés d'elle en vertu d'idées religieuses ou de sentiments domestiques, sa pensée amasse en nous des trésors de dévoûment et d'abnégation qui doublent nos forces et le prix de nos efforts. Nous utilisons nos aïeux, même sans penser à eux ; mais nous ne pouvons utiliser nos enfants et nos petits-enfants, pour ainsi parler, qu'à la condition d'avoir leur pensée présente, de les aimer, et d'être convaincus qu'ils sont notre raison d'être. C'est ainsi que bien des sentiments et bien des croyances, à première vue étrangères à la science économique, se montrent à nous comme des facteurs principaux de la production, dont elle ne peut se dispenser de parler.

Disons aussi que la vie économique de l'homme ne se compose pas seulement de travaux, mais de loisirs tout aussi bien ; et le loisir, dont les économistes se désintéressent presque, y est même plus important à considérer, en un sens, que le travail ; car le loisir n'y est pas pour le travail, mais bien le travail pour le loisir. Par leurs travaux les hommes s'entre-servent ; par leurs loisirs, par leurs fêtes et leurs jeux, ils s'unissent en un accord vraiment libre et vraiment social ils s'entre-plaisent. Sur ce point, les religions qui ont édicté le loisir obligatoire, le repos dominical, ont montré plus de vraie intelligence de la vie sociale que les maîtres de l'économie politique. Le repos dominical est la forme la plus sociale du loisir, car il est le loisir simultané pour tout le monde, le loisir périodique et réglé, regardé comme un devoir des plus sacrés et non comme un simple plaisir.

Dans l'emploi de ses loisirs, comme dans l'exercice de son travail, l'homme est imitatif : la flore spontanée du sol obéit aux mêmes lois botaniques que la flore cultivée. Mais, dans le choix et la combinaison des modèles qui remplissent ses loisirs, l'individu exprime bien mieux son originalité intime que dans son obéissance aux coutumes, aux règlements, aux modes, qui lui imposent son genre de travail. L'accroissement progressif de la part des loisirs, dans la distribution des heures de la journée, marque donc et mesure le progrès de l'imitation libre et originale sur l'imitation plate et contrainte.

La question de savoir quelle doit être la proportion du loisir et de quelle manière doit s'opérer la répartition du loisir entre les hommes est donc une des premières que l'économie politique devrait traiter ; elle n'a pas moins d'importance que ce qui touche à la répartition du travail et de la richesse. — Partout et toujours, la quantité de travail dont les hommes réunis en société disposent, je ne dis pas celle qu'ils dépensent effectivement, qu'il s'agisse d'une peuplade sauvage ou d'une grande nation moderne, a été plus que suffisante pour produire la quantité de denrées, d'articles ou de services de tout genre nécessaires à la satisfaction des désirs préexistants. Seulement, à mesure que cet excès de forces humaines sans emploi utile apparaît, de nouveaux désirs, de nouveaux besoins surgissent qui le diminuent en suscitant de nouvelles branches de travail. Ainsi, deux progrès parallèles et contraires marchent de front : d'une part, le perfectionnement incessant du travail qui, à durée égale, devient plus productif et tend sans cesse à accroître l'excédent de forces humaines disponibles ; d'autre part, la complication croissante des besoins qui tend à annihiler ce bénéfice du travail dès qu'il se montre, à faucher cette moisson en herbe. Antinomie prolongée, et qui serait désespérante si elle devait durer toujours. C'est un premier problème de savoir comment cette contradiction doit se résoudre. Et, si on l'examine sans parti pris, on sera porté à juger avec infiniment moins d'admiration la fébrile agitation, l'affairement haletant de certains peuples, destinés sans doute à se calmer à leur tour après cette surexcitation de leur premier âge.

C'est un autre problème, non moins grave, de savoir comment se répartira la somme de loisir quelconque existant à un moment donné, et quel est le mode de répartition préférable. De nos jours, la question est d'autant plus importante que, en dépit d'une multiplication et d'une propagation extraordinaire des besoins, la productivité du travail humain a progressé plus vite encore, grâce au merveilleux concours des machines et aux miracles de l'association. On doit se demander si le meilleur parti social à tirer de là est de concentrer sur certaines têtes ou de disséminer sur toutes le loisir ainsi produit. Les deux solutions différentes nous sont offertes par l'histoire de nos sociétés européennes. La solution aristocratique, qui a régné longtemps, a consisté, sinon à dispenser de tout labeur, il s'en faut, du moins à faire profiter exclusivement du loisir disponible, les seules classes supérieures. Dans ce système, l'accroissement de l'excès des forces humaines par l'augmentation de l'effet utile du travail n'avait d'autre résultat que le nombre plus grand des *gens de loisir*. Presque tout le loisir d'un côté, presque tout le travail de l'autre : tel était le régime admis et supporté. S'il avait continué, — et rien ne prouve qu'il n'eût pu se continuer indéfiniment, au cas où le sentiment de *l'intérêt bien entendu* eût dominé sans réserve dans le cœur des gouvernants — le progrès de la civilisation, très réel malgré tout, eût été de rendre de moins en moins nombreuse la fraction laborieuse des sociétés, et de plus en plus nombreuse la fraction oisive : comme dans l'antiquité.

Mais notre siècle a fait triompher la seconde solution, plus conforme aux idées de justice et de fraternité. Au lieu d'être monopolisé par quelques-uns, le loisir se divise et se subdivise entre tous ainsi que le travail ; et, tout le monde travaillant plus ou moins, le progrès s'exprime par la diminution des heures de travail pour tous. — Cette manière de résoudre le problème posé est définitive, nous l'espérons bien. Il faudrait se garder cependant de penser que ses avantages incontestables sont tout à fait sans compensation. Et peut-être, si elle s'imposait entièrement, si elle était poussée à bout, ferait-elle autant de mal que de bien. Il sera utile longtemps encore, peut-être toujours, qu'il y ait çà et là des individus jouissant de leurs pleins loisirs, condition *sine quâ non* de certaines découvertes scientifiques, de certaines beautés poétiques.

Mais il reste une troisième solution, qui, si elle ne s'est jamais réalisée, heureusement, aurait dû être formulée par les économistes comme corollaire à leurs idées. S'il fallait croire tout ce qu'ils ont dit sur les vertus du travail et les vices de l'oisiveté, ce qu'il y aurait de mieux à faire serait de supprimer entièrement les heures de loisir et *les gens de loisir*. L'expression de *surpopulation* que je rencontre sous certaines plumes semble suggérée vaguement par cette idée que tout ce qui ne travaille pas sans cesse et n'est pas nécessaire pour le travail à exécuter dans un pays n'est bon à rien et doit disparaître. Mais il y a de louables inconséquences, et il faut louer les apologistes du labeur humain de s'être arrêtés à mi-chemin de leurs déductions.

L'abréviation de la durée du travail professionnel produit dans la vie d'un homme le même effet que produit sur un sol jusque-là cultivé le resserrement de la culture. Le loisir accrû, comme la friche plus étendue, se remplit bientôt d'une végétation libre et folle ; et, par l'emploi des loisirs se révèle le fond de l'âme de l'ouvrier, comme, par la nature de la flore spontanée se décèle la nature chimique du sol. Et, de même que c'est toujours la flore sauvage qui fournit la matière première des plantes cultivées, d'utilité ou d'agrément, ainsi est-ce d'ordinaire la libre fantaisie de l'esprit désoccupé qui fournit le premier germe des idées scientifiques, industrielles, esthétiques, par lesquelles se renouvellent les sciences, les industries, les arts. L'économiste, donc, encore une fois, doit s'occuper autant des problèmes qui se rattachent au loisir que de ceux que soulève le travail. La part du loisir, dans la vie, c'est la part du cœur, de l'imagination, de la famille, de la sociabilité à la fois et de l'individualité originale sous leurs formes les meilleures.

Comment remplir les heures de loisir ? Ce nouveau problème devient d'autant plus intéressant pour l'économiste que les loisirs se généralisent et se prolongent. Les solutions qu'il comporte sont innombrables, mais il en est deux qui me paraissent se signaler par la gravité de leurs résultats : la conversation et la lecture. J'ai essayé de montrer ailleurs l'influence de la conversation dans la formation de l'opinion et des mœurs publiques, et, par suite, dans la fixation des valeurs et des prix. Le travail donc, forcé de s'adapter à des usages et à des besoins que la conversation, la communication verbale des esprits, et la lecture des livres ou des journaux, modifient sans cesse, est dirigé dans son cours par le loisir.

Là où la population se divise en deux classes, dont l'une, la plus nombreuse, travaille d'arrache-pied sans nul repos, et dont l'autre ne fait presque rien, sauf en temps de guerre, on peut dire, à peu de chose près, que la conversation et la lecture sont monopolisées par cette dernière classe. Par suite, ce qu'on entend alors par l'opinion publique, c'est purement et simplement l'opinion des gens de loisir. Il n'y en a pas d'autre qui compte politiquement, et même économiquement. C'est donc dans l'enceinte étroite de ces gens de loisir lisant, écrivant ou s'écrivant, échangeant entre eux par de fréquents entretiens leurs désirs capricieux, que naissent les nouvelles modes en tout genre de consommation. Ils sont la source des courants de mode qui se répandent ensuite parfois dans un public plus étendu. C'est donc pour eux ou par eux que la production industrielle alors se renouvelle et se complique incessamment. Mais, à mesure que la journée de travail s'abrège pour le paysan et pour l'ouvrier, de nouveaux besoins, nés de loisirs nouveaux, prennent naissance dans ces classes et ouvrent un débouché plus large à la production. Car, moins les hommes travaillent, plus ils ont besoin de consommer, si étrange que soit cette anomalie.

Il résulte de ce qui vient d'être dit que l'importance de la psychologie du travailleur s'accroît avec l'accroissement de ses loisirs. Autant dire qu'elle grandit avec la civilisation. Et c'est le moment de faire remarquer que chaque changement dans l'industrie, chaque nouveau mode de travail dû à une invention, opère une modification ou une révolution psychologique chez les travailleurs. L'*état d'âme* du pasteur n'est pas celui du chasseur ni du laboureur. L'état d'âme de l'ouvrier américain qui surveille à la fois quatre métiers à tisser dans une usine n'est pas celui du tisserand attardé dans le fond d'un village, qui pousse sa navette en chantant, et pensant à ses récoltes. Or, chaque fois que l'industrie est ainsi révolutionnée par un groupe d'inventions nouvelles, les peuples chez lesquels se rencontrent à un degré éminent les aptitudes mentales réclamées par le nouveau mode de travail sont favorisés aux dépens des nations qui en sont moins pourvues et qui avaient triomphé jusque-là parce qu'elles étaient psychologiquement adaptées à l'ancienne manière de travailler. Le grand succès des « Anglo-Saxons » durant notre siècle s'explique ainsi. L'immense emploi des machines, qui caractérise l'industrie contemporaine, a eu pour conséquence, en effet, de reléguer au second rang, de déprécier considérablement un ensemble de qualités fines qui étaient auparavant cotées en première ligne chez l'ouvrier et que l'ouvrier italien ou français présentait au plus haut degré : l'adresse manuelle, le cachet artistique, choses liées à la souplesse d'esprit, à l'imagination *débrouillarde* et ingénieuse, à la fantaisie un peu vagabonde. Mais, en revanche, la direction des machines réclame à tout prix une qualité bien simple et bien modeste, qui a dès lors acquis une valeur infinie, et qui distingue entre tous l'ouvrier anglais, l'ouvrier américain, l'ouvrier allemand : je veux dire la force et la ténacité d'attention, d'attention fixe ou tournant dans un cercle fixe, sans la moindre distraction. Chez le conducteur de locomotives, d'automobiles surtout, comme chez le bicycliste, il n'est pas de pire défaut qu'une pensée imaginative et distrayante ; ils doivent être beaucoup plus attentifs que le charretier, le cocher, le cavalier même. Il faut plus de force musculaire pour battre le blé au fléau ; mais, pour diriger une batteuse mécanique, il faut ne pas être un seul instant distrait. Pour être un bon menuisier, même en exécutant l'ouvrage le plus simple, il faut de l'adresse et du goût ; pour surveiller une scierie mécanique, il ne faut que de l'attention persévérante.

Il ne convient donc pas que les peuples qui l'emportent sur leurs rivaux, à n'importe quelle époque, dans le grand concours industriel, soient trop fiers de leur prospérité. Elle tient le plus souvent à des mérites très humbles auxquels des inventions de génie, — apparues parfois parmi leurs concurrents qu'elles ruinent — ont prêté une valeur de circonstance.

Je ferai remarquer, en passant, que la fixité et l'intensité de l'attention, dès qu'elles dépassent le degré moyen et normal, qui est bien au-dessous du degré exigé par la direction et la surveillance des machines modernes, sont une grande cause d'épuisement nerveux, et pourraient bien être pour quelque chose dans le progrès de la folie et du déséquilibre mental à notre époque. La trop grande stabilité de l'attention doit produire, par une réaction inévitable, l'instabilité de l'attention, qui est la caractéristique des désordres nerveux.

Heureusement, si l'obsession mentale, imposée à l'ouvrier contemporain par son mode de travail, est devenue plus intense, elle s'est abrégée. Ici se montre l'utilité des considérations de tout à l'heure sur le loisir. C'est grâce à cet accroissement de loisir qu'un véritable progrès psychologique est, en somme, et malgré tout, lié au progrès économique de notre temps. La substitution de la grande à la petite industrie a pu causer, momentanément, des souffrances à la classe ouvrière, par la disproportion plus grande ou mieux sentie entre ses aspirations et ses ressources ; mais, à coup sûr, elle a eu pour effet d'élargir les idées de l'ouvrier, de l'initier à une vie sociale plus complexe et plus haute, à des généralités de vues et à des générosités de sentiments qui lui étaient auparavant inconnues, à ce degré du moins.

L'*esprit d'entreprise* et l'*ardeur au travail* sont les deux conditions psychologiques fondamentales de la prospérité économique d'un peuple. Or, l'esprit d'entreprise est surtout excité ou paralysé par des causes dont les économistes ne tiennent nul compte, telles qu'une série de victoires ou de défaites militaires d'où résulte, par une contagion d'esprit à esprit, de cœur à cœur, une exaltation ou une dépression de l'orgueil collectif. Au fond de toute fièvre productrice, aux États-Unis, en Angleterre, il y a un orgueil national intense. — L'ardeur au travail a des causes plus humbles, mais non moins importantes à signaler : la bonne santé d'abord, le souci de l'avenir, de la famille à élever, etc. Il y entre aussi beaucoup de contagion d'homme à homme.

Ajoutons que, si la psychologie du producteur ouvrier ou patron importe toujours davantage, il en est de même de la psychologie du consommateur. C'est sur ce qui se passe en lui d'intime et de secret, c'est sur ses idées et ses caprices, sur les désirs qui commencent à naître en lui à l'exemple contagieux d'une coterie, à la suite d'opinions adoptées elles-mêmes par mode, — c'est sur ces délicates opérations intérieures, que l'œil du producteur est et doit être sans cesse attaché. Qu'il en ait conscience ou non, le marchand avisé, l'industriel habile, est constamment préoccupé d'inter-psychologie en songeant à ses clients. Par suite, la même préoccupation, sous forme consciente, devrait dominer aussi les spéculations de l'économiste. N'y a-t-il pas des lois qui règlent les courants de mode, en apparence capricieux, la formation des coutumes, la généralisation ou la consolidation des usages, des caprices exceptionnels devenus besoins publics? Cette question devrait l'intéresser aussi vivement que les lois des courants atmosphériques intéressent le navigateur à voile.

L'erreur de croire qu'il était d'une bonne méthode scientifique de considérer la richesse comme l'objet propre de l'économie politique, la richesse abstraite, à part de celui qui la produit ou de celui qui la consomme, a conduit logiquement à regarder le *maximum* et non l'*optimum* de richesses comme le but économique par excellence, et à préconiser non la consommation, mais bien plutôt l'*épargne* de la richesse. La réhabilitation de l'avarice est un des paradoxes auxquels les économistes ont été trop souvent conduits par leur point de vue. Mais ils n'ont pu vaincre la répulsion instinctive et invincible que l'avare, pour des raisons toutes psychologiques et morales, inspire au genre humain. sauvage, barbare ou civilisé. L'épargne, ce mot abstrait à l'usage de nos théoriciens, se réalise, dans la vie pratique, sous bien des formes, les unes louables, les autres blâmables. Il y a la sobriété, épargne d'aliments; il y a aussi la chasteté, épargne de forces, qui se capitalise parfois en énergie créatrice. Mais il y a aussi le malthusianisme, épargne de naissances, qui se capitalise en confort croissant chez les époux malthusiens. On peut faire épargne de ses connaissances comme de ses richesses, de même qu'on peut prodiguer les unes et les autres. En économisant ses idées, en les retenant au lieu de les répandre en hâtives improvisations, on les capitalise en systèmes silencieusement élaborés. Les jansénistes, en proscrivant la « fréquente communion », faisaient en quelque sorte épargne des sacrements dont les jésuites étaient prodigues. Ce sont là mille formes différentes de l'épargne des richesses, dans le sens le plus large du mot. Dira-t-on que toutes sont dignes d'éloges ? Et comment distinguera-t-on entre elles, si l'on s'en tient à l'étroite préoccupation de l'économiste ancien ?

Tout le problème socialiste, tout le problème social à vrai dire, consiste en problèmes psychologiques. La *loi d'airain* de Ricardo qui a été longtemps (on y a renoncé) le grand cheval de bataille des socialistes, était fondée sur l'idée que les ouvriers bornaient leurs vœux de consommation, en travaillant, à se procurer des subsistances. De là, il suivait que, dès qu'ils avaient de quoi subsister, ils ne travaillaient plus. De là aussi des logiciens féroces — et fort accrédités au XVIIIe siècle, Arthur Young, par exemple. — avaient déduit que l'élévation du prix des denrées alimentaires était un bien au point de vue de la richesse nationale, puisqu'elle forçait l'ouvrier à travailler davantage. D'autres allaient jusqu'à proposer des lois édictant, non pas comme nos lois ouvrières d'aujourd'hui, un maximum d'heures de travail, mais un minimum, et en même temps un maximum de salaires qui ne pouvait être dépassé[1].

On a fini par ouvrir les yeux à l'évidence et reconnaître qu'on avait pris un faux point de départ. Mais doit-on, pour se corriger, tomber dans l'erreur inverse, et se persuader que *tous* les ouvriers naissent avec des aspirations supérieures à

(1) Voir *la Grande industrie*, par Schultze-Gevernitz.

celle de « vivre et passer », comme disaient mélancoliquement de vieux paysans d'autrefois? Un psychologue aurait vu qu'ici il convient de ne pas généraliser. Il y a des travailleurs, — c'est le plus grand nombre, je crois — qui, pour but de leur travail, n'ambitionnent d'eux-mêmes guère au delà, je ne dis pas de leur subsistance, mais de leur niveau actuel de vie. Il en est d'autres, et ce sont les plus actifs, les plus énergiques, les plus remuants, qui veulent à tout prix élever ce niveau, améliorer leur sort, se donner un certain luxe à l'exemple de leurs riches voisins, acquérir de l'influence... Or, il suffit qu'il y ait un ouvrier pareil sur 100, sur 1000, pour que ce peu de levain soulève bientôt cette pâte. Voilà la force d'entraînement d'âme à âme avec lequel il faut compter, avant tout, en économie politique. C'est la force qui, petit à petit, a remué tout le peuple des travailleurs et posé avec acuité la question sociale.

Si l'on veut voir à quels abus de sophistication, et à quel oubli des faits essentiels les plus profonds esprits peuvent être conduits par la prétention de fonder la science économique sur le côté objectif des choses, ou, pour mieux dire, sur des entités substituées aux réalités vraies, il n'y a qu'à lire tout ce que les économistes ont écrit à propos de la rente foncière. On a entassé à ce sujet subtilités sur subtilités. Après les raffinements d'analyse de Ricardo, Karl Marx est venu, qui a soumis à son alambic les résidus de la distillation de son prédécesseur [1]. Il a découvert une *rente absolue*, distincte de la *rente différentielle* mise en relief par Ricardo, et il a subdivisé celle-ci en divers genres, suivant ses transformations historiques ou ses diversités simultanées. La *rente en travail* de l'esclave diffère de la *rente en nature* du serf et celle-ci de la *rente en argent* du fermier. En outre, dans ce qu'on appelle la rente de nos jours, il y a à distinguer ce qui est rente proprement dite et ce qui est profit des capitaux

(1) Voir sur ce point, notamment, la *Revue d'économie politique*, mars 1899.

engagés dans l'agriculture. Il faut donc avoir égard à l'inégale productivité des capitaux employés sur des terres différentes, ou bien à l'inégale productivité — en général décroissante — de capitaux égaux employés successivement sur la même terre. La première considération a trait à l'agriculture extensive, la seconde à l'agriculture intensive. La rente, dans les deux cas, est le surplus de la productivité du capital employé sur les meilleures terres ou dans les meilleures conditions sur la même terre, par rapport à la productivité du capital employé sur les terres les moins bonnes ou dans de moins bonnes conditions, celles-ci étant les régulatrices du prix.

Et l'on peut subtiliser et raffiner encore. Et toutes ces distillations donneront des résultats. Tout cela, au fond, pour prouver quoi? qu'il y a, en agriculture, des avantages de situation — ajoutons, à l'inverse, des désavantages — comme il y en a dans une industrie quelconque ; et que ces avantages, dont bénéficient les heureux possesseurs momentanés, se produisent sous des formes multiples. Mais cela est évident. Ce qui ne l'est pas, c'est que ce gain de certains agriculteurs (compensé d'ailleurs par les pertes de tant d'autres) soit plus illicite que les bénéfices des autres industriels, quand ils s'élèvent au-dessus de la moyenne. Le phénomène agricole de la rente, à cet égard, rentre, comme l'espèce dans le genre, dans le phénomène humain de la *bonne chance*, qui fait que tel manufacturier s'enrichit là où d'autres se ruinent, que tel commerçant fait sa fortune là où d'autres courent à la faillite. Or, qui oserait proposer de bannir la *bonne chance* du monde des affaires aussi bien que de tout autre monde? C'est cependant ce qu'on propose, au fond, sans s'en apercevoir, quand, en protestant contre la rente, on suggère sa suppression, qui entraînerait logiquement la suppression aussi bien de tout bénéfice industriel ou commercial un peu exceptionnel, c'est-à-dire la mort de l'espérance humaine. Supprimer le *risque*, dans une certaine mesure, par des lois sur les accidents du travail, par des assurances contre la maladie, par des pensions de retraites, à la bonne heure. Mais supprimer la *chance*, c'est autre chose. Et, si par imposible, tout risque comme toute chance venait à disparaître de la vie, vaudrait-il encore la peine de vivre? Aussi n'est-il pas question de la supprimer entièrement. Mais il s'agit de savoir — et c'est là, au fond, la question qui s'agite entre le socialisme et l'individualisme libéral — si le progrès social consiste à augmenter sans cesse la part de la sécurité en diminuant celle de l'espérance, ou à surexciter de plus en plus l'espérance en diminuant de plus en plus la sécurité. C'est en ces termes psychologiques que le problème social doit se poser.

II

Je crois avoir suffisamment démontré, dans ce qui précède, l'importance majeure de la psychologie — surtout de celle que j'ai appelée l'inter-psychologie — en économie politique. On peut se demander comment une vérité si manifeste a pu être méconnue, et jusqu'à quel point elle l'a été par des esprits fins et pénétrants au plus haut degré. Un rapide coup d'œil historique sur les doctrines des maîtres ne sera pas inutile pour répondre à cette question.

C'est dans la société des physiocrates, pendant son séjour à Paris, que Adam Smith, on le sait, — ou plutôt on ne le sait pas assez — a puisé le germe de ses idées économiques. Or, que les physiocrates aient donné à la science qu'ils fondaient une couleur tout *objective*, aussi peu subjective que possible, c'était d'accord avec leurs principes, avec la notion matérialiste qu'ils se faisaient de la richesse. Mais on a le droit d'être surpris qu'Adam Smith les ait suivis dans cette voie. Ce grand philosophe est, en effet, non seulement un économiste, mais un psychologue de premier ordre, et, par son traité sur la sympathie, il a tracé les premiers linéaments de l'inter-psychologie. On dirait qu'une cloison presque étanche sépare en lui ses deux ordres de recherches.

Son traité sur les *sentiments moraux* est une mine d'observations fécondes. « Nous cherchons à examiner notre conduite comme nous pensons qu'un spectateur impartial et juste pourrait l'examiner. Nous nous supposons spectateurs de nos propres actions et nous recherchons quels effets elles produiraient sur nous, envisagées de ce point de vue. » Que cette explication de l'origine des jugements portés sur le bien et le mal soit suffisante, on l'a contesté avec raison. Mais ce qu'il y a de profondément vrai dans l'idée de Smith. c'est que la vie sociale consiste à être toujours *tous en spectacle à tous*, même dans la solitude la plus complète, et qu'il est essentiel à chacun de nous, en ayant conscience de soi, d'avoir conscience d'autrui, de se sentir surveillé, épié, jugé par les yeux environnants de ses semblables.

Je glane en passant cette fine remarque : « Nous pouvons avoir lu un poème assez souvent pour y trouver peu d'intérêt, et prendre cependant beaucoup de plaisir à le lire à un autre. S'il a pour cet autre le charme de la nouveauté, nous partageons la curiosité qu'il lui inspire, quoique nous n'en soyons plus capables nous-mêmes... » Quelquefois il lui arrive de juger un peu trop les hommes d'après sa propre nature, douce et bienveillante. Nous sympathisons, dit-il quelque part, avec un homme qui souffre ou qui se plaint, mais non avec un homme en colère. Hélas ! l'expérience montre qu'il est plus facile de suggèrer à la foule un sentiment de haine et de colère qu'un élan de pitié. Les journalistes le savent bien.

Voici une remarque dont Smith économiste aurait bien pu faire son profit. « Il y a, dit-il, en Angleterre beaucoup de gens qui, comme particuliers, seraient plus troublés de la perte d'une guinée, qu'ils ne le seraient, comme Anglais, de la perte de Minorque, et qui, cependant, s'il eût été en leur pouvoir de défendre cette forteresse, auraient mille fois sacrifié leur vie plutôt que de la laisser tomber par leur faute au pouvoir de l'ennemi. » Cela veut dire que, individuellement, la conservation de Minorque ne valait pas à cette époque une guinée pour les Anglais, tandis que, socialement et nationalement, elle valait pour eux plus que leur vie. Et la différence entre notre être purement individuel et notre être social, formé par l'honneur, cet écho intérieur de l'opinion traditionnelle, est bien mise en relief par cette observation. Ce qu'il y a de chatoyant dans l'idée de valeur s'y trouve indiqué.

Dans un passage de ses *Sentiments moraux*, par hasard, Smith psychologue se souvient qu'il est économiste. Après avoir montré que nous sommes dupes de notre amour de la richesse et de la puissance, car la vue de ce qu'il y a objectivement de grand, de beau, d'harmonieux dans les manifestations extérieures de la fortune et du pouvoir, dans les palais, dans les domaines bien aménagés, dans un Etat bien centralisé, nous empêche de songer à l'inanité et à l'incohérence de tout cela considéré du côté subjectif, au peu de bonheur qui en résulte, tempéré de tant de tourments ; après avoir détaillé finement cette pensée, il ajoute : « Il est heureux que la nature même nous en impose à cet égard; l'illusion qu'elle nous donne excite l'industrieuse activité des hommes et les tient dans un mouvement continuel. C'est cette illusion qui leur fait cultiver la terre de tant de manières diverses, bâtir des maisons au lieu de cabanes, fonder des villes immenses, inventer et perfectionner les sciences et les arts. C'est cette illusion qui a changé la face du globe... » Et le traducteur de Smith, Baudrillart, observe en note : « Il est curieux d'entendre Smith fonder sur une illusion ce qui fait le but de l'industrie et la matière de l'économie politique. » Voilà des *curiosités*, malheureusement, que ne nous offrent plus les successeurs économistes de Smith. Mais ce qui me semble surtout *curieux*, c'est de voir un homme qui vient de reconnaître ici, avec tant de netteté, la supériorité du côté subjectif sur le côté objectif des phénomènes économiques, ou du moins la fécondité du premier, seul explicatif du second, négliger presque complètement le premier, de parti pris, dans son *Traité de la richesse des nations*.

Ce n'est pas que, dans ce dernier ouvrage, il oublie tout à fait le fin psychologue qu'il est. Le rôle des sentiments tient quelque place dans ses spéculations. Par exemple, dans sa prédilection pour l'agriculture, on sent bien que l'*état d'âme* de l'agriculteur est surtout ce qu'il préfère. La psychologie du paysan l'intéresse. Dans la comparaison qu'il établit entre les habitants des villes et les habitants des campagnes, et où il met en relief la multitude, la complexité des connaissances que suppose l'art agricole et que possède le moindre cultivateur, il remarque les qualités de *jugement* et de *prudence* qui distinguent celui-ci, et il ajoute : « A la vérité, il est moins accoutumé que l'artisan au commerce de la société... mais son intelligence, habituée à s'exercer sur une plus grande variété d'objets, est en général bien supérieure à celle de l'autre, dont toute l'attention est ordinairement, du matin au soir, bornée à exécuter une ou deux opérations très simples. Tout homme qui, par relation d'affaires ou par curiosité, a un peu vécu avec les dernières classes du peuple de la campagne et de la ville, connaît très bien la supériorité des uns sur les autres[1]. »

Ici et ailleurs, il y a quelque chose d'assez *subjectif* dans les appréciations de Smith, et qui rappelle un peu Sismondi par le ton, non par le fond des idées.

Dans son chapitre sur la distinction du travail productif et du travail improductif (qu'il énonce mal, encore plus qu'il ne la comprend mal), il a beau, par la mauvaise for-

(1) Il est probable que de nos jours, Smith n'eût point noté cette remarque. Peut-être même, entraîné par le courant général, eût-il écrit précisément l'inverse. En tout cas, ce passage est un document propre à révéler que la psychologie de l'ouvrier, depuis Smith, s'est notablement élevée et enrichie.

mule qu'il donne à sa distinction, révéler l'étroitesse et l'insuffisance du point de vue auquel il prétend réduire l'économiste, et méconnaître l'importance des consommations, dites improductives, qui consistent en jouissances et satisfactions toutes personnelles, en acquisitions intérieures d'idées, de sentiments, de richesses subjectives; malgré tout, il ne peut s'empêcher de reconnaître ce qu'il y a « de noblesse et de générosité » dans beaucoup de prodigalités, de dépenses purement somptuaires. « Quand un homme riche, dit-il, dépense principalement son revenu à tenir grande table, il se trouve qu'il partage la plus grande partie de son revenu avec ses amis et les personnes de sa société; mais, quand il l'emploie à acheter de ces choses durables dont nous vous avons parlé, il la dépense alors souvent en entier pour sa propre personne et ne donne rien à qui que ce soit sans recevoir l'équivalent. Par conséquent, cette dernière manière de dépenser, quand elle porte sur des objets de frivolité, est souvent une indication de mesquinerie dans le caractère, et d'égoïsme. »

Ce qui est surprenant, malgré tout, c'est le faible rôle que joue la psychologie en ces écrits économiques de Smith, et c'est l'absence complète de la *psychologie collective*. C'est lui, cependant, Smith, qui a le premier étudié la *sympathie*, source et fondement de la psychologie inter-mentale. Comment se fait-il qu'il n'ait jamais senti la nécessité ni l'opportunité de faire usage des fines remarques qu'il a faites sur la mutuelle stimulation des sensibilités les unes par les autres, pour expliquer les rapports économiques des hommes? Comment se fait-il que, ayant consacré à la *mode* et à la *coutume* un petit chapitre, à propos de leur influence sur la formation des sentiments moraux, il n'ait pas eu l'idée de rechercher leur influence sur la formation des désirs et des besoins, des croyances et des espérances, condition de toute production et de conservation des richesses ?

On ne peut s'expliquer cela qu'en songeant à la force des

premières impulsions. C'est dans la société des physiocrates que Smith avait fait son éducation économique, il a conservé toujours le *pli* de leur esprit. Mais eux-mêmes, pourquoi ont-ils envisagé l'objet de la science par le côté le plus matériel ? Sismondi va répondre :

« Ce fut, dit-il, de la science des finances que naquit celle de l'économie politique, par un ordre inverse de celui de la marche naturelle des idées. Les philosophes voulaient garantir le peuple des spoliations du pouvoir absolu; ils sentirent que, pour se faire écouter, il fallait parler aux princes de leur *intérêt* et non de la justice et du devoir; il cherchèrent à leur faire bien voir quelles étaient la nature et les causes de la richesse des nations, pour leur enseigner à la partager sans la détruire. » Voilà une des raisons pour lesquelles l'économie politique, dès ses débuts, a pris une couleur si positive, et a fait, de parti pris, abstraction de toute considération d'ordre psychologique et moral.

Mais si, en économie politique, Adam Smith a cru pouvoir se passer presque entièrement de considérations inter-psychologiques, c'est aussi que ses idées théologiques lui en tenaient lieu. C'est un point qu'il est bon de mettre en lumière.

Le théisme de Smith le portait à justifier toutes les passions comme des œuvres divines et à y voir des intentions providentielles, des ruses délicates d'un art caché. A plusieurs reprises, dans sa *théorie des sentiments moraux*, il montre ou croit montrer l'utilité sociale des sentiments bas ou extravagants. Par exemple, après avoir indiqué ce qu'il y a d'illogique et d'absurde dans notre complaisance pour le succès (« Si César eût perdu la bataille de Pharsale, on placerait à présent son caractère un peu au-dessous de celui de Catilina »), il ajoute : « Ce désordre dans nos sentiments moraux n'est cependant pas sans utilité, *et nous pouvons encore ici admirer la sagesse de Dieu dans la faiblesse et dans la folie de l'homme.* Notre admiration pour le succès a le même principe que notre respect pour les richesses et pour les grandeurs, et elle est également nécessaire pour établir la distinction des rangs et l'ordre de la société. »

On comprend qu'un homme si disposé à voir un artiste divin derrière la toile des événements humains et une sagesse divine derrière toute folie humaine, ne devait pas avoir la moindre peine à regarder l'égoïsme lui-même, l'amour de soi, comme investi d'une fonction sacrée, éminemment propre à tisser et consolider l'harmonie sociale. Aussi, quand il fondait toute l'économie politique sur ce principe et qu'il réduisait l'*homo œconomicus* à l'intérêt bien entendu, abstraction faite de toute affection et de toute abnégation, ce n'était point chez lui l'effet d'une conception épicurienne et matérialiste, c'était au contraire une suite naturelle de sa piété et de sa foi en Dieu. Derrière l'homme égoïste il y avait le Dieu bienfaisant, et l'apologie de l'égoïsme du premier n'était, à vrai dire, qu'un hymne en prose à la bonté infinie du second.

Mais les successeurs de Smith, dans notre siècle, sont des athées. J'en excepte quelques-uns, Bastiat surtout, dont les *Harmonies économiques* sont fondées sur la même conception de la Providence. Ou du moins, s'ils croient en Dieu, leurs spéculations ne portent nulle trace de cette croyance. C'est pourquoi, en continuant à fonder l'économie politique sur le postulat du pur égoïsme humain et de la lutte des intérêts, après avoir banni l'idée de la Providence, ils ont, sans s'en apercevoir, supprimé la clef de voûte du système, qui a perdu toute sa solidité apparente d'autrefois. Ils ont, si l'on aime mieux, supprimé le ciel de ce paysage, devenu incompréhensible, ou éteint la lumière de cette lanterne, qui n'éclaire et n'explique plus rien.

Il faut donc, le théorisme étant écarté des harmonies sociales — économiques ou autres — écarter aussi l'égoïsme comme explication et agent de ces harmonies, et faire appel à d'autres principes, à d'autres mobiles, pour refondre en conséquence l'économie politique élargie.

Malgré tout, si l'on parcourt les œuvres de Smith et celles de ses contemporains du XVIIIe siècle, il n'est pas difficile d'y glaner çà et là quelques observations psychologiques, mais la plupart bien superficielles... Il n'était pas possible qu'à une époque où tous les écrivains, depuis Rousseau, avaient toujours au bout de leur plume les mots de *sensibilité* et de *vertu*, les économistes eux-mêmes ne donnassent pas parfois une couleur sentimentale à leurs écrits. Par exemple, Melon, à propos de l'utilité du luxe des jardins, dit : « Pourquoi se récrier sur cette folle dépense? Cet argent gardé dans un coffre serait mort pour la société. Le jardinier le reçoit, il l'a mérité par son travail, excité de nouveau; ses enfants presque nus en sont habillés, ils mangent du pain abondamment, se portent mieux et *travaillent avec une espérance gaie.* » Melon, précurseur de Fourier en cela, rêve déjà le travail attrayant — et surtout rendu tel par la collaboration des deux sexes. « Lorsque des hommes et des femmes travailleront ensemble à la construction d'un canal ou d'un grand chemin, le travail en sera plus animé et moins dur. » L'*atelier mixte*, en somme, comme il y a ailleurs l'*école mixte*, cela sent déjà le phalanstère.

— Mais, à partir du commencement de notre siècle, et chez les successeurs directs d'Adam Smith, l'économie politique a été pendant longtemps se dépouillant de plus en plus du peu de psychologie — sentimentale ou morale — qu'elle contenait en dissolution, pour revêtir un air plus froid, une physionomie plus géométrique. Cette sorte de cristallisation, prise à tort pour une épuration, est frappante, notamment, dans les écrits de J.-B. Say et de Garnier[1]. Alors s'est installé dans sa chaire scolastique le dogmatisme de l'économie classique qui a pu un moment se croire indiscutable.

(1) Noter la dureté de ces économistes, non par inhumanité naturelle, mais par logique de leur système. « A parler rigoureusement, dit J.-B. Say, la société ne doit aucun secours, aucun moyen de subsistance à ses membres. »

Toutefois, elle n'a pu jamais empêcher les murmures des dissidents, des hérésiarques, de s'élever autour de sa chaire ; et je n'ai pas à les énumérer tous. Un mot seulement.

Fourier est le premier qui ait fait une large application de la psychologie à la solution des problèmes économiques. C'est à l'étude du cœur, de ses éternels besoins, qu'il a demandé la réponse à ces graves questions. Le malheur est que sa psychologie, assez originale, était des plus incomplètes et retardataire. C'était celle, purement individuelle et voluptueuse, du dernier siècle, attardée dans la nôtre, au moment où Maine de Biran l'avait déjà refondue et renouvelée par sa théorie de l'effort volontaire. Du reste, Fourier est un utopiste avant tout, un rêveur des plus ingénieux et des plus féconds en beaux songes, tantôt puérils tantôt lucides, et non un économiste. Je ne parle de lui ici que pour mémoire.

En général, on peut, à certains égards, considérer les doctrines socialistes, éternelles ennemies mais ennemies sœurs des doctrines économiques, comme un effort, plus ou moins inconscient, mais sans cesse renouvelé, pour remédier aux lacunes et aux erreurs de l'économie purement objective en y réintégrant le côté subjectif qui a toujours été trop sacrifié par les maîtres de la science. Avant eux-mêmes, Sismondi, qui est le précurseur de leurs plaintes sinon de leurs idées, avait appelé l'attention sur les souffrances des ouvriers expulsés par les machines et, en philanthrope, il est vrai, plus qu'en philosophe, éloquemment insisté sur le contre-coup des changements du travail dans l'âme du travailleur. Parfois, il rappelle Ruskin par la manière dont il vante, avec amour, le charme propre aux industries demeurées primitives et patriarcales, au travail agricole. Mais le plus souvent il parle en moraliste, préoccupé, avant tout, du « bonheur des hommes ». L'économie politique, d'après lui, ne doit être que « la théorie de la bienfaisance ». Le moindre défaut de cette définition, — applicable aussi bien à la politique, à la religion, au droit, — est d'être bien vague.

Les écoles socialistes, aussi bien les écoles françaises de 1848 que les écoles allemandes de nos jours, ont dégelé et passionné l'économie politique ; et c'est en cela exclusivement qu'elles y ont introduit un élément psychologique nouveau, qui n'a rien changé d'ailleurs aux notions fondamentales. Seulement, la passion inspiratrice de ces doctrines a souvent varié ; et, dans la combinaison de générosité et de haine dont elle se compose, la proportion des deux s'est renversée ; plus généreuse que haineuse en France, elle est devenue plus haineuse que généreuse en Allemagne. Comparez Leroux ou Proudhon même à Karl Marx. Sous l'empire de ces sentiments intenses, les théories économiques se sont colorées et vivifiées, mais, au fond, elles ont gardé et même accentué la prétention ancienne à l'*objectivité*, à la déduction géométrique de formules rigides, ayant un faux air de lois physiques. Il est rare de rencontrer au milieu de ces abstractions d'un caractère individualiste au plus haut degré, des passages tels que celui-ci de Karl Marx qui, cette fois, en passant, a fait de l'inter-psychologie et de la bonne : « De même, dit-il (p. 141) que la force d'attaque d'un escadron de cavalerie ou la force de résistance d'un régiment d'infanterie diffère essentiellement de la somme des forces individuelles déployées isolément par chacun des cavaliers ou fantassins, de même la somme des forces mécaniques d'ouvriers isolés diffère de la force mécanique qui se développe dès qu'ils fonctionnent conjointement et simultanément dans une même opération indivise... .... A part la nouvelle puissance qui résulte de la fusion de nombreuses forces en une force commune, *le seul contact social produit une émulation et une excitation des esprits animaux qui élèvent la capacité individuelle d'exécution.* » Considération qui a son prix à côté de celle de la spécialisation du travail, dont on a souvent exagéré les effets. Ce n'est pas seulement parce que le travail y est très différencié que les grands ateliers sont de grands producteurs, c'est aussi parce que les travailleurs y travaillent ensemble.

En dehors des écoles socialistes, j'aurais à citer, parmi les écrits de Carey, de Stuart Mill, de Bastiat, de Courcelle-Seneuil et de bien d'autres, des aperçus intéressants au point de vue de la psychologie économique. Stuart Mill a mis en relief l'influence de la coutume dans la fixation des prix, et quelque part il proteste contre la poursuite des dollars donnée pour but unique à l'activité productive.

Je voudrais pouvoir citer Cournot au nombre des économistes psychologues, mais je dois reconnaître que son effort a visé au contraire à envisager les faits économiques sous leur aspect mathématique, poussé à bout depuis lors par Léon Walras. Je dis *au contraire*, parce qu'il a cru à tort qu'il ne pouvait *mathématiser* la science économique sans la dépouiller de tout élément subjectif. Mais, s'il avait pris la peine de considérer que, dans les phénomènes de conscience eux-mêmes, il y a un côté justiciable du nombre et de la mesure, que la croyance et le désir ont des degrés, une double échelle de degrés positifs et négatifs, affirmation et négation, désir et répulsion, amour et haine, peut-être aurait-il vu que le seul moyen de faire de la bonne statistique, c'est-à-dire de l'arithmétique sociale, c'est de faire porter les dénombrements du statisticien sur des faits extérieurs, soit, mais qui consistent au fond en croyances et en désirs, en idées et en besoins, en actes de foi et en actes de volonté, en jugements et en décisions. J'ai essayé de le montrer ailleurs [1].

La tendance à *mathématiser* la science économique et la tendance à la *psychologiser*, loin d'être inconciliables, doivent donc plutôt se prêter à nos yeux un mutuel appui. Dans la statistique réformée et mieux comprise, dans la sta-

(1) *Lois de l'imitation*, chap. intitulé « L'archéologie et la statistique ».

tistique toute pénétrée d'un esprit inter-psychologique, j'aperçois la conciliation possible et même aisée de ces deux directions, en apparence divergentes.

Depuis une quinzaine d'années, ont surgi, en Allemagne et en Autriche, des écoles qui arborent le titre de psychologie économique : Schmoller, Wagner, Menger en sont les chefs. Je regrette que mon ignorance de l'allemand ne m'ait pas permis de suivre leurs savants travaux. Ce que j'en sais, toutefois, par des extraits ou des résumés, me donne à croire que leur manière de comprendre l'application de la psychologie à l'économie politique est loin d'être identique à la mienne. Ils ne tiennent pas compte de l'inter-psychologie, ce me semble, si l'on en excepte Schmoller. Ils font jouer au *désir*, mais non à la *croyance*, un rôle considérable. La nécessité de faire sa part, et sa large part, à la considération des croyances, des idées, des jugements, n'est reconnue explicitement à ma connaissance que par M. Gide qui, dans ses principes — si intéressants, si pénétrés de nouvelles tendances — m'attribue le mérite de l'avoir signalée. Je ne crois pas non plus que les auteurs indiqués aient eu égard au caractère *quantitatif* du désir, et à son identité de nature d'un individu à un autre, qui seul permet de traiter les désirs des masses comme des quantités qui augmentent ou diminuent et que la statistique parvient à mesurer indirectement. D'après M. Bouglé, Wagner estime que la statistique ne saurait s'appliquer aux facteurs psychologiques « impondérables, spirituels[1] ».

(1) Mais je connais trop peu ces économistes, pour parler plus longtemps de leurs idées. Celles que j'ai à exposer sont le développement de germes posés en substance, pour la première fois, dans la *Revue philosophique*, en septembre et octobre 1881, — c'est-à-dire à une époque antérieure, je crois à l'apparition des écoles étrangères dont je viens de parler mais peu importe — sous le titre de *la Psychologie en économie politique*. S'il y a des coïncidences entre les théories énoncées là et celles d'écoles autrichiennes ou allemandes, je me félicite d'autant plus de cet accord qu'il aura été plus spontané.

LIVRE PREMIER

LA RÉPÉTITION ÉCONOMIQUE

CHAPITRE PREMIER

DIVISION DU SUJET

Il s'agit maintenant d'embrasser le vaste champ de la psychologie économique au triple point de vue que nous connaissons, en rangeant sous trois chefs distincts, répétition, opposition, adaptation, toutes les parties de notre sujet. Commençons par la *Répétition économique*.

Que faut-il entendre par là? Est-ce seulement la reproduction des richesses? Je le veux bien, mais à la condition de faire une analyse complète des causes de cette reproduction. Distinguer la *terre*, le *capital* et le *travail*, ce n'est pas nous éclairer beaucoup. Si l'on va au fond de ces choses on trouve qu'elles se résolvent elles-mêmes en répétitions de diverses natures. La *terre*, qu'est-ce, si ce n'est l'ensemble des forces physico-chimiques et vivantes qui agissent les unes sur les autres, les unes par les autres, et qui consistent, les unes, chaleur, lumière, électricité, combinaisons et substances chimiques, en répétitions rayonnantes de vibrations éthérées ou moléculaires, — les autres, plantes cultivées et animaux domestiques, en répétitions non moins rayonnantes et expansives de générations conformes au même type organique ou à une nouvelle race créée par l'art des jardiniers et des éleveurs? — Le *travail*, qu'est-ce, sinon un ensemble d'activités humaines condamnées à répéter indéfiniment une certaine série d'actes appris, enseignés par l'apprentissage, par l'exemple, dont la contagion tend sans cesse à rayonner aussi ? — Et le *capital* lui-même, qu'est-ce, sinon, en ce qu'il a d'essentiel d'après moi, un certain groupe d'inventions données, mais considérées comme connues de leur exploiteur, c'est-à-dire comme s'étant transmises des inventeurs à lui par une répétition intellectuelle de plus en plus généralisée et vulgarisée ? Et si l'on veut que capital signifie, en outre, suivant les notions vulgaires qu'on s'en fait, une certaine partie de la richesse ancienne épargnée et mise à part, qu'est-ce encore, sinon de l'épargne répétée et accumulée ?

Mais cela ne suffit pas. La reproduction des richesses suppose, avant tout, la reproduction psychologique des désirs de consommation, et des croyances spéciales attachées à ces désirs, sans lesquels un article matériellement reproduit ne serait point une richesse.

En somme, nous voyons que, dans la reproduction des richesses ainsi analysée jusqu'en ses vraies causes profondes, les trois grandes formes de la répétition universelle, ondulation, génération, imitation, sont mises en jeu à la fois. Il importe donc de connaître leurs lois pour prévoir les résultats de leurs combinaisons variées dans le phénomène de l'activité industrielle. Mais ces trois catégories de phénomènes et de lois ont lieu de nous occuper très inégalement; les deux premières seulement par rapport à la troisième.

L'erreur ici est de mêler ces diverses natures de répétitions sans s'en apercevoir et de mal choisir les *unités répétées*. Dans l'école de Le Play, l'importance de la répétition a été comprise, puisque c'est sur elle qu'est fondée implicitement la méthode des monographies. Cette méthode consiste à penser qu'on se fait une idée complète d'une société en étudiant de près quelques-unes seulement de ses parties, mais de ses parties typiques, reproduites à multiples exemplaires, deux ou trois types de familles, par exemple, si bien que leur connaissance approfondie implique celle du tout. C'est très juste; mais, si Le Play et ses élèves ont bien vu cela, ils se sont trompés en considérant la famille ou tout autre groupe social, tel que l'atelier même, comme ce qu'il y a de plus régulièrement répété en fait de choses sociales, et en ne descendant pas plus bas, dans le détail des faits, pour y chercher les unités élémentaires, dont ils ont aperçu les répétitions d'ailleurs mais sans leur prêter l'attention qu'elles méritent. Leurs monographies supposent le fonctionnement de beaucoup de répétitions, puisqu'elles partent de l'existence de beaucoup de choses semblables, mais, si elles constatent ces fonctions essentielles, elles ne les expliquent pas. Pourquoi cependant et comment ces similitudes se sont-elles formées ? Pourquoi, à telle époque — pas toujours — la moyenne, non la totalité, des familles de telle classe, dans telle région, a-t-elle quatre enfants au lieu de trois ou de deux ? Pourquoi la proportion des divers chapitres du budget y est-elle à peu près la même, c'est-à-dire pourquoi les besoins divers, de vêtement, de logement, d'ameublement, de divertissements, de livres, etc., y ont-ils atteint une même intensité proportionnelle ? Et pourquoi, d'une époque à l'autre, observe-t-on que la natalité de ces mêmes familles a augmenté, ou diminué ; que le chapitre de leurs budgets consacré à la toilette ou aux plaisirs a diminué, ou plus souvent augmenté ? Il ne faut pas demander à la méthode des monographies une réponse à ces questions : les monographistes constatent ces faits, ils ne les expliquent pas[1], et ils les confondent fréquemment en les constatant.

(1) S'ils les expliquent, comme cela arrive si souvent à M. du Maroussem, qui a singulièrement perfectionné la méthode après M. Cheysson, c'est en

Ce dernier reproche ne peut pas être adressé à la monographie d'atelier. La monographie de famille implique le fonctionnement combiné de l'hérédité et de l'imitation, des causes naturelles et des causes sociales qui seules peuvent expliquer la similitude des familles qu'on juge toutes sur un échantillon unique ; la monographie d'atelier ne postule que le fonctionnement de l'imitation. En séparant de la sorte deux éléments qui auparavant étaient présentés pêle-mêle, elle réalise un véritable progrès.

Mais, si importantes que soient les constatations dues à cette dernière espèce de monographies, elles ne sont pas non plus des explications, et c'est dans le menu détail de la vie d'atelier ou de famille, de la vie sociale en général, qu'il faut descendre pour découvrir les faits vraiment généraux, les répétitions d'actes et d'idées vraiment précises et prodigieusement multipliées où se laissent saisir les lois qui, une fois formulées, permettront de rendre compte des similitudes plus vagues entre des groupes sociaux, familles, ateliers, villes, nations. A travers la variabilité des faits économiques, qui se modifient d'âge en âge, de pays en pays, qui ne sont pas les mêmes à l'époque pastorale, à l'époque agricole, à l'époque industrielle, qui ne sont pas les mêmes en Europe et en Chine, en France même et en Angleterre, les lois de l'imitation ne changent pas, et c'est sur elles que reposent les principes économiques dans la mesure où ils se vérifient. Partout et toujours un nouvel outil, un nouveau procédé, un nouveau produit, jugé plus utile que les outils, les procédés, les produits anciens similaires, se répand ou tend à se répandre par multiplication rayonnante, et sa diffusion même, de plus en plus, lui est une garantie de majeure utilité. Partout et toujours ce jugement d'utilité supérieure, qui, entre cent ou mille exemples concurrents, anciens ou modernes, en fait choisir un de préférence,

greffant sur elle des notions et des préoccupations qui lui étaient primitivement étrangères.

est prononcé à raison des idées qui sont déjà installées dans les esprits, des besoins qui sont déjà ancrés dans les mœurs, idées et besoins qui s'y sont formés jadis d'une manière analogue. Et, dans la fixation de ce choix, les considérations intrinsèques concourent avec les influences extrinsèques. Or, en ce qui concerne ces dernières, partout et toujours les exemples de capitale sont plus contagieux dans les provinces, ou les exemples des villes en général dans les campagnes[1], ou ceux des classes élevées dans les classes supérieures, que *vice versâ*. Partout et toujours, après s'être répandues ainsi, les innovations qui ont eu le plus de succès tendent à s'enraciner en coutumes, qui, à leur tour, seront remplacées plus tard ou fortifiées par des modes nouvelles[2].

A la loi de l'imitation du supérieur par l'inférieur, — du supérieur jugé tel par l'inférieur se jugeant tel, à tort ou à raison, sciemment ou à son insu, — se rattache un fait d'une immense importance économique, le commerce international. Partout et toujours, — même aux âges préhistoriques,

(1) On a remarqué, par exemple, en Italie (*Rivista italiana di sociologia*, article de M. Coletti) que les émigrants d'origine urbaine ont précédé et entraîné les émigrants d'origine rurale. M. Coletti note que la tendance à émigrer se propage par une véritable *psychose épidémique* dont l'*Inchiesta agraria*, dit-il, décrit des « épisodes vraiment, caractéristiques ». — On a remarqué aussi que l'initiative de l'émigration est partie d'individus isolés et que les familles émigrantes ont suivi...

(2) Une innovation utile se produit, et au début, c'est à raison de son utilité qu'elle est adoptée par les premiers qui l'adoptent. Mais, de proche en proche, elle se répand, et, de moins en moins, c'est à cause de son utilité : de plus en plus, c'est par esprit d'imitation. Et il est indéniable que la plupart de ceux qui font bon accueil à cette nouveauté l'auraient repoussée, s'ils avaient ignoré que d'autres l'ont accueillie, et alors même qu'ils auraient parfaitement compris les avantages de son adoption. La force de la routine les eût retenus à la pratique ancienne. Ici donc, comme partout en fait d'imitation-mode, le pouvoir propre de l'imitation consiste à briser l'obstacle de la coutume. Et, dans le cas de l'imitation-coutume, le pouvoir propre de l'imitation consiste à l'emporter sur le pouvoir de la raison, toutes les fois qu'on se soumet à la tradition tout en reconnaissant qu'elle est irrationnelle.

Ainsi, dans l'un et l'autre cas, il y a une force propre inhérente à l'imitation, un certain *désir d'imiter* soit les contemporains, soit les anciens, qui tantôt lutte, tantôt concourt avec la raison et l'intérêt pour régler notre conduite.

soyons-en persuadés — il y a, parmi les tribus, parmi les cités, parmi les nations voisines, une tribu, une cité, une nation admirée et enviée, qui donne le ton autour d'elle. Le penchant à la copier en tout est si fort que, en dépit des obstacles de la coutume, et, le plus souvent, de la loi, il se fait jour invinciblement par les échanges de peuple à peuple, de peuplade à peuplade[1]. Le législateur a beau les entraver autant qu'il le peut, par des barrières de douane, par des monnaies nationales et locales soigneusement conservées, par des systèmes de poids et mesures multiformes, de telles digues ne servent qu'à révéler la force du courant qu'elles contrarient, c'est-à-dire la tendance des hommes, en tout temps et en tout pays, à prendre modèle sur l'étranger, ou plutôt sur *un* étranger, et à commercer avec lui. Cet engouement pour les produits exotiques, ou plutôt pour l'exotique d'un certain genre, sévit parmi les sociétés les plus barbares; et il aide à comprendre un fait d'une grande portée économique, à savoir pourquoi les consommations nouvelles, importées du dehors, se propagent plus vite dans un pays que les productions correspondantes. Si, à mesure que la mode des produits étrangers se répand ainsi, les industriels indigènes ne se mettent pas aussitôt à les fabriquer, ce n'est pas toujours faute d'habileté, c'est parce qu'ils savent bien que le caractère exotique de l'article est ce qui le fait rechercher. Plus tard, quand la saveur de l'exotique commence à s'épuiser, il sera temps de faire des contrefaçons nationales de l'article étranger.

Mais c'est surtout dans les relations naturelles des concitoyens que la force de l'imitation agit, et, si l'on n'a pas égard

(1) On a retrouvé des traces manifestes du rayonnement de l'antique civilisation pharaonique jusque chez les nègres du Soudan (V. *Tombouctou* du commandant Dubois) et même du Congo. — Partout où l'on remarque dans les classes inférieures des pays arriérés, des coiffures traditionnelles, des costumes locaux, qu'on a l'illusion de croire autochtones, cherchez et vous trouverez que telle coiffure procède d'une mode usitée à telle cour royale il y a quelques siècles, ou que telle coupe de vêtement a une origine non moins princière.

à ce facteur de premier ordre, on ne s'explique pas les faits les plus manifestes, et les plus fondamentaux, tels que l'élévation graduelle du *train de vie* des diverses classes sociales. A la fameuse *loi d'airain*, M. Paul Leroy-Beaulieu oppose, entre autres arguments, celui-ci, que l'étalon de vie de l'ouvrier, l'ensemble de ses besoins jugés impérieux, change constamment et, en fait, constamment s'élève au cours de la civilisation. « Or, dit-il, comment ce niveau de l'existence populaire eût-il pu monter si l'élévation des salaires ne l'eût précédé? Dans la doctrine du *salaire naturel* et de la *loi d'airain* cette hausse du niveau de la vie est incompréhensible. Il est évident que ce *sont les ressources de l'ouvrier qui déterminent son mode de vivre et non son mode de vivre qui détermine ses ressources.* » La remarque serait parfaitement juste et l'auteur aurait tout à fait raison s'il n'avait l'air de croire ici que le salaire a crû spontanément et que c'est cette hausse spontanée qui explique la hausse de l'étalon de vie. En fait, voici comment les choses se passent. Un ouvrier entre mille gagne un peu plus que les autres, grâce à des circonstances favorables ou à son habileté supérieure, et aussitôt il se paie certains plaisirs, tels que le café, le cigare, etc. En ce qui concerne cet initiateur, l'explication de notre auteur s'applique. Mais les 999 autres ouvriers *veulent*, malgré l'insuffisance de leurs salaires, vivre comme lui, se modeler sur lui, et c'est cette volonté décidée, générale, — devenue générale par imitation égalitaire — qui finit par vaincre les résistances du patron. Bien des grèves, bien des syndicats, sont dus à une action de ce genre. Mais, même sans grève, même sans syndicat, le mécontentement général des ouvriers, par suite des besoins nouveaux qui germent en eux, ensemencés par l'un d'eux, est une force à la longue irrésistible contre laquelle lutte en vain l'intérêt de l'entrepreneur.

— Cela dit, il convient de diviser la répétition économique d'après les causes de la reproduction des richesses qu'elle étudie. Elle a donc trait d'abord : 1° à la reproduction des désirs dont certaines richesses sont l'objet et des jugements portés sur l'aptitude de ces richesses à satisfaire ces désirs; 2° à la reproduction des travaux dont ces richesses sont le produit. Ce sont là les deux parties principales; et nous les développerons : la première dans trois chapitres, sur le *rôle économique du désir*, sur le *rôle économique de la croyance*, sur les *besoins*, la seconde dans un chapitre sur *les travaux*. Mais, vu l'importance si grande acquise dans la vie civilisée par les signes monétaires de la richesse, il importe de traiter à part : 3° tout ce qui touche à la transmission, à la circulation des monnaies métalliques ou fiduciaires. De là deux chapitres, l'un sur la *monnaie*, l'autre sur le *capital*.

Observation générale et préliminaire. Soit pour les besoins, soit pour les travaux, *reproduction* signifie deux choses bien distinctes, et qui ne doivent jamais être confondues, malgré la liberté que nous prendrons souvent de les exposer pêle-mêle : d'une part, leur *propagation* d'individu à individu, d'où résulte l'extension d'une industrie dans l'espace; d'autre part, leur *rotation* périodique, par cette imitation de soi-même qu'on nomme habitude chez les individus ou coutume chez les peuples. — En ce qui concerne la monnaie, cette distinction se reflète dans sa *diffusion*, rayonnante dans un domaine de plus en plus vaste, et sa *circulation* proprement dite, qui a lieu par sa rentrée aux mains d'où elle est sortie, rotation monétaire dont Karl Marx s'est fort occupé.

CHAPITRE II

ROLE ÉCONOMIQUE DU DÉSIR

I

L'Économie politique n'est qu'une branche de la *Téléologie sociale*, ou, si l'on aime mieux, de la *Logique de l'action* appliquée aux sociétés. Cette science générale, qui, avec la *Logique sociale* proprement dite, compose à peu près toute la sociologie (l'esthétique seule restant en dehors), étudie le rapport général des moyens sociaux aux fins sociales et, envisagée comme art, conseille les moyens les mieux adaptés aux fins les meilleures suivant les temps et les lieux. Elle doit commencer, en chacune des sciences particulières dont elle se compose, en Politique, en Droit, en Morale, en Economie politique, par définir les caractères des désirs humains dont elle s'occupe, et par étudier la genèse de ces désirs, les causes qui les font se répandre ou se resserrer, grandir ou décroître, les luttes qu'ils soutiennent entre eux, et le concours qu'ils se prêtent. Chacune de ces sciences embrasse bien l'ensemble des désirs humains sous les trois aspects que nous savons ; mais elles diffèrent par les proportions très inégales de chacun d'eux. La morale et la jurisprudence ont plus spécialement trait aux oppositions des désirs, soit, la morale, dans le cœur même de l'individu, soit, la jurisprudence, dans le groupe social, et s'efforcent de les faire coexister, soit au for intérieur, soit sous leurs manifestations extérieures, de manière à supprimer leur lutte, l'une en les circonscrivant sous le nom de *droit*, cette limite des intérêts, l'autre en sacrifiant certains désirs à certains autres sous le nom de *devoir*. La Politique et l'Economie politique traitent des mêmes désirs humains, mais à un point de vue moins passif, plus actif, au point de vue surtout de leurs adaptations possibles. Le souci de ces sciences n'est pas de régler une question de bornage des désirs, mais bien de les faire s'accorder, l'une, la Politique, en vue d'une action commune (défense du territoire, conquête extérieure, vote d'une loi sociale, etc.), l'autre, l'Economie politique, en une mutuelle assistance d'activités multiples.

Prenons pour exemple le désir d'être plus confortablement logé. Envisagé au point de vue moral, ce désir se présente en lutte avec le désir, chez le même individu, d'avoir une famille nombreuse, d'élever et d'instruire à grands frais les enfants, de doter les filles, etc. Au point de vue juridique, ce désir de logement plus confortable, chez le locataire, apparaît en conflit avec le désir du propriétaire de ne pas faire de réparations, avec le désir du tapissier et des autres fournisseurs de hausser le prix de leurs fournitures ; de là tout ce qui a trait au contrat de location, d'achat et de vente. Au point de vue politique, le même désir donne lieu à la perception d'un impôt sur les loyers, et par là, concourt, avec tous les autres désirs semblablement imposés, à accomplir toutes les entreprises administratives ou militaires que le budget de l'Etat sert à payer. Enfin, au point de vue économique, ce désir donne satisfaction au désir de construction qui dévore les architectes, au désir de faire de beaux meubles qui anime les ébénistes, etc., et, réciproquement, le désir des ébénistes ou des architectes satisfait celui du locataire...

On en dirait autant de tout autre désir. La distinction de la Politique et de l'Economie politique, ainsi comprise, est aussi nette que possible. L'une cherche la voie de la plus puissante *collaboration* des désirs d'une nation ou d'un parti dans une même œuvre ; l'autre, celle de leur plus large et de leur plus *réciproque utilisation ;* deux manières très différentes d'entendre leur adaptation. Et, si leur opposition aussi les inquiète, l'une et l'autre s'efforcent de faire servir cette rivalité même ou cette hostilité des désirs, par la concurrence industrielle ou l'antagonisme des partis, au progrès de leur harmonie.

Ces diverses sciences entre lesquelles se divise la Téléologie sociale présentent, on le voit, malgré leur précise distinction, des domaines assez mal délimités à leur frontière, analogues aux *marches* des territoires barbares. Il ne faut pas perdre de vue qu'elles ont toutes pour fondement commun les désirs humains considérés en bloc. Nous avons donc maintenant à examiner ceux-ci dans leur ensemble, mais en nous attachant surtout aux côtés par lesquels ils peuvent s'entr'aider à satisfaire leurs buts différents, et réaliser ou tendre à réaliser un maximum de satisfactions pareilles.

A cet égard, il y a d'abord à distinguer le degré d'intensité des désirs, ainsi que leurs similitudes et leurs différences. Passé un certain degré d'intensité, en trop ou en trop peu, les désirs deviennent inutilisables les uns pour les autres. Un désir si faible qu'il est à peine ressenti n'excite personne au travail. D'autre part, des hommes mourant de faim ou de soif se jetteront sur la première boisson ou la première pâture à leur portée, et il n'est rien de tel que la passion d'une femme pour rendre un travailleur paresseux. Un individu ou un peuple laborieux est celui qui est mû, non par un très petit nombre de désirs extrêmement forts, car, dans ce cas, il vit surtout de brigandage, mais par un nombre relativement grand de désirs modérés. C'est en se multipliant que les désirs se modèrent ; et voilà pourquoi la diffusion des nouveaux besoins dans un pays y contribue en même temps à la paix et à l'activité sociales, parce qu'en apaisant les besoins anciens au profit des nouveaux, elle les rend plus facilement utilisables les uns pour les autres.

C'est dire que le progrès dans la diversité des désirs s'accompagne du progrès dans leur mutuelle assistance. Mais ce serait une erreur de croire, remarquons-le, que, plus les désirs en contact social deviennent dissemblables, plus leur mutuelle utilisation s'accroît. Groupez des individus qui aient chacun des goûts tout à fait exceptionnels, tirés à un seul exemplaire dans le monde ; vous aurez beau les rapprocher, ils ne pourront, ne se comprenant point, se rendre aucun service. Ils ne parlent point la même langue, la même, c'est-à-dire composée de mots différents, mais répétés semblablement par tous ceux qui la parlent. Ce qui importe, donc, c'est la similitude dans la différence, ou, en d'autres termes, différents ordres de désirs généraux.

Or, comment tels ou tels désirs sont-ils devenus généraux, se sont-ils généralisés — dans une région donnée, plus ou moins étroite ou large ? Parce qu'ils se sont propagés de proche en proche, à partir d'un foyer [1]. Dira-t-on que c'est là sortir des limites de l'Economie politique. Je ne comprendrais pas cette objection. Je la trouve cependant, à mon grand étonnement, sous la plume d'un économiste très distingué, dont j'ai eu déjà à louer les tendances, Courcelle-Seneuil. « Nous n'avons à nous occuper, dit-il, ni des combinaisons de nos désirs, ni de leur règlement. C'est l'objet de la physiologie sociale (?) et de la morale. En définissant le besoin, l'économiste ne peut le considérer que comme un moteur, une force d'intensité variable *dont il ne lui appartient pas de rechercher les lois ;* il lui suffit de savoir qu'elle existe chez tous les individus et dans toutes les sociétés. » Là est l'illusion manifeste. Quel est donc ce besoin qui serait le même partout et toujours, à moins qu'il ne s'agisse de cette tautologie dont nous allons dire un mot, le *désir du bonheur ?* Et comment l'économiste pourra-t-il manier une

(1) Quant aux désirs, aux besoins tout à fait primitifs, qui naissent les mêmes chez tous les individus, indépendamment de toute influence reçue des parents, des camarades de milieu, ils sont, en quelque sorte, *pré-économiques*. En réalité, ils se dissimulent sous la livrée des *désirs spécifiés* par la contagion sociale...

force dont il ignore les lois, dont il ne sait ni pourquoi ni de quelle manière elle varie en nature et en degré ?

On nous dit que tous les hommes, en tout temps et en tout lieu, s'accordent à désirer le bonheur. Qu'est-ce donc que cela, le bonheur ? C'est le *désiré* purement et simplement. Le désir du désiré... voilà donc la clef de voûte de la science économique ! Mais ce que nous désirons, en somme, ce n'est jamais le « bonheur », c'est une sensation ou une émotion agréable, ou une idée qui nous plaît, ou une action qui nous intéresse. Or, ce n'est pas parce qu'une sensation ou une émotion est agréable, une idée plaisante, une action intéressante, que nous la désirons ; c'est parce que nous la désirons que nous la jugeons agréable, séduisante, intéressante. Dire qu'il en est toujours et partout ainsi, ce n'est pas dire grand'chose ; mais ce qui offrirait de l'intérêt, ce serait de rechercher quelles sont, à diverses époques et dans diverses sociétés, les sensations, les émotions, les idées, les actions, les faits qui sont ou ont été l'objet de désirs semblables chez tous les individus d'une société ou d'une classe. On apprendrait ainsi quels sont ou quels ont été les divers ordres de désirs généraux en des temps et des lieux différents, et que, loin d'être les mêmes universellement, ils ont beaucoup varié. La question de savoir s'il y a une voie ou des voies suivies par ces transformations, et quelles sont leurs causes, s'élèverait alors.

II

Le bonheur, si nous serrons d'un peu près cette notion si vague pour la préciser, où le verrons-nous réalisé ? Apparemment dans l'état d'un individu ou d'un peuple qui a trouvé son assiette, comme on dit. Et qu'est-ce que cela veut dire ? Cela veut dire que le bonheur est, non pas précisément l'apaisement de nos désirs, mais une rotation en quelque sorte quotidienne de désirs enchaînés, périodiquement renaissants et satisfaits de nouveau pour renaître encore, et ainsi de suite indéfiniment.

Je dis *rotation;* quand, en effet, la série des désirs qui s'enchaînent, entrecoupés de satisfactions alternatives, se présente comme une ligne qui ne revient pas sur elle-même, comme une *courbe ouverte* qui va toujours de l'avant, dans l'inconnu de sensations toujours nouvelles, de desseins toujours inédits, il y a fièvre ambitieuse ou amoureuse, et il peut y avoir ivresse, transport de joie ; il n'y a pas bonheur.

Sans doute, tous les besoins de la vie organique sont essentiellement périodiques, le besoin de boire ou de manger, de s'abriter contre le froid, etc. ; ils se répètent dans la journée de l'individu ou dans son année, à intervalles plus ou moins réguliers ; mais les désirs spéciaux, d'origine sociale, qui sont la traduction économique de ces besoins, le désir de tel ou tel plat, de telle ou telle boisson, de tel ou tel vêtement, etc., ne se produisent pas toujours périodiquement ; et même ils commencent toujours par être des fantaisies avant de se consolider en habitudes. On voit même des touristes qui recherchent le changement continuel en fait de menus et de boissons, et qui n'aiment pas à coucher deux fois de suite dans le même lit. Les femmes ultra-élégantes ne portent pas deux fois la même toilette, autrement dit leur désir de s'habiller d'une certaine manière ne se répète pas deux fois. Il y a donc, dans toute vie individuelle, à distinguer les désirs périodiques, périodiquement enchaînés, qui sont les plus nombreux, les plus importants au point de vue de la production industrielle, et les désirs capricieux, non périodiques, qui se suivent sans se répéter régulièrement. C'est surtout sur les habitudes des individus que l'industrie doit compter ; mais leurs passions et leurs caprices, dont la proportion va grandissant à notre époque de crise sociale, sont la pépinière où prennent naissance les nouvelles habitudes de demain.

Chacun de nous, et aussi bien chaque peuple, pourrait être

caractérisé — si l'on me permet de reprendre la métaphore de tout à l'heure, — par la nature de la courbe ouverte et de la courbe fermée qui lui sont propres, par la proportion des deux, par la composition des éléments de chacune d'elles, par son degré d'étroitesse ou de largeur. La proportion des deux est très inégale d'un individu à un autre. Tantôt la courbe fermée est très large et la courbe ouverte très petite ; c'est le cas des individus et des peuples qui recherchent beaucoup le confort, mais qui ont peu d'aspirations généreuses et passionnées ; tantôt c'est l'inverse, comme chez les individus et les peuples très idéalistes à la fois et très simples de goûts. — Plus souvent il arrive que la courbe ouverte et la courbe fermée vont s'élargissant, ou se resserrant ensemble, parallèlement. Chaque homme, et aussi bien chaque peuple, porte en soi la virtualité d'une courbe *maxima* de désirs et de satisfactions d'un certain genre, où il déploiera, moyennant l'aide des circonstances, toute l'énergie dont il dispose. Le bonheur de Pierre est un très petit cercle, et son évolution passionnelle et capricieuse est une très petite parabole, aux branches courtes et peu écartées. Le bonheur de Paul est un cercle immense et la série de ses états de passion et de caprice est une parabole d'une prodigieuse envergure, telle que l'ambition d'un Charles XII ou d'un Alexandre, ou les amours d'un don Juan. Si donc à une personne ou à un race faite pour une orbite très vaste de désirs et de satisfactions, vous imposez une existence resserrée qui serait heureuse pour une autre, vous la rendez très malheureuse. Et l'inverse n'est pas moins vrai. Mais il faut ajouter que le mouvement de la civilisation tend, par une nécessité logique, comme nous venons de le dire plus haut, à élargir sans cesse la roue des besoins, — qui s'accordent de mieux en mieux en se multipliant, — et, par suite, à éliminer les individus ou les peuples nés pour une plus étroite circulation, alors même que plus fine et plus délicate. Tendance non louable de tous points, et à laquelle ces derniers, quand ils sont des esthéticiens raffinés, ont le droit de résister de toutes leurs forces, désespérément.

Il y aurait à examiner comment et pourquoi une courbe de désirs, jusque-là fermée, vient à s'ouvrir, c'est-à-dire pourquoi une habitude ancienne est brisée et, à l'inverse, comment et pourquoi une courbe ouverte vient à se fermer, c'est-à-dire une passion ou un caprice dégénère en habitude, en besoin. Notons qu'à l'origine, aussi haut du moins qu'il nous est possible de remonter dans le passé des groupes humains, toute courbe de désirs nous est présentée comme hermétiquement close et tournant sur place dans la monotonie et l'étroitesse agitées de la vie des tribus sauvages. C'est là, ce semble, la donnée première, quoiqu'il soit permis de supposer que, dans une période antérieure, ces cercles primitifs eux-mêmes ont débuté par être des courbes ouvertes. Le fait est que, si l'on consulte l'histoire sur les véritables rapports qui existent entre les courbes ouvertes et les courbes fermées, ou, pour parler sans métaphore, entre les crises d'anxiété passionnée et révolutionnaire, où domine l'esprit de mode émancipé de l'esprit de coutume, et les périodes de prospérité stationnaire où la coutume élargie reprend son empire, on peut poser la règle qui suit : Toute courbe ouverte tend d'elle-même à se fermer, toute crise de passion révolutionnaire ou rénovatrice à s'apaiser en habitudes nouvelles, en nouvelles coutumes, en nouveaux besoins périodiques. Mais l'inverse n'est pas vrai, une courbe fermée ne tend pas toujours d'elle-même à s'ouvrir, une nation qui tourne sur place dans sa sphère coutumière ne cherche pas toujours à briser ce cercle magique. Il faut le plus souvent, pour le rompre, un choc étranger, une impulsion venue du dehors, l'inoculation du virus européen au Japon, par exemple, ou à certaines peuplades polynésiennes.

Cette remarque s'applique aussi bien à l'évolution individuelle qu'à l'évolution sociale, mais avec une différence bonne à signaler. Pendant la jeunesse, la succession des désirs nouvellement acquis reste longtemps une courbe ouverte, et peu à peu elle va se fermant. Mais il vient fatalement un moment, la vieillesse, où, après s'être fermée, elle va aussi se rétrécissant, sans que la rotation s'accélère à mesure que le cercle se rétrécit, Loin de là, elle se ralentit, et la mort est le terme nécessaire de ce double changement. Rien de pareil à cette nécessité ne semble s'imposer *inévitablement* aux sociétés qui évoluent.

Puisqu'un cercle habituel ou coutumier de besoins ne peut s'élargir qu'à la condition d'être d'abord rompu en un point, et qu'il ne peut se rompre, le plus souvent, qu'à la faveur d'un apport étranger, on voit l'importance capitale des rapports internationaux, et de tout ce qui les facilite ou les entrave, au point de vue des progrès de la paix et de l'harmonie sociales que l'élargissement du cercle des besoins, avons-nous dit plus haut, rend seul possibles. Mais en même temps nous ne pouvons méconnaître les dangers, parfois mortels, que la mise en rapport, pour la première fois, de deux nations auparavant sans relations mutuelles, présente pour chacune d'elles, et surtout pour la plus faible des deux, pour l'inférieure, qui emprunte plus qu'elle ne prête et subit presque sans réciprocité la suggestion de l'autre. Un désir, un besoin nouveau, d'origine étrangère, qui nous est apporté, n'est *classé* que lorsqu'il est entré dans la ronde de nos désirs alternatifs et périodiques et qu'il y a pris rang. Mais, d'abord, il commence toujours par la briser un peu et y déranger l'ordre établi, comme ferait une nouvelle planète qui viendrait du dehors prendre place dans notre système solaire. Et la question est de savoir si l'ordre troublé parviendra à se rétablir. Ce caractère momentanément perturbateur de tout nouveau besoin, même inoffensif en apparence, tel que celui de bicyclettes ou de téléphones, explique dans une certaine mesure la résistance des milieux conservateurs à toute importation de ce genre, mais ne la justifie que bien rarement. Car c'est seulement dans le cas, extrêmement rare, d'une trouée faite au cercle coutumier par une masse de besoins exotiques pénétrant en bloc, que la rupture est complète et que la blessure est trop profonde pour se refermer. Quand un besoin nouveau pénètre isolément, comme il arrive d'ordinaire, il lui suffit, pour parvenir à être *classé*, de trouver plus d'auxiliaires que de rivaux ou d'ennemis parmi les besoins anciens qu'il vient déranger. Or, il ne rencontre de rivalité et d'hostilité possible que dans le très petit groupe des désirs ayant pour objet des articles ou des services à peu près similaires ; mais il doit compter sur la faveur de tous les autres désirs auxquels il procure un débouché de plus à raison de sa dissemblance même et de sa nature hétérogène. Par exemple, le besoin d'éclairage électrique, à son apparition, n'a été repoussé que par les besoins similaires, d'éclairage au gaz, au pétrole, à la bougie ; mais il a été favorablement accueilli par l'ensemble des autres besoins qui voient en lui un nouveau stimulant de l'activité productrice en général. L'enchaînement réciproque qui lie les uns aux autres les désirs différents formant un système économique est bien, il est vrai, un lien téléologique, mais ce n'est point une déduction, un déroulement de fins et de moyens convergeant vers un même but, comme l'organisation militaire ou administrative et la hiérarchie sociale. Cette harmonie de nature politique, par collaboration, pourrait être souvent gravement compromise par l'intrusion d'un élément étranger, de tel désir, de tel mode d'action nouveau qui implique contradiction, au fond, avec la hiérarchie existante ou avec l'ordre régnant, et qui tend à relâcher le faisceau des forces nationales, à gêner leur convergence éventuelle contre l'ennemi. La pénétration des idées exotiques dans une nation y affaiblit le plus souvent l'énergie patriotique, en y dissipant, par exemple, les illusions dont l'orgueil collectif se nourrit ; et de même la pénétration des besoins exotiques dans un pays resté simple et rural jusque-là y affaiblit l'ardeur belliqueuse, la ténacité indomptable. Mais l'harmonie de nature économique, par mutuelle assistance, comporte, au contraire et appelle ces importations qui la consolident après un passager ébranlement. Aussi est-ce toujours au point de vue politique, et non économique, qu'on se place quand on repousse avec méfiance l'invasion de l'internationalisme et qu'on signale l'affaiblissement national qui en est la suite fréquente. Le point de vue socialiste de l'organisation du travail peut être considéré comme la fusion des deux points de vue politique et économique en un seul, par l'absorption du second dans le premier. C'est l'originalité du socialisme d'avoir ajouté au très petit nombre des buts collectifs que les hommes réunis en nation peuvent poursuivre, gloire patriotique, guerre, conquête, défense du territoire, un grand but nouveau, très digne de leurs efforts, l'organisation consciente et systématique du travail. Seulement, remarquons que, si ce but vient à être atteint, il deviendra bien plus difficile à un nouveau besoin, et, par suite, à une nouvelle industrie, de s'intercaler dans la chaîne des besoin reconnus. Le travail s'ossifiera en s'organisant.

Une illusion à craindre, quand on vit comme nous à une époque de progression rapide et fiévreuse des besoins, est de croire qu'elle est l'état normal de l'humanité et pourra se poursuivre sans fin. Il viendra nécessairement un moment où le cœur humain, même américain, ne suffira plus à cette émission continue de nouveaux désirs que les développements de la machinofacture exigent de lui pour qu'il offre des débouchés sans cesse croissants à sa production toujours plus abondante. La nature humaine n'est pas inépuisable en besoins, ni en caprices même, et, tôt ou tard, chaque homme, même le plus ambitieux et le plus imaginatif, se heurte aux limites non seulement de sa force, mais de son désir, devenu inextensible. Quand ce heurt final, quand cet arrêt de croissance se produira pour l'humanité, il est bien certain que le progrès ne pourra plus consister dans un accroissement continu de la production, idéal de tant d'économistes. Il ne pourra plus viser que l'abréviation croissante du travail humain et l'augmentation du loisir.

III

En résumé, chacun de nous tourne ainsi, à chaque instant, dans un cercle plus ou moins grand de désirs périodiques, — aux périodes régulières ou irrégulières — et, à chaque instant, est lancé sur la voie de quelque fantaisie, de quelque passion entraînante, qui tend toujours, souvent parvient, à entrer à son tour dans la ronde des désirs enchaînés, à s'y fixer en habitude. D'autre part, chaque peuple, composé d'un certain nombre d'individus, est l'entrelacement, pour ainsi dire, de ces cercles individuels et aussi bien de ces paraboles individuelles, de ces habitudes et de ces fantaisies qui, considérées en masse, prennent le nom de coutumes et de modes. — Or, si le vœu du bonheur était le désir unique et fondamental, on verrait chaque peuple, comme chaque individu, une fois son cercle d'habitudes ou de coutumes tracé, s'y enfermer, s'y clore à jamais. Mais nous voyons au contraire que, par l'insertion de nouvelles fantaisies et de nouvelles modes, ce cercle tend sans cesse, en général, à s'élargir en se déformant, dans une fièvre de croissance continue, dans une inquiétude constante. Ce n'est donc pas le vœu du bonheur qui explique cet élargissement fiévreux. Dira-t-on que c'est le *vouloir vivre* de Schopenhauer? Mais qu'est-ce autre chose qu'un nom générique donné à l'enchaînement même des désirs successifs et divers? Les nommer, ce n'est pas les expliquer.

D'où proviennent donc tous ces désirs nouveaux qui viennent s'insérer de temps en temps dans la ronde de nos désirs? Et d'où proviennent aussi bien les désirs anciens? On peut répondre, si l'on veut, que la source de tous nos désirs, même des plus raffinés, est de nature organique et vitale. Il n'est pas jusqu'au désir de voir jouer des tragédies ou de composer des opéras wagnériens qui ne soit le rejeton d'une souche physiologique, le besoin de se divertir, de dépenser ses forces, tout comme le besoin de manger des gâteaux procède du besoin de nutrition, tout comme le désir de monter à bicyclette ou en automobile procède du besoin de locomotion. Les besoins sont le tronc dont les désirs sont les rameaux, et il n'appartiendrait donc, semble-t-il, qu'au naturaliste de résoudre notre problème. La vérité est que tous les désirs possibles sont latents dans les profondeurs de notre organisme ; mais ils y sont cachés comme toutes les statues possibles sont renfermées dans le bloc de marbre. En définitive, cela n'empêche pas le statuaire d'être le véritable auteur de la statue. Le statuaire ici est multiple : c'est l'ensemble des circonstances de la vie. Ces circonstances peuvent être divisées en deux groupes : en premier lieu, la série des rencontres — chacune accidentelle prise à part, toutes nécessaires dans leur ensemble — de l'individu avec les êtres extérieurs qui composent la flore et la faune, le sol et le climat de la région ; en second lieu, la série des rencontres, — non moins accidentelles et non moins nécessaires en même temps — avec les autres hommes qui composent le milieu social.

Ces rencontres avec les êtres extérieurs provoquent autant de sensations spéciales, véritables découvertes de la vue, de l'ouïe, de l'odorat, du goût, du tact, qui éveillent certains modes d'action spéciaux, cueillette, poursuite de tel ou de tel gibier, pêche, primitives inventions presque instinctives ; et ce sont ces découvertes et ces inventions élémentaires, plus ou moins spontanées, qui, en se propageant imitativement des premiers qui les ont faites aux individus de leur voisinage et de ceux-ci à d'autres, grâce aux rencontres des hommes entre eux, ont fait naître et enraciner dans tel pays le désir de manger des dattes ou des figues, ailleurs l'appétit de tel poisson ou de tel gibier, ou bien le goût de tel genre de poterie, de tel genre de tatouage et de décoration. Les rencontres des hommes entre eux n'ont pas seulement servi à cette propagation des découvertes ou inventions spontanément nées chez les individus les mieux doués en face de la nature. Elles ont servi surtout à susciter des découvertes et des inventions d'un degré supérieur qui, en faisant apercevoir la nature à travers les sentiments caractéristiques de la vie sociale, amours et haines, adorations et exécrations, peines et colères, sympathies et antipathies, à travers les verres réfringents des mots et des dogmes, des langues et des religions, des théories philosophiques, des notions scientifiques, donnent au désir une foule d'objets entièrement nouveaux, poursuivis par des voies d'activité tout à fait nouvelles.

Prenez un désir quelconque, même des plus anciens, des plus enracinés, le désir de manger du pain en Europe, de boire du vin dans le midi de la France, de se vêtir de drap, etc., vous n'en trouverez pas un qui n'ait commencé par une découverte ou une invention, dont l'auteur le plus souvent reste inconnu. Mais une invention non imitée est comme n'existant pas socialement, économiquement surtout. C'est seulement quand elle se propage, et dans la mesure où elle se propage, qu'elle prend une importance économique, parce que le nouveau désir de consommation — et aussi bien le nouveau désir de production — qu'elle a engendré, s'est répandu à un certain nombre d'exemplaires. Une industrie, née d'une invention, ou plutôt, toujours, d'un groupe d'inventions successives, n'est viable qu'autant que le désir de consommation auquel elle correspond s'est suffisamment répandu d'individu à individu, par une action inter-psychologique curieuse à étudier ; et le développement de cette industrie est entièrement subordonné à la propagation de ce désir. Tant que ce désir, par suite de certains obstacles opposés par la difficulté des communications, les frontières d'états, la séparation des classes, les mœurs, les idées religieuses, restera renfermé dans une étroite région ou dans une certaine classe peu nombreuse de la nation, cette industrie ne pourra devenir une grande industrie. Elle ne le pourra non plus si le désir se propage, à la vérité, très vite d'individu à individu, de pays à pays, mais, en chaque individu, en chaque pays, est éphémère et ne s'y enracine pas. Ce qu'un industriel, ce qu'un producteur quelconque doit savoir, avant tout, c'est si le désir qu'il satisfait est de ceux qui s'étendent loin mais durent peu, ou de ceux qui, resserrés dans d'étroites limites géographiques, durent fort longtemps. Il est — les éditeurs le savent bien — des livres d'archéologie locale que les archéologues de telle province peuvent seuls désirer lire, mais qui seront lus avec le même intérêt par dix ou vingt générations d'archéologues de cette province ; et on se garde bien d'imprimer et d'éditer ces livres dans les mêmes conditions que les romans en vogue aujourd'hui, dévorés dans le monde entier, et qui demain ne trouveront pas un acheteur. Il y a ainsi, pour toute industrie, pour toute production, à considérer deux sortes de débouchés, *un débouché dans l'espace*, pour ainsi dire, et *un débouché dans le temps*, le premier formé par la répétition-mode, le second par la répétition-coutume du désir spécial que cette industrie doit satisfaire. La proportion de ces deux débouchés varie extrêmement d'une industrie à une autre et, dans chacune d'elles, d'un âge à un autre âge, d'un pays à un autre pays. La difficulté, pour l'industriel avisé, est de se plier à ces conditions si complexes, et, pour l'économiste, de démêler quelques faits généraux parmi cette broussaille de faits particuliers.

Le problème se résume, en somme, à ceci : serrer le plus près possible la genèse des inventions, et les lois de leurs imitations. Le progrès économique suppose deux choses : d'une part, un nombre croissant de désirs *différents* ; car, sans différence dans les désirs, point d'échange possible, et, à chaque nouveau désir différent qui apparaît, la vie de l'échange s'attise. D'autre part, un nombre croissant d'exemplaires *semblables* de chaque désir considéré à part ; car, sans cette similitude, point d'industrie possible, et, plus cette similitude s'étend ou se prolonge, plus la production s'élargit ou s'affermit. — Or, nous venons de le dire, l'apparition successive des désirs différents qui sont venus s'ajouter ou se substituer les uns aux autres, — s'ajouter plus souvent que se substituer — a pour cause la succession des découvertes ou des inventions non pas seulement pastorales, agricoles, industrielles, mais religieuses même, scientifiques, esthétiques ; et la diffusion de chacun de ces désirs, son extension ou son enracinement, a pour cause l'imitation, la contagion mentale d'homme à homme. Il y a donc là, encore une fois, deux problèmes qui s'imposent au seuil de l'économie politique : 1° Y a-t-il un ordre, ou plusieurs ordres, de la succession des inventions et découvertes ; et quel est-il, ou quels sont-ils ? 2° Y a-t-il des faits généraux présentés par la propagation imitative des lois qui les régissent ; et quelles sont ces lois ?

Si l'on pouvait répondre à la première de ces deux questions aussi nettement qu'à la seconde, l'économie politique, dans certains cas, appuyée sur la statistique, pourrait se permettre de prédire, presque à coup sûr, quel sera l'état économique d'un pays, de la France, de l'Europe, dans vingt ans, dans un demi-siècle. Malheureusement, quand le statisticien, voyant la courbe graphique de tel ou tel article de commerce, de tel ou tel mode de fabrication ou de locomotion, qui fait des progrès graduels, se hasarde à dire que, dans cinquante ans, telle industrie aura envahi le monde entier ou telle partie de la planète, cette prédiction ne peut jamais être que subordonnée à cette condition expresse : « en admettant que, d'ici là, aucune invention rivale et mieux accueillie ne vienne à surgir ». L'invention future, c'est là l'écueil de tous les calculs, c'est l'imprévu où se heurtent toutes les prophéties.

J'ai répondu ailleurs, autant que j'ai pu, aux deux problèmes ci-dessus posés[1], mais surtout au second qui se prête à des solutions précises. Je me permets d'y renvoyer le lecteur. Ici, je n'ai à dire qu'un mot de la première question, tout simplement pour montrer sa place et la profonde erreur de ceux qui l'oublient. Si dissemblables, si variées que soient les découvertes ou les inventions, elles ont toutes ce trait commun de consister, au fond, en une rencontre mentale de deux idées qui, regardées jusque-là comme étrangères et inutiles l'une à l'autre, viennent, en se croisant dans un esprit bien doué et bien disposé, à se montrer rattachées l'une à l'autre intimement, soit par un lien de principe à conséquence, soit par un lien de moyen à fin, ou d'effet à cause[2]. Cette rencontre, cette jonction féconde, voilà l'événement, le plus souvent inaperçu à l'origine, l'événement caché dans la profondeur d'un cerveau, d'où dépend la révolution d'une industrie, la transformation économique de la planète. Le jour où Arstedt a vu l'électricité et le magnétisme par un côté qui les liait l'une à l'autre, le jour où Ampère a repris et développé cette synthèse, le télégraphe électrique était né, destiné à enserrer le globe de son réseau aérien et sous-marin.

Ces croisements heureux d'idées dans des cerveaux, peut-on dire qu'ils sont toujours le fruit du travail ? Et osera-t-on

(1) Voir, *Logique sociale*, le chapitre intitulé les « lois de l'invention », et les *Lois de l'Imitation*, Paris, F. Alcan.

(2) J'ai cité ailleurs ces deux exemples typiques : 1° l'idée de la rotation de la lune autour de la terre et l'idée de la chute d'une pomme venant à se présenter dans l'esprit de Newton, comme peut-être les effets d'une même cause, indiquée par la seconde ; 2° l'idée de la locomotive à vapeur et l'idée du rail (déjà connu longtemps avant la locomotive) venant à se présenter, dans l'esprit de Stephenson, comme propres à se lier utilement, la seconde pouvant servir d'auxiliaire à la première. — J'aurais pu citer aussi bien d'autres liaisons d'idées, telles que la liaison entre l'idée de l'éclairage et l'idée de l'acétylène, entre l'idée de l'acier et celle du manganèse, entre l'idée de la lumière et celle de l'ondulation ou des courants électriques...

prétendre que l'inventeur est un travailleur comme un autre ? L'inventeur peut être un travailleur, il l'est souvent, il ne l'est pas toujours ; mais ce n'est pas précisément en travaillant, c'est dans ses loisirs qu'il invente, quoique ce puisse être parce qu'il a travaillé ; et son invention n'est jamais un travail. Loin d'être un travail, c'est-à-dire un effort et une peine, elle est une joie intense et profonde, qui dédommage celui qui l'éprouve des fatigues de toute une vie. Quand son invention porte des fruits et lui vaut la gloire ou la fortune — rarement la fortune — c'est sa joie, non sa peine, que l'humanité lui paie ainsi.

Ne disons donc plus que le travail est la seule source de la valeur. La source première, c'est l'invention, qui n'est pas un travail ; car le travail, c'est de l'imitation à jet continu, c'est une série périodique d'actes enchaînés, dont chacun a dû être enseigné par l'exemple d'autrui et fortifié par la répétition de soi-même, par l'habitude.

Quand on dit que la production des richesses a trois facteurs, le capital, le travail et la terre, on néglige donc le facteur essentiel ; et cette analyse ne pourrait redevenir juste que si l'on entendait par capital un groupe d'inventions, définition que je développerai plus loin. Mais cette acception est étrangère à ceux qui ont écrit sur ce sujet. Aussi, décapitée de la sorte par l'oubli du facteur le plus important, l'analyse des éléments de la production a-t-elle donné lieu aux prétentions les plus justifiées en apparence. Certes, présenté comme la rémunération du capital engagé dans une entreprise, le bénéfice de l'entrepreneur, en qui l'on ne veut voir qu'un capitaliste, peut être souvent jugé excessif et obtenu aux dépens des salaires de l'ouvrier. Les choses changent de couleur si l'on voit dans l'entrepreneur ce qu'il est quelquefois, pas toujours, un inventeur au petit pied, dont l'invention consiste à avoir appliqué d'une certaine manière des inventions connues (ce qui est aussi la jonction utilitaire de deux idées). En tant qu'inventeur, en effet, l'entrepreneur peut avoir droit à des bénéfices énormes auxquels, comme capitaliste, il ne saurait prétendre en bonne justice. C'est sous ce nouvel aspect, je crois, que l'examen des théories socialistes doit être repris. Je n'en préjuge pas les résultats, mais j'affirme d'avance qu'ils seront très différents des conséquences déduites de prémisses erronées, de données inexactes et incomplètes.

On peut voir aussi, incidemment, en se pénétrant du rôle économique de l'invention, à quel point est superficielle la distinction des consommations productives et *improductives*. Si les économistes avaient songé à cette parole de Gœthe, que « nulle sensation n'est passagère » ; s'ils avaient réfléchi à ce que les psychologues nous ont appris sur le pouvoir *dynamogène* de toute sensation nouvelle et sur l'inépuisable fécondité d'une sensation vive en souvenirs, images internes d'elle-même, en suggestions aussi de sensations pareilles chez autrui, par conséquent de désirs pareils ; s'ils avaient eu égard à ce caractère multipliant et prolifère de la sensation, source d'idées neuves, de croisements heureux, qui sont de grandes ou petites inventions. industrielles ou autres ; s'ils avaient pensé à cela, ils auraient évité l'erreur de dire que la destruction d'un produit pour la simple satisfaction d'un désir individuel est une consommation improductive. Les consommations « improductives » de ce genre font tout le charme et tout le prix de la vie, et c'est grâce à leur nombre, à leur succession variée dans une vie de méditation, entrecoupée de travaux professionnels et de loisirs, qu'ont apparu toutes les innovations, grandioses ou minuscules, qui ont enrichi et civilisé le monde.

Les consommations qui passent pour seules productives aux yeux de l'économiste, sont celles qui consistent en sensations vulgaires de la faim et de la soif satisfaites, du bien-être matériel, où les forces se retrempent immédiatement par un nouveau travail. Mais, si les sensations d'autre sorte, par exemple les spectacles successifs d'un voyage d'agrément, en pays étranger, ne servent pas à régénérer tout de suite les forces physiques, elles servent bien davantage à les stimuler ultérieurement chez le touriste, et, à son exemple, chez autrui, en le poussant lui-même et en excitant les autres, par ses récits, à inventer et à travailler pour pouvoir les faire renaître. L'extension du réseau des voies ferrées et la progression de leurs recettes, avec tout le renouvellement industriel qui en est la suite, n'ont pas d'autre explication, au fond, que ces sortes de consommations improductives.

En cherchant bien, on verrait que toutes les consommations destinées à devenir des plus productives ont commencé par être improductives. Il n'est pas un objet de première nécessité, la chemise, les souliers, le chapeau, qui n'ait commencé par être un objet de luxe. Les dindons ont été, au moment de leur importation en Europe, des oiseaux d'agrément, et les pommes de terre des curiosités d'agriculteurs grands seigneurs, avant d'entrer dans la nourriture du dernier paysan irlandais. Les bicyclettes, de simple amusement d'oisifs au début, sont en train de devenir le véhicule indispensable du travailleur pressé. L'automobile, cette locomotive émancipée, destinée sans nul doute à un bel avenir, n'est encore, à peu d'exceptions près, qu'un sport d'hommes de loisir, une amusette coûteuse...

Et tout cela est conforme, remarquons-le, aux lois de l'imitation, d'après lesquelles un désir nouveau se propage d'autant plus vite — toutes choses égales d'ailleurs — dans un milieu social, que ce milieu est plus *dense socialement*, c'est-à-dire que les individus y sont en contacts spirituels plus fréquents, ce qui est le caractère le plus marqué des classes aristocratiques à certaines époques, et, à d'autres époques, des classes riches dans les capitales. La cascade de l'imitation, en nappes élargies, tombe ainsi toujours de la noblesse aux classes inférieures, ou des capitales aux villes de second ordre et aux campagnes. On explique par la même loi pourquoi la grande industrie a débuté historiquement, et n'a pas pu ne pas débuter, par la fabrication d'objets de luxe, tels que les glaces de Venise, les draps fins de Florence, les tapisseries françaises, et pourquoi Colbert a eu raison de porter d'abord son attention sur des industries aristocratiques, parce qu'à son époque elles étaient seules viables, correspondant seules à des désirs répandus sur de vastes espaces, par-dessus les étroites frontières des provinces et des localités où restait coutumièrement confinée la vie des classes pauvres.

Ces lois de l'imitation, d'ailleurs, sont très complexes, et je ne puis pas entrer dans leur détail. Tout ce que j'en dirai c'est qu'il y faut distinguer deux sortes d'influences : des influences qui tiennent à la nature même des exemples à imiter, et d'autres qui tiennent à la nature des personnes qui donnent ces exemples, aux lieux et aux temps où ils se produisent. J'ai donné aux lois qui régissent les influences de la première sorte le nom de lois logiques; aux autres, le nom de lois extra-logiques. C'est en combinant ces deux sortes d'influences, et les lois qui les formulent, qu'on peut répondre à cette difficile question : pourquoi, entre plusieurs exemples qui s'offrent à la fois, tel exemple et non tel autre s'est-il propagé dans ce pays, à cette époque, dans cette classe, et non ailleurs ?

Il faut tenir compte, ici, et de la nature plus ou moins prestigieuse de l'individu, de la classe, du peuple, d'où vient l'exemple importé, et de l'obstacle ou du secours que cet exemple trouve dans les désirs ou les idées déjà installées dans les esprits. Certains désirs sont entravés ou arrêtés dans leur propagation parce qu'ils se trouvent en lutte avec des besoins ou des idées qui les contredisent : la consommation des vins français se répandrait davantage en Angleterre si l'habitude d'y boire de la bière ne lui faisait obstacle; en pays musulman elle est en conflit avec les défenses du Coran. Certains autres désirs sont, au contraire, aidés dans leur expansion par des désirs ou des idées qui tendent ou paraissent tendre au même but.

Un exemple frappant de cette dernière classe de désirs est celui de boire des liqueurs alcooliques (désir né, dans ses multiples variétés, d'inventions telles que celle de la distillation de l'alcool, du bitter, du vermouth, de l'absinthe, etc.). Non seulement le désir de cette consommation — qui n'est pas improductive mais bien *destructive*, car il en existe beaucoup de telles — est de ceux qui, une fois éprouvés et satisfaits, se répètent le plus sûrement et s'enracinent le plus vite, mais encore il trouve pour auxiliaire, dans sa propagation au dehors, un désir des plus répandus, et des plus nobles, le désir de causer et de fraterniser avec des camarades. Les deux se satisfont à la fois, l'un stimulant l'autre et réciproquement, par la vie de café. On n'a pas étudié assez l'action des groupements sociaux de tous genres, cafés, salons, sectes, concerts, foules, dans la propagation des désirs économiques, dans leur direction et leur intensité. C'est ce qui rend l'alcoolisme si dangereux, si difficile à extirper. « L'habitude de boire est, sur les bords du Rhin, une des formes de la sociabilité, » dit avec raison M. Schultze-Gavernitz. Un peu partout il en est ainsi, si bien que l'alcoolisme peut être considéré comme une maladie de croissance de la sociabilité en progrès. Le malheur est qu'on meurt très bien d'une maladie de croissance. Boire ensemble, encore plus que manger ensemble, est un besoin social. On trinque, on boit à la santé d'une personne; on ne mange pas, on ne choque pas les assiettes à sa santé...

IV

Je n'insiste pas sur ces remarques, sur lesquelles j'aurai à revenir. Mais ne négligeons pas de faire observer deux choses, qui importent beaucoup au point de vue économique : d'abord, que la facilité, la promptitude des divers ordres de désir à se propager, est très inégale; en second lieu, qu'il est des désirs qui, en se répétant, par l'habitude ou par la propagation, se fortifient, s'intensifient, tandis que d'autres, à mesure qu'ils se répètent, vont s'affaiblissant. Je sais bien qu'on dit quelquefois que tous les désirs sont stimulés par leur satisfaction; mais, si cette généralisation excessive était exacte, la civilisation, qui a pour conséquence certaine la multiplication de ces désirs soi-disant renforcés, devrait se caractériser par la violence inouïe du cœur humain exacerbé par elle. Il n'en est rien; et, de fait, on observe que les désirs de sensations vont, d'ordinaire, s'affinant mais s'atténuant. La gourmandise barbare est devenue la friandise civilisée; le libertinage même s'apprivoise. Il y a des exceptions, nous en avons cité une, l'alcoolisme; nous devrions, peut-être, y joindre l'habitude de fumer, plus tyrannique d'autant que plus générale. — Les désirs de sentiments et surtout d'idées et d'actes, qui sont en proportion croissante pendant la période ascendante de l'évolution sociale, diffèrent des précédents en ce que leur propagation les renforce en chacun des individus qui les ressentent : désir d'honneur, de gloire, de pouvoir, de sécurité, de liberté, de justice. Il est vrai que la tendance de chacun de ces désirs à s'accroître en se diffusant est combattue par leur multiplicité croissante.

Les désirs passifs, les désirs de consommation, dans leur ensemble, tendent à se fortifier moins vite en se propageant que les désirs actifs, les désirs de production qui leur correspondent. Le désir de faire de la musique croît bien plus vite que celui d'en entendre. Il est donc dans la nature des choses que l'activité productrice, en chaque ordre d'action, soit poussée à marcher plus vite que l'avidité consommatrice, et soit obligée de temps en temps de s'arrêter pour l'attendre. D'où la fréquence sinon la périodicité des *crises*.

Cette avance de la production sur la consommation correspondante, ou plutôt du désir de production *à un certain prix* sur le désir de consommation des produits *à ce même prix*, est d'autant plus marqué qu'il s'agit d'une production plus élevée, c'est-à-dire moins matérielle, plus spirituelle et sociale. La surproduction agricole, contrairement aux prédictions sinistres de Malthus, existe quelquefois, en temps de grand progrès ; mais elle est rare et toujours moins forte que la surproduction industrielle, qui excède souvent de beaucoup la demande des objets fabriqués (au prix offert). Quant à la production littéraire et artistique, elle dépasse énormément, et de plus en plus, la consommation de littérature et d'art. Et, cependant, l'appétit de littérature et d'art grandit plus vite par ses propres satisfactions que l'appétit d'articles industriels et surtout que la faim et la soif de subsistances [1].

Parmi les désirs d'ordre supérieur, il en est peu d'aussi importants économiquement que le désir de sécurité pour l'avenir. Ce désir, qui se traduit pécuniairement en actes d'épargne, est un de ceux qui s'avivent et s'enracinent le plus en se répandant, si l'on en juge par l'abondante prolifération des caisses d'épargne et des compagnies d'assurances de tout genre, qui se chargent d'y donner satisfaction. Et la progression des capitaux placés démontre qu'il y est satisfait sur une échelle toujours plus large. Il est fâcheux que ce penchant si louable à la prévoyance soit en conflit avec le désir de la paternité, qui, lui, on le sait, n'est nullement stimulé,

(1) J'ai dit ailleurs que, dans un pays où de nouveaux articles sont importés de l'étranger, le désir nouveau de consommation qu'ils y éveillent se propage un certain temps avant que les fabricants indigènes conçoivent le désir de les y produire. Cela est vrai, et cette antécédence de l'imitation des consommateurs étrangers sur celle des producteurs étrangers constitue le grand avantage offert par l'ouverture de nouveaux débouchés à l'industrie d'un peuple. Mais cette remarque n'a rien qui contredise l'observation faite plus haut. Quand, dans la colonie envahie par les produits de la métropole, des usines se seront installées à l'instar de celle-ci, les fabricants, comme dans celle-ci, y seront enclins à surproduire.

loin de là, par les naissances qui le satisfont : dans les départements français où le nombre des livrets et des polices d'assurances est en progression régulière, la natalité diminue régulièrement. Car il n'est possible à l'ouvrier, au cultivateur, de satisfaire ce désir d'épargne qu'à trois conditions : retranchement des consommations non indispensables à la rigueur, ou restriction malthusienne, ou suffisante élévation des salaires et des gains. Des trois solutions du problème, la dernière serait la meilleure assurément, si, en se généralisant, la hausse des salaires et des gains ne devait finir par une neutralisation réciproque des avantages momentanés ainsi obtenus. Reste la première, qui est douloureuse, ce qui fait que la seconde prévaut enfin. Ainsi s'explique en partie la diminution de la natalité française.

Entre la production et la consommation, entre la masse des producteurs et celle des consommateurs, ou bien entre les deux aspects d'une même masse humaine considérée successivement comme productrice et comme consommatrice, il y a, ne l'oublions pas, la même différence qu'entre le côté actif et le côté passif de la vie mentale. Or, dans l'intérêt même du côté passif, c'est au côté actif qu'il faut s'attacher. Le point qu'on *regarde* a plus d'importance que la sphère qu'on *voit;* ce qu'on *écoute* a plus d'importance que ce qu'on entend, et c'est en *regardant* plus qu'en *voyant* qu'on exerce et fortifie sa vue, c'est en *écoutant* plus qu'en *entendant* qu'on exerce et fortifie son ouïe[1]. C'est ce qu'il ne faut pas perdre de vue quand on recherche les effets qu'aurait sur la fortune et la prospérité publique une mesure — protectionniste, par exemple — destinée à faire gagner les producteurs aux dépens des consomma-

(1) Les lecteurs de Maine de Biran se rappelleront ici la haute importance qu'il attachait à la distinction entre *écouter* et entendre, *regarder* et voir, *flairer* et odorer, *déguster* et goûter, *palper* et toucher. Il n'avait point tort de voir dans les impressions actives les déguisements variés de l'*effort volontaire*, au fond identique à lui-même, et de considérer les impressions passives comme secondaires et dérivées.

teurs, ou une mesure opposée, propre à faire profiter ceux-ci du préjudice de ceux-là. Se préoccuper, avant tout, et en toute occasion, de l'intérêt des consommateurs parce qu'ils sont la majorité, c'est ne pas songer que le consommateur, comme tel — et abstraction faite de la productivité directe ou indirecte de sa consommation — est passif, et qu'un gain fait par lui n'a pas pour effet de le faire sortir de sa passivité. Il dépensera un peu plus ou il économisera un peu moins, voilà tout. Et cela ne sera un avantage général qu'autant que le travail producteur en sera stimulé et encouragé. Mais rien n'encourage et ne stimule la production comme la hausse du prix de ses produits. Aussi cette hausse, à certains moments, quoiqu'elle puisse paraître désavantageuse au public, devient-elle un avantage pour lui-même, par le coup de fouet qu'elle donne à la production et par l'abondance d'articles, bientôt offerts à plus bas prix, qu'elle appelle sur le marché.

V

Il y a deux classes de désirs — accouplées comme la production et la consommation, et dérivant de ce couple — qui jouent un rôle capital sur la scène économique : le désir de vendre et le désir d'acheter, en d'autres termes l'*offre* et la *demande*. Je dis que l'*offre* et la *demande* consistent en désirs, je devrais ajouter : et en croyances. Par là nous allons empiéter un peu sur le sujet spécial du chapitre suivant. Quoi qu'il en soit, si l'on cherche à donner un sens autre que psychologique à cette grande antithèse économique, aussi encombrante que mal définie, on n'y parviendra pas, à moins d'aboutir à une vérité insignifiante. Quand on dit que l'équation de l'offre et de la demande vient à s'établir, entendrait-on seulement, au sens objectif, que le nombre des objets offerts est précisément égal à celui des objets demandés, et que l'offre ou la demande dont il s'agit consiste non dans un état d'âme des vendeurs ou acheteurs éventuels, mais dans le fait même de la conclusion de leurs ventes et de leurs achats? Mais alors, que signifie la fameuse formule, si ce n'est que le nombre des achats est toujours égal à celui des ventes? Si, par *demande*, on entend le groupe de ceux qui *désirent posséder* un article, ce groupe est indéfini, ce sens vague et abusif ne peut servir à rien déterminer Si, par *demande*, on entend le groupe de ceux qui *désirent l'acheter au prix actuel*, c'est-à-dire qui préfèrent la perte de cet argent à la non-possession de cet article, il est clair que la demande, entendue en ce dernier sens, seul précis, présuppose le prix, et loin d'en être la cause, en est l'effet. Il importe donc de donner une signification subjective à ces deux termes pour que leur rencontre ici ne donne pas lieu à une contre-vérité ou à une vérité de la Palisse. D'ailleurs, quand on dit que le prix est en raison inverse de l'offre et en raison directe de la demande, on admet que l'offre et la demande peuvent être inégales, que l'une peut croître pendant que l'autre diminue, hypothèse inconcevable s'il s'agit là de faits objectifs, d'opérations réellement conclues sur le marché. Aussi les économistes n'ont-ils pu ne pas faire un peu de psychologie à ce sujet, mais contre leur gré, et le plus souvent à leur insu; de là l'insuffisance de leurs analyses.

Quand on oppose l'offre à la demande, il semble qu'on entende parler seulement du nombre des offreurs ou de la quantité de ce qu'ils offrent, et du nombre des demandeurs ou de la quantité de ce qu'ils demandent. Quand on dit que le prix varie en raison inverse de l'offre, on veut dire que le prix s'élève, ou bien parce que les offreurs deviennent moins nombreux, ou bien, plus souvent, parce que les quantités de marchandises offertes deviennent moins considérables. Quand on dit que le prix varie en raison directe de la demande, on veut dire qu'il s'élève ou s'abaisse suivant que le nombre des demandeurs ou la quantité de produits qu'ils demandent grandit ou décroît. On a relevé l'inexactitude de ces formules soi-disant mathématiques, car il n'est pas vrai que le prix d'une marchandise s'élève précisément ni approximativement au double, au triple, au quadruple, quand le nombre des demandeurs a doublé, triplé, quadruplé, ou quand la quantité des choses offertes a diminué de moitié, des deux tiers, des trois quarts. L'expérience montre que, s'il s'agit de denrées de première nécessité par exemple, il suffit d'une faible diminution des choses offertes pour que leur prix augmente énormément, tandis que, si l'augmentation ou la diminution porte sur des articles de luxe ou de certains luxes, elle peut être très forte sans que le prix varie beaucoup. La question est de savoir pourquoi il en est ainsi, de remonter aux causes de ces variations que la loi de l'offre et de la demande, ainsi entendue, n'explique pas et qui rendent si incomplète, si indéterminée, la prétendue détermination des prix en vertu de cette loi.

D'abord, il est manifeste qu'ici le degré d'intensité des désirs en présence, soit chez les demandeurs, soit même chez les offreurs (le désir de vendre comme celui d'acheter n'étant pas toujours égal à lui-même), doit entrer en ligne de compte aussi bien que le nombre des offreurs ou des demandeurs ou la quantité des choses offertes ou demandées. Si l'article offert est de ceux qui éveillent chez les consommateurs un désir dont la nature est de s'aviver en se propageant, de se fortifier en se répétant, le progrès numérique des demandeurs s'accompagnera d'une intensité croissante de leurs désirs, et le prix tendra, naturellement, à s'élever bien plus que si l'article offert répondait à un de ces désirs que leur répétition affaiblit. Je sais bien qu'il est moins facile de mesurer l'intensité des désirs que la quantité des marchandises ou de compter des marchands et des clients, mais cela n'empêche pas l'observation qui précède d'être théoriquement vraie, et d'ailleurs, en pratique, il y a moyen de tourner la difficulté de mille manières, par des signes extérieurs du désir que les négociants avisés connaissent bien et sur lesquels ils règlent leur estimation approximative des désirs de leur clientèle, à défaut d'un thermomètre psychologique plus parfait.

Mais cela ne suffit pas. Le désir de vendre à tel prix telle quantité de marchandises et le désir d'acheter à ce même prix cette même quantité sont, je le suppose, parvenus, sur un marché, au niveau voulu pour dominer tous les autres désirs concurrents dans le cœur des offreurs et des demandeurs. Mais est-il sûr que l'*intention* effective de vendre ou d'acheter à ce prix naisse de là, et que la totalité ou la plus grande part des marchandises trouve preneur? Non, si des bruits fâcheux sont mis en circulation, parmi les vendeurs, sur la solvabilité des acheteurs à crédit, ou, parmi les acheteurs, sur la bonne qualité des marchandises en dépit de leur excellente apparence; et, faute de *confiance* suffisante, le marché sera sans affaires, malgré l'accord des désirs. — Il est vrai que la vente au comptant, de plus en plus répandue pour les menues affaires, simplifie le problème, en ce qui concerne les vendeurs, la dépouille pour eux de l'élément-confiance; et j'ajoute que souvent la *garantie* donnée par le vendeur à l'acheteur, ou bien, dans les grands magasins, la faculté donnée au client de rendre l'objet acheté s'il n'est pas satisfait, tend à libérer aussi l'acheteur, dans une large mesure, de toute incertitude et de toute méfiance. Mais il ne s'agit là, je le répète, que des menues affaires de la vie. Pour les *grandes affaires*, entreprises, achats et ventes de maisons, de biens, de domaines à la Bourse, il faut toujours se risquer, on se risque de plus en plus, et la grande difficulté est bien plutôt alors de mettre les croyances, les confiances d'accord, que d'accorder les désirs.

Pour l'achat des services il en est de même. Voici, à Paris, quelques centaines de médecins qui désirent — de plus en plus fort à mesure que la mode sévit davantage — faire l'opération de l'appendicite, et il y a en France quelques milliers de malades qui, ayant ou croyant avoir cette maladie, désirent — de plus en plus fort aussi, par obéissance à la mode médicale aussi — se faire opérer. — Remarquons, entre parenthèses, que les médecins désirent faire, même à un prix déterminé, un nombre indéfini d'opérations, tandis que les malades en désirent, à ce prix, un nombre précis. Comment donc, si l'on donne à l'offre des services médicaux un sens purement objectif, un nombre indéterminé de ces services pourrait-il jamais être égal à un nombre précis de demandes? — Mais revenons. Tous les malades désirent être guéris, mais cela ne veut pas dire que tous, en fait, envoient chercher le médecin, le *demandent;* car il se peut, en premier lieu, qu'ils soient retenus par le prix excessif de l'opération, étant donnée leur fortune, et que, combattus entre le désir de guérison et la crainte de se ruiner, ils ajournent à plus tard leur résolution en laissant sagement la nature suivre son cours. Quant à ceux qui ont de quoi payer, ou, pour mieux dire, chez lesquels le désir de guérison par l'opération s'est élevé assez haut pour l'emporter décidément sur la crainte de s'appauvrir, la question, en second lieu, la question majeure pour eux, est de savoir s'ils ont ou non confiance dans le chirurgien qui leur propose l'opération. Mais il y a mille degrés de confiance et de crainte, bien des oscillations intérieures de hausse ou de baisse de foi. D'autre part, le chirurgien lui-même est loin d'avoir toujours le même degré d'assurance dans le succès final. Cela dépend de l'habitude plus ou moins grande qu'il a de réussir, de la proportion entre ses réussites et ses échecs; cela dépend aussi de l'opinion qu'il a de la vigueur du malade. Pour que l'opération soit résolue de part et d'autre, par le chirurgien comme par le malade, et qu'il y ait vraiment équation entre l'offre de l'un et la demande de l'autre, il faut, avant tout, que, chez les deux, la confiance ait atteint un certain niveau, non pas nécessairement égal, mais qui dépend, chez l'un et chez l'autre, du niveau atteint par le désir d'opérer ou d'être opéré. Le degré de confiance minimum requis pour déterminer la résolution s'abaisse d'autant plus que le désir s'élève davantage, et *vice versâ;* et c'est ainsi qu'on voit de jeunes chirurgiens, passionnément désireux de se signaler, risquer des opérations hasardeuses et presque criminelles.

Mais j'empiète là sur la théorie des prix. Je tenais à montrer, dès maintenant, que, dans la notion de l'offre et de la demande, le degré de désir et le degré de confiance sont des éléments non moins importants à considérer que la quantité des choses offertes ou demandées et le nombre des demandeurs ou des offreurs. Non seulement ils sont aussi importants, mais ils sont plus essentiels, plus caractéristiques ; et l'exemple précédent en est une preuve. Ici le nombre des offreurs et des demandeurs se réduit à l'unité, le plus souvent ; il y a un seul malade, à un moment donné, qui n'a en vue qu'un seul chirurgien ; il n'y a, non plus, de part et d'autre, qu'une seule chose offerte ou demandée ; et cependant, il y a, dans ce cas — tout comme dans le cas d'une halle pleine d'acheteurs et de vendeurs de blé, ou d'une Bourse pleine d'agioteurs, — des variations de l'offre et de la demande, des hausses et des baisses de l'une et de l'autre, jusqu'à ce qu'elles s'accordent enfin.

Ce cas, où il n'y a qu'un offreur et un demandeur en présence, est devenu exceptionnel au point de civilisation où nous sommes parvenus; mais il n'en est pas moins le cas élémentaire et fondamental, le point de départ de l'évolution économique et l'explication de tout ce qui a suivi. Dans les marchés primitifs, il y a autant de prix différents du même objet ou du même service qu'il y a de couples d'acheteurs et de vendeurs, et, pour chacun de ces couples, le prix fixé à la suite d'un long marchandage est celui qui établit l'équation entre la demande et l'offre, entre *cette* demande et *cette* offre. Car il y a une offre et une demande spéciale en train de varier au cours de chacune de ces discussions animées entre deux hommes qui cherchent l'un à vendre le plus cher et l'autre à acheter le moins cher possible. Alors que se passe-t-il? Les foires de village, surtout dans le Midi. sont instructives à cet égard. Aussi bien qu'à Nancy et à la Salpêtrière, on y pratique l'art de la suggestion par la parole et par le geste. Les maquignons sont de grands hypnotiseurs sans le savoir. Mais c'est un genre de suggestion réciproque en quelque sorte. Le marchand sait bien qu'il doit dissimuler le degré de son désir de vendre; aussi parle-t-il d'un ton détaché : on lui a offert tel prix, qu'il a refusé; il connaît dix personnes qui sont follement éprises de ce cheval. L'acheteur éventuel, de son côté, fait le dégoûté : ce cheval est trop petit ou trop faible pour lui, cette robe ne lui plaît pas. Il n'ignore pas, en effet, que, plus le marchand le jugera désireux d'avoir ce cheval, plus il en élèvera le prix. Mais le marchand a l'œil sur lui, il ne perd pas un de ses gestes, un de ses regards, et, d'après ces *signes extérieurs*, jauge approximativement son désir d'acheter ce cheval, sa confiance dans les qualités apparentes de la bête. Pour aviver ce désir et cette confiance il fait trotter le cheval, préalablement muni d'une mesure extraordinaire d'avoine, déguise ses défauts tant qu'il peut, le montre sous son aspect le plus avantageux; en même temps, il la vante avec des flots de paroles et des gestes charlatanesques, qui ne laissent pas de produire leur effet sur des esprits peu habitués à ces sortes de passes magnétiques. S'il voit, s'il devine que le client se laisse prendre à ses manières, il hausse le prix; si le client est réfractaire, il cherche à le gagner par des prix plus doux. Mais celui-ci l'épie aussi, le sonde à son tour, et, d'après le besoin et le désir de vendre qu'il lui suppose, tient bon ou faiblit dans le débat du prix. Toutes ces manœuvres témoignent clairement, de part et d'autre, qu'il s'agit ici, avant tout, d'états d'âme à équilibrer ; et c'est parce qu'il s'agit de cela, c'est-à-dire de quantités en quelque sorte *liquides*, non solides, très facilement oscillantes et changeant de niveau, exerçant l'une sur l'autre une influence réciproque, que l'équilibre cherché est si souvent obtenu. S'il s'agissait de qualités en quelque sorte solides, dures et résistantes, la fameuse équation entre l'offre et la demande serait impossible dans la plupart des cas.

Ce qui se passe ainsi dans les transactions primitives ne diffère en rien d'essentiel des phénomènes présentés par l'offre et la demande prodigieusement agrandies dans nos marchés modernes. Quand le marché s'étend, le marchandage n'est plus possible, parce qu'il faut un même prix, un prix momentanément fixe, pour toutes les transactions de même nature. La vie commerciale serait perpétuellement entravée s'il en était autrement. Ce sont les marchands alors qui, spontanément, fixent le prix. Ou plutôt, c'est tantôt la majorité des marchands, s'ils sont syndiqués, tantôt le marchand le plus fort parmi ceux qui se font concurrence. Mais toujours, avant de fixer le prix, ces négociants se renseignent curieusement sur le nombre des acheteurs probables à ce prix, et sur le degré de cette probabilité d'après la vogue de cet article à ce moment. Les statistiques commerciales ne les éclairent pas seules à cet égard; mille symptômes sont propres à les instruire, s'ils ont de la finesse et de l'expérienee. Mais ce n'est qu'après bien des tâtonnements, des essais de prix variés et successifs, que le prix définitif est adopté ; et l'on peut voir dans ces hésitations l'équivalent du marchandage primitif. D'autre part, le grand but visé par les négociants modernes, comme par les petits marchands villageois, c'est toujours d'éveiller, d'attiser le désir et la confiance du client, du public. A cela sert la réclame, équivalent supérieur du verbiage et des gesticulations du maquignon ou du marchand de moutons dans une foire rustique. Mais nous reviendrons sur ce sujet.

Observons cependant, avant de finir, que lorsque, au lieu

d'un seul offreur et d'un seul demandeur, on a sur le marché un groupe d'offreurs et un groupe de demandeurs, le phénomène se complique par l'intervention d'un nouveau rapport inter-psychologique, qui s'établit non plus entre demandeurs et offreurs, mais entre chaque demandeur et d'autres demandeurs, entre chaque offreur et d'autres offreurs. Il y a toujours, comme résultante des influences personnelles qui s'exercent ainsi, un *entraînement* en fait d'offre comme en fait de demande, d'où résulte une hausse ou une baisse des prix que rien d'objectif ne paraît motiver.

En voilà assez, certainement, pour démontrer, ce qui est l'objet de ce chapitre, le rôle capital du Désir dans les phénomènes économiques, sa présence souvent cachée, et qui devrait ne jamais l'être, dans les notions économiques fondamentales. Occupons-nous maintenant, plus spécialement, du rôle économique des idées et de la croyance.

CHAPITRE III

RÔLE ÉCONOMIQUE DE LA CROYANCE

I

En économie politique, il importe d'étudier de près l'action des croyances sur les désirs, la puissance qu'ont certaines idées, suscitées dans les esprits, d'éveiller dans les cœurs certains désirs de consommation ou de production, et d'en éteindre d'autres. Il importe aussi d'étudier l'action des désirs sur les croyances, le pouvoir qu'ont certains désirs, surexcités jusqu'à un certain point, par exemple celui de locomotion ou de lecture des journaux, de faire naître et croître la croyance générale en l'innocuité, en la sécurité des satisfactions données à ces désirs, telles que l'extension incessante du réseau des chemins de fer, ou la liberté illimitée de la Presse. Il importe enfin d'étudier les combinaisons fécondes des désirs et des croyances qui, en s'unissant pour former les prémisses du syllogisme de l'action, aboutissent comme conclusion à un devoir d'agir, à un vouloir, à un acte. Toute la conduite dérive de syllogismes pareils, le plus souvent inconscients.

Un désir est toujours précédé d'une perception ou d'une idée, d'un jugement sensitif ou intellectuel dont les deux termes sont liés par une persuasion plus ou moins forte. Si nous pouvions remonter jusqu'au premier homme qui a éprouvé le désir d'immortalité posthume, peut-être découvririons-nous que la possibilité, entrevue par lui, de cette vie d'après le trépas, a précédé ce désir. En tout cas, est-il certain que les progrès de la foi religieuse en l'immortalité de l'âme ont beaucoup contribué à développer le désir de revivre immortellement après la mort. La passion de l'égalité politique, et même économique, qui est le grand moteur du temps présent, a été engendrée et nourrie par l'idée et la conviction du droit à l'égalité. C'est seulement quand la foi à ce dogme de l'égalité humaine s'est répandue à fond parmi les ouvriers que l'ambition leur est venue de participer au confortable de leurs patrons, de s'alimenter, de s'habiller, de s'instruire, de voyager, de s'amuser à leur exemple. La liberté de la Presse, en permettant à toutes les idées, à toutes les opinions de se répandre, et en accélérant leur diffusion, facilite aussi et accélère prodigieusement la généralisation de beaucoup de désirs nouveaux qui donnent naissance à des branches d'industries nouvelles. Ce n'est pas seulement la quatrième page des journaux qui est composée de réclames. Tout le corps du journal est une sorte de grande réclame continuelle et générale. Aussi le *standard of life* et l'activité productrice s'élèvent-ils dans une nation à mesure que les journaux s'y multiplient et que leur lecture s'y répand.

S'il pouvait se propager aujourd'hui sur le continent américain ou européen une doctrine telle que le stoïcisme antique ou l'évangélisme primitif, une foi profonde et unanime en la vanité du désir, en la sagesse du non-désir et de la vie réduite à son maximum de simplicité ; si, du moins, l'esthéticisme à la Ruskin faisait des progrès sérieux dans les masses, il est certain que l'industrie moderne serait frappée à mort. Sans souhaiter une telle catastrophe, il est permis d'espérer cependant qu'un jour viendra où, sous des formes nouvelles et meilleures, se fera jour la vérité entrevue par les anciens sages et nos esthéticiens, la nécessité de mettre un frein à la progression des désirs corporels qui nous divisent, aux inutiles complications de l'existence matérielle, pour donner libre essor aux désirs spirituels qui nous rapprochent, qui nous font nous toucher par nos cimes les plus hautes comme les arbres des forêts.

Remarque essentielle : les idées, les opinions nouvelles se propagent bien plus vite que les nouveaux besoins dans une société. Aussi une révolution dans les esprits devance-t-elle toujours la révolution dans les coutumes et les mœurs qui en est la conséquence. Il est fort heureux qu'il en soit ainsi, et que, par suite, l'assimilation des pensées soit plus facile à faire que celle des désirs, surtout des désirs inférieurs. Car c'est par la similitude même de leurs objets que nos désirs nous opposent et nous mettent en lutte; mais la similitude de nos pensées est, au contraire, une des causes les plus puissantes d'harmonie entre nous. Cette différence, soit dit en passant, explique pourquoi la concurrence économique produit en partie de bons effets : c'est qu'elle n'est une lutte qu'en partie, les désirs opposés étant liés à des jugements semblables, à des confiances semblables qui, dans le rival, font voir un concitoyen, un confrère en civilisation. Un *collègue* est le plus souvent un *concurrent*.

Quand une invention nouvelle apparaît dans une industrie (lampe électrique, automobile, etc.), s'il s'agissait pour elle d'éveiller et de propager le désir auquel elle correspond, son succès serait d'une lenteur décourageante. Mais, le plus souvent, ce désir est déjà tout propagé depuis longtemps (désir d'y voir le plus clair possible, de voyager le plus rapidement possible, etc.), et c'est seulement la confiance dans le nouveau moyen imaginé de satisfaire ce désir préexistant, qu'il s'agit de répandre et de faire pénétrer dans les esprits.

La réclame a été créée précisément dans ce but. Il y aurait à faire l'histoire de la réclame en divers pays, et il est probable que, si on comparait ces diverses lignes d'évolution, on y découvrirait des ressemblances. Ne semble-t-il pas que la *réclame acoustique*, pour ainsi parler, caractérise principalement les pays encore barbares ou arriérés, et que la *réclame visuelle* va se développant, avec la civilisation, aux dépens de la première ? Les cris des marchands ambulants dans les campagnes, — des chiffonniers, par exemple, qu'on appelait *pillarots* dans le midi de la France, — les annonces faites par les crieurs publics dans les petites villes, — les airs particuliers et traditionnels que criaient ou chantaient les vendeurs des divers métiers en passant dans les rues de Paris au moyen âge et jusqu'à notre siècle, sont la plus archaïque forme de la réclame[1]. Elle a été peu à peu remplacée, — sauf quelques rares vestiges — par les annonces dans les journaux, et par les affiches murales d'une variété infinie, née d'une imagination inépuisable. Les crieurs de journaux de nos boulevards, qui nous assourdissent, sont remplacés à Londres par des porteurs d'affiches en très grosses lettres qui permettent de voir sur leur dos les nouvelles à sensation. Il y a bien aussi une réclame qu'on pourrait appeler olfactive, celle de certains parfums traînant sur nos trottoirs. Mais celle-ci aussi va perdant, avec la civilisation, de son importance relative, et, de plus

(1) « Un poète du XIIIe siècle, Guillaume de la Villeneuve, dit Alfred Franklin, nous a décrit l'aspect curieux que présentaient alors les rues de Paris. Son contemporain, Jean de Garlande, a consacré aussi quelques lignes à ces crieurs enragés. » Dès le point du jour, un valet criait l'ouverture des bains « dont les relations avec l'Orient avaient généralisé l'usage » ; venaient ensuite les marchands de poissons, de volailles, de viande fraîche ou salée, d'ail, de miel, d'oignons... « Des femmes criaient de la farine et du lait, des pêches, des poires, etc. » Les raccommodeurs de vêtements, de meubles, de vaisselles, avaient aussi leur ritournelle. Et les marchands de vieux habits... Et les vendeurs d'oublis, etc., etc. — Le *criage* devint un service public, dépendant du roi, qui finit par affermer à un seigneur nommé Simon de Poissy, le produit du criage parisien. — Mercier nous a laissé un tableau pittoresque de Paris au XVIIIe siècle : « Il n'y a point de ville au monde, dit-il, où les crieurs et les crieuses des rues aient une voix plus aiguë et plus perçante.., C'est à qui chantera sa marchandise sur un mode plus haut et plus déchirant. Tous ces cris discordants forment un ensemble dont on n'a point d'idée lorsqu'on ne l'a point entendu... C'est un glapissement perpétuel... » Vraiment, la substitution de l'annonce visuelle à l'annonce acoustique a été un progrès... Dès la deuxième moitié du XVIIIe siècle, ce changement se produit par la publication de journaux d'annonces, où étaient insérées des réclames dont l'emphase ingénieuse amusait Voltaire. Voir à ce sujet Alfred Franklin, *la Vie privée d'autrefois : l'annonce et la réclame*. Voir aussi à ce sujet la seconde édition de l'*Histoire des classes ouvrières*, de M. Levasseur, t. I, p. 422 et suiv.

en plus, est supplantée par la réclame visuelle correspondante ; celle de toilettes spéciales, tapageuses ou habilement discrètes, qui attirent le regard. La raison de cette évolution, ce remplacement graduel de la réclame acoustique par la réclame visuelle, c'est que cette dernière est bien plus apte que l'autre à se développer en étendue. Sa portée, par les annonces des journaux, par les exemples multipliés des affiches murales, peut s'étendre indéfiniment, tandis qu'il est difficile et coûteux de multiplier beaucoup les crieurs publics. La réclame, en somme, se transforme dans le sens de son rayonnement de plus en plus large, libre et facile. Le nombre des réclames acoustiques ne saurait dépasser un certain chiffre dans les rues d'une ville sans aboutir à un assourdissement général, tandis que le nombre des réclames visuelles peut s'accroître sans que chacune d'elles cesse d'être distincte à la vue, quoiqu'elles puissent se brouiller dans la mémoire.

Mais, quel que soit le sens qu'elle affecte et son degré d'expansion, la réclame agit toujours en mettant en branle les conversations. Si l'on cause des nouveautés industrielles, des nouvelles étoffes, des nouveaux articles ou services quelconques, c'est par suite d'un entrefilet lu dans un journal, de la vue d'un homme-enseigne, d'un cri spécial, qui a arrêté un instant l'attention. Arrêter l'attention, la fixer sur la chose offerte, c'est l'effet immédiat et direct de la réclame. De là à capter la *confiance* publique il y a loin, à la vérité. Mais alors intervient la puissance de l'exemple ; et, si la réclame frappe où il faut, aux foyers habituels des rayonnement imitatifs, c'est-à-dire à la Cour sous l'ancien régime, aux capitales dans nos démocraties, en somme, aux parties les plus animées, les plus éclairées de la société, à celles qui ont le plus de *densité sociale* pour ainsi dire, l'innovation introduite là ne tarde pas à s'épancher dans tout le public.

Les étalages des magasins, dans les grandes villes, ont l'inconvénient de se neutraliser en partie réciproquement, comme les tableaux dans un musée. Aussi, quoique excellents pour appeler l'attention sur les marchandises exposées aux vitrines, seraient-ils par eux-mêmes très insuffisants pour décider les passants à l'achat. Le désir vague de posséder tel article, — combattu d'ailleurs par les désirs concurrents nés d'autres étalages — ne se transforme en *résolution de l'acheter* que lorsque, d'une part, le prix s'abaisse jusqu'au niveau de ce désir ou que ce désir s'élève jusqu'au niveau du prix, et que, d'autre part, les marchandises désirées sont aperçues en la possession de quelqu'un qui est par nous jugé digne d'être pris pour modèle, ou avec lequel nous rivalisons, ou sur lequel nous nous conformons par sympathie, parce qu'il est notre égal, notre voisin, notre ami. C'est l'exemple d'autrui qui engendre le degré de confiance voulu en l'utilité de la chose désirée, et transforme par suite ce désir en *volonté d'achat*.

II

Il est fort intéressant d'étudier comment, au début d'une invention hasardeuse, telle que celle des chemins de fer ou des ponts suspendus, et aussi bien celle du papier-monnaie, du billet de banque, naît et se propage la confiance publique dans cette nouveauté. Cela peut servir à nous apprendre de quelle manière, à une époque beaucoup plus ancienne, est née et s'est propagée cette confiance générale et profonde en l'échangeabilité universelle de l'or et de l'argent, qui constitue essentiellement la monnaie. On est surpris de voir avec quelle facilité ces hardiesses font leur chemin, et, *a priori*, on aurait dû s'attendre à une résistance beaucoup plus prolongée de la méfiance générale au milieu de laquelle elles ont surgi. Mais il a suffi de quelques initiatives heureuses, suivies par une élite, pour donner courage et foi à beaucoup, bientôt à tout le monde. A propos des billets de banque. Law explique clairement cela, mais beaucoup trop rationnellement, suivant les habitudes de son siècle, dans ses lettres au régent. Il dit que les choses se sont passées de la sorte en Ecosse, à Rome, à Naples : « Dans les commencements on a de la peine à accoutumer les peuples au paiement par billets ; mais, voyant qu'il y a une forte caisse pour les convertir en argent à volonté et remarquant la commodité de ces billets dans les payements, peu à peu ils s'introduisent dans le commerce, et, avec le temps, ils sont préférés aux espèces... » C'est juste, mais insuffisant. Si la raison eût autant que cela déterminé le public à accepter la fallacieuse monnaie, on ne comprendrait pas la catastrophe où la folie d'un engouement inouï l'a précipité. Dans une autre lettre de ce financier fameux, je note un passage plus pénétrant où il parle de son système : « Le crédit a porté les actions jusqu'à 2 000 livres à la face de ses adversaires ; et, malgré la crainte et les incertitudes de ceux mêmes qui les ont poussées à ce prix, *le crédit s'est accru pour ainsi dire dans le sein même de la défiance.* » C'est ainsi toujours que les choses ont lieu. Et, si l'on demande pourquoi, au milieu d'une défiance qui règne dans l'esprit des masses *et jusque dans l'esprit même des novateurs*, la foi en l'innovation fait sans cesse des progrès, il faut répondre que c'est en partie grâce à l'opposition même de la défiance externe et aussi bien interne qui, en l'entravant, l'a exaltée. La victoire graduelle de cette confiance, si petite d'abord et si restreinte, sur cette défiance vaste et profonde, a moins lieu de surprendre si l'on considère que la défiance est quelque chose d'assis, de stagnant, — de statique, dirait Comte — et que la foi en l'innovation est un *courant*, quelque chose de dynamique qui se communique et s'échange d'individu à individu. La confiance, dans son mouvement accéléré d'homme à homme, s'accroît en vertu d'une loi semblable à celle de la chute du corps, tandis que la défiance régnante représente le repos et ne peut aller qu'en s'affaiblissant à la longue. C'est la *vitesse acquise* qui est contagieuse, mais le *repos acquis* ne l'est point.

Puis, il ne faut pas oublier que la nature humaine, en somme, est portée à l'optimisme. Pour s'en convaincre, il suffit de faire un rapprochement. Même en admettant les statistiques des chemins de fer les plus favorables aux compagnies, le risque que l'on court d'être victime d'un accident quand on monte en wagon est, d'après le calcul des probabilités, très supérieur à la chance qu'on a de gagner un lot de 100 000 francs quand on achète une obligation du Crédit foncier ou tout autre valeur à lots. Cependant la pensée de l'accident éventuel n'empêche personne ou presque personne de voyager en chemin de fer, tandis que la perspective de gagner le gros lot est la grande attraction qui explique la vogue de certains titres et est payée fort cher par les acquéreurs. D'où j'ai le droit de conclure que l'homme est bien plus enclin à l'espérance qu'à la crainte et que le pessimisme, quand il souffle quelque part, dans une petite région du public, y est importé et factice, en contradiction avec l'optimisme normal et habituel, et destiné à être refoulé par celui-ci — qui a quelque chose de plus dynamique, pour continuer la métaphore de tout à l'heure[1].

— Si, continuellement, nous désirons quelque chose, quelque chose qui se renouvelle sans cesse et renaît de ses propres cendres, continuellement aussi nous *attendons* quelque chose, nous *comptons* sur quelque chose. Et le degré ou la nature de ces *attentes* n'importe pas moins, au point de vue économique, comme au point de vue social en général, que le degré ou la nature de nos désirs. L'espoir que nous avons de gagner à la loterie est une bien faible attente,

(1) Courcelle-Seneuil admire, avec raison, le peu de temps qu'il a fallu pour dissiper les préjugés relatifs au prêt à intérêt. « Il y a lieu d'admirer le progrès de l'opinion sur ce point quand on songe que la première protestation scientifique en forme dirigée contre le prêt à intérêt date de Turgot et que ce prêt est toléré depuis le commencement du siècle seulement pas la théologie catholique. »

mais notre espoir de vivre un mois, sinon un an, est une attente très forte, et nous nous attendons, avec une assurance voisine de la certitude, à toucher bientôt nos coupons de rentes, ou notre traitement. Notre *sécurité*, toujours relative, se compose d'un nombre déterminé d'attentes de ce genre, très inégales et très dissemblables. Il vient un moment où, à force de croître en force, nos attentes donnent naissance à des droits. Le *droit de propriété*, que les économistes postulent sans le justifier suffisamment, est fondé là-dessus, comme Bentham l'a montré à son point de vue avec tant de clarté qu'on en a méconnu la profondeur.

Ce qu'il nous faut, ce n'est pas seulement ni surtout la *satisfaction de nos désirs*, c'est, avant tout, la *confirmation de nos attentes*. Rien n'est plus douloureux, pas même l'échec de nos plus chers désirs, que la contradiction apportée à nos espérances, le démenti de nos assurances. Quand nos attentes profondes sont violées de la sorte, nous crions toujours à la violation de nos droits les plus sacrés. L'attente trompée, autrement dit la *croyance contredite*, et le besoin non satisfait, la volonté entravée, autrement dit le *désir contrarié* : voilà le double élément que l'analyse découvre toujours au fond des notions du mal et de l'injustice, comme elle résout toujours en *croyances confirmées* et en *désirs aidés*, les notions de droit et de devoir, de justice et de bien. Empêcher la contradiction des croyances, des attentes, et favoriser leur mutuelle confirmation ; empêcher la contrariété des désirs et favoriser leur aide réciproque ou leur convergence collaboratrice : telle est la fin, consciente ou inconsciente, poursuivie par toutes les législations et toutes les morales. Seulement, le cercle des croyances et des désirs dant il s'agit, s'élargit ou se resserre, se déplace dans un sens ou dans un autre, d'après les temps et les lieux.

Le *crédit*, qu'est-ce autre chose qu'un acte de foi ? Et la *monnaie*, qu'est-ce autre chose aussi qu'un acte de foi, la foi de celui qui, possédant une pièce d'or ou un billet de banque, *s'attend* fermement à pouvoir l'échanger contre telle marchandise que bon lui semblera — attente déçue s'il ne possède qu'une pièce fausse ? Et, dès lors, le rôle toujours grandissant de la monnaie et du crédit n'atteste-t-il pas que le rôle économique de la croyance grandit sans cesse dans les mêmes proportions ?

Il n'est pas inutile de faire remarquer en passant, que non seulement la monnaie consiste dans une croyance, dans une confiance d'une très haute intensité — si intense qu'elle est inconsciente, mais encore qu'elle peut servir de mesure approximative, dans certains cas, à la hausse et à la baisse des croyances quelconques presque aussi bien que des désirs quelconques.

J'ajoute qu'il y a d'autres *mètres* de la croyance que la monnaie. Je lis dans un ouvrage de Westermrack, professeur de sociologie à Helsingfors, que la proportion des mariages mixtes — entre personnes appartenant à des cultes différents — tend partout à augmenter : « En Bavière, dit-il, de 1835 à 1840, elle s'élevait à 2,8 p. 100 du nombre total des mariages ; de 1850 à 1860, à 3,60 p. 100 ; de 1860 à 1870, à 4,4 p. 100 ; de 1870 à 1875, à 5,6 p. 100 ; de 1876 à 1877, à 6,6 p. 100. » C'est par des statistiques pareilles qu'on tourne la difficulté de mesurer des quantités psychologiques, telles que la foi religieuse.

III

Si la genèse mentale, si la transmission sociale des attentes et des besoins, des croyances et des désirs, ne jouait dans les rapports économiques des hommes qu'un rôle décroissant, je comprends que cette considération fût négligée par l'économiste. Mais il n'en est rien. Les croyances, notamment, sont un facteur aussi prépondérant, aussi décisif, aussi capricieux en même temps, dans la cote des valeurs de Bourse que dans les échanges des sauvages. Ceux-ci obéissent surtout à des idées superstitieuses en attachant un grand prix à des fétiches ou à des *porte-bonheur* insignifiants, apportés par des navigateurs ; mais les spéculateurs à la Bourse ne sont pas moins fascinés par des mensonges de Presse, des nouvelles sensationnelles, des conversations de couloirs.

La *conversation* est un sujet qui intéresse éminemment l'économiste. Il n'y a pas un rapport économique entre les hommes qui ne s'accompagne d'un échange de paroles d'abord, de paroles verbales ou de paroles écrites, imprimées, télégraphiées, téléphonées. Même quand un voyageur fait des échanges de produits avec des insulaires dont il ignore la langue, ces trocs n'ont lieu que moyennant des signes et gestes qui sont un langage muet. En outre, ces besoins de production et de consommation, de vente et d'achat, qui viennent de se satisfaire mutuellement par l'échange, conclu grâce à des conversations, comment sont-ils nés? Le plus souvent, grâce à des conversations encore, qui ont propagé d'un interlocuteur à un autre l'idée d'un nouveau produit à acheter ou à produire, et, avec cette idée, la confiance dans les qualités de ce produit ou dans son prochain débit, le désir enfin de le consommer ou de le fabriquer. Si le public ne causait jamais, l'étalage des marchandises serait peine perdue presque toujours, et les cent mille trompettes de la réclame retentiraient en vain. Si, pendant huit jours seulement, les conversations s'arrêtaient à Paris, on s'en apercevrait vite à la diminution singulière du nombre des ventes dans les magasins. Il n'est donc pas de directeur plus puissant de la consommation, ni, par suite, de facteur plus puissant quoique indirect, de la production, que le babil des individus dans leurs heures de loisir.

C'est, au fond, ce jeu perpétuel de langues oisives, ce rapport social élémentaire et fondamental de deux esprits en contact et en voie de contagion mutuelle qui élabore cette grande souveraine de la vie économique ou politique, l'Opinion, régulatrice des usages et des besoins, des goûts et des mœurs, et, par conséquent de l'industrie. Il me semble donc que la connaissance des progrès ou du déclin de la conversation, de ses causes et de ses effets, et sinon des *lois* — on abuse du mot — au moins des pentes générales et habituelles qu'elle suit dans ses transformations historiques, importe au plus haut degré à l'économiste. Ce n'est pas, à mon gré, en parler assez que de compter vaguement le « progrès des communications » parmi les agents du progrès économique. Il faut préciser, il faut détailler ; il faut dire toutes les conséquences économiques qu'entraîne l'accélération ou le ralentissement, la stagnation ou le déplacement, le grossissement ou l'amincissement du courant de la conversation, suivant que la frontière d'une langue dominante avance ou recule, étendant ou restreignant ainsi le nombre des gens qui peuvent causer ensemble, — suivant que la séparation des diverses classes d'une nation devient plus ou moins profonde, ce qui a les mêmes effets, — suivant que les lieux de réunion et de causerie, cercles, cafés, salons, se multiplient ou se raréfient, et que les loisirs des travailleurs augmentent ou diminuent, — suivant que le pouvoir politique devient plus tyrannique ou plus libéral et que la censure ecclésiastique se raffermit ou se relâche, est de plus en plus ou de moins en moins respectée, ce qui grossit ou rétrécit le cercle des sujets d'entretien et ouvre à la conversation de nouveaux débouchés, source de nouveaux besoins, ou lui ferme des débouchés anciens, au détriment de certains besoins et par suite de certaines branches d'industrie. Si l'on réfléchit à cela, on s'aperçoit que la rivalité des langues, leur lutte pour le triomphe et pour la conquête du monde par l'une d'elles, est, non pas une question linguistique seulement, mais l'un des problèmes économiques les plus importants. Les Anglais savent bien que rien ne contribue plus efficacement à accroître et consolider leur prépondérance industrielle que l'extension de leur langue dans le monde. Imaginez qu'un de nos grands États européens fût resté morcelé en des centaines de dialectes comme au moyen âge, est-ce que la grande industrie y serait possible? Non, en dépit de toutes les inventions des machines; car la grande industrie suppose la similitude des mêmes demandes d'articles dans une vaste région, et une telle assimilation n'est possible en général, que par l'extension d'un même idiome qui s'est substitué ou superposé aux autres et les a relégués au rang de patois. Entre gens ne parlant pas la même langue, la communication des idées et des besoins est toujours entravée, et, quoique beaucoup d'idées et de besoins parviennent à franchir cet obstacle, il n'en est pas moins vrai que cette barrière est insurmontable à la plupart d'entre eux, ou n'est surmontable qu'à la longue.

Parmi les *attentes*, dont je parlais tout à l'heure, il en est une qui a une influence capitale et directe sur la production des richesses: c'est l'attente des demandes de la clientèle par le producteur. Il produit toujours ce qu'il espère pouvoir vendre, et dans la mesure où il s'attend à trouver des acheteurs. Ce qui caractérise l'entrepreneur et le distingue de l'ouvrier, c'est la nature très dissemblable et le degré très inégal de leur attente. L'ouvrier ne s'attend pas à la vente, dont il n'a point souci; il ne s'attend qu'à recevoir son salaire, et d'habitude, il y compte avec une entière certitude. Mais l'entrepreneur, lui, ne peut compter que sur la vente, et, en général, il n'a droit d'y compter qu'avec une probabilité plus ou moins forte, souvent assez faible. C'est ce caractère de non-certitude inhérent à l'attente, aux prévisions du directeur d'une entreprise, et c'est le besoin de certitude exigé par l'attente de l'ouvrier, qui rend si ardue la difficulté de supprimer la différence de l'ouvrier et du patron et de réaliser l'organisation socialiste du travail, ou même tout simplement de fonder des sociétés coopératives de production. La question, au fond, est de savoir si on arrivera jamais, par des statistiques commerciales merveilleusement rapides, sûres et parfaites, et par d'autres moyens d'information, à rendre certaines ou presque certaines, les prévisions, toujours plus ou moins conjecturales à présent, des producteurs, de telle sorte qu'il n'y eût plus de risque couru, ni, par conséquent, plus d'injustice, plus d'inconvénient à supprimer le bénéfice du patron, compensation nécessaire de ses risques actuels. Le jour où la nature et l'étendue des demandes des consommateurs seraient susceptibles d'être ainsi prédites à coup sûr par les producteurs, c'est alors, et seulement alors, que l'État pourrait songer sérieusement à se mettre à leur place, à diriger de haut le travail national centralisé et organisé, ou que, du moins, les ouvriers pourraient revendiquer leur participation aux bénéfices du patron, devenu leur camarade, un camarade plus intelligent et mieux doué, mieux payé comme tel, et comme créateur de l'entreprise, mais non à raison de risques qui n'existeraient plus.

Or, est-il impossible que les *attentes* et les prévoyances des producteurs, s'élevant peu à peu sur l'échelle des probabilités, atteignent jamais le sommet? On ne saurait, à priori, nier la possibilité de cette transformation. En effet, le degré moyen de la probabilité attachée aux prévisions des producteurs a beaucoup varié au cours de l'histoire économique, et en divers sens. Tant que le stade de la petite industrie, de l'industrie locale. n'est pas franchi, l'artisan sait toujours d'avance ce qu'il doit fabriquer en quantité et en qualité, puisqu'il travaille sur commande la plupart du temps ; et, quand il travaille avant commande, sa clientèle lui est personnellement si connue qu'il prévoit avec une quasi-certitude, en qualité et en quantité, ce qui lui convient. Quand le rayon de la clientèle s'étend au delà du cercle des voisins et que le marché s'élargit, l'industriel produit pour le *public*, clientèle anonyme et inconnue ; et, à mesure que s'opère cet agrandissement de son champ d'action, le degré moyen de la probabilité de ses conjectures va en s'abaissant. Mais jusqu'à un certain point seulement. Et ne semble-t-il pas que déjà, en se prolongeant, cette extension des débouchés ouverts à l'industrie tende, inversement, à rendre de moins en moins incertaine la prévoyance du chef d'industrie, mieux renseigné par des statistiques spéciales, par des journaux quotidiens, par des lettres, par des télégrammes? Il est donc fort possible que, les moyens d'information devenant plus rapides et plus sûrs pendant que le marché continue à s'étendre, la très grande industrie en arrive un jour à retrouver, par l'excès même de ses audaces, la sécurité complète des humbles et timides artisans primitifs.

A priori, donc, cela n'a rien d'inconcevable. Mais, je dois le dire, si je consulte l'expérience, je n'en vois pas moins fort peu de fondement au rêve d'une organisation générale et centrale du travail par l'État. Jamais, sans nul doute, les besoins de l'ensemble des citoyens ne pourront être prédits avec autant de rigueur et de certitude que ceux d'un corps d'armée en marche ; cependant nous savons à quel point est défectueux en temps de campagne le service de l'intendance militaire même la plus parfaite. Il n'est pas de jour où ne se fasse douloureusement sentir tantôt l'excès tantôt le déficit des approvisionnements requis. A fortiori, sous le régime collectiviste, aurait-on journellement à se plaindre de l'intendance civile, dont la tâche serait tout autrement compliquée.

Toutefois, on s'est mépris, je crois, quand, à ce propos, on s'est émerveillé sur les effets produits par le régime du laisser-faire et du laisser-passer, grâce auquel une grande capitale comme Paris, une grande nation comme la France, se trouve chaque jour, approvisionnée à peu près comme il convient, pourvue d'une si grande diversité de choses utiles, en quantité à peu près proportionnée à ses besoins divers.

On a semblé voir là une vertu mystérieuse inhérente à la « liberté », c'est-à-dire à l'absence de toute réglementation, de toute coordination autoritaire, consciente et prévoyante. Et on a été porté à supposer parfois que l'approvisionnement s'adapte de lui-même aux besoins, précisément parce que personne ne pense à cette adaptation. La vérité est — et elle est, je l'avoue évidente — qu'on doit faire honneur du résultat signalé à la prévoyance consciente, à l'intelligence coordinatrice des particuliers, des marchands, qui, chacun dans sa sphère étroite, voient assez clair, dirigent et règlent leurs opérations et proportionnent les marchandises offertes aux besoins prévus de leurs clients habituels. Ceci n'a pas échappé à l'observation de Courcelle-Seneuil qui dit quelque part : « Sous l'empire de la liberté, le champ d'action de chaque individu est bien plus restreint que celui du gouvernement dans la région de l'autorité, mais il est exactement déterminé et limité ; chacun peut obtenir une connaissance, sinon complète, du moins satisfaisante, de tout ce qui l'intéresse dans sa petite sphère. » Ajoutons que cette connaissance est, il est vrai, incomplète pour chaque commerçant, mais que, comme leurs erreurs ne sauraient être commises toujours dans le même sens, soit en plus, soit en moins, elles se compensent dans l'ensemble, et cette compensation est d'autant plus exacte que leur nombre est plus grand.

Au fond, cela veut dire que ce qu'on appelle liberté n'est que de l'autorité morcelée et disséminée partout. La liberté, en tant qu'elle est une source d'harmonies économiques ou autres, consiste en autorités directrices. Il n'y a pas de direction d'ensemble, il est vrai ; mais là où cette direction d'ensemble, centrale et gouvernementale, ne saurait être que vague et aveugle, fondée sur des calculs trop compliqués pour ne pas donner lieu à de désastreuses erreurs, elle est remplacée avec avantage par une foule de petites directions de détail, séparément clairvoyantes et appuyées sur des informations justes ou d'une inexactitude compensée. Il en est du talisman magique, dissimulé sous le nom de « lois naturelles », qu'on prête à la liberté économique, comme des vertus non moins mystiques et non moins merveilleuses prêtées à l'*inconscience* par certains sociologues. J'ai montré ailleurs [1] que ce qu'on a pris pour de l'inconscience dans le travail harmonisateur des idées et des tendances d'une société, n'est, en dernière analyse, que de la *multi-conscience*, aboutissant par degrés à de la *pluri-conscience* qui est une étape sur le chemin de l'*uni-conscience*. Mais cette phase finale n'est pas toujours atteinte, ni ne peut toujours l'être. Voilà, pourquoi, malgré la tendance manifeste de la grande production industrielle d'à présent à se concentrer en un petit nombre de mains, par l'alliance de monopoleurs gigantesques, il n'est pas sûr, ni probable, que ce petit nombre finisse par se réduire à l'unité de l'État.

(1) *Logique sociale*, p. 200 et suiv.

CHAPITRE IV

LES BESOINS

Les deux chapitres qui précèdent nous ont fait connaître les éléments, désirs et croyances, dont les *besoins* sont la combinaison. Nous savons déjà comment ceux-ci se propagent et s'enracinent. Mais l'importance du sujet nous commande de revenir sur ces deux points.

I

Quelques mots suffisent, relativement à la propagation du besoin. Il y en a deux variétés importantes, et qu'il ne faut pas confondre. Partout et toujours, nous voyons les besoins de consommation, en dépit de tous les obstacles, descendre plus ou moins vite, dans une même nation, des classes supérieures aux classes inférieures, des grandes villes aux petites villes et de celles-ci aux campagnes ; et cette assimilation graduelle de toutes les couches de la population, si elle est la source de bien des révolutions ou des agitations sociales, a pour effet de fortifier l'unité et l'originalité nationale. Mais, partout et toujours, en même temps, les besoins d'un peuple, surtout d'un peuple fort, riche, glorieux, se communiquent ou tendent à se communiquer aux peuples voisins; et ces importations étrangères, si elles se multiplient, peuvent aller jusqu'à dissoudre la nationalité, que, d'ailleurs, jamais, elles ne renforcent. En revanche, elles développent le commerce international et contribuent à la paix du monde, ainsi qu'à l'élévation du niveau général de la civilisation.

Les causes de ces deux sortes de propagation, l'une *intra*-nationale, l'autre *inter*-nationale, sont aussi différentes que leurs effets. — Les besoins des classes supérieures sont reflétés par les classes inférieures, sous l'empire de mobiles tels que le snobisme ou le sentiment du droit à l'égalité ; les besoins de l'étranger sont copiés par les nationaux, et d'abord par les classes supérieures de la nation, par l'élite de la capitale, en vertu du *philonéisme* qui leur est propre, de cette rage de nouveauté qui les tourmente et qui est stimulée en elles par les satisfactions mêmes qu'elle a déjà reçues. Le plus souvent, cette communication de besoins, d'un peuple à un autre, est mutuelle, alors même que la supériorité d'une nation est reconnue ; tandis que, bien rarement, les capitales accueillent l'exemple des provinces, ou les noblesses, dans une monarchie, l'exemple des classes populaires. Cet échange de besoins, entre nations, précède toujours l'échange de leurs produits.

Il est à remarquer que les lois somptuaires, ces digues presque toujours à demi impuissantes par lesquelles les gouvernements passés ont essayé d'arrêter les courants imitatifs, étaient destinées à lutter non contre le penchant à l'introduction des besoins étrangers, peut-être que ce penchant était assez faible jadis, mais contre la tendance à singer les classes supérieures. Il y a deux sortes de lois somptuaires, comme le remarque justement J.-B. Say. Les unes, inspirées par l'esprit démocratique, ont pour but, dans les républiques anciennes, d'empêcher le luxe trop grand des riches, de peur que l'éclat de leur rayonnement n'offusque les yeux du pauvre et ne lui fasse trop cruellement sentir le chagrin de son humilité. Celles-ci sont exceptionnelles et de peu d'intérêt pour nous. Les autres, aristocratiques, ont pour but d'empêcher les plébéiens d'imiter les patriciens, les roturiers d'imiter les gentilshommes. Ces dernières cherchent à s'opposer à la contagion imitative du luxe des grands pour que la distance ne vienne pas à s'amoindrir entre eux et les petits. Mais tout ce qu'elles ont pu faire a été de retarder le mal qu'elles combattaient et de révéler la force irrésistible, torrentielle, du penchant qu'elles prétendaient endiguer. Aussi les gouvernements, même les plus aristocratiques, ont-ils renoncé à ces mesures de prohibitionnisme intérieur ; et, quant aux gouvernements populaires, ils sont presque partout en train d'agir en un sens précisément opposé à celui qui vient d'être indiqué. Sinon par des lois, du moins par des suggestions de tout genre, par des facilités de transport, notamment, offertes aux ruraux que l'on convie à venir admirer les expositions des villes, les étalages des magasins, à venir convoiter toutes sortes de raffinements de vie qui leur manquent, — les États modernes poussent les classes pauvres à accroître leur confort, à vivre comme les classes plus fortunées ; et, dans leurs colonies, ils s'efforcent de décider les indigènes à consommer des articles européens, ils cherchent à répandre chez des Cochinchinois, chez des Arabes, chez des Hindous, chez des nègres africains, le goût d'étoffes, d'ameublements, de boissons, que les industriels de la métropole leur envoient. En arrivera-t-on à édicter des lois qui seraient précisément le contraire des lois somptuaires, c'est-à-dire qui imposeraient de force aux peuplades de nos colonies l'imitation de notre luxe étranger ? C'est possible. N'est-ce pas un peu ce qu'on a voulu faire en Chine ?

La conduite des États modernes à l'égard de leurs colonies est-elle en cela moins tyrannique que l'était, à l'égard des classes inférieures, la conduite inverse des États d'autrefois ? Elle l'est davantage, car il est assurément moins despotique d'interdire certaines consommations que de les rendre obligatoires ou quasi obligatoires. Et qu'est-ce qui est le plus déraisonnable, en soi, d'élever des digues impuissantes contre le torrent de l'imitation niveleuse, ou de rendre ce torrent plus rapide encore et plus débordant, sans songer aux ravages que peut causer sa précipitation aveugle ? Ce qu'on peut dire en faveur des gouvernements nouveaux, c'est qu'ils semblent agir ainsi dans le sens de l'effort universel, de la grande tendance historique au nivellement démocratique.

Le penchant à copier le supérieur ou l'étranger est une force qui existe à l'état latent longtemps avant de se révéler par des actes, et c'est une grande erreur de la juger inexistante aussi longtemps qu'elle reste inexprimée. Mieux que nulle loi somptuaire, la haine qui sépare certaines classes ou certains peuples, lutte contre cette tendance virtuelle. Mieux encore que la haine, l'inintelligence et l'incuriosité sont des préservatifs excellents contre la contagion de l'exemple. On s'explique ainsi la persistance de certaines peuplades sauvages dans leurs vieilles mœurs malgré le contact des nations civilisées qui les touchent sans les attirer. Tels les Australiens à côté des colons anglais, les Peaux-Rouges aux Etats-Unis, les Arabes nomades à côté des Arabes sédentaires de l'Yémen. « Les Arabes errants, dit J.-B. Say à ce sujet, ont sans cesse sous les yeux le spectacle des Arabes de l'Yémen qui jouissent de plusieurs des agréments de la vie ; ils trouveraient dans l'Arabie de vastes régions où ils pourraient se fixer comme eux, cultiver la terre, trafiquer, amasser des provisions. Il ne leur faudrait pas plus de peine, ils n'auraient pas besoin de plus de courage pour les défendre qu'ils n'en déploient pour attaquer des caravanes. Néanmoins, il ne paraît pas qu'aucune tribu errante se soit jamais fixée. » Je ne sais si J.-B. Say ne généralise pas trop. En tout cas, d'autres écrivains qui ont généralisé encore davantage, et d'après lesquels jamais, en aucun pays, une tribu nomade n'a été séduite par l'attrait de la vie agricole, se sont manifestement trompés. Il est de fait, par exemple, que, chez les Lapons, la vie sédentaire gagne sans cesse du terrain aux dépens de la vie errante.

Même intelligent, même curieux de ce qui le domine ou l'entoure, un groupe d'hommes peut paraître, à tort, exempt de toute velléité d'imitation, aussi longtemps que l'état de ses ressources le met dans l'impossibilité d'imiter ce qu'il admire. L'admiration alors a un faux air d'amour platonique. C'est ainsi que, dans les pays de caste où la prohibition du mariage entre un homme et une femme de castes différentes est absolue, on ne voit jamais l'amour essayer de franchir cette barrière que tout le monde sait insurmontable. Ce n'est pas à dire qu'il n'y ait des affinités naturelles entre bien des jeunes gens séparés de la sorte, qui s'aimeraient certainement si cette barrière venait à s'abaisser. Autant dire qu'il existe en eux un amour virtuel, qui n'attend, pour se montrer, que la levée d'un obstacle. Pareillement, l'admiration du paysan français de Louis XIV pour les beaux vêtements brochés, pour les superbes carrosses, des gentilhommes de la cour qu'il voyait passer sur les grandes routes en bêchant sa terre, pouvait paraître un sentiment purement désintéressé, sans nulle convoitise. Mais, chez le roturier enrichi, qui assistait aux exhibitions du même luxe seigneurial, l'admiration se mêlait déjà d'envie ; et, à mesure que, au cours du XVIIIe siècle, ce roturier est devenu plus riche, que sa fortune grandissante lui a fait entrevoir la possibilité de se régler sur ce brillant modèle, l'envie s'est, chez lui, substituée à l'admiration, qui n'avait jamais été, d'ailleurs, au fond, que de l'envie en puissance.

Il faut avoir égard à ces vérités psychologiques toutes simples si l'on veut comprendre pourquoi il suffit d'un perfectionnement industriel qui abaisse le prix d'une marchandise pour que cet article, jusque-là réservé à un cercle étroit de gens riches, et, en apparence, nullement convoité par les autres classes, se répande avec la plus grande rapidité dans des couches nouvelles et plus vastes de la population. C'est que la demande virtuelle de cet article, à l'insu même de ceux qui l'achètent maintenant, préexistait en eux à sa demande actuelle.

En fait, les économistes, sans s'en apercevoir, postulent à chaque instant cette propagation de désirs latents. Voici, par exemple, une remarque fort juste de M. Hector Denis. « Supposez, dit-il, qu'à un moment donné le coût du transport d'un produit soit de 10 pour une distance de 100 kilomètres. Si l'amélioration des moyens de transport permet de transporter cette marchandise à la même distance avec des dépenses moindres de moitié, le marché s'étendra dans une mesure beaucoup plus considérable que l'économie réalisée. En effet, représentez par un cercle le marché d'un produit qui, au prix de 10, peut parcourir en tout sens une distance de 100 kilomètres, égale au rayon de ce cercle. Si la dépense se réduit de moitié, la marchandise pourra parcourir 200 kilomètres avec la dépense primitive ; le cercle qui représentera le marché de ce produit sera non pas le double, mais le quadruple de la surface du cercle primitif. Voilà ce qui explique l'unification rapide des marchés et la constitution d'une économie internationale... » Fort bien. Encore faut-il que les besoins auxquels le produit répond, se soient propagés dans le cercle plus vaste dont il s'agit ; ce qui a lieu souvent, mais pas toujours. Il s'agit donc, avant tout, pour un industriel avisé, de s'assurer si, en fait, le besoin de l'article en question s'est propagé au delà des limites anciennes de sa consommation ; et, pour le théoricien, il s'agit de se rendre compte des causes qui déterminent la propagation de tel ou tel besoin dans tel ou tel milieu. Problème d'ordre psychologique et d'ordre logique essentiellement.

II

La propagation de nouveaux besoins d'individu à individu peut n'être qu'une mode passagère, et, dans ce cas, son action est assez superficielle. Elle n'exerce une influence importante, elle ne détermine l'établissement d'une nouvelle industrie viable et durable que lorsqu'elle fait entrer et pénétrer la nouveauté qu'elle apporte dans le cycle périodique des désirs habituels ou coutumiers. En élargissant ce cycle et le compliquant, elle produit son effet le plus naturel et le plus profond. La rotation de ce cycle est donc l'objet qui doit le plus arrêter notre attention.

Le cycle des besoins, comme le cycle des travaux, peut être considéré sous deux formes : sa forme individuelle, l'habitude, et sa forme collective, la coutume. Au début, les deux se confondent presque dans la routine familiale, tous les membres d'une même maison ayant périodiquement à peu près les mêmes besoins. Mais, quand les tribus se sont juxtaposées, puis fusionnées en cités, le cycle individuel se sépare du cycle urbain, consistant en fêtes et rites périodiques, en fonctionnements, réguliers et périodiques aussi, d'institutions religieuses ou politiques ; et la distinction des deux s'approfondit quand le cycle national s'est ajouté en cycle urbain. Or, le cycle des besoins individuels, comme le cycle des besoins collectifs, ne cesse de se compliquer et de s'agrandir au cours d'une civilisation en progrès, et la raison en est que la propagation des besoins mutuellement échangés ne cesse de s'étendre indéfiniment. Cette évolution est très ancienne, elle date des premiers pas de l'humanité ; car c'est en vain que Le Play cherche des tribus closes en soi, garanties contre toute irradiation des exemples extérieurs par la palissade des préjugés traditionnels. Il n'est pas une coutume des peuples les plus routiniers qui n'ait commencé par être une mode importée du dehors. Cette tasse de café que l'Arabe sous sa tente offre à tout visiteur, elle a beau être une tradition héréditaire à présent, elle a été d'abord une innovation. Et le thé a beau être une liqueur nationale en Russie, les Russes boiraient-ils le *samovar* s'ils n'avaient jamais été en contact avec les Tartares et les Chinois?

Il y aurait à étudier ici les rapports mutuels du cycle des travaux et du cycle des besoins ; l'effet produit sur le premier par la complication, la régularisation et l'abréviation du second ; leur dépendance commune à l'égard du cycle monétaire, dont nous parlerons plus loin ; les causes qui compliquent ou simplifient, abrègent ou ralentissent, chacun de ces cycles. Effleurons seulement ce trop vaste sujet. — Le cycle des besoins, collectifs ou individuels, va se compliquant de plus en plus, s'abrégeant jusqu'à un certain point, et se régularisant de plus en plus. Tout besoin nouveau, en effet, même d'alimentation — par exemple, le besoin de manger de la viande ou du pain blanc, de boire du café, du thé, de l'eau-de-vie — commence, dans les classes pauvres, par être exceptionnel, intermittent, reproduit à intervalles très longs et mal réglés, puis à des intervalles moins longs et déjà réglés, à certains jours de foire ou de fête, le dimanche, enfin tous les jours et deux fois par jour. Le besoin de fumer parcourt les mêmes phases. Le besoin de renouveler ses vêtements commence aussi, chez les primitifs, par être des plus rares ; il ne revient qu'après l'usure complète de l'étoffe ; plus tard, c'est après une période de temps plus ou moins mal définie, une douzaine d'années, deux ou trois ans, enfin tous les ans et à chaque saison. Le besoin de renouveler son mobilier est en train, dans les classes riches, d'évoluer de la sorte. Le besoin de voyager, jadis exception rarissime, se reproduit chez les civilisés d'aujourd'hui à des époques fixes, aux grandes vacances, à Pâques.

Le cycle des travaux évolue-t-il de la même manière ? Non. On remarque entre les deux des différences importantes. Le cycle des travaux individuels, élémentaires, où tourne l'ouvrier de plus en plus spécialisé, va se simplifiant pendant que celui de ses besoins va se compliquant. C'est là une anomalie d'où résultent un dégoût croissant du travail et un désir impérieux de le resserrer dans des limites toujours plus étroites. Quant au travail productif total, c'est-à-dire collectif, il va se compliquant et se régularisant, sinon s'abrégeant.

Le cycle des travaux d'où résulte un produit donné a bien rarement une durée égale à la période de reproduction du besoin que ce produit satisfait. Et les besoins individuels les plus impérieux, tels que la faim et la soif, ont une rotation bien plus rapide que celle des travaux qui leur correspondent. A des besoins qui se reproduisent deux ou trois fois par jour, il est répondu, en agriculture, et même en industrie, par des travaux dont la rotation est annuelle. De ce défaut de synchronisme est né le salaire. Si le besoin de manger ne se répétait que tous les ans, il n'aurait jamais paru nécessaire de payer tant par jour les ouvriers agricoles ; chaque travailleur aurait pu attendre la récolte et la vente de la récolte pour être payé de ses peines moyennant sa quote-part du prix de vente. — Y a-t-il lieu de penser que, avec le progrès de la civilisation, l'écart entre le cycle des besoins individuels et celui des travaux ira en s'abrégeant, dans l'industrie du moins, et rendra de moins en moins nécessaire la rémunération du travailleur sous la forme de salaire ? Contrairement à cette espérance, il semble que, le cycle des travaux devenant de plus en plus collectif, sa durée s'allonge pendant que celle de la reproduction des besoins individuels reste toujours aussi courte. L'ère du salariat n'est donc pas près de se clore ; les progrès incessants, en tout pays, du fonctionnarisme, ce salariat bourgeois, en sont la preuve. Et l'extension du socialisme d'État n'a-t-il pas pour effet de transformer de plus en plus les ouvriers eux-mêmes en fonctionnaires, en salariés du gouvernement ?

Nous avons dit que nous entendions par *besoin* une combinaison de désir et de jugement. Nous avons besoin d'un article, quand nous *désirons* l'exemption d'un certain mal ou l'acquisition d'un certain bien et que nous *croyons* cet article propre à nous faire atteindre ce but. Observons à ce sujet que tous nos désirs sont intermittents et périodiques, mais que nos croyances ne le sont pas. Elles sont continues, quoiqu'elles ne soient pas toujours conscientes ; en tout cas, si elles se réveillent après s'être endormies, ce n'est pas à intervalles réglés. Il n'y a pas une périodicité quotidienne, hebdomadaire ou annuelle des idées et des jugements. Cette différence a une importance économique. En effet, la faculté de prévoyance, d'emmagasinement, de capitalisation, dérive de là. Si, une fois un désir satisfait, momentanément disparu, le jugement porté sur l'efficacité de la marchandise naguère désirée disparaissait aussi, s'éclipsait comme ce désir lui-même et ne renaissait qu'avec lui, nous ne ferions aucun cas des choses utiles dans l'intervalle de leur consommation. C'est peut-être parce que, chez le sauvage, la croyance est serve du désir, et n'en est qu'un accessoire et une dépendance, que, le fruit mangé, il coupe l'arbre. L'indépendance croissante de l'idée, du jugement, relativement au désir, est la condition indispensable des progrès économiques, aussi bien que de tout autre progrès social. Et la persistance des croyances, non moins que l'intermittence périodique des désirs, est le postulat de l'Économie politique.

III

La périodicité des travaux et des besoins, soit individuels, soit collectifs, se peint avec une précision mathématique dans les budgets des familles, des sociétés, des États. Aussi n'est-ce pas à tort que Le Play a fondé sur l'analyse des budgets domestiques son étude des divers états sociaux. Il y a à distinguer dans un budget, privé ou public, les *revenus* et les *dépenses*. Les revenus (expression très heureuse donnée à des ressources qui reviennent périodiquement) proviennent de travaux exécutés soit par celui qui perçoit les revenus, soit par autrui ; les dépenses ont trait à la satisfaction des besoins. (Par là, nous sommes conduits à nous occuper un peu, par anticipation, du *cycle monétaire* sauf à y revenir plus tard.)

Il en est des revenus comme des sources. Rien de plus irrégulier ni de plus capricieux, en apparence, que les pluies, mais rien n'est plus régulier que le débit des sources, qu'elles alimentent. Elles grossissent au printemps, diminuent en été avec une régularité assez grande. De même, la caisse d'un négociant est alimentée par beaucoup de petits bénéfices variables, mais, somme toute, s'élève ou s'abaisse d'après les saisons, avec des alternatives prévues d'avance ; et, d'une année à l'autre, le total de ses recettes ne varie guère ou ne change que suivant une même courbe générale d'ascension ou de déclin. Dans toutes les carrières, l'aspiration générale est d'avoir, autant que possible, des revenus assurés, réguliers dans leur débit. La grande différence, à cet égard, entre la barbarie et la civilisation, c'est que les barbares n'ont que des revenus très incertains, très inégaux d'une année à l'autre. Il semble que, d'un individu à l'autre, alors — et surtout en remontant plus haut, à l'époque sauvage — l'inégalité des revenus soit moindre qu'aux âges de civilisation riche et prospère, mais qu'elle soit plus grande d'un temps à l'autre. La civilisation a pour effet d'inégaliser et de différencier, mais de régulariser et d'assurer, en moyenne, les revenus, aussi bien privés que publics. A quelques millions près, c'est-à-dire à quelques *millièmes* près, le budget des recettes de nos États contemporains peut être prévu plusieurs années d'avance. Voilà ce qui eût grandement surpris un roi mérovingien, et même un Louis XIV !

A l'époque chasseresse, il n'y a pas, à proprement parler, de revenus. On vit au jour le jour, sans monnaie, sans provisions. A l'époque pastorale, le croît et le lait des troupeaux constituent déjà un revenu, que, malheureusement, les sécheresses et les épizooties fréquentes rendent des plus mal assurés et des plus variables. L'âge agricole est sujet aussi à de redoutables incertitudes, mais moindres, à cause de la variété plus grande des sources de revenus, qui souvent se compensent. Enfin, l'âge industriel a eu pour effet, dans son ensemble, de rendre les revenus plus sûrs et plus réguliers, malgré le caractère aléatoire de la vente des produits. Déjà la petite industrie, qui commence par être un accessoire et un complément de l'agriculture, tend à régulariser les recettes du paysan-artisan; et, quant à la grande industrie, elle vise à obtenir, et elle obtient de plus en plus, par l'ampleur croissante de ses débouchés, la régularité des bénéfices que le petit artisan doit à l'étroitesse nettement circonscrite de sa clientèle personnellement connue. L'industrialisme a pour accompagnement nécessaire un accroissement général de la richesse publique, qui multiplie les placements de capitaux à intérêts fixes, sources de revenus fixes, et qui se traduit par un rendement plus régulier ou plus régulièrement progressif des impôts, par des fonctions publiques plus nombreuses, plus régulièrement rétribuées. En outre, les compagnies d'assurance de tout genre, les caisses de retraite, les caisses d'épargne, tout ce qui assure et précise les revenus futurs, n'est possible que par le développement de l'industrie.

Beaucoup de carrières, libérales ou autres, commencent par donner des revenus très indéterminés et très variables (la médecine, le barreau, les entreprises de maçonnerie, etc.). Et il est beaucoup de jeunes gens que cet aléa séduit et enfièvre. Mais cette effervescence se calme vite, et bientôt ils aspirent à une fixité de gains périodiques. Ils y parviennent en avançant dans l'exercice de leur profession. Car les médecins, les avocats, les architectes, etc., à mesure que leur clientèle se grossit, voient leurs revenus se préciser ; et la plupart ont soin d'économiser, dans leurs années de prospérité, pour s'assurer plus tard des ressources fixes, équivalent de la retraite des fonctionnaires.

Les budgets des familles ont toujours été annuels. Ceux des États ne l'ont pas toujours été. Aux Pays-Bas, de 1815 à 1830, le budget a été décennal. Dans quelques États secondaires de l'Allemagne, il est encore triennal ou biennal. M. de Bismarck aurait bien voulu que le budget impérial fût biennal, et il a obtenu que le chapitre militaire du budget de l'Allemagne fût septennal. Mais, de plus en plus, la périodicité annuelle prévaut pour les budgets publics comme pour les budgets privés. Il est remarquable, que les plus petits comme les plus gros budgets, les plus différents à tous autres égards, se ressemblent sur ce point. Il y a cependant certains articles des budgets publics qui reviennent à plus longue échéance. La périodicité des Expositions universelles et des frais qu'elles occasionnent tend à être vaguement décennale, comme celle des crises commerciales. Mais, à ces exceptions près, l'annualité est la règle générale des budgets, comme des statistiques de tout genre. Si l'on en cherche la raison, on verra que cette période des budgets leur est imposée moins par le cycle des travaux que par la période générale des besoins, et que celle-ci est sous la dépendance de la périodicité astronomique. Si l'homme habitait une planète dont la rotation sur elle-même s'accomplît précisément dans le même temps que sa rotation autour du soleil — comme fait la lune qui tourne sur elle-même et autour de la terre dans le même espace de temps — la lumière solaire éclairerait constamment, sans discontinuité, la surface lumineuse de cette planète, la seule partie de sa surface où la vie pût se développer. Il n'y aurait point de nuit, point de différence des saisons, point d'année, ni de jours à vrai dire. Dans cette hypothèse, l'idée d'un budget pourrait-elle naître ? Non. Car cette idée implique essentiellement, d'après la notion que nous en avons, une périodicité non artificielle de recettes et de dépenses, c'est-à-dire de besoins à satisfaire. Or, dans cette hypothèse, il n'y aurait rien de naturellement périodique dans les besoins. Chacun d'eux, pris à part, le besoin de vêtement, par exemple, pourrait se répéter à des intervalles de temps quelconques. On n'aurait pas besoin d'un costume par saison, puisqu'il n'y aurait pas de saisons, mais on porterait son vêtement un certain temps, variable d'après les caprices de la mode, qui ne seraient contenus dans aucune limite d'origine naturelle, comme ils le sont sur notre planète par le cycle de l'année.

Quant à la périodicité des travaux, c'est seulement en agriculture qu'elle est naturellement condamnée à tourner dans le cercle de l'année. Pour le paysan, il y a une chaîne sans fin d'occupations variées qui se reproduisent les mêmes tous les ans. Pour l'industriel, il n'existe qu'une production plus ou moins abondante du même produit, d'après les saisons. Ce n'est qu'une périodicité *quantitative*, et non à la fois *qualitative* et *quantitative* comme celle de l'agriculture. Encore faut-il remarquer que, plus une industrie progresse, moins cette périodicité quantitative est apparente ; et, dans les usines les plus importantes, on travaille avec une activité à peu près toujours égale. Si une certaine oscillation annuelle subsiste néanmoins dans la hausse ou la baisse alternatives de la production industrielle, c'est à contre-cœur que les fabricants la subissent, parce qu'ils y sont contraints soit quelquefois par le lien de leurs travaux avec les travaux agricoles [1], soit, plus souvent, par le cycle annuel des besoins. Ils auraient intérêt à ce que la période des besoins

(1) Les suspensions périodiques des travaux *industriels*, dans les industries naissantes, dérivent souvent de la périodicité des travaux agricoles. Par exemple, jusqu'au commencement de ce siècle dans le Norfolk, « le filage se pratiquait chez les paysans, ce qui obligeait les tisserands des villes à arrêter leurs métiers pendant la moisson, afin de permettre aux fileurs de vaquer aux travaux des champs. Ces interruptions periodiques du travail furent même consacrées en 1662 par une loi dont le texte disait : « Attendu qu'on a maintenu l'usage depuis un temps « immémorial et trouvé convenable de cesser le tissage chaque année « en temps de moisson eu égard aux fileurs dont les tisserands emploient « le fil et qui, à cette époque, sont généralement occupés à la moisson, « aucun tisserand ne travaillera à son métier du 15 août au 15 sept. sous « peine d'une amende de 40 sch. par métier. » (Laurent Duchesne, *Industrie de la laine en Angleterre*, 1900.) En se développant, l'industrie de la laine a supprimé ces entraves périodiques.

ne fût point réglée, dans son ensemble, par celle des mouvements astronomiques, mais qu'elle se raccourcît sans cesse, ce qui rendrait la demande des mêmes articles plus fréquente. Rien ne leur serait plus facile que de répondre, par une rotation plus rapide des travaux, à cette rotation accélérée des besoins de la consommation.

Ainsi, par ses besoins, bien plus que par ses travaux, l'homme persiste dans sa subordination à l'égard de la nature extérieure, à l'égard du soleil notamment dont les rayons le fouettent périodiquement comme s'il était une toupie qu'ils font tourner. Comme travailleur, comme producteur, il s'affranchit peu à peu, jusqu'à un certain point, de cette servitude ; comme consommateur, il y demeure davantage assujetti. Mais cela ne veut pas dire que son assujettissement soit toujours de même nature, ni de même degré. La servitude du primitif à l'égard du cycle des saisons pendant l'année, à l'égard du cycle des heures pendant la journée, est comparable à l'esclavage antique ; elle est sans réciprocité aucune. Il ne peut jamais faire de la nuit le jour, ni de l'hiver l'été. Mais le civilisé, s'il reste, dans une certaine mesure, dépendant des variations astronomiques et atmosphériques, diurnes ou annuelles, et de leurs effets sur la vie des animaux ou des végétaux, les utilise de plus en plus, les fait servir de plus en plus à ses fins. En sorte que la conformité de la période de ses besoins à la période des changements physiques dont il s'agit est, chez le civilisé, une harmonisation plutôt qu'une subordination. En combattant avec succès le froid de l'hiver et l'obscurité de la nuit, l'homme riche et cultivé de nos jours s'affranchit vraiment du joug de la saison glacée et des ténèbres nocturnes, et l'idée de l'hiver ou de la nuit ne lui rappelle plus que les plaisirs spéciaux qu'ils lui ramènent (patinage, théâtres, soirées), comme l'idée de l'été est liée pour lui à celles d'autres agréments caractéristiques (voyages, villégiatures). Le soleil est son conseiller plutôt que son maître.

En tout budget, soit de dépenses, soit de recettes, il y a la part de l'imprévu, c'est-à-dire du non-périodique[1]. Vous gagnez un lot à la loterie, une forte somme au jeu ; un bœuf meurt dans votre étable, un mur de votre maison s'écroule, vous faites un voyage exceptionnel. C'est là le *casuel* du passif et de l'actif. Il en est de même pour le budget de l'Etat. Mais cette part du non-périodique budgétaire va-t-elle en augmentant ? Non. L'accidentel même, en se multipliant, se régularise et laisse apercevoir l'action de causes périodiques. Dans le budget de l'État, la part afférente aux frais de justice criminelle est à peu près la même d'une année à l'autre, pour la même saison, et différente d'une saison à l'autre, quoique chaque crime pris à part semble étranger à toute influence, même indirecte, des changements atmosphériques. Un particulier très riche inscrit, pour les cas imprévus, une somme totale qu'il peut prévoir, et qui, de fait, ne varie guère.

Si l'on compare les vieux budgets aux budgets nouveaux, dans une même classe sociale, on sera frappé de cette remarque, que nulle dépense inscrite jadis comme périodique n'y devient imprévue et accidentelle, mais que beaucoup de dépenses, regardées jadis comme exceptionnelles, y prennent rang parmi les dépenses annuelles, hebdomadaires ou quotidiennes. Les seules dépenses périodiquement réglées ont été d'abord les dépenses alimentaires, qui ne l'étaient pas, du reste, à l'époque chasseresse, où la régularité des repas était inconnu. Les dépenses relatives aux vêtements ont été longtemps, très longtemps, non périodiques comme il résulte de ce qui a été dit plus haut à cet égard. Dans les classes pauvres, parmi beaucoup de familles de paysans encore, un vêtement est fait pour durer indéfiniment ; autrefois, il en était de même dans les classes les plus riches,

(1) Ici se reflète, sous forme budgétaire, la distinction, faite dans un chapitre antérieur, entre les courbes fermées et les *courbes ouvertes* de nos désirs...

où le vêtement était considéré comme quelque chose d'acheté une fois pour toutes. Un vestige de ces anciennes idées subsiste dans l'usage d'offrir la *corbeille* du mariage et dans l'apport du *trousseau*. La corbeille et le trousseau contenaient primitivement tout ce que devait posséder la jeune mariée, en fait de linge et en fait de robes, jusqu'à la fin de ses jours. — A présent, ce n'est plus le vêtement seulement, c'est le mobilier à son tour qui tend à être renouvelé périodiquement, à des intervalles réglés, de plus en plus abrégés ; on voit venir, pour cette dépense aussi, dans les familles les plus riches, la périodicité annuelle.

Il y aurait ici à considérer en détail, soit pour les individus et les familles, soit pour les associations, soit pour les États, bien des côtés différents de la rotation budgétaire : en premier lieu, la grandeur du cercle tournant, c'est-à-dire le nombre et l'intensité des éléments dont il se compose, sources de revenus et besoins à satisfaire ; en second lieu, la nature des éléments de ce cercle ; en troisième lieu, la vitesse de rotation de ce cercle, vitesse très inégale et très changeante malgré la similitude et la persistance de la vitesse moyenne, annuelle ou diurne, des différents cercles, comme nous venons de le voir ; en quatrième lieu, la ressemblance plus ou moins accusée, en grandeur et en nature, des cercles où tournent les diverses familles, les diverses associations, les divers États, dans une région donnée, et l'inégale contagion assimilatrice exercée par tels ou tels types de budgets, privés ou publics, qui reflètent ces divers cercles de travaux et de besoins. Dans une région donnée, à une époque donnée, il y a toujours un type de budget dominant, qui se diffuse et se répand de plus en plus loin, soit parmi les familles, soit parmi les États. Et nous voyons très bien, quand il s'agit du budget des États, à quelles causes, à quelles influences, est due cette contagion internationale ; pourquoi, par exemple, le chapitre des travaux publics ou de l'instruction publique, ou de l'armée, a prodigieusement enflé dans les budgets de nos États contemporains.

Cette étude nous entraînerait fort loin : il y aurait, à propos du budget des recettes de l'Etat, à tracer, dans ses grandes lignes historiques, l'évolution comparée de l'impôt, de ses diverses formes si multiples, pour en dégager certaines constatations générales ; et il y aurait aussi à esquisser de même l'évolution comparée des dépenses publiques. Un travail pareil s'imposerait à nous en ce qui concerne les budgets des particuliers ; les sources différentes et changeantes de leurs revenus, les natures différentes et changeantes de leurs dépenses nous feraient apercevoir les causes générales de ces variations. Le rapprochement entre les budgets des Etats et les budgets des particuliers pourrait être encore plus instructif pour la bonne intelligence de ceux-ci que pour celle de ceux-là, où, à la lumière des discussions parlementaires, nous voyons clairement quelles sont les causes psychologiques, inter-psychologiques (fermentation contagieuse de certaines idées lancées par certains publicistes, diffusion de certaines habitudes, devenus des besoins impérieux, etc.), qui font inscrire un nouvel article au budget de l'Etat ou grossissent la dotation de tel autre chapitre. Nous y voyons aussi que nul besoin nouveau ne prend place au budget sans avoir lutté contre des besoins rivaux qu'il refoule et qui le repoussent ; et les débats des Chambres nous révèlent de la sorte ce qui se passe, au sein de chaque famille, sans qu'on s'en aperçoive, chaque fois qu'une nouvelle habitude contractée oblige à une nouvelle dépense au préjudice des anciennes.

Sans entreprendre, pour le moment, une recherche si considérable, bornons-nous à cette généralité, qui saute aux yeux, que tous les cycles de besoin et de budgets, privés ou publics, — publics parce que privés — ont une *tendance* commune à s'élargir sans cesse. Ils ne la réalisent pas toujours, parfois ils sont forcés de se rétrécir ; mais quand, à la suite d'une *inflation* prolongée du budget, public ou privé, un krach se produit, une chute brusque, tout le monde voit dans ce phénomène une maladie, une anomalie, tandis que le grossissement paisible et régulier qui l'avait précédé passait pour un développement sain et normal. Il y a quelque chose d'irrésistible, en effet, dans l'entraînement mutuel qui pousse les particuliers, les villes, les États, à dépenser de plus en plus, et à se créer, pour répondre à leurs besoins croissants, des ressources toujours plus élevées. Dans le court intervalle de 1891 à 1899 (que serait-ce si nous prenions notre point de comparaison plus haut?), le budget des recettes ordinaires de la Ville de Paris a passé de 264 millions à 304 ; et celui des autres villes de France s'est accrû de 410 millions à 459. L'accroissement parallèle des dépenses a été au moins aussi rapide. Or, comme le remarque à ce sujet M. Paul Leroy-Beaulieu, on peut s'expliquer, en ce qui concerne Paris, ce gonflement des budgets par la courbe ascendante de sa population ; mais cette excuse ne saurait être alléguée pour l'ensemble des autres communes de France, dont la population moyenne n'a pas grandi. C'est donc seulement la contagion de l'exemple, soit de l'exemple des villes qui se copient les unes les autres, rivalisent les unes avec les autres, soit de l'exemple des particuliers qui, dans chacune d'elles, se communiquent les unes aux autres leurs formes nouvelles de besoin et leurs modes nouveaux d'activité, qui peut expliquer cette rapide progression de leurs dépenses et de leurs recettes.

La comparaison des budgets d'ouvriers est très malaisée, car elle donne généralement lieu à peu d'écritures. Ce qu'on peut assurer, c'est que la proportion pour laquelle figurent, dans ces budgets, les dépenses d'alimentation, toujours les plus fortes, va en diminuant : pas aussi rapidement cependant qu'on pourrait le souhaiter. Par exemple, je lis, dans la *Théorie du salaire* de M. Beauregard, un curieux document, d'où il résulte que, en 1764, à Abbeville, un ouvrier tisseur dépensait environ 70 p. 100 de ses dépenses totales pour sa nourriture et celle de sa famille ; et je vois que, en 1880, d'après une enquête faite à la Société industrielle de Mulhouse, cette proportion n'est plus que de 61 p. 100, chiffre qui coïncide presque avec un résultat (63 p. 100) déduit d'autres recherches contemporaines relatives à d'autres familles ouvrières. Cette différence de quelques unités n'est pas énorme ; elle montre toutefois que l'ouvrier consacre une partie de moins en moins minime de son gain à s'instruire ou se récréer. Il faut s'en réjouir, car c'est là une des plus sûres conditions de paix sociale. — Plus le travail devient, non pas fatigant, mais fastidieux par sa monotonie — réelle ou jugée telle, à raison de la culture de l'ouvrier, — et plus il importe d'accroître le chapitre des récréations et des plaisirs dans le budget des familles ouvrières. Ce chapitre des récréations nous apparaît singulièrement écourté dans les familles demi-barbares dont Le Play, dans son livre sur les *Ouvriers européens*, nous vante l'organisation patriarcale ; peut-être en est-il ainsi, parce que le travail de ces artisans est par lui-même assez récréatif, ou semble tel à leur simplicité. Et, si ce chapitre est court, il est drôlement rempli : eau-de-vie, visites au cimetière, etc. Chez les Arabes de Turquie, par exception, je vois figurer, au nombre des récréations, les contes débités par une sorte de trouvère rustique : c'est un des rares côtés où l'art apparaisse dans ces existences primitives. — Le mérite de Le Play a été de voir que la *question sociale* s'était posée aux peuples les plus barbares comme à nous-mêmes, et qu'elle y avait été résolue depuis longtemps ; mais son erreur a été de penser que ces solutions, appropriées à ces phases inférieures de la vie de société, peuvent suffire aux peuples civilisés de nos jours. Les *récréations* qu'il indique sont devenues manifestement insuffisantes pour rendre heureux l'ouvrier moderne, et notre paix sociale, à nous, réclame des réponses plus compliquées au problème social.

CHAPITRE V

LES TRAVAUX

I

Qu'est-ce que le travail ? C'est étendre un peu abusivement le sens de ce mot que d'y comprendre toute dépense de force humaine en vue d'un but. Précisons. Tout travail, d'abord, implique un but, des moyens et des obstacles. Mais une partie de jeu, de jeu de cartes ou de jeu de paume, suppose aussi un but, des moyens et des obstacles. Il en est de même d'une série d'opérations militaires. Confondrons-nous cependant sous le même terme de *travaux*, ces formes si différentes d'activité ? Non, ce qui caractérise le travail, au sens économique du mot, et le différencie du jeu, c'est que le but qu'il poursuit est la production d'une richesse propre à satisfaire un désir soit d'autrui, soit du travailleur lui-même, désir autre que le désir même d'accomplir ce qu'il fait. Quand je joue à la balle, je ne produis rien qui satisfasse un autre désir que celui même de jouer à la balle. Autre différence, qui dérive de la première : les *obstacles* que le joueur tâche de vaincre par les moyens qu'il emploie sont des obstacles qu'il se crée lui-même pour avoir le plaisir de les surmonter. Mais les obstacles qui résistent au travailleur lui sont opposés contre son gré, de même que son but lui est imposé, soit par l'ordre ou le désir d'autrui, soit par son ordre et son désir personnel.

Ce n'est pas pour les mêmes motifs, il s'en faut, que les opérations militaires diffèrent des travaux industriels, des travaux proprement dits. Certes, les *obstacles* que les soldats ont à vaincre sont bien sérieux, et le but qu'ils poursuivent n'a rien de capricieux ni d'arbitraire. Mais ce but consiste à détruire encore plus qu'à produire. La destruction des forces de l'ennemi est la fin directe des efforts de l'armée en campagne ; et, quant à la production de gloire ou d'influence ou même d'activité entreprenante et enrichissante qui s'ensuivra, elle a une valeur très haute à la vérité, elle ouvre souvent au peuple victorieux des débouchés immenses et le dédommage largement des sacrifices qu'il a faits sur le champ de bataille. Aussi, n'est-ce pas du tout parce que je considère ces efforts belliqueux comme improductifs que je leur conteste le nom de travaux industriels ; car il n'en est pas de plus productifs, même en fait de richesses, quand ils sont couronnés de succès. Loin d'être en raison inverse du militarisme, comme le veut Spencer, l'industrialisme lui est en général proportionnel. Mais la production de richesses par la guerre, outre qu'elle n'est qu'indirecte et obtenue moyennant une destruction nécessaire et constante de richesses, a deux caractères qui la distinguent de la production de richesses par le travail : elle est aléatoire au plus haut degré, tandis que celle-ci est relativement assurée ; et elle est sans proportion aucune avec l'intensité de l'effort belliqueux, tantôt très abondante quand il a été très court et très faible, tantôt très petite quand il a été énorme, tandis que la production par le travail est toujours dans un certain rapport approximatif avec l'effort laborieux. — Encore y a-t-il lieu de mettre à part ici les opérations militaires en temps de paix, les manœuvres qui tendent à faire l'éducation et l'apprentissage du soldat. Ce sont là de vrais travaux qui atteignent toujours leur but, sans nul aléa, et qui produisent un résultat mesuré à leur étendue, à leur énergie et à leur durée.

Le prétendu travail que coûte une victoire, ne pourrait-il pas être assimilé au travail, non moins improprement nommé ainsi, que coûte une invention ? Le travail proprement dit suppose la certitude de la production, mais l'efficacité des opérations militaires, comme celle des recherches du savant ou de l'ingénieur acharné à la solution d'un problème de mécanique est essentiellement incertain. Quand, au moment décisif, sur un champ de bataille, un coup d'œil juste du général fait pencher d'un côté la victoire hésitante, c'est à cette idée subite qu'elle est due, non à l'accumulation des efforts antérieurs. Et quand, sur mille chercheurs, un seul, par une intuition soudaine, découvre le mot de l'énigme posée à tous, ce n'est pas aux longs et stériles efforts des autres, ce n'est pas même à la longueur et à l'intensité des siens propres — souvent moindres que les leurs — qu'il convient d'attribuer le mérite de la découverte.

Reproduire, et non produire, au fond, est l'effet propre du travail. Le travail n'atteint sûrement son but, il n'est sûr de faire ce qu'il a en vue, que parce que ce qu'il a en vue est un service ou un article d'un type déjà connu, un modèle qu'il cherche à imiter, et aussi parce qu'il emploie pour réaliser cette copie des procédés déjà connus, qu'il s'agit de rééditer pour vaincre des obstacles connus eux-mêmes et déjà vaincus par ces moyens. Tout est imitation et reproduction dans le travail économique.

Ce n'est pas qu'un *effort de recherches* cesse d'être un travail. Tout travail, à vrai dire, — sauf peut-être le travail de surveillance et de direction des machines dans certains cas, — est une suite de petits problèmes tour à tour posés à lui-même et résolus par le travailleur. A chaque instant, le maçon qui bâtit un mur de moellons se demande comment il comblera le vide qui s'offre à lui et cherche une pierre propre à le remplir ; à chaque instant, un écolier qui fait un thème ou une version cherche une expression latine ou française adaptée à sa pensée. Mais ici ce n'est pas du nouveau qui est cherché, c'est un but mille fois visé qui est poursuivi par des procédés employés des milliers de fois.

Tout autre est l'effort qui tend à l'inconnu. Rechercher du nouveau n'est pas travailler, si ce n'est en tant que la recherche consiste en actes connus dont l'enchaînement seul et l'orientation sont chose nouvelle.

La finalité est essentielle au travail. Quand, à force de répéter un même acte, le travailleur l'opère mécaniquement, presque en dormant, quand il n'a plus conscience du but ni du moyen, ni de l'adaptation du second au premier, et que la reproduction des actes devient automatique, il y a fonction vitale, travail vital si l'on veut, mais il n'y a plus travail au sens psychologique et social du mot. A l'inverse, quand, à tâtons, on poursuit très consciemment un but sans savoir par quels moyens, il n'y a pas, non plus, de travail. Le travail est donc une forme d'activité intermédiaire entre la routine de l'automate et l'innovation du génie.

La prière est-elle un travail ? Oui, *pour le croyant*. Il y a là un but précis, plaire à la divinité, produire des richesses spirituelles toujours proportionnées à la durée et à la ferveur de l'oraison ; un obstacle à vaincre, les distractions, les tentations de la chair ; un moyen connu, la formule sacramentelle qu'on récite. L'accomplissement de tout rite religieux compte, aux yeux des fidèles, parmi les travaux les plus féconds et les plus indispensables au salut privé ou public. Aussi n'y a-t-il rien de plus parfaitement imitatif, de plus exactement conformiste que les pratiques de la piété, en toute religion. Quand il en est autrement, ce qu'on fait n'est plus considéré comme un travail, mais comme une récompense divine. Saint François d'Assise travaillait quand il récitait son rosaire, quand il disait sa messe ; mais quand, devant un beau paysage, un élan de son lyrisme mystique l'emportait et qu'il épanchait la joie de son âme en cantiques inouïs et improvisés, il ne travaillait pas ; au contraire, il se délassait par ces ravissements de ses labeurs quotidiens.

Je viens de séparer avec toute la netteté possible le travail et l'invention. Je dois ajouter cependant que, dans la réalité des faits, ils sont intimement mêlés, à des doses, il est vrai, prodigieusement inégales. Il y a deux parts à faire dans l'activité de l'artisan le plus routinier : une part, de beaucoup la plus considérable, de reproduction imitative, et une toute petite part d'ingéniosité, qui sert de ferment et de condiment à la première et lui donne sa saveur spéciale. C'est par où la main-d'œuvre mérite toujours d'être payée plus cher que la fabrication mécanique. — Inversement, il n'y a pas d'œuvre géniale qui n'ait sa part d'imitation, et dans la facture du plus grand artiste on reconnaît un mélange de ce qui lui appartient en propre avec ce qui lui a été appris par ses maîtres ou ses rivaux.

Appellerons-nous travail le fonctionnement normal des organes d'un être vivant, et d'abord des membres d'un animal ? La seule espèce humaine, avec ses outils variés, sortes de membres d'emprunt, exécute toutes sortes de travaux différents qui rappellent les besognes séparément accomplies par d'innombrables espèces animales, chacune avec ses membres spéciaux, comme le remarque Louis Bourdeau. Aussi bien et mieux que la dent des rongeurs, sa scie et son ciseau coupent le bois ; mieux que le bec du pic, sa tarière, sa vrille, son vilebrequin percent et trouent un arbre. Mieux que la queue du castor, sa truelle applique le mortier. Mieux que le ver à soie et l'araignée, il file et tisse avec ses métiers à filer et à tisser. — Encore une fois, peut-on donner le nom de travail à la série d'actions similaires par lesquelles un oiseau parvient à faire son nid ou une araignée sa toile ? Il y a ici un but, des moyens et des obstacles, tout comme lorsqu'un maçon fait une maison ou qu'un tisserand fabrique une pièce de drap ; et ce but, comme ici, est un but sérieux, imposé à l'animal, non choisi par jeu sans autre motif que de s'amuser ; il est conscient, non automatique ; il vise non la production d'une œuvre nouvelle, mais la reproduction d'une œuvre ancienne, d'un type consacré. Et ces obstacles sont sérieux aussi et connus. Et ces moyens sont des actes conformes à une chaîne infinie d'actes tout semblables accomplis soit par l'individu lui-même dans son passé, soit par les générations antérieures. — La seule différence entre ces travaux animaux et les travaux humains, c'est que les premiers consistent en actes et en buts qui se répètent par hérédité principalement, par une impulsion instinctive, innée, secondairement par imitation, tandis que les autres consistent en actes et en buts qui se répètent par imitation avant tout. Mais, si l'on se rappelle, avec nous, que l'hérédité est l'équivalent vital de l'imitation, on reconnaîtra que cette différence confirme plutôt qu'elle n'infirme les analogies précédentes. Parler des travaux de la vie est donc très légitime. — En poussant plus loin la comparaison, on peut appliquer au monde vivant la distinction du travail et de l'invention. Il y a certainement, à l'origine de tout nouveau travail vital, c'est-à-dire de toute nouvelle fonction organique, et aussi bien de tout individu nouveau, une invention ou une accumulation d'inventions vitales, si l'on peut qualifier ainsi, par métaphore, le fait mystérieux, inexpliqué, qui suscite toute variation importante ou insignifiante d'un type spécifique et prépare ou décide une refonte organique. Ce fait mystérieux est la fécondation, la rencontre de deux lignées qui se croisent et suscitent en se combinant *autre chose* qu'elles-mêmes, une variante d'une mélodie ancienne ou une nouvelle mélodie. — L'erreur darwinienne est d'avoir cru expliquer l'origine des espèces sans s'appuyer avant tout sur ce fait, et en prenant pour fondement principal de ses explications le simple travail vital, prolongé pendant des siècles, moyennant le crible éliminatoire de la sélection. Cette erreur est tout à fait comparable à celle des économistes — ces inspirateurs si fréquents de Darwin par leurs idées sur la population et la concurrence, prototype de la concurrence vitale, — qui ont, pour ainsi dire, décapité leur science ou plutôt l'ont créée acéphale en confondant pêle-mêle avec tous les genres de travaux vulgaires l'effort de la recherche inventive, ingénieuse ou géniale.

Voici un exemple, entre mille, de cette décapitation. Les avantages de la division du travail, d'après Adam Smith, sont de trois sortes : 1° une plus grande adresse acquise par l'ouvrier ; 2° l'économie du temps perdu à passer d'une occupation à une autre ; 3° l'invention d'un grand nombre de machines et d'outils qui facilitent et abrègent le travail[1]. — On voit à quel humble rang, tout à fait accessoire, l'invention est reléguée. C'est la division du travail qui est la grande cause, la source fécondante ; l'invention — sans laquelle ni le travail indivis ni le travail divisé ne serait — n'est qu'un petit effet, un flot dérivé. — Stuart Mill a fait, mais sans y insister, de timides réserves à cet égard. Il a contesté que la spécialisation des besognes fût la *seule* cause des inventions. A vrai dire, elle n'en est pas le moins du monde la cause ; elle n'est qu'une des conditions qui permettent parfois, bien rarement, à l'esprit inventif de réaliser quelques légers perfectionnements. Quant aux grandes et capitales idées vraiment rénovatrices, elles sont nées du loisir et de la liberté d'esprit, non du travail et de la contrainte d'un esprit assujetti à une seule et unique occupation. En second lieu, comme le fait observer Mill, « quelle que puisse être la cause des inventions, dès qu'elles sont réalisées, l'accroissement de la puissance du travail est dû non pas à la division du travail mais aux inventions elles-mêmes... ».

La distinction du travail et de l'invention ne correspond pas à celle du travail manuel et du travail mental[2]. Le tra-

(1) Il y a d'autres avantages que Smith n'a pas vus : meilleur classement des ouvriers d'après leurs aptitudes différentes ; plus grande utilité tirée des outils, dont les trois quarts resteraient à chaque instant inutilisés si un seul ouvrier s'en servait, etc.

(2) Voir sur le *travail mental* la belle étude de M. Fouillée dans la *Revue des Deux-Mondes*, d'août 1900.

vail mental d'un écolier qui apprend ses leçons, d'un acteur qui étudie ses rôles, d'un notaire qui rédige un acte conformément à ses formulaires, d'un caissier de banque ou de magasin qui tient ses écritures en ordre, n'a rien d'inventif; et même les longs calculs à l'aide desquels Leverrier est parvenu à découvrir l'existence d'une nouvelle planète dans une région précise du ciel, n'avaient en eux-mêmes absolument rien de génial. Mais, s'il y a un travail mental distinct de l'invention mentale, il n'y a pas d'invention manuelle distincte du travail manuel. Toute invention est mentale essentiellement. *Mens agitat molem.* De là, tout procède et tout rayonne.

Pour compléter la distinction de l'invention et du travail et l'accentuer en antithèse, je pourrais ajouter que tout travail est plus ou moins pénible et que toute invention est plus ou moins agréable. Toutefois on pourrait me contester la vérité de ce contraste et me faire remarquer qu'il est des travaux accompagnés de plaisir et non de peine. Mais, si l'on examine de près ces travaux plaisants ou intéressants, on s'apercevra que tout l'intérêt ou tout le charme qu'on y trouve tient au caractère en partie nouveau des petits problèmes qu'ils posent et qu'ils résolvent, nouveauté bien faible, variété bien insignifiante, mais qui suffit à donner un petit air d'invention minuscule aux petites solutions successivement réalisées. Ainsi, un travail intéresse et plaît dans la mesure où il est difficile et ingénieux, où il est inventif, comme celui de l'artisan primitif, du maçon des vieilles cathédrales; et, quand cet élément de diversité artistique y fait absolument défaut, il est rebutant et fastidieux au plus haut degré.

II

C'est ici le lieu de parler de deux phénomènes psychologiques ou physio-psychologiques qui sont provoqués par le travail : la fatigue et l'ennui. Les économistes n'ont eu égard qu'au premier, et encore avec une attention bien insuffisante. Ils ne l'ont traité, comme les socialistes, qu'au point de vue de la durée du travail. Quant à l'ennui, ils n'en ont tenu aucun compte, non plus que les socialistes, par l'habitude de négliger tout le côté psychologique des faits économiques. Et c'est une lacune importante.

Il y a deux sortes de fatigue, la fatigue musculaire et la fatigue nerveuse. Dans tous les débats relatifs aux effets des machines sur le travail humain, on semble n'avoir eu égard qu'à la première. On a constaté à tort que les machines, sous ce rapport, avaient allégé le labeur humain. Ce qui est vrai, c'est que le besoin de travail s'est développé, par la multiplication des besoins de jouissance, plus vite encore que la productivité du travail, et que, par suite, la quantité du travail n'a pas diminué ; mais il est certain qu'elle est devenue moins fatigante pour les muscles. Il n'en est pas de même pour les nerfs. Le travail exigé pour la surveillance des machines produit une fatigue nerveuse bien plus dangereuse pour l'homme que la fatigue musculaire qui lui est épargnée par elles. L'attention fixe et continue qui est requise par leur emploi est contraire aux tendances naturelles du cerveau. « En étudiant les phénomènes cérébraux, dit Mosso, nous voyons avec quelle rapidité s'épuise l'énergie des éléments nerveux; quelques secondes de travail (d'attention) suffisent pour amener cet épuisement dans les cellules cérébrales ; et l'activité prolongée du cerveau, malgré cette rapide lassitude de ses éléments, ne s'explique que par la présence, dans les circonvolutions, de milliards de cellules qui se suppléent réciproquement. » On ne doit pas être surpris de voir survenir tant d'accidents de chemins de fer causés par l'excessive tension nerveuse d'employés arrachés d'hier à la vie des champs, où leur esprit se reposait, au milieu des plus rudes travaux, en une délicieuse inattention, pour être brusquement condamnés à une fixité d'attention contre nature. — « La fatigue, dit Mosso, exerce une grande influence sur le temps de réaction : s'il faut 134 millièmes de seconde avant qu'un sujet touché au pied fasse un signe avec la main, il faut, lorsque l'attention s'épuise, 200 à 250 millièmes de seconde. » Qui sait si cette observation n'explique pas, en partie, pourquoi certains signaux n'ont pas été perçus à temps ou ne l'ont pas été du tout? — La *fatigue de l'attention* est un supplice nouveau et plus subtil, inconnu à tous les grossiers enfers d'autrefois, et que la machinofacture a introduite dans le monde moderne. Le progrès des maladies mentales, le progrès du suicide, le progrès de l'alcoolisme, dérivent partiellement de là.

La fatigue intellectuelle, produite aussi par le développement de la bureaucratie, cette grande machine administrative, par l'extension des professions libérales, grandit sans cesse. Et quelle fatigue! Est-ce que la sueur du cultivateur qui bêche peut se comparer à l'épuisement cérébral d'un examinateur au baccalauréat après un mois d'examens, ou même de l'élève qu'il examine? Je parle de l'examinateur, non du professeur. Le travail du professeur qui fait sa leçon rentre dans la catégorie de ces travaux attachants, quoique fatigants, dont je parlais tout à l'heure. Comme le maçon artiste, comme l'antique artisan, le professeur résout à chaque instant de petites difficultés neuves et renaissantes. N'importe, il s'épuise aussi. Et Mosso fait à ce sujet une remarque assez curieuse, qu'il prétend avoir vérifiée sur lui-même : le professeur, dit-il, se fatigue d'autant plus vite que son auditoire est plus nombreux. Si cette observation est exacte, elle est de nature à prouver la réalité de l'action inter-spirituelle inconsciente. Car, assurément, nul professeur n'a conscience de cette influence exercée sur lui par la seule présence de chacun de ses auditeurs.

Ainsi, la révolution opérée dans la psychologie du travailleur par la machinofacture consiste en ce qu'elle a diminué la fatigue des muscles et augmenté celle des nerfs. A-t-elle accru ou diminué l'ennui ? Toute autre question non moins importante à résoudre. Car, s'il était prouvé que, en rendant le travail moins fatigant, au moins musculairement, l'invention des machines l'a rendu plus ennuyeux, où serait le gain définitif pour l'humanité? Entre un procédé nouveau qui fatigue moins mais qui ennuie plus, et un procédé ancien qui fatigue plus mais qui ennuie moins, l'hésitation est permise, et l'obstination de beaucoup de paysans, de beaucoup d'ouvriers dits arriérés, à employer le dernier de préférence au premier, n'a rien qui justifie la compassion méprisante des hommes « de progrès ».

Seulement empressons-nous d'ajouter que, au point de vue de l'ennui, comme à celui de la fatigue, l'apologiste des machines n'est pas à court d'arguments. La machinofacture a pour effet de concentrer les travailleurs dans les usines, ce qu'on lui a assez reproché ; mais, précisément, en substituant de la sorte au travail dispersé et solitaire, le travail rassemblé et fait en commun, elle tend, d'une part, à rendre la même dépense de force moins fatigante qu'elle ne le serait, d'autre part la même tâche moins ennuyeuse. On n'a étudié la fatigue que chez l'individu isolé ; mais ce phénomène ne relève pas de la seule psychologie individuelle, il appartient à la psychologie collective. Plus lente à venir, moins rapide à croître, est la lassitude de l'effort quand on s'efforce ensemble ; n'est-ce pas pour accroître leurs forces par le stimulant réciproque de leur rassemblement que les oiseaux migrateurs ont soin de s'attrouper avant d'entreprendre la périlleuse traversée des mers? Dès que l'un d'eux s'est écarté du groupe, il est perdu. On a pu remarquer aussi avec quelle énergie relativement infatigable s'opèrent les travaux des champs qui, par exception, rassemblent les travailleurs, la moisson, par exemple, cette longue corvée de quatorze ou quinze heures qui se fait en chantant à pleine voix, et le dépiquage au fléau. La même remarque s'applique à l'ennui de certains travaux qui, accomplis dans les veillées des villages, par plusieurs familles groupées autour d'un même foyer, paraissent presque amusants : égrener du maïs, des pois, etc.

On peut répondre, il est vrai, que la fatigue et l'ennui sont contagieux, et que, si les meneurs d'un groupe de travailleurs affectent ou témoignent d'être fatigués ou ennuyés, leurs camarades ne tardent pas à leur tour à se plaindre d'une fatigue ou d'un ennui qu'ils n'auraient pas ressenti sans cela. En somme, la psychologie collective est caractérisée surtout par une exagération des phénomènes de la psychologie individuelle dans les sens les plus opposés.

Mais, laissant de côté la question des machines, cherchons, d'une manière plus générale, les conditions qui rendent le travail ennuyeux et pénible. Il faut tenir compte, avant tout, d'un phénomène qui, non moins que les deux précédents, caractérise l'être vivant : l'habitude. Une machine ne s'habitue pas plus qu'elle ne se fatigue, mais il est, pour les organismes, et spécialement pour les organismes animés, des lois de l'habitude qu'il faut étudier dans leurs rapports avec celles de la fatigue et de l'ennui, si l'on veut traiter sérieusement le sujet du travail. On s'habitue à la fatigue même, à l'ennui même. On s'habitue en voyant les autres s'habituer ; c'est contagieux aussi. On s'habitue plus rapidement et plus complètement à une gêne, à une privation, à un excès, quand on est ensemble que lorsqu'on est isolés. L'habitude a son contraire, qui est assez fréquent : n'y a-t-il pas, en effet, des maux, des incommodités, d'abord tolérables, qui, en se répétant chez le même individu ou en se propageant d'un individu à d'autres, deviennent de plus en plus pénibles et, à la fin, tout à fait intolérables ?

Maine de Biran a démontré, dans son fameux mémoire, cette loi fondamentale de l'habitude psychologique, que, par leur répétition, les sensations s'émoussent, mais les états actifs se fortifient, l'attention, la volition. Par états actifs, nous entendrions plutôt les croyances et les désirs qui, de fait, s'intensifient en se répétant et en se propageant. — Nous dirons donc que la répétition d'un acte de travail diminue, en général, son caractère affectif, mais augmente le désir de la production spéciale accompli par lui, et la foi en son utilité. L'attachement persévérant à un même travail tend, par suite, à reculer — jusqu'à un certain point — le moment où ce qu'il y a de pénible est senti, et où la fatigue commence. De là l'avantage de se spécialiser.

S'habitue-t-on à l'ennui ? Est-ce qu'il ne semble pas, au contraire, que l'ennui de certaines occupations, quand elles se répètent, va en augmentant ? Il importe donc d'éviter que le travail, même peu fatigant, ne soit fastidieux; et il est à remarquer que la répétition d'un même travail sans variation commence à ennuyer assez longtemps avant de commencer à fatiguer. Ce qu'il y a de plus à redouter pratiquement, c'est beaucoup moins l'excès de fatigue, qui est très rare, que l'excès d'ennui causé par la nature du travail, mal appropriée à la nature du travailleur. On aura beau abréger la journée du travail, la réduire à huit heures, à six heures, ce sera encore trop pour celui qui, pendant ce laps de temps, aura à faire une besogne jugée par lui, à tort ou à raison, fastidieuse au plus haut degré. N'oublions pas d'ajouter que, à dépense de force égale, le travailleur se fatigue d'autant plus vite que sa tâche l'ennuie davantage. Le calcul du nombre d'heures de travail doit donc varier suivant qu'il s'agit d'une tâche plus ou moins intéressante ou rebutante.

Il faut, par conséquent, réduire au minimum l'ennui du travail si l'on veut obtenir, sans fatigue, le maximum du travail. — Mais comment y parvenir ? Est-ce par les procédés de Fourier, par ce papillotage d'occupations multiformes qui devait rendre, d'après lui, le travail attrayant ? Ce morcellement du temps, cette mosaïque de travaux divers, ne conviennent qu'à des enfants et, de fait, ne se voient que dans les collèges. Pour des adultes, c'est la *variation du même travail*, bien plutôt que la *variété des travaux*, qui est le remède contre l'ennui. Ce n'est pas au point de vue de l'ennui, mais c'est, disons-le en passant, à un point de vue plus élevé, que la question de la diversité ou de l'uniformité des travaux soulève un grand et difficile problème. Le développement intellectuel et moral de l'individu exige, cela est certain, l'alternance et la variété des occupations, dans une large mesure. Or, le développement économique de la société exige la division et la spécialisation du travail. Entre ces deux exigences contradictoires, laquelle choisir ? Dirons-nous qu'elles doivent, pour le plus grand bien du monde, se relayer, et qu'il convient que chacune d'elles l'emporte à son tour ? En tout cas, le problème social posé par cette antinomie comporte un certain nombre de solutions approximatives et divergentes qui sont autant de voies différentes ouvertes à l'évolution historique et font comprendre l'allure zigzaguante de l'histoire.

Mais revenons à la question de l'ennui. Le remède principal contre cette maladie psychologique du travailleur, ce n'est pas surtout la variété, c'est le *risque* et la *chance* qui donnent de l'intérêt au travail. *Intéressant* est le contraire d'*ennuyeux*. Supprimez tout risque et toute chance, et vous rendez toute besogne aussi ennuyeuse que l'est aujourd'hui un travail administratif. — Il faut aussi, pour qu'un travail n'ennuie pas, qu'il ait été soit imposé dès l'enfance par la famille, contrainte non sentie qui ne soulève aucune révolte, soit adopté librement par l'individu adulte. Le caractère héréditaire de beaucoup de professions, surtout des plus pénibles — ou de celles qui sont jugées les plus ennuyeuses, à tort souvent, par exemple les professions agricoles — n'a donc rien qui mérite d'être réprouvé. Plus une profession nécessaire est rebutante ou jugée telle, et plus il est à désirer qu'elle se recrute par l'hérédité. La réciproque est vraie : aussi est-il à désirer que les professions libérales, jugées les plus agréables, soient celles où la proportion de la transmission héréditaire soit la moindre. Effectivement, il en est ainsi.

L'instruction supérieure n'aurait-elle pas pour effet inévitable de rendre ennuyeux des genres de travaux qui sans elle ne le seraient pas et qui sont indispensables ? Il est certain que jamais, muni de son diplôme de licencié ès lettres ou même de bachelier, un jeune homme ne pourra labourer ou bêcher sans un mortel dégoût. Tailler la vigne, greffer des arbres, n'est pas fatigant ; mais, au bout d'une heure, la plupart des « intellectuels », j'en ai peur pour eux, seront excédés d'ennui à se rendre utiles de la sorte. Il est fâcheux, donc, d'avoir à reconnaître que l'idéal de l'instruction *intégrale* ne saurait se réaliser sans profond dommage pour la civilisation, qui suppose à la fois certaines besognes très fastidieuses et certaines cultures très délicates.

Nous voulons tous que tous les travaux, même les plus ennuyeux et les plus dangereux, qui sont nécessaires pour l'entretien de notre vie civilisée, soient régulièrement accomplis. Mais il est beaucoup de ces travaux que nous ne voulons pas exécuter nous-mêmes. Si *personne* ne voulait exécuter ces travaux rebutants ou périlleux, il faudrait employer la force pour contraindre quelques parias, tels que nègres, fellahs, asiatiques jaunes, à ces corvées. La question est de savoir si, *au fond*, ce n'est pas toujours *par force* que ces travaux-là sont accomplis. L'action de la force, de la tyrannie asservissante, se dissimulera tant qu'on voudra, il est à craindre qu'elle ne subsiste toujours, — amoindrie, espérons-le !

On a proposé l'alternance des travaux intellectuels et des travaux manuels, comme hygiène et comme remède à l'injustice dont il s'agit. Mais Mosso fait une remarque, appuyée sur des expériences, qui peut servir à justifier la séparation des travaux intellectuels et des travaux manuels, et à dissiper l'espoir de les voir alterner les uns avec les autres dans la journée d'un même travailleur. Tout au plus, l'exercice intermittent d'un métier mécanique pourra-t-il être conseillé aux travailleurs du cerveau, à titre de sport. Et encore, la physiologie a-t-elle ses réserves à faire. « La sensation de malaise et la prostration qui caractérisent la fatigue intellectuelle, dit Mosso, viennent de ce que le cerveau épuisé doit envoyer des excitations plus fortes à des muscles plus faibles pour les faire contracter. C'est donc une erreur physiologique d'interrompre des leçons pour faire faire aux écoliers des exercices gymnastiques, dans l'espoir qu'on diminuera ainsi la fatigue du cerveau. » Plus le surmenage cérébral, donc, des professions libérales ira en augmentant, et plus on s'éloignera du rêve de Tolstoï.

Une dernière observation à propos de la fatigue. Elle croît, dès qu'elle a commencé, beaucoup plus vite que sa cause. Et on peut faire la même remarque sur l'ennui. Si, après un certain temps de travail, la fatigue naît et, pendant une demi-heure, devient égale à 1, il ne faut pas croire que, après la seconde demi-heure, elle égalera 2, après la troisième demi-heure 3, etc. Non, elle aura triplé ou quadruplé, par exemple, pendant que la durée du même travail aura simplement doublé. — La fatigue est donc régie par une loi qui est justement l'opposé de la loi de Weber. La sensation, on se le rappelle, croît moins vite que son excitation. Ainsi, la fatigue, toute sentie qu'elle est, ne se comporte pas comme une sensation ordinaire. C'est qu'elle est, avant tout, une douleur, et l'on pourrait dire de la douleur en général ce que je viens de dire de la douleur-lassitude : elle croît plus vite que sa cause, jusqu'à un certain point du moins, au delà duquel elle croît moins vite, puis reste stationnaire et finalement s'anéantit dans la syncope[1]. La

(1) Un pessimiste dira-t-il que, en cela, le plaisir diffère de la douleur, et ne croît jamais que beaucoup moins vite que sa cause ? L'observation manquerait de justesse. Je sais bien que, si un pauvre vient à gagner

même réserve s'applique à la fatigue. Cela ne tient-il pas à l'élément-désir qui se trouve combiné avec l'élément-sensation dans l'état complexe appelé douleur ?

III

Au cours de la civilisation, le travail humain, primitivement très improductif quand il était exécuté par des esclaves, est devenu de plus en plus productif, et de moins en moins pénible ; mais est-il devenu de moins en moins ennuyeux et insipide ? Il se peut fort bien que le minimum général d'ennui ou le maximum de bonheur dans le travail, corresponde, non aux plus hauts degrés mais aux états moyens du progrès social, à la phase où l'agriculture et la petite industrie domestique donnent le ton. On a un bon signe de la gaieté du travailleur, quand il a l'habitude de chanter en travaillant. Et ne semble-t-il pas que, depuis l'invasion de la grande industrie, les métiers où l'on chante soient de plus en plus remplacés par les professions où l'on fume et où l'on boit, pour secouer la torpeur qui vous y envahit ?

D'après le compte rendu que j'en lis dans la dernière *Revue philosophique*, Wundt, dans son dernier ouvrage (*la Psychol. ethnique*), adopte l'avis de Bücher, qui a montré « que les chants accompagnant le travail, sont, suivant toute probabilité, la forme la plus primitive de la poésie et de l'expression musicale ». Il est certain que « dans la plupart des travaux simples, des mouvement identiques se succèdent et provoquent des répétitions rythmiques ».

Le travail a donc commencé par être une page de vers

100 000 francs à la loterie après en avoir déjà gagné 100 000, son plaisir n'est pas doublé ; mais c'est qu'il a atteint son maximum de joie à son premier gain. Si, peu à peu, par petites sommes accumulées, il est parvenu à gagner 100 000 francs, sa joie pendant quelque temps, a progressé plus rapidement que son avoir. L'espoir et le ravissement d'un amoureux à chaque nouvelle petite faveur qu'il reçoit, s'avivent bien plus vite que ne grandit le nombre ou l'importance de ces privautés.

avant d'être une page de prose. — Cette origine commune de la poésie, de la musique et du travail (ordinairement on dit plutôt : *et de la danse*) montre ce que le point de vue utilitaire des économistes a d'insuffisant. Le travail a longtemps conservé ce caractère rythmique et musical qu'il semble avoir eu à l'origine. « Dans les petits ateliers de la Grèce, nous dit M. Guiraud, le travail était plus attrayant que dans nos grandes usines. Dans certains corps de métiers, on avait coutume d'égayer sa tâche par des chants. C'était l'usage notamment des meuniers, des broyeuses de grain, des baigneurs, des fileuses et des tisseuses. Parmi ces chansons, les unes remontaient à une origine très ancienne et étaient anonymes, les autres étaient attribuées à des poètes connus. Au Pirée, on se servait de flûtes, de fifres et de sifflets pour donner de l'entrain aux ouvriers de l'arsenal maritime et régler leurs mouvements. »

Dans ses *Ouvriers européens*, Le Play consacre un chapitre spécial, à propos de chacune de ses monographies de familles ouvrières, aux *récréations*. Or, le plus souvent, il nous apprend que la *fête* la plus recherchée, chez les ouvriers ruraux et primitifs qu'il nous décrit, consiste en un travail bénévole et gratuit, mais exécuté en commun, par esprit de mutuelle assistance, et suivi d'un grand repas. Les vestiges de ces vieilles coutumes se retrouveraient encore facilement. Au fond de quelques-unes de nos provinces les moins modernisées, il était encore d'usage, il y a quelques années, que, pour le transport du bois de chauffage d'un propriétaire rural à sa maison, ses voisins s'offrissent spontanément et gratuitement pour ce labeur fatigant, mais toujours très gai, exécuté de très grand matin et suivi d'un repas plantureux. C'est que le *travail en commun*, à la campagne,

(1) Ne faut-il pas voir un reste ou une suite de ces chants du travail dans les ritournelles spéciales par lesquelles les marchands du moyen âge annonçaient le passage de leurs marchandises, et qui étaient l'équivalent acoustique de nos annonces visuelles ?

étant une exception, est une satisfaction rare donnée au besoin de sociabilité. Aussi est-il joyeux, accompagné de chants, et diffère-t-il profondément du travail rassemblé dans les ateliers. Non seulement le charroi du bois, mais la moisson, les vendanges, le fauchage, l'épluchage dans les veillées, ont ce caractère de joie toute sociale. Quand, au bord d'une de nos rivières navigables, un chaland neuf va être lancé à l'eau, les bateliers se rassemblent, et, avec de longs *hourrahs*, qui tiennent à la fois du cri de guerre et du cri de joie, le poussent ensemble vers le courant. Mais ces joies primitives, que le progrès économique a peu à peu supprimées, et, je me hâte de le dire, souvent remplacées, elles ne sont plus guère qu'un souvenir parmi nous. Sous des noms divers, Le Play les a retrouvées en pleine floraison parmi les populations de l'Oural, et aussi, de son temps, dans le Béarn, dans la Basse-Bretagne. L'un des plus vifs plaisirs que puissent goûter des hommes habituellement épars et solitaires est de se trouver réunis et de se sentir coopérer à une action commune, soit guerre, soit travail. Il n'est pas de stimulation plus tonifiante que cette mutuelle excitation qui naît de leur simple contact. Cette considération peut servir à nous faire comprendre comment les primitifs, naturellement si paresseux, ont pu contracter l'habitude du travail : il est à remarquer, en effet, que les premiers travaux, de chasse, de pêche, de défrichement, ont dû être exécutés en commun, c'est-à-dire gaîment. L'utopie du *travail attrayant*, servant d'amorce au travail aride et ingrat, s'est donc réalisée de la sorte au début de la civilisation, et sous des formes bien meilleures que le rêve de Fourier. Car l'attrait qui a rendu le travail supportable, et même agréable, a été de nature sociale et non égoïste.

Le degré d'agrément ou d'intérêt du travail tient, en grande partie, à la nature des collaborateurs qu'il suppose. Car tout travail est une collaboration : avec la nature à la fois et avec les autres hommes. Avec la nature : depuis l'agriculteur ou le pâtre qui dirige les forces végétales et les forces animales, jusqu'à l'industriel qui met en œuvre les forces physiques et chimiques, il n'est pas de travailleur qui n'agisse de concert avec quelque agent naturel sans lequel toute sa dépense d'activité personnelle serait perdue. Avec les autres hommes : il n'est pas un ouvrage accompli dans une société, même par le plus solitaire des artisans, qui ne soit un fragment d'un tout, une maille d'un tissu, une besogne partielle se rattachant à une élaboration générale dont la conception le domine. Or, sous ce double rapport, le travail agricole, qui consiste à surveiller et à diriger le travail organique des plantes ou des animaux, se distingue avantageusement du travail de l'ouvrier moderne qui dirige et surveille le fonctionnement d'une machine. Dans le premier cas, l'homme collabore avec un génie merveilleux, celui de la vie, profondément caché mais bienfaisant, devant lequel le sien propre est contraint de s'humilier, même en l'asservissant, tandis que, dans le second cas, il commande à des énergies aveugles et sans but qui doivent à l'ingéniosité du constructeur toute la finalité qu'elles simulent. Aussi le travail des champs est-il infiniment plus intéressant que celui des ateliers ; on y goûte une joie qui a quelque chose de confraternel, le charme d'une association avec d'autres âmes, paisibles et fécondes. Le jardinier avec ses arbres, pas plus que le pâtre avec ses brebis ou ses bœufs, ne se sent isolé. Mais la machine ne tient pas compagnie à l'ouvrier, pas même la machine-outil. Aucun bicycliste ne s'attache à sa bicyclette même, à plus forte raison aucun mécanicien ou aucun chauffeur ne s'attache à sa locomotive comme un cavalier à son cheval, comme un cornac à son éléphant, comme un chamelier à son chameau, comme une dompteuse même à ses fauves. On ne sait jamais au juste ce qui sortira d'un germe planté, d'un noyau de pêche ou d'un cep de vigne. Aussi l'attente de ce qu'on récoltera est-elle pleine d'un intérêt toujours nouveau et inépuisable, que le laboureur octogénaire ressent encore presque autant que ses petits-enfants. Mais l'on sait toujours exactement ce qu'on obtiendra à l'aide d'une machine ; grand avantage au point de vue objectif, grande infériorité au point de vue subjectif, car il n'y a aucun plaisir à la longue à la voir fonctionner. — Le travail agricole ressemble en cela aux expériences de laboratoire d'un jeune savant, chercheur et entreprenant, qui essaie des combinaisons nouvelles et en attend le résultat. Le travail de l'agriculture est si bien une association avec cette étrange et divine personne voilée qu'on nomme la vie, que la longue intimité établie entre elle et le paysan a imprimé sur lui comme un reflet d'elle. Il y a quelque chose du génie de la nature vivante dans l'ingéniosité rusée et tenace du paysan, en quelque pays du monde qu'on l'observe.

Parmi les professions libérales, il en est qui, comme la profession agricole, consistent dans la direction et la surveillance de la vie : telles sont les fonctions du médecin et du chirurgien. Et je dirais que ce sont les plus intéressantes s'il n'en existait d'autres qui, plus attachantes encore, sont le maniement des vies les plus hautes, des âmes humaines, soit des âmes d'enfants (professeurs, instituteurs), soit des âmes adultes (journalistes, avocats, magistrats). Quant à celles où l'on a pour tâche de copier ou de rédiger des écrits qui sont destinés à mettre en mouvement non des hommes concrets pour ainsi dire, mais des hommes abstraits, des rouages administratifs, il n'est rien qui égale leur insipidité en fait de corvée humaine. Les galériens, quelquefois, sur leurs bancs de rameurs, par une mer lumineuse, chantaient en battant sur un rythme uniforme « les flots harmonieux » ; je ne crois pas que jamais clerc de notaire ou rédacteur de ministère ait chanté en faisant sa copie.

IV

Non seulement, au point de vue de la psychologie individuelle surtout, il importe beaucoup de considérer le degré de fatigue et le degré d'ennui qui s'attache aux divers genres de travaux, — mais il importe aussi, et bien plus encore, au point de vue de la psychologie inter-mentale, d'avoir égard au degré de considération ou de déconsidération dont les divers genres de travaux sont l'objet.

Une première remarque à faire ici, c'est qu'on se tromperait étrangement si l'on pensait que les métiers sont plus ou moins considérés suivant qu'ils sont réputés plus ou moins utiles ou nécessaires. Il n'y avait pas, parmi les *arts* de Florence, de métier plus avilissant que celui de boulanger, tandis que celui de drapier, assurément moins indispensable, jouissait de la plus haute estime publique. — Dans l'antique Egypte, où l'on sait l'importance majeure qu'était censé avoir l'embaumement des cadavres, l'embaumeur était souverainement méprisé. En Russie, les *popes* ne sont nullement considérés, malgré le haut prix que l'on attache, par suite de la foi religieuse intense de ce pays, à l'administration des sacrements. — Dans l'Inde, — dans l'Inde ancienne du moins (d'après les *Lettres édifiantes*) — tout cordonnier, tout « ouvrier travaillant le cuir » et, en plusieurs endroits, « les pêcheurs et les gardiens de troupeau » sont réputés parias. — Il est rare qu'une profession amusante, une profession qui procure du plaisir, voire même un plaisir spirituel, noble, élevé, par exemple celle des comédiens, soit cotée haut dans la considération générale. — Rien de plus contraire, on le voit, aux explications utilitaires des faits sociaux.

Si l'on cherche les causes d'où dépend l'inégale estime des divers genres de travaux, la meilleure méthode, à mon avis, est, non pas de se placer à un moment donné de l'histoire et de se demander pourquoi, à ce moment, les divers pays estimaient inégalement les mêmes professions, — mais bien de prendre un certain nombre de professions, de les suivre, dans un même pays, à travers une période de temps plus ou moins longue, pendant laquelle leur considération a subi des variations en plus ou en moins, et de voir à quelles variations concomitantes celles-ci paraissent se rattacher.

Nous voyons cependant assez bien, pourquoi, à Sparte, tout travail industriel est méprisé, tandis qu'à Athènes l'oisiveté seule passait pour un déshonneur. Nous constatons que cette différence se rattache à la nature aristocratique ou démocratique de la constitution, quoiqu'il y ait des exceptions à la règle, par exemple Corinthe, cité aristocratique où le travail industriel était honoré. D'ailleurs, « à Thespies, c'était une honte d'apprendre un métier ou de s'occuper même d'agriculture. Dans plusieurs républiques, la qualité de citoyen était incompatible avec l'exercice d'une profession mécanique. A Thèbes, les boutiquiers et les détaillants n'avaient accès aux magistratures que dix ans après qu'ils étaient retirés des affaires. » (Guiraud, *La main-d'œuvre industrielle dans l'ancienne Grèce*).

Mais il s'agit là du mépris ou de l'honneur attaché à un travail quelconque ; la question que nous agitons est tout autre, c'est de savoir à quoi tient l'inégale considération des divers genres de travaux. Or, à cet égard, pourquoi, en Grèce, pays peu propre à l'agriculture, mais éminemment propre au commerce, les occupations agricoles ont-elles toujours paru plus nobles que les autres? On ne le voit pas bien clairement.

Si nous remontons à l'époque homérique, ce n'est pas seulement l'agriculture, c'est le travail industriel aussi qui nous paraît hautement considéré. La preuve manifeste en est que les dieux et les rois mêmes travaillent. Vulcain est un forgeron qui forge des boucliers, des casques, des lances pour tout le personnel de l'Olympe ; il construit les portes de l'appartement de Junon, il fabrique les armes d'Achille. Il fabrique aussi la toile de fer où il capte Mars et Vénus. « Athéna tisse le péplum d'Héra et le sien. La nymphe Calypso promène une navette d'or sur son métier », et Circé fait des toiles merveilleuses. « On citait même des dieux qui avaient consenti, comme Apollon et Poseidon, à garder les troupeaux du roi Loamédon et à édifier les remparts de Troie. » Voilà pour les dieux et les déesses, voici pour les rois et les reines. Nausicaa fait la lessive ; Ulysse est un charpentier de première force, et un bon menuisier aussi. Il a fait lui-même son lit nuptial, et il s'en vante. Pâris a aidé à bâtir sa propre maison.

A l'époque d'Homère encore, on citait les noms d'artisans devenus célèbres et glorieux. Homère a daigné incruster dans ses vers les noms d'Epeios, de Phéréclos, de Tychios, de Laerkès, d'Icmalios (Guiraud). Pour qu'un artisan pût atteindre à la gloire, à une célébrité presque égale à celle des héros, ne fallait-il pas qu'alors le travail industriel, — métallurgique notamment, — fût généralement en honneur ? Mais, quelques siècles après, dans presque toutes les cités grecques, le travail industriel devient méprisable : pourquoi ? C'est, manifestement, parce que l'esclavage, déjà existant à l'époque homérique, a été se développant beaucoup. Peu à peu, l'homme libre s'est déchargé sur l'esclave de toute besogne mécanique quand il l'a pu, et n'a retenu qu'une partie du travail agricole, la plus facile, la surveillance. Aussi, même l'artisan libre a-t-il participé à la déconsidération graduelle d'un labeur habituellement servile.

En règle générale, on peut dire qu'un métier gagne en considération quand il se recrute dans des couches sociales de plus en plus élevées, et inversement. A cela tient, par exemple, du moyen âge aux temps modernes, la considération grandissante du métier de versificateur. Le *jongleur*, misérable rimailleur ambulant et affamé, amuseur des châteaux et des chaumières, est devenu peu à peu comédien ordinaire du roi comme Molière, poète de cour, enfin poète national auréolé de la plus grande gloire du monde. — J'en dirai autant des miniaturistes, des enlumineurs de missels du moyen âge qui, à la Renaissance italienne, nous apparaissent transformés en peintres illustres. Il n'est pas douteux que le recrutement des littérateurs et des artistes, du XIIIe siècle à la Renaissance, s'est opéré dans des classes sociales de plus en plus hautes. — Du commencement de l'Empire romain à la fin de l'Empire, nous voyons baisser le prestige du métier militaire (quoique, assurément, il devînt de plus en plus utile et nécessaire pour lutter contre les barbares) parce que, après avoir attiré jusqu'à la fin de la République toute l'élite de la jeunesse romaine, il n'exerçait plus d'attrait à la fin que sur des malheureux sans ressources, sur des vagabonds et des déclassés. — Dans notre siècle, le métier militaire a toujours été coté très haut, mais il a présenté néanmoins, de 1815 à 1855 environ, et de 1870 à nos jours, une baisse puis une hausse très sensible de son prestige ; et la cause que j'indique n'est pas étrangère à ces oscillations.

Ce n'est pas seulement à raison du rang des personnes qui l'exercent qu'un métier s'élève ou s'abaisse dans l'estime publique ; c'est encore à raison du rang des personnes au profit desquelles il s'exerce. Voilà pourquoi les plus vils offices honorent un homme, dans une vieille monarchie, quand ils sont remplis pour le monarque. Le valet de chambre du roi, sous Louis XIV, était très fier de ses fonctions. Les pages des grands vassaux, sous la féodalité, ne l'étaient guère moins, quoique, après tout, leur rôle fût celui de petits domestiques.

Une remarque générale se présente ici : il n'y a rien d'humiliant, en tout temps et en tout lieu, à se servir soi-même — comme Ulysse fabriquant lui-même son lit nuptial — ni à servir les personnes de sa famille et de sa maison —

comme Nausicaa lavant le linge des siens. Et, à l'extrême opposé de l'évolution économique, il n'y a rien d'humiliant non plus à travailler *pour le public*, pour un très grand nombre de personnes qu'on ne connaît pas, qui ne vous touchent en rien, pour une foule dispersée et impersonnelle. Mais, entre ces deux phases extrêmes, le préjugé humain, très tenace, attache un caractère plus ou moins servile au fait de travailler pour une personne — ou même pour un petit groupe de personnes individuellement connues et étrangères à sa famille, sauf des exceptions passagères, comme celles des pages féodaux et des valets de chambre monarchiques. Quelle est l'explication historique de ce préjugé, qui est si lent à disparaître? En est-il ainsi simplement à cause d'une antique association d'idées provenant de ce que les esclaves seuls, durant presque toute l'antiquité, travaillaient pour des personnes non parentes?

Indépendamment du caractère des personnes qui exercent une profession ou des personnes qu'elle sert, cette profession est plus ou moins honorablement cotée d'après le but qu'elle poursuit et les moyens qu'elle emploie pour l'atteindre. Il est remarquable que, en général, les professions qui protègent contre des dangers de pertes, de perte de la vie ou de perte des biens, sont réputées plus honorables que celles qui ouvrent des perspectives de gain. La profession protectrice, par excellence, contre les périls d'invasion et de spoliation étrangère, c'est la profession militaire. La profession sacerdotale doit être mise à côté, car elle est réputée, à l'origine surtout, défendre l'homme contre des légions d'invisibles ennemis, de puissances occultes et néfastes. Aussi ces deux professions sont-elles partout et toujours très haut cotées, tandis que la spéculation commerciale, et la fabrication industrielle, même en grand, qui donnent tant de chances de fortune rapide sont estimées bien plus bas.

J'ajoute, et avec bien plus de généralité encore, que les métiers qui nous préservent de la douleur physique l'emportent en considération sur les métiers qui nous procurent du plaisir physique. Les médecins et les chirurgiens sont bien plus estimés que les cuisiniers, les parfumeurs, les danseuses. On peut même dire que les métiers consacrés à nous garantir contre des peines de nature spirituelle, c'est-à-dire sociale, par exemple, le métier de juge qui nous épargne la souffrance de l'injustice subie, des intérêts lésés, inspirent plus de respect, sinon d'admiration toute personnelle, que les arts voués au divertissement spirituel, tels que l'art dramatique, le roman, la musique.

Cette importance plus grande attachée longtemps par les hommes à *l'exemption de la douleur* et non à *l'acquisition de la joie* semble donner raison à Schopenhauer : mais le progrès épicurien de la civilisation tend à faire disparaître cette singularité et à renverser même l'ordre indiqué.

Si la nature des buts poursuivis par les divers métiers influe sur le degré d'honorabilité qui leur est inhérent, la nature des moyens employés n'a pas moins d'influence. Les métiers où l'on n'atteint son but que par une action matérielle sur les choses, par l'emploi d'agents physico-chimiques, de moteurs mécaniques, sont classés inférieurs à ceux où l'on agit par la direction des forces végétales et animales, et ceux-ci, à leur tour, sont estimés bien au-dessous de ceux où l'on parvient à ses fins en exerçant une action inter-mentale autour de soi. Aussi les professions où l'on exerce l'action inter-mentale la plus étendue ou la plus profonde, ou les deux à la fois, sur les volontés, sur les intelligences, sur les sensibilités même, sont-elles les plus considérées, et d'autant plus que leur action s'étend ou s'approfondit davantage. De là le prestige : 1° des métiers où l'on *commande*, où l'on communique son vouloir au vouloir docile de ses semblables (armée, magistrature, administration publique) ; 2° des métiers où l'on *enseigne*, où l'on communique sa pensée par une sorte d'électrisation spirituelle à l'esprit d'autrui (clergé, professeurs, orateurs, grands publicistes) ; 3° des métiers, je veux dire des arts où l'on *émeut*, où l'on fait vibrer les sensibilités étrangères à l'unisson de sa propre sensibilité (poètes, littérateurs, artistes).

Le corps des journalistes, depuis le commencement du siècle, s'est recruté, en moyenne, dans des milieux de moins en moins recommandables; ce qui aurait dû le faire baisser beaucoup dans l'estime générale ; mais, comme, d'autre part, l'action contagieuse qu'il exerce n'a cessé de s'étendre par la facilité des communications et la diffusion graduelle du journal, le métier de journaliste, somme toute, a grandi dans l'opinion. Et, quant aux journalistes de marque, ils comptent, de plus en plus, parmi les étoiles de première grandeur des constellations nationales. — Dans certains pays, notamment aux Etats-Unis, où l'industrie offre de si grands avantages à tout individu entreprenant, le rebut seul de la jeunesse instruite s'adonne aux carrières administratives, qui sont, par suite, moins honorées qu'ailleurs ; mais, comme, à mesure que grandit et se centralise la République des États-Unis, le pouvoir des fonctionnaires s'y étend, on commence déjà à voir croître et monter, là comme ailleurs, le prestige des fonctions publiques, bien qu'il reste toujours fort au-dessous de celui de maître d'hôtel, profession pour laquelle les Américains expriment une admiration profonde.

Aussi, quand un métier, qui par lui-même n'exerce aucune action inter-mentale, un métier manuel quelconque, veut s'élever en grade dans l'estime de tous, n'a-t-il rien de mieux à faire que de s'organiser en ghilde, en corporation, comme au moyen âge, en syndicat, comme de nos jours ; parce qu'alors, outre l'action inter-mentale qui s'exerce réciproquement entre ses membres, le groupe ainsi formé possède et déploie un certain pouvoir dans l'État, il impressionne et suggestionne le public. Au moyen âge, les commerçants ont été longtemps plus considérés que les artisans ; n'est-ce pas, par hasard, parce que les ghildes commerciales, ligue hanséatique ou autres, ont précédé d'une centaine d'années les ghildes industrielles ? De notre temps, au contraire, la grande industrie est plus honorée que le grand commerce, et les syndicats industriels ou agricoles ont précédé les syndicats commerciaux, qui se traînent à leur suite.

Ce n'est pas l'union seulement, c'est aussi le rapprochement physique, qui fait la force et le pouvoir. Aussi les anciennes corporations avaient-elles soin de se grouper dans la même rue, ou le même quartier. Toutes les villes de France avaient leur *rue des bouchers* (elle existe encore à Limoges), leur rue des boulangers, etc. En Angleterre, il en était de même. « Les membres de chaque métier, nous dit Ashley dans son histoire des doctrines économiques anglaises, vivaient généralement dans la même rue ou dans le voisinage. Ainsi à Londres, les selliers habitaient autour de Saint-Martin le Grand, et en étaient les paroissiens ; les lormiers vivaient dans Cripplegate, les tisserands dans Carmon-Street, les forgerons dans Smithfield. A Bristol, il y avait la rue des foulons, la rue du blé, la rue des couteliers, l'allée des bouchers, l'allée des cuisiniers, et ainsi de suite. » Un groupement semblable devait fortifier considérablement le sentiment de la vie corporative, car il permettait aux professionnels de s'influencer continuellement et réciproquement. — Soyons certains que les anciennes ghildes et corporations, de même que les syndicats actuels, ont été suscités, consciemment ou inconsciemment, beaucoup moins par la pensée d'un accroissement de bénéfice ou de salaire, que par le désir d'un rehaussement de considération. Et, de fait, ces associations ont toujours mieux réussi à grandir en honneur et en pouvoir qu'en richesse. Economiquement, du reste, la chose importe : on supporte plus aisément, *on sent moins* la fatigue ou l'ennui d'une profession quand elle devient plus considérée. Il y a des travaux — administratifs et ministériels, par exemple, — qui ne seraient pas supportables, tant ils sont fastidieux et fatigants, s'ils n'étaient pas l'objet d'un certain respect.

Donc, toutes choses égales d'ailleurs, un métier où l'on vit groupés, d'une vie sociale intense, est supérieur en considération à un métier où l'on travaille isolés. Ajoutons qu'un métier urbain, même où l'on n'est pas groupés, mais qui s'exerce dans un milieu où l'action inter-mentale est à son plus haut point d'intensité, est plus considéré, aux yeux même d'un campagnard, qu'un métier rural. Si, par une exception, heureusement très rare encore, un paysan se pique d'avoir des cartes de visite à l'exemple de la ville, il s'y qualifiera *buraliste* ou *épicier*. A sa place je serais bien plus fier d'être un fin laboureur, un cultivateur riche et indépendant ; mais non, ce qui le relève à ses yeux, c'est d'avoir une petite boutique, à l'instar de la ville voisine, et d'y vendre quelquefois, le dimanche, une livre de sucre ou un paquet de bougies.

Conformément à ce qui vient d'être dit plus haut, toutes les révolutions politiques qui changent la répartition du pouvoir entre les diverses classes, entre les diverses professions, ont leur contre-coup sur le degré de considération qui s'y attache. Quand l'ancienne aristocratie des cités grecques antiques a été abattue, au VIe siècle avant J.-C., par les tyrans, ces sortes de petits Césars précurseurs des démocraties, nous ne sommes pas surpris d'apprendre par M. Guiraud que « l'établissement de la tyrannie a eu pour effet de rehausser dans tout le monde grec la condition des travailleurs ». Dans les républiques démocratiques, ce changement s'accentua, et il eut pour conséquence de rehausser bien plus encore la condition des ouvriers urbains que celle des agriculteurs. A Athènes, la majorité des assemblées populaires se composait de foulons, de cordonniers, de charpentiers, d'artisans quelconques, « et il résulte d'un texte d'Aristophane que les campagnards s'y trouvaient généralement en minorité ».

Jusqu'à la première moitié environ du XIXe siècle, en dépit de la Révolution française, l'inégalité de considération qui séparait les métiers manuels des professions libérales était restée immense, et même, entre les divers métiers manuels, la différence des rangs était très fortement sentie. C'était le temps où, sans encourir de ridicule, le compagnonnage pouvait se refuser à admettre dans son sein les cordonniers, par exemple, comme indignes et infâmes. Mais à partir du moment où tous les métiers ont participé également au pouvoir politique par la pratique du suffrage universel, on a vu s'amoindrir, de même qu'à Athènes, la distance entre eux au point de vue de la considération ; en effet, celle des professions qui auparavant avaient le monopole du pouvoir s'est abaissée relativement, et celle des professions qui, après avoir été exclues du pouvoir, y ont accédé, s'est accrue d'autant.

Cette égalisation démocratique des rangs entre les professions a une grande importance économique, car elle rend seules possibles les grandes fédérations corporatives, qui groupent ensemble, aux États-Unis et sur le continent européen, de nombreux corps de métiers, longtemps séparés autrefois par l'esprit *inégalitaire* qui régnait entre eux.

Enfin, il est à remarquer qu'une profession s'élève dans l'esprit public quand les moyens dont elle dispose pour atteindre ses fins viennent à s'accroître par suite de certaines inventions. Le génie inventif, pareil à l'Esprit « qui souffle où il veut », féconde aujourd'hui telle profession, demain telle autre ; et, suivant ses caprices, qui ne sont pas cependant sans être dominés par des lois logiques, les métiers qu'il a favorisés se trouvent rehaussés dans l'opinion. C'est la cause évidente pour laquelle la profession d'ingénieur a si fort grandi en considération pendant le XIXe siècle ; les inventions multipliées de l'industrie ont eu cet effet, de même que les éclairs répétés du génie militaire pendant le premier Empire avaient contribué à rendre si prestigieux le métier des armes.

La profession médicale était des plus humbles, sauf quelques individualités brillantes, jusqu'à la fin du XVIIIe siècle. Il a fallu les découvertes nombreuses qui ont renouvelé la biologie pour l'élever au rang des professions les plus hautement honorées.

C'est probablement la cause pour laquelle une carrière, comme je l'ai dit plus haut, se recrute parfois dans des couches de plus en plus élevées de la population. N'est-ce pas parce que des jongleurs avaient eu d'heureuses inspirations et doté leur art de quelques beautés nouvellement découvertes que des individus *mieux nés* y ont été attirés ?

Je n'ose prétendre avoir résolu, par ce qui précède, tous les problèmes soulevés par le degré inégal et le degré changeant d'honorabilité qui s'attache aux divers genres de travaux. C'est un sujet presque inexploré et qui appelle de longues recherches. Je crois cependant qu'en combinant ensemble les remarques générales ci-dessus indiquées, on parvient à résoudre certaines difficultés. Mais, avant tout, il faut avoir égard à l'évolution des croyances religieuses, car c'est elle, encore plus que l'évolution des intérêts économiques, qui rend infâmes tels métiers pratiquement recherchés, ou entoure de respects profonds l'accomplissement de besognes sans utilité pratique. Dans une certaine mesure, ces deux évolutions, celle des dogmes ou des principes et celle des intérêts, s'influencent réciproquement et tendent à se mettre d'accord, mais, dans une certaine mesure aussi, elles sont indépendantes ; et c'est leur indépendance, très importante à noter dans tous les domaines de la science sociale, qui explique les bizarreries présentées par l'inégalité des jugements portés, dans divers pays ou dans diverses époques, sur l'honorabilité ou l'indignité des professions. Si l'on recherchait, pour chaque pays et pour chaque époque, quelle a été la profession la plus respectée et quelle a été la profession la plus méprisée, on constaterait presque toujours que l'origine de cette vénération ou de cette infamie est toute religieuse.

V

Les esprits nés classificateurs, espèce nombreuse, ne me pardonneraient pas d'avoir abandonné le sujet qui nous occupe sans avoir au moins esquissé une classification des travaux humains. Tout travail, avons-nous dit, suppose un but, des moyens et des obstacles. On doit donc classer les travaux d'après leurs buts, d'abord, c'est-à-dire d'après les besoins auxquels ils répondent, et ensuite d'après les moyens qu'ils emploient ou les obstacles qu'ils ont à vaincre pour atteindre leurs fins. — Les besoins sont organiques ou sociaux. Mais, à vrai dire, il n'est pas un besoin si organique qu'il ne revête une forme sociale ; ni si social qu'il n'ait son fondement dans l'organisme. D'une de ces deux catégories à l'autre, on passe par des degrés insensibles. Les besoins où le caractère organique domine, mais domine de moins en moins, — s'alimenter, se vêtir, s'abriter, se chauffer, s'éclairer, s'asseoir, se coucher, se déplacer, se bien porter, s'amuser, se reproduire, — se traduisent en désirs précis d'être nourri, vêtu, logé, chauffé, éclairé, meublé, transporté, soigné, amusé, marié, conformément à la mode ou à la coutume régnante dans son cercle ou dans sa classe[1]. Puis viennent les besoins où le caractère social est prédominant et prédomine de plus en plus, mais où s'exprime avec une grande richesse de couleurs un même instinct de sympathie naturelle, toute physiologique, du semblable pour le semblable, de l'assimilé pour l'assimilé : étendre, compliquer, raffiner, ses communications mentales avec les autres hommes (en parlant mieux sa langue, en apprenant les langues étrangères, en s'instruisant le

(1) Entre les deux catégories de besoins s'interpose le besoin d'amour physique, qui est leur trait d'union, ainsi que les besoins de maternité et de paternité. Les industries qui les concernent ont lieu d'occuper le moraliste beaucoup plus que l'économiste. Aussi est-il inutile de s'en occuper ici.

plus possible) ; se faire respecter et considérer des autres hommes (en défendant ses droits contre eux ou appuyant une autorité publique pour la défense des droits de tous, en acquérant de nouveaux droits, en s'enrichissant, en parvenant au pouvoir) ; se faire aimer des autres hommes (en pratiquant la bienfaisance, en se dévouant) ; charmer les autres hommes, les élever et s'en faire applaudir (en propageant le culte d'un art ancien ou le goût d'un beau nouveau).

Classés d'après les moyens qu'ils emploient pour réaliser ces fins, les travaux se divisent d'abord en deux grandes branches : ceux où domine la dépense de force musculaire, et ceux où domine la dépense de force nerveuse. En parcourant l'énumération précédente des besoins humains, on verra que le travail employé à les satisfaire commence par être presque entièrement musculaire et finit par être à peu près exclusivement nerveux. On passe par degrés du premier genre de travail, où la fatigue (musculaire) est plus à craindre que l'ennui, au second où l'ennui est plus à éviter que la fatigue. Dans les travaux artistiques le pire des défauts est que le travailleur se soit ennuyé en les exécutant : son œuvre en reste glacée et guindée, insipide au spectateur comme à lui-même. Ruskin en fait la remarque à propos des ornements qui décorent les édifices. « Je crois [1], dit-il, que la véritable question à poser touchant tout ornement est simplement celle-ci. A-t-il été fait avec joie, l'artisan était-il heureux en y travaillant ? Ce peut être le travail le plus pénible possible, mais il faut que l'ouvrier ait été heureux, ou l'œuvre ne sera pas vivante. On a récemment édifié une église gothique près de Rouen ; elle est, à dire vrai, assez vile dans sa composition générale, mais excessivement riche en détails. La plupart de ceux-ci sont dessinés avec goût et, de toute évidence, sont l'œuvre d'un homme ayant

(1) *Les sept lampes de l'architecture* (trad. franç.).

de près étudié les travaux d'autrefois. Mais c'est tout aussi mort que les feuilles en décembre : il n'y a pas sur toute la façade une seule touche tendre, une seule touche ardente. Les hommes qui l'ont faite l'avaient en haine et furent contents d'en avoir fini. Tant qu'on travaillera de la sorte, on ne fera que surcharger vos murailles de formes d'argile. Les guirlandes de lierre du Père-Lachaise sont une décoration plus gaie. » Si cette condition subjective est requise absolument pour le mérite objectif, pour la bonne exécution d'ouvrages de maçonnerie, à plus forte raison l'urgence s'en fait sentir dans les œuvres du sculpteur, du peintre, de l'écrivain, même là où il ne s'agit que du travail courant, en quelque sorte, de leur métier. Écrivez avec effort, soit, mais jamais avec ennui.

Continuons. Le travail principalement musculaire se subdivise en travaux qui atteignent leurs fins (répondant à des besoins principalement organiques) par le moyen de la captation et de la direction de forces physiques empruntées soit à des hommes, soit à des animaux, soit à des plantes, soit à des matières inorganiques qu'il s'agit, dans ce cas, d'extraire, de transporter et de transformer : autant de besognes différentes. Le travail principalement nerveux (répondant à des besoins principalement sociaux) se subdivise en autant de travaux distincts qu'il y a de genres d'action inter-spirituelle. Comme il y a trois sortes d'éléments psychologiques, combinés à doses inégales dans tous les états intimes — la sensation, la croyance et le désir, — il y a trois grandes classes d'actions inter-spirituelles qui tendent à susciter chez autrui les états intimes où l'un d'eux est dominant, c'est-à-dire à *impressionner*, à *convaincre* ou à *décider*. Les beaux-arts ont pour caractère d'être expressifs et impressionnants; le professeur dans sa chaire, le publiciste dans son livre ou son journal, veulent être convaincants, persuasifs; l'orateur parlementaire, le tribun, le prédicateur, cherchent avant tout à provoquer des décisions, des résolutions. Le ministre décide et commande, le savant affirme et démontre, le peintre ou le poète frappe la rétine ou l'imagination de couleurs neuves.

A un point de vue plus général, on a l'habitude de distinguer, dans toutes les professions, deux sortes de moyens mis en œuvre : les *outils* et la *matière première*. Mais observons que c'est une erreur de croire qu'il y a toujours, dans une industrie, une matière première. Y en a-t-il dans l'industrie pastorale ou agricole? Non. La couvée ou la semence dont le pâtre ou le laboureur surveille la croissance, n'est nullement l'équivalent du bois que le menuisier varlope, du fer que lime le serrurier : il s'agit, pour le pâtre et le laboureur, non de transformer artificiellement quelque chose mais de laisser s'opérer un développement naturel. La terre où la semence est plantée n'est pas une matière première non plus; rien ne correspond ici à l'extraction, au transport, à la transformation du minerai de fer, de la pierre à bâtir, de l'argile à faire des tuiles. S'il y a nécessairement, dans l'industrie proprement dite, et surtout dans l'industrie machinofacturière, une matière première, c'est qu'il s'agit d'obtenir ici par la matière ce qu'on obtenait auparavant par la vie, humaine, animale ou végétale. Car le travail organique des tissus vivants, que l'éleveur de bestiaux, l'agriculteur, et aussi bien le médecin ou le chirurgien, surveillent et dirigent, consiste aussi, précisément, à transporter et à transformer des matières premières, inorganiques, par des procédés infiniment ingénieux. Mais on peut voir, si l'on veut, l'équivalent d'une matière première dans le roc dur des préjugés, des institutions antiques, des usages enracinés, que le savant et le philosophe travaillent à réformer, ou que le politicien exploite, ou que le juriste consacre. Quant aux habitudes de l'œil, de l'ouïe, du goût, que l'artiste respecte, sur lesquelles il s'appuie pour faire accepter ses innovations, elles rappellent bien moins la pierre que taille le maçon que le sol sur lequel la maison est bâtie. Elles sont bien moins une matière première qu'un emplacement. L'artiste se fonde là-dessus, mais il ne fabrique rien avec cela.

L'outillage des professions qui répondent à des besoins organiques, individuels, à des rapports corporels de l'individu avec l'ensemble de la nature, diffère beaucoup de l'outillage des professions qui répondent à des besoins sociaux, à des rapports inter-spirituels. Le premier peut être considéré comme un prolongement et un grossissement de nos mains, une spécialisation et une mobilisation de leurs modes d'action singulièrement fortifiés. Tels sont le marteau, les tenailles, la scie, etc. Le second présente bien aussi ces caractères (la plume, le pinceau, l'ébauchoir, etc.), mais ce n'est vrai que d'une faible partie des outils maniés par le travailleur intellectuel, à titre auxiliaire; les grands, les véritables outils dont il fait usage, machine à imprimer, lithographie, photographie, photogravure, télégraphe, etc. sont le prolongement et le grossissement graduel, devenu immense : 1° de ses organes d'expression, de sa physionomie, de ses gestes, et, avant tout, de sa voix articulée, où s'expriment ses pensées, ses volontés, ses émotions; 2° de ses sens, qui sont, en effet, prodigieusement développés par le microscope et le télescope, par le thermomètre, par bien d'autres instruments scientifiques.

Tous les outils, soit pour les travaux manuels, soit pour les travaux intellectuels eux-mêmes, sont, remarquons-le, des substances à l'état solide, et non à l'état liquide ou gazeux. Je n'aperçois pas une seule exception à cette règle. L'eau qui fait tourner le moulin, la vapeur qui fait mouvoir le cylindre de la locomotive, sont des forces mises en œuvre par des outils, mais ce ne sont pas des outils. L'encre dont se sert la plume de l'écrivain, la couleur à l'huile où se trempe le pinceau du peintre, sont liquides ou plastiques, mais la plume et le pinceau sont solides; la lumière de la lampe qui éclaire le savant, l'électricité du télégraphe qui expédie les informations du journa-

-liste, sont des mouvements de molécules d'éther, mais la lampe et le télégraphe sont des corps durs. Pourquoi en est-il ainsi? Parce qu'on ne s'appuie que sur ce qui résiste : la solidité, c'est la résistance et l'appui aussi bien. Outillage et solidité sont deux idées si intimement unies que, même dans le travail de la vie animale ou végétale, d'un bout à l'autre de l'échelle zoologique, nous constatons cette liaison indissoluble. Les outils de l'être vivant sont, pour chaque cellule, ses appendices ou ses expansions plus ou moins mobiles et toujours d'un tissu plus ou moins résistant, et, pour l'organisme tout entier, ses membres, toujours d'une certaine dureté relativement au reste du corps. Claude Bernard et toute son école ont insisté avec raison sur la distinction des parties liquides et des parties solides de l'organisme et fait résider dans les dernières seules tout l'exercice des fonctions proprement vitales[1]. Bien mieux, il serait aisé de montrer que plus l'on s'élève sur l'échelle zoologique ou botanique, plus l'outillage animal ou végétal acquiert de dureté ; le contraste est grand, à cet égard, entre les champignons et les chênes, ou, encore plus, entre les méduses et les mammifères supérieurs. La plus grave difficulté de la vie, à ses débuts, a dû être de franchir le passage des êtres mous et gélatineux, par où elle a commencé, aux êtres à squelette extérieur, puis intérieur, qui sont venus ensuite. La sécrétion d'une substance calcaire ou siliceuse a été pour elle l'équivalent de ce qu'a été pour l'humanité primitive l'art de tailler le silex, et plus tard, la métallurgie. On comprend, en effet, d'après les considérations qui précèdent, l'importance singulière de ces découvertes. C'est avec raison qu'on fonde sur elles la distinction des grandes phases de l'humanité et qu'on dit : l'âge de la pierre éclatée, l'âge de la pierre polie, l'âge des métaux.

On peut classer les travaux d'après la nature des obstacles

(1) Il ne saurait donc y avoir de travail organique, encore moins social, sur un astre en ignition, tel que le soleil.

qu'ils ont à vaincre, non moins que d'après la nature des moyens qu'ils emploient pour les surmonter. Dans les industries pastorales ou agricoles, ou aussi bien médicales, qui font travailler pour nous les forces vivantes, l'obstacle est tantôt l'excès, tantôt le défaut de vitalité, en somme la difficulté qu'opposent les instincts et les besoins héréditaires, les impétuosités de la jeunesse, les ténacités de l'âge mûr, les inerties de la vieillesse, la mort enfin, à la direction qu'on veut imprimer. Dans l'industrie proprement dite, et d'abord dans l'industrie du transport, l'obstacle est soit le poids, soit le volume, soit l'adhérence, soit la fragilité de l'objet à transporter. Dans l'industrie de transformation, l'obstacle provient soit des affinités chimiques, soit des cohésions physiques, soit des forces motrices ou autres. Dans les travaux d'action inter-spirituelle, l'obstacle résulte d'abord de l'inattention de ceux à qui l'on s'adresse et qu'il s'agit de frapper; puis, des idées ou des désirs, des sentiments quelconques à déraciner en eux, comme contraires au but qu'on poursuit, c'est-à-dire des actions inter-spirituelles opposées qui ont été exercées par d'autres sous la forme de coutumes anciennes et de modes nouvelles ou de caprice individuels.

Est-ce que la nature de l'outil ne doit par varier d'après la nature de l'obstacle ? Et la meilleure définition de l'outil ne serait-elle pas qu'il est un *contre-obstacle ?* Si l'on se place à ce point de vue, ce qui vient d'être dit plus haut sur le caractère de solidité inhérent à l'outillage doit être entendu dans un sens tout spirituel en ce qui concerne l'outillage des professions supérieures. L'outil véritable, dans l'action inter-spirituelle, ne serait ni la plume ni la machine à imprimer, mais la rigidité des convictions, la dureté des passions, par lesquelles on bat en brèche le granit des convictions et des passions contraires. Un publiciste peut n'être lui-même ni convaincu ni passionné à la rigueur, mais, en tout cas, et c'est là l'essentiel, il se sert toujours de convictions ou de passions extérieures, de préjugés et de partis pris condensés en institutions solides et tenaces, il se sert d'abord de la plus ancienne et de la plus résistante des institutions nationales, la langue, cet admirable outil, pour parvenir à en détruire d'autres. Une révolution sociale n'est possible qu'à raison de la stabilité, de la solidité des institutions sur lesquelles on s'est appuyé — langue, dogmes politiques, dogmes religieux, coutumes — pour pulvériser d'autres principes, d'autres préjugés, d'autres mœurs.

On peut classer les travaux non seulement d'après leurs fins, leurs moyens et leurs obstacles, mais encore à d'autres points de vue, par exemple, d'après la manière dont ils sont utilisés. Tous les travaux procurent des services, mais il est des services qui sont utilisés directement, d'autres qui ne le sont qu'indirectement, par les produits où ils se matérialisent et s'incarnent. Distinguons donc les *travaux-services* et les *travaux-produits ;* et voyons si la proportion de ces deux grandes classes de travaux est restée la même. N'est-il pas manifeste que la proportion relative des travaux-produits va grandissant et celle des travaux-services diminuant au cours du progrès économique? Un patricien de l'antiquité, un seigneur du moyen âge ne parvenait à satisfaire ses besoins et ses caprices que moyennant les services rendus par des légions d'esclaves ou des nuées de valets. L'homme riche de nos jours achète dans divers magasins, sous forme d'articles variés, la satisfaction de besoins et de fantaisies encore plus multiples, et un ou deux domestiques lui suffisent.

On peut distinguer encore les *travaux-produits* d'après la nature du produit. Le travail artistique se distingue des autres en ce que, moyennant une série d'actes similaires et répétés, il aboutit à une œuvre qui, elle, n'est pas destinée à être reproduite par lui, quoiqu'elle le soit parfois avec des variantes profondes, car elle prétend être une création originale et unique, et elle mérite d'autant mieux le nom d'œuvre d'art qu'elle justifie davantage cette prétention. Mais les travaux industriels, moyennant des séries d'actes similaires et répétés, reproduisent à l'infini des séries d'ouvrages non moins semblables. Le passage de la première catégorie à la seconde est d'ailleurs graduel et comporte d'innombrables degrés de transition. Une distinction assez familière aux ouvriers a quelque rapport avec la précédente : ils distinguent le *travail courant* et le travail non courant. Par le premier, ils entendent une tâche toujours la même qu'il est facile de soumettre à un tarif, tandis que le second se prête bien plus malaisément à une évaluation faite d'avance : pour le premier, on fera travailler l'ouvrier *à prix fait;* pour le second, à la journée ou à l'heure. Or, il est à remarquer que la proportion de ces deux genres de travaux va changeant, toujours dans le même sens, au cours du progrès industriel. Le travail courant empiète sans cesse sur le travail non courant, c'est-à-dire sur le travail artistique ou du moins sur le travail imprévu, pittoresque, qui fait un appel constant à l'ingéniosité du travailleur. A mesure que s'assimilent les besoins, tout en se multipliant, les produits qui les satisfont peuvent être exécutés non plus sur commande individuelle, mais sur commande générale, et leur fabrication devient *courante*. Le développement des magasins de confection, où tout le travail est courant, refoule les anciennes échoppes où tout se faisait sur mesure. Par là, on pourrait dire que la proportion du travail ennuyeux grandit sans cesse, avec la civilisation, aux dépens du travail attrayant, si l'on oubliait que les machines se chargent de plus en plus de toute cette besogne qui serait fastidieuse pour des hommes.

Cette classification des travaux, tout incomplète qu'elle est, suffit à nous montrer leur prodigieuse hétérogénéité, et, par suite, l'extrême difficulté de résoudre le problème de leur juste rémunération. Il s'agit, pour satisfaire le besoin de justice, qui devient toujours plus urgent, de trouver une *mesure commune* à ces travaux si hétérogènes : véritable quadrature du cercle qui s'impose à nous. On ne peut résoudre ce problème qu'en le tournant. Ce n'est ni la durée, ni l'intensité du travail qui peut suffire à fournir le mètre commun que l'on cherche. Est-ce que le degré d'*insipidité*, d'ennui, ne devrait pas aussi entrer en ligne de compte ? Oui, assurément, et aussi le degré de considération et d'honorabilité. Le prix d'un genre de travail croît souvent en raison inverse de la considération qui lui est inhérente ; c'est en partie pour cela que, dans notre siècle, de tous les salaires féminins, celui des servantes est le plus rétribué et s'est élevé bien plus que celui des ouvrières. Le degré d'*insalubrité*, de *périllosité*, si l'on me permet ce néologisme, mérite aussi d'arrêter l'attention. Mais, avant tout, c'est au prix courant du produit ou du service, résultant du travail, que se mesure et se mesurera toujours la valeur du travail producteur ou servant. Et les variations de prix du produit ou du service régleront toujours, en l'absence d'autres règles plus rationnelles, les variations du salaire. Mais ne parlons pas encore des salaires dont le sujet se rattache à la la théorie générale des prix.

VI

Demandons-nous maintenant s'il y a *une* ou *plusieurs* évolutions historiques du travail, et quelle est leur explication générale.

D'abord, commençons par remarquer une singularité que nous offre l'homme primitif. La plupart des sauvages sont paresseux, et l'on explique, en général, leur paresse par leur absence de mémoire et de prévoyance. Ils oublient leurs besoins passés, leur faim et leur soif d'hier, quand ils n'en souffrent plus momentanément, et ils ne prévoient pas leurs besoins futurs. Mais, ce qui est bien étrange, ces êtres si oublieux et si imprévoyants sont en même temps les êtres les plus vindicatifs du monde ; ce qui signifie qu'ils gardent le souvenir opiniâtre des injures remontant au plus lointain passé et qu'ils songent, en se vengeant, à se garantir contre la menace d'injures nouvelles à l'avenir. Ainsi, oublieux des maux les plus douloureux, de la faim, de la soif, du froid durement subis, ils se souviennent des moindres piqûres d'amour-propre ; et, imprévoyants pour tout le reste, ils prévoient très nettement les moindres périls que leur honneur peut avoir à courir. Ce contraste serait inexplicable si l'on n'avait présent à l'esprit le trait peut-être le plus caractéristique du sauvage, son extraordinaire amour-propre, sa prodigieuse et extravagante préoccupation de l'opinion des siens.

A première vue, on peut s'étonner que la puissance de l'opinion publique se montre ainsi plus forte et plus tyrannique là où le public est le moins nombreux et même le plus dispersé physiquement. Mais sa dispersion physique ne l'empêche pas d'être socialement très dense par les similitudes et les solidarités qui unissent les membres d'un même clan ou d'une même tribu, par l'intensité de leurs actions inter-mentales, par les liens du sang qui s'ajoutent à ceux d'une éducation commune et qui compensent bien au delà leur petit nombre. A quel point le sauvage dépend de l'opinion d'autrui, modèle sur l'opinion d'autrui l'idée qu'il a de lui-même, et prend pour son être réel son être fictif quand cette fiction s'est accréditée dans son entourage, on le voit par ce qui se passe quand un prisonnier de guerre, au lieu d'être scalpé, est, exceptionnellement, adopté par une famille ennemie, accueilli par les femmes, couché par elles sur la natte d'un mort dont il prend le nom et est censé être la réincarnation. Dès lors, il s'attache sincèrement à sa nouvelle famille, à sa nouvelle nationalité, et combat, avec ses nouveaux concitoyens, ses anciens compatriotes qui, puisqu'il s'est laissé capturer, le tiennent pour mort. Cette double fiction, de sa mort civique dans sa patrie d'origine, et de sa métempsycose dans sa nouvelle patrie, devient sa règle de conduite, profondément écrite au fond de son cœur.

Le sauvage est donc tout amour-propre, et n'est prévoyant et mémoratif qu'en ce qui touche à l'honneur. Mais, chez l'homme qui se civilise, le champ de la mémoire et de la prévoyance s'étend, et le progrès de sa mémoire générale s'accompagne du déclin d'une mémoire particulière, celle des injures. A mesure qu'il devient plus prévoyant en fait de besoins, il devient moins vindicatif. Par suite, il devient plus laborieux et plus paisible, plus paisible parce que plus laborieux, et plus laborieux parce que plus paisible.

Mais quelle est la nature du travail qui s'impose d'abord à l'homme, et quel est l'ordre dans lequel se succèdent les divers genres de travaux qui prédominent aux époques successives du développement d'un peuple ? Le point de départ est-il partout le même, et la route suivie est-elle la même pour tous ? Nullement. Le point de départ diffère beaucoup d'après la nature du sol et du climat où une race commence à entrer dans les voies du travail, et aussi d'après les aptitudes et les tendances de cette race. Ici le premier travail sera la cueillette des fruits spontanés d'un sol privilégié, comme dans certaines îles de l'Océanie ou dans certaines vallées de l'ancien continent. Là ce sera la pêche, et tel ou tel genre de pêche ; ailleurs la chasse, et telle ou telle chasse très différente d'après la faune de la contrée ; ou bien, et le plus souvent simultanément, quelques rudiments d'art pastoral et même d'agriculture. L'école de Le Play n'a donc point tort d'insister sur l'importance de cet élément géographique et climatérique, au début de l'évolution économique du moins. Son erreur est de vouloir faire découler de là, comme si c'était le facteur constamment dominant de la vie sociale, le caractère domestique, politique, moral, esthétique, de la nation, à jamais condamnée à telle constitution, à telles institutions de tout genre, parce que son habitat est propre au pâturage ou à la culture des céréales. La nature du travail, et les changements survenus dans la nature du travail, à partir de ses débuts, dépendent, avant tout, de l'invention. Il n'est pas une des formes primitives du travail qui n'ait été profondément transformée d'âge en âge par des inventions successives et qui n'ait été rendue par elles applicable à des territoires et à des climats nouveaux. La *cueillette* n'a pas disparu. La *cueillette*, réduite d'abord. dans les forêts, au fait de manger des baies ou de ramasser des branches tombées, est devenue peu à peu l'exploitation des grands arbres séculaires en vue des constructions navales, par les scieries mécaniques ; après avoir consisté à ramasser des éclats de silex à fleur de terre, elle est devenue l'extraction des minéraux, et de minéraux plus variés, à des profondeurs de plus en plus grandes. Combien de pays, à richesses minérales profondes, à présent exploitées par une population minière dense et prospère, auraient été des déserts incultes chez nos aïeux des âges paléolithiques ou néolithiques ! La *pêche* a subi moins de transformations ; pourtant, l'invention de la navigation à voiles, la découverte de nouvelles îles et de nouvelles mers (de Terre-Neuve par exemple) l'ont singulièrement élargie et diversifiée. Notons aussi les progrès de la pisciculture, dus aux découvertes de nouvelles espèces de poissons à répandre dans les eaux des lacs et des rivières, et de nouveaux procédés pour les répandre. La *chasse* a été métamorphosée, on peut le dire, par la domestication de certains animaux, le chien, le faucon, par chaque arme nouvellement inventée, arc et arbalète, fusil, qui ont tant contribué à la destruction des bêtes fauves, condition première de la civilisation dans une contrée. Enfin, le *pâturage* a été renouvelé, soit par de nouvelles espèces d'animaux domestiques, soit par de nouvelles plantes propres à les nourrir : aux prairies naturelles se sont ajoutées les prairies artificielles qui ont étendu le pâturage et l'élevage aux régions primitivement les moins propres à ce travail. — Et je n'ai parlé que des formes de la production réputées les plus stationnaires, les plus réfractaires au progrès ; je n'ai rien dit ni de l'agriculture ni de l'industrie proprement dite, parce qu'il est trop clair que le génie inventif est la grande cause de toutes leurs révolutions et de toutes leurs évolutions mêmes.

Par évolution ou révolution du travail, il faut entendre, non seulement l'apparition de nouvelles formes ou la disparition d'anciennes formes du travail, mais encore les changements survenus dans la proportion numérique des diverses catégories déjà existantes de travaux et de travailleurs. Pourquoi telle catégorie de travaux, les métiers commerciaux ou les métiers industriels ou les professions libérales, va-t-elle se développant à telle époque et en tel pays, ou s'amoindrissant à telle autre ? Et, plus spécialement, pourquoi telle branche du commerce ou de l'industrie, telle profession libérale, grandit-elle plus vite que les autres, ou décroît-elle, à telle époque et en tel pays ? Pourquoi, par exemple, le nombre proportionnel des fonctionnaires a-t-il augmenté en France au XIXe siècle et va-t-il en augmentant toujours ? La réponse à une telle question ne peut être que très complexe, les causes qui font se précipiter l'élite d'une nation tantôt vers telles carrières tantôt vers telles autres sont multiples et variées ; et cette complexité, cette variété, a déjà une signification importante, car elle montre l'impossibilité d'assujettir à une formule uniforme et réglée d'évolution la série si pittoresque, si capricieuse de ses changements. On peut seulement relever l'uniformité habituelle, non contestée, d'un certain ordre de succession dans l'importance tour à tour dominante des grandes classes de travaux considérés *in abstracto*. Cet ordre historique bien connu se reproduit encore, comme par une image en raccourci et en abrégé, aux États-Unis, quand un territoire nouveau est colonisé. « Dans l'ordre de l'assiette et du développement de la contrée, dit M. Paul Leroy-Beaulieu, d'après un document américain, les industries se succèdent ainsi : le chasseur ; après le chasseur, le *trapper* (preneur d'animaux au piège) ; le berger ou le gardien de troupeaux suit, et l'élevage du troupeau est pour un temps l'industrie dominante, puis l'agriculture et les manufactures... » Mais, si intéressante que soit cette constatation faite dans une région déterminée, elle ne donne lieu qu'à une formule bien vague, non sans exception, et ne fournit au problème posé ci-dessus qu'une réponse bien insuffisante. Plus on s'élève sur l'échelle des professions, jusqu'aux plus vraiment sociales, qui consistent en actions inter-spirituelles, et plus on les voit échapper à toute règle préconçue de succession, à toute loi d'évolution un peu précise.

Mais, à défaut d'une loi d'évolution qui permette de prédire l'ordre dans lequel se succéderont, en détail, les diverses natures de travail dans un pays nouveau, il nous est permis de formuler des *lois de causation* qui s'appliquent aux itinéraires les plus variables pour expliquer chacun de leurs tracés, comme la loi de la pesanteur s'applique toujours la même à toutes les chutes de pierre, de canons, d'obus et de corps quelconques, si bizarre que puisse être leur chemin aérien. Nous avons déjà indiqué quelques-unes de ces lois de causation à propos des causes qui font varier le degré de considération attaché aux diverses professions. Disons, avant tout, que la proportion numérique des individus adonnés aux diverses professions varie en raison de l'accroissement ou décroissement relatif du désir général satisfait par chacune d'elles, ou de la considération attachée à chacune d'elles, et que ce désir relatif s'accroît en raison des facilités qu'il trouve à se satisfaire par suite d'inventions nouvelles qui ont créé de nouveaux produits propres à lui procurer une meilleure satisfaction, ou qui ont abaissé le prix des produits anciens. Il n'y a pas d'autre raison, par exemple, du prodigieux développement qu'a reçu l'industrie des transports depuis l'invention des chemins de fer.

VII

On le voit, le sujet que nous venons d'indiquer, les transformations du travail, se rattache plutôt à la troisième partie de ce cours, à l'adaptation économique, où il sera traité du rôle de l'invention. Nous l'abandonnons donc pour le moment, pour nous occuper d'un autre sujet, qui appartient intimement à notre première partie, et qui a déjà été effleuré plus haut, celui de la *périodicité* du travail.

Le cycle des travaux, chez les primitifs, consiste, pour chaque travailleur, à achever son œuvre jusqu'au bout, puis à la recommencer. Un vannier fait un tour de roue de son cycle productif chaque fois qu'il a fini une corbeille ; un tonnelier, chaque fois qu'il achève un fût ; un pêcheur, chaque fois qu'il vient de jeter un coup d'épervier et de ramener son filet ; un serrurier, chaque fois qu'il vient de faire une clé, ou une serrure, etc. Cette période est, en général, très courte, le nombre des actes différents dont la succession constitue le cycle productif étant très petit. Il y a des exceptions : l'ouvrier d'Orient qui fait à la main un châle ou un tapis y consacre souvent bien des mois ; après quoi il recommence. On sait le temps qu'a mis Pénélope à tisser sa toile. Mais, de même qu'en astronomie la rotation de la terre autour d'elle-même se complique de la rotation de la terre autour du soleil, ellipse bien plus majestueuse dont ces rotations sont des fractions élémentaires, de même ici, outre ces recommencements d'un même travail plusieurs fois par jour ou par semaine, nous observons, en agriculture et même en industrie, un recommencement d'une même série de travaux différents au bout d'une période plus ample, d'une *période annuelle* en général.

C'est là d'abord un cycle tout individuel ; mais quand la division du travail partage entre plusieurs ouvriers, entre plusieurs groupes d'ouvriers, souvent fort distants les uns des autres, l'accomplissement total d'une même œuvre, le cycle productif total devient collectif, et, en général, la durée de sa période de rotation s'allonge, mais en même temps la durée de la fraction d'œuvre que chaque ouvrier fragmentaire accomplit, va diminuant, et il tourne de plus en plus vite dans un cercle de plus en plus étroit d'opérations dont la série se répète incessamment, pendant que le cercle total, formé par un enchaînement régulier de ces petits cercles partiels, va s'agrandissant, sinon se ralentissant toujours.

Il y a une autre différence à noter entre la production primitive et la production civilisée : au début, tout travail étant manuel et supposant un certain degré d'ingéniosité, une œuvre faite (panier, bas, chapeau, vêtement, etc.) n'était jamais recommencée exactement pareille par le même ouvrier, et, à plus forte raison, par des ouvriers différents. Chaque fois, il variait un peu, comme un demi-artiste qu'il était. Mais, plus la production s'est développée, et plus la répétition du produit est devenue exacte ; la fabrication par les machines a poussé à bout cette évolution. Par les machines, la séparation a été tranchée entre l'élément-répétition, proprement industriel, et l'élément-variation, qui a quelque chose d'artistique. Les degrés de cette séparation, commencée dès l'âge de la pierre polie, ou peut-être même éclatée, sont incessants à suivre. L'artisan du moyen âge n'est plus qu'à moitié chemin de cet itinéraire. L'artiste actuel et la machine actuelle sont les termes extrêmes de cette bifurcation. Quant à l'ouvrier actuel, dernier vestige de l'artisan, il est destiné à être absorbé de plus en plus soit par l'artiste, soit par la machine, — sauf, bien entendu, l'ouvrier mécanicien. L'ouvrier mécanicien, c'est la machine en acte, comme le cavalier c'est le cheval utilisé.

Chaque phase économique peut être caractérisée par l'ampleur, la durée, la complexité du cycle productif total qui lui correspond. Il devient de plus en plus ample, de plus en plus complexe, de plus en plus régulièrement périodique. Mais, au point de vue de la durée, il est une limite vite atteinte, rarement dépassée, qui tend à dominer et donner le ton, même en dehors du domaine agricole où elle s'impose nécessairement : c'est le cycle annuel. La production agricole a un cycle enfermé dans le laps de temps exigé par la floraison et la fructification végétales. Ce laps de temps, c'est l'année. Le croît du bétail est assujetti à cette même période. La rotation productive, en fait d'évolution végétale ou animale, ne saurait guère être abrégée. En fait de fabrication industrielle, elle peut l'être à la vérité, mais les besoins auxquels chaque industrie correspond, celle des vêtements chauds ou frais par exemple, se reproduisent à des époques fixes de l'année et condamnent, par suite, le fabricant à des alternatives annuelles de morte saison et de saison d'activité. C'est ainsi que le cours des astres tient sous sa dépendance le cours du travail humain, aussi bien que le cours du travail animal ou végétal, et sert de métronome à ce labeur rythmique.

Au point de vue théorique, il y a grand avantage à confondre dans la même expression de *travail*, pour un instant, toutes les activités vivantes, soit végétales, soit animales, soit humaines, qui concourent à produire, ou produisent même isolément, une richesse à l'usage de l'homme. Quant aux activités simplement physiques, telles que la force des vents ou des marées, ou des rayons solaires, ou des substances chimiques, il y a entre elles et les activités vivantes — précisément parce que celles-ci sont faites de celles-là, mais de celles-là dirigées et systématisées — une différence profonde, théoriquement des plus importantes. Que la production soit végétale, ou animale, ou humaine, le produit est toujours reconnaissable à une saveur spéciale qui caractérise toutes les œuvres de la vie. Qu'on se serve pour écrire du papyrus, ou du parchemin, ou même du grossier papier de nos aïeux fabriqué à la main, il y aura toujours quelque chose d'intéressant pour un œil d'artiste dans cette substance, parce que chaque feuille de ce papier aura sa nuance distincte, sa particularité propre, comme chaque parchemin ou chaque papyrus. Il n'en sera pas de même du papier sorti des grandes papeteries à vapeur, quoique celui-ci puisse, à d'autres égards, être jugé pratiquement préférable. Le produit fabriqué par les machines, surtout si la matière première en est de nature inorganique, a toujours quelque chose de froid, dans son identité trop parfaite, dans sa régularité trop impeccable.

Il n'en est pas moins vrai qu'on passe par degrés et insensiblement de la fabrication animale ou végétale, sous la direction de l'homme, à la fabrication machinale, et que toutes ces manières différentes de travailler s'équivalent presque pour la majorité des consommateurs, au point de vue utilitaire, quand le produit répond à peu près au même besoin; en sorte que l'abaissement de prix résultant du passage de l'un de ces genres de production à l'autre, s'étend peu à peu à tous les produits similaires quelle que soit leur origine. Mais il n'en importe pas moins de distinguer cette origine au point de vue théorique aussi bien qu'esthétique.

— Dans les formules relatives au cycle de production, et aux transformations de ce cycle, il convient donc de ne pas mettre tout à fait à part, hors de tout contact avec le travail de l'animal ou de la plante, le travail manuel ou intellectuel de l'homme, comme si celui-ci seul devait compter dans la valeur. Je comprendrais qu'on établît une démarcation profonde entre le *travail vivant* d'une part, et, d'autre part, le *travail* ou plutôt l'*opération mécanique ou physico-chimique;* mais creuser ce fossé entre le travail de l'ouvrier humain, d'une part, et, d'autre part, les travaux de la plante, de l'animal ou les nouveautés de la machine massés ensemble, c'est peu conforme à la nature des choses qui établit une coupure nette entre l'organique et l'inorganique, entre le monde vivant et le monde non-vivant, mais non entre l'homme et le reste de la nature. Or, sous le nom de capital, on entend l'ensemble des collaborateurs végétaux et animaux de l'homme, pêle-mêle avec quelques-unes des forces physico-chimiques que ces *travailleurs* emploient, et aussi avec les machines et les outils, les substances inorganiques fabriquées par l'homme, ou les denrées et les aliments quelconques fabriqués par les plantes ou les animaux domestiques. Cette notion du capital peut être pratiquement très utile et même nécessaire. Mais quelle fécondité théorique peut-on attendre d'une notion aussi confuse et aussi bâtarde, qu'on oppose — comme s'il pouvait y avoir là opposition — à la notion, singulièrement rétrécie et mutilée, du travail?

Avant tout, l'homme est un être vivant. Et c'est ce qu'il oublie, c'est ce qu'on s'efforce de lui faire oublier, quand, sous ce nom de capital ou de cheptel, on confond pêle-mêle une paire de bœufs, des semences, une charrue, une charrette, des bâtiments, des meubles, lui faisant ainsi perdre de vue la collaboration de ses co-associés végétaux et animaux dans la grande œuvre de la production du blé ou du lait, ou de toute autre chose nécessaire à son existence. Le paysan, lui, sent bien cette collaboration et cette association avec nos frères inférieurs, les vivants dont nous vivons. S'il lui arrive encore, par exception, d'atteler sa femme à la charrue pour remplacer le bœuf absent, il atteste par là aussi bien l'estime où il tient le bœuf que son mépris pour la femme. Les anciens comprenaient dans le cheptel vivant le groupe de leurs esclaves. On a émancipé les esclaves; il nous reste, non pas à émanciper, mais à considérer théoriquement d'un œil moins dédaigneux les animaux domestiques et les plantes cultivées elles-mêmes. A mesure que l'homme se civilise, il doit se sentir à la fois le maître et le protecteur de la nature vivante tout entière; et, de plus en plus pénétré de ses devoirs envers les autres vivants, il doit, sinon rémunérer leurs services, du moins les traiter avec douceur, avec la conscience toujours plus vive de leur parenté, et ne pas méconnaître cette parenté dans ses théories économiques. Soyons naturalistes autant que psychologues en économie politique. A ce point de vue, il y a deux éléments seulement de la production (et non pas trois) : le *travail* et la *nature inorganique*. Cette dualité, c'est, au fond, la dualité de la *vie* et du *milieu*, sur laquelle se fonde l'opération vitale essentielle, qui consiste à élaborer constamment le milieu, à s'y adapter et l'adapter à soi. Il faut faire rentrer le travail économique dans le grand travail universel de la vie. Si l'on doutait de cette identité fondamentale de l'activité humaine et de l'activité vivante en général, il suffirait, pour en donner la preuve, de rappeler que le rythme général de l'activité industrielle, dans ses hausses et ses basses alternatives, de même que l'activité vivante, dans ses excitations ou ses affaissements périodiques, est réglé par la rotation de la terre autour d'elle-même ou autour du soleil, c'est-à-dire est diurne ou annuel. Aussi annuels que les passages des bancs de poissons et les voyages des oiseaux migrateurs sont les arrivées et les départs de ces bandes d'ouvriers industriels ou agricoles qui, dans les pays les plus divers, émigrent périodiquement. Le Play, dans ses *Ouvriers européens* a beaucoup étudié le régime des émigrations périodiques dans le bassin de l'Oka, en Russie. A Saint-Pétersbourg, des porte-faix émigrent de la sorte pendant l'hiver. « L'essence de ce régime, dit Le Play, est de faire exécuter dans certaines villes ou certaines régions, par des ouvriers étrangers, les travaux, intermittents pour la plupart (ou, pour mieux dire annuels), auxquels la population locale ne peut suffire. Les émigrants chargés de ce service appartiennent toujours à des districts agricoles vers lesquels ils se trouvent constamment rappelés par l'intermittence de leurs travaux, ainsi que par le désir de revoir leurs parents, leur femme et leurs enfants. » Il est à noter, comme trait caractéristique de mœurs russes, que les ouvriers russes qui émigrent ainsi, habitués à la communauté de la vie de la famille et du *mir*, ne peuvent s'en passer même en voyage et la remplacent, pendant leur vie d'émigration, par des associations volontaires appelées *artèles*. Telle est l'origine, tout agricole et rurale, des corporations ouvrières de la Russie.

Ce n'est pas seulement en Russie, c'est un peu partout, que ces émigrations périodiques ont lieu. En Angleterre, le renchérissement de la main-d'œuvre agricole a amené, vers le milieu du xixe siècle, la formation de bandes agricoles sur lesquelles une enquête a été faite en 1865 par le gouvernement anglais, à la suite de plaintes, souvent fondées, au sujet des dangers que présentait la contagion de l'immoralité qui y régnait. Ce sont là aussi des foules intermittentes, dont l'intermittence est réglée par les cours des saisons, quoiqu'elles diffèrent profondément des précédentes. Ici rien qui ressemble à une *artèle*, à une grande famille. Ces bandes, composées en majorité d'adolescents des deux sexes, extrêmement émancipés, sont conduites par un chef qui exerce sur elles une grande autorité. Ces chefs de bandes, d'après l'enquête, sont, en général, « des hommes grossiers, de mauvaises mœurs, dissolus, ivrognes ». Ils sont des entrepreneurs qui travaillent à forfait et obtiennent des ouvriers et ouvrières à leur solde une somme de travail très supérieure à celle que ceux-ci pourraient fournir s'ils étaient isolés.

— On le voit, quelle que soit le degré de complication où parvienne l'organisation industrielle, tout est essentiellement périodique, d'une périodicité en général annuelle, dans les manifestations du travail humain comme dans celles du travail animal ou du travail végétal. Je ne parle pas des périodicités élémentaires, qui se meuvent dans les limites de temps les plus variées. Car tout est essentiellement périodique dans le travail végétal ou animal comme dans le travail humain : circulation du sang ou de la sève, respiration, sécrétion des glandes, etc. Il est vrai que ce caractère de périodicité est propre à l'action des agents inorganiques eux-mêmes, astres qui gravitent, molécules qui vibrent, flux et reflux, courants de l'atmosphère et de la mer, évolution des eaux qui montent et redescendent de la mer à la montagne et de la montagne à la mer. Aussi n'est-ce point par ce caractère de périodicité que les êtres vivants se séparent des agents physiques, et j'ai voulu dire simplement que c'est par là que les êtres vivants, y compris l'homme, se rapprochent, non qu'ils se séparent du reste de la nature. Mais il y a des caractères plus profonds qui les en séparent.

Et je sais bien aussi que chaque espèce vivante cherche à se faire servir, non seulement par toutes les autres espèces vivantes à sa portée, autant que possible, mais encore par tous les agents physiques et chimiques quelconques, et que cette distinction paraît assez indifférente à son égoïsme utilitaire. Cependant cette règle n'est pas sans exception, et il est des végétaux dont les vrilles ne s'enroulent pas de la même manière autour d'une tige d'arbuste ou d'une barre de fer. Et je ne suis pas sûr que tous les oiseaux fassent leur nid indifféremment dans le creux d'un arbre ou le trou d'un mur. Puis, ne semble-t-il pas que l'homme doive affirmer sa supériorité à l'égard des autres vivants, précisément en distinguant ce que ceux-ci confondent? Et, de fait, est-ce que le progrès de la civilisation n'a pas pour effet de faire sentir chaque jour plus nettement et plus profondément à quel point la manière dont l'homme est servi par les plantes ou les animaux domestiques diffère de la manière dont il est servi par la chaleur, par la lumière, par l'électricité, par les minéraux, et par les machines qu'il a composées avec ces forces ou ces substances inanimées? Est-ce que l'agriculture et l'élevage ne deviennent pas chaque jour plus différents de l'industrie proprement dite, si bien qu'un traité d'économie rurale semble n'avoir plus rien de commun avec un traité d'économie politique ordinaire où l'industrie est surtout visée ?

Par les plantes et les animaux l'homme est servi comme il l'est, au fond, par les autres individus de son espèce. Le plus humble des êtres vivants porte en lui-même un vouloir propre, conscient ou inconscient, mais toujours ingénieux, qui est le principe même de vie, et où la volonté humaine se mire comme dans sa vivante image. Aussi ne pouvons-nous l'utiliser que comme nous utilisons le vouloir de nos semblables, en faisant en sorte que son but propre converge vers l'accomplissement même du nôtre. Au contraire, les choses inorganiques n'ont pas de fin à elles, elles n'ont donc, strictement, que l'ingéniosité, tout apparente et tout artificielle, que nous leur prêtons par notre génie inventif. Elles n'ont pas de but, ce qui veut dire qu'elles ne sauraient travailler, d'après notre définition du travail. Il n'y a en elles, en fait d'adaptation, que ce que nous y mettons, sous forme de machines ; tandis que, lorsque, par l'élevage, par la sélection méthodique, par des moyens indirects, qui n'ont rien de commun avec l'invention d'une machine nouvelle, nous *suscitons* une nouvelle plante ou un nouvel animal, mieux adapté à nos fins, ces variétés jaillies du sein fécond de l'imagination vivante, sous notre provocation, soit, mais sans que nous sachions comment, nous étonnent toujours par l'inattendu des propriétés, des vertus, des charmes, que nous découvrons en elles. Nous *découvrons* les innovations végétales ou animales, nous ne les *inventons* pas.

Nous provoquons de nouvelles *habitudes* chez les êtres vivants ; l'impulsion qui leur est donnée par nous, à tâtons, l'habitude la conserve et l'enracine. Rien d'analogue à l'habitude pour les choses inorganiques. Si nous les manions bien plus complètement, *tanquam cadavera*, elles n'arrivent jamais à se diriger elles-mêmes, il faut toujours les surveiller avec le même soin. Elles ne nous obéissent pas, elles vont où nous les poussons.

Enfin, les services que nous rendent les autres êtres vivants sont réciproques, alors même que nous les engraissons pour les manger. Ils seraient mangés tout aussi bien, et feraient plus maigre chère, à l'état de liberté. Il n'est pas d'animal domestique qui ne se persuade vaguement que l'homme est son serviteur. Mais les services que nous rendent les forces physiques et les substances chimiques sont unilatéraux ; qu'est-ce que nous leur donnons en retour ?

On ne saurait donc confondre dans des formules théoriques ce que la pratique différencie de plus en plus. On comprend qu'au début de l'évolution industrielle, quand elle se présentait comme noyée dans l'évolution agricole et pastorale, beaucoup plus ancienne et plus développée, on ait embrassé les deux dans les mêmes notions ; mais, à mesure que s'accentue une distinction fondée sur la nature des choses, il importe d'y avoir égard théoriquement aussi bien que pratiquement. Le terme idéal où court l'humanité, sans en avoir encore une conscience précise, c'est, d'une part, de composer avec l'élite de toutes les faunes et de toutes les flores de la planète un harmonieux concert d'êtres vivants conspirant, dans un même *système de fins*, aux fins mêmes de l'homme, librement poursuivies ; et, d'autre part, de capter toutes les forces, toutes les substances inorganiques, pour les asservir ensemble, comme de simples moyens, aux fins désormais convergentes et consonnantes de la vie. C'est au point de vue de ce terme éloigné qu'il faut se placer pour comprendre à quel point les conceptions fondamentales de l'économie politique demandent à être revisées.

VII

Je ne puis quitter le sujet du travail sans dire un mot de son contraire, le loisir, et sans faire remarquer que le loisir, comme le travail, a un caractère de plus en plus périodique.

Partout et toujours, il y a eu des *jours fériés*, revenant annuellement ou mensuellement ou hebdomadairement aux mêmes dates. Mais, depuis les temps modernes, nous voyons s'étendre un usage qui, d'abord limité, ce semble, à une profession, a fait tache d'huile au dehors et tend à envahir toutes les carrières : c'est ce repos prolongé, d'un ou deux mois, au milieu de l'été ou à l'automne, qu'on nomme les *vacances*. L'institution des vacances (ainsi, d'ailleurs, que celle du repos dominical ou sabbatique, hebdomadaire) est très distincte de l'institution des fêtes : les fêtes ont une origine religieuse ou patriotique, elles sont une commémoration joyeuse, un rassemblement en l'honneur d'un saint, d'un héros, d'un événement heureux ou glorieux ; les vacances (comme le dimanche) ne commémorent rien, ne célèbrent rien, elles dispersent ou isolent les individus plutôt qu'elles les rassemblent, elles sont réputées un repos salutaire plutôt qu'une joie fortifiante et tonique.

Les fonctionnaires égyptiens, athéniens, romains, connaissaient-ils les vacances? Il ne le semble pas. On ne saurait voir un embryon de vacances dans les saturnales des esclaves. Il y a des genres de travaux qui n'en comportent pas, en aucun temps et en aucun pays : l'agriculture, les travaux des cuisiniers et des domestiques en général, la boulangerie, la boucherie, la plupart des industries ; enfin, la guerre, qui a l'*hivernage*, précisément l'opposé du repos *estival*. Il n'y a, en somme, que les professions libérales, qui, sans trop d'inconvénient, comportent des vacances, sauf la médecine et quelques autres exceptions. Et, parmi les professions libérales, celle qui, la première a goûté les douceurs de cette coutume, c'est, paraît-il, la magistrature. Il faut lui en savoir un gré infini. Je me demande si ce n'est pas à la propriété agricole aussi que nous en sommes redevables ; car, bien que les travaux des champs soient ininterrompus, n'est-ce pas cependant l'amour de la terre qui a fait sentir le caractère distinctif, dans nos climats, des mois d'août, de septembre, d'octobre, qui est d'être la saison des récoltes? Et n'est-ce pas parce que les magistrats d'ancien régime étaient des propriétaires ruraux qu'ils interrompaient leurs labeurs judiciaires pour aller surveiller leurs vendanges, sinon leurs moissons ? Quoi qu'il en soit, une fois cet exemple donné par les magistrats, toutes les professions industrielles même et commerciales, se sont efforcées de le suivre, et, dans la mesure du possible, y ont réussi. Seulement, en se propageant, cette vieille institution change un peu de caractère, s'empreint d'un esprit nouveau. Après avoir eu pour première et principale raison d'être la nécessité, pour le magistrat, ou le fonctionnaire quelconque, de récolter les fruits de son domaine rural, les vacances deviennent, pour les vagabonds distingués et internationaux de nos jours, la satisfaction donnée au besoin impérieux et périodique, et de plus en plus universel, de voyager. Ce n'est plus le temps des vendanges, c'est le temps des voyages aux villes d'eaux, aux bains de mer, à l'étranger. C'est un repos devenu très agité, mais très instructif.

Autre remarque. Jamais on n'a tant chanté que de nos jours les louanges du travail, ni tant exorcisé tous les *revenus sans travail*. Il ne s'agit de rien moins que de les détruire. Jamais cependant le besoin de s'enrichir sans peine ne s'est autant répandu ni aussi souvent satisfait. La spéculation financière en haut, en bas les valeurs à lots, les jeux, les loteries, les paris aux courses, etc., sont les mille formes sous lesquelles se fait jour cette passion publique pour la bonne chance, pour ce favoritisme du sort que le socialisme maudit et qui se répand avec le socialisme.

CHAPITRE VI

LA MONNAIE

I

Quand la répétition a fonctionné un certain temps et produit un certain nombre de choses semblables dans un ordre quelconque de réalités, elle y donne lieu à des quantités spéciales, qui sont la synthèse de ces similitudes. Toutes les quantités physiques, chaleur, lumière, électricité, résultent du fonctionnement de l'ondulation. La force musculaire d'un homme, mesurable au dynamomètre, sa force nerveuse, son énergie circulatoire ou respiratoire, sont des quantités aussi, et l'ensemble de ces quantités organiques, la vitalité, est une quantité assez imprécise, il est vrai, réelle cependant, qui résulte du fontionnement de toutes les régénérations cellulaires incessantes appelées la nutrition, ainsi que de la génération, d'où elles procèdent. Eh bien, la quantité proprement économique née du fonctionnement imitatif de toutes les consommations et de toutes les reproductions industrielles, c'est la *valeur-coût* incarnée dans la monnaie. Nous allons étudier sa nature et son rôle.

Avant tout, il est intéressant de se demander comment une monnaie a pu s'établir. Il n'y a pas d'article de première nécessité même, le pain, la viande, qui soit de consommation universelle. Beaucoup de peuples préfèrent le riz au pain ; les végétariens ne mangent pas de viande. D'ailleurs, les articles les plus nécessaires et les plus répandus ne sont désirés qu'à certains moments, irrégulièrement ou périodiquement renaissants. Et, au delà d'une certaine quantité, on ne les désire plus. Un homme serait fâché d'avoir plus de deux ou trois costumes complets, plus de cinq ou six paires de bottines, etc. Il n'y a qu'une chose que tout le monde désire, et désire à tout moment, et désire en quantité illimitée. C'est l'argent. — Pourquoi ce caractère, qui lui est exclusivement propre, de *désirabilité constante, universelle et indéfinie?* Parce que chacun sait, parce que chacun est convaincu[1] que, la monnaie étant désirée de la sorte par tout le monde, il se procurera aisément, moyennant sa monnaie, tout ce dont il aura besoin. — Ainsi, il y a cercle vicieux : la monnaie est désirée constamment et indéfiniment par chacun, parce que chacun sait que tous les autres la désirent constamment et indéfiniment.

Mais alors comment a-t-il pu se faire que ce désir constant et indéfini soit né chez un individu et se soit propagé chez les autres ? N'est-il pas contradictoire de le supposer puisque nous venons d'admettre que le fait même de cette propagation et du jugement qui la constate était la cause de ce désir chez un individu quelconque ? — Observons que cette apparence d'insolubilité avec laquelle le problème de l'origine de la monnaie se présente à nous a son pendant en linguistique, quand on essaie d'y éclaircir l'origine du langage : le problème de savoir comment on a pu adopter tel mot pour signifier telle chose a un air pareillement insoluble et pour des raisons analogues Mais la vie est habituée à dénouer le plus aisément du monde tous ces nœuds gordiens. Il suffit de se rappeler que, au début, les sociétés se réduisent à des groupes très étroits et très clos. C'est seulement dans cette hypothèse que l'établissement initial de l'institution monétaire se conçoit. On comprend sans peine que, dans les limites resserrées d'un clan primitif, où tous les besoins et tous les goûts sont à peu près semblables, le

(1) Rappelons-nous que la croyance échappe à la loi de périodicité du désir. Le caractère de continuité attaché à la valeur de la monnaie lui vient de ce qu'elle est fondée sur la foi encore plus que sur le désir.

désir enfantin de posséder certains objets déterminés, pour des raisons utilitaires et encore mieux pour des motifs esthétiques, se soit vite généralisé [1], et, par la stimulation réciproque, se soit élevé à une hauteur pratiquement infinie, en sorte que l'idée de se servir de ces choses infiniment et continuellement appréciées par tous comme mesure générale de valeur, comme moyen d'échange et comme moyen d'accumulation des richesses, se soit offerte d'elle-même. Puis, les barrières des clans tombant par degrés, ces monnaies diverses sont entrées en concurrence les unes avec les autres et l'une d'elles a triomphé par sélection imitative.

Le difficile étant donc, à l'origine, de s'accorder, dans une région donnée, sur un objet qui y soit désiré par tous et échangeable contre tout, la monnaie est née dès qu'un tel objet a existé. Cet objet a été très différent d'après les régions. Tantôt c'était un article répondant à un besoin déterminé, périodique même, mais un article durable et mobilisable à la fois, « le blé et le tabac dans les premières colonies des États-Unis, le thé dans la Tartarie chinoise ; les fourrures en Sibérie » (J.-B. Say), le bétail à l'époque pasto-

(1) Je lis sous la plume d'un des économistes les plus distingués : « Comme tous les organes généraux nécessaires à la vie et au progrès des sociétés, comme le langage, comme l'échange, comme le droit, la monnaie est née de la collectivité *agissant instinctivement*, non de l'invention d'un homme de génie. » C'est là l'opinion générale. — Mais s'il en était ainsi, si la monnaie était due à *un instinct*, nous ne verrions pas des civilisations ou des demi-civilisations, telles que celles des Aztèques ou des Incas, dépourvues de monnaie véritable, se contenter de monnaies tellement grossières ou embryonnaires qu'elles ne méritent pas ce nom. Nous ne verrions pas l'évolution de la monnaie, comme l'évolution de l'écriture, se poursuivre dans un seul groupe de peuples classiques, hautement privilégiés à cet égard, dont l'exemple a rayonné partout. La *monnaie frappée*, c'est-à-dire la monnaie véritable et complète, est née chez les Lydiens, d'après les recherches les plus récentes, et il n'est pas douteux qu'elle y naquit de la volonté d'un monarque, expression de l'idée d'un inventeur, d'un initiateur de génie. De là la monnaie frappée s'est répandue partout, comme l'écriture alphabétique, c'est-à-dire l'écriture par excellence, s'est répandue de Phénicie chez tous les peuples du monde.

L'explication de la monnaie par l'instinct est à mettre sur le même rang que l'explication du langage par un *don divin*, conséquence que M. de Bonald déduisait de l'insolubilité apparente du problème posé par l'origine du langage.

rale ; tantôt, et plus souvent c'était un objet servant de parure, un objet brillant et inutile, attirant les regards en tout temps. Finalement, c'est sur deux ou trois espèces de ce dernier genre, l'or, l'argent, le cuivre, que s'est fixée et arrêtée la série des métamorphoses monétaires. — On a expliqué et justifié après coup ce choix de certains métaux par les qualités physiques ou chimiques qui les distinguent. Or, sans nul doute, il importe que l'objet quelconque adopté pour monnaie soit rare, en quantité limitée, non extensible à volonté, puisque, sans cela, il n'aurait jamais été nécessaire de recourir à l'échange pour l'obtenir. Mais ce n'est pas sa rareté, encore moins son utilité, pas même sa beauté, qui suffit à expliquer son privilège d'*échangeabilité universelle*. Ces caractères n'ont été que la cause occasionnelle qui a concentré sur l'or, l'argent et d'autres métaux, la conviction universelle et constante qu'ils sont échangeables en tout temps contre n'importe quel article ou service dans le commerce. Et c'est parce que cette concentration n'a pu s'opérer que graduellement, à la longue, à la suite d'une longue évolution monétaire, qu'il est infiniment difficile de porter atteinte à ce privilège des métaux précieux. Ce n'est qu'à la longue aussi, sinon par la traversée d'étapes plus ou moins semblables, qu'on peut espérer de concentrer un jour sur un autre objet, sur un morceau de papier, par exemple, imprimé d'une certaine façon, une pareille unanimité et une pareille constance de foi. Si jamais, parmi les billets de banque qui servent de papier-monnaie, en droit ou en fait, dans des régions circonscrites, il en est un, le billet de la Banque de France ou celui de la Banque d'Angleterre, qui parvient à s'universaliser, ce n'aura été qu'après une série de débordements successifs par-dessus ses frontières premières. — En attendant, la découverte d'une mine d'or suscite toujours une *immense espérance*, comparable en quelque sorte à l'espoir du ciel chrétien ou plutôt musulman importé dans une peuplade barbare, et, par là, elle est une source de richesses inouïe, une surexcitation extraordinaire du désir et de l'effort producteur.

II

Cela dit sur l'origine de la monnaie, tâchons de préciser sa nature et son rôle. — Sa nature est non seulement d'être le seul objet universellement et constamment échangeable, mais encore de devenir de plus en plus le seul objet échangeable en fait. —La monnaie, en naissant, accapare peu à peu et monopolise l'*échangeabilité* dont elle dépouille toutes les autres marchandises. L'échange d'une marchandise contre une autre marchandise n'est dès lors que tout à fait exceptionnel, de plus en plus exceptionnel. Le fait normal, habituel, constant, c'est l'échange de la monnaie contre une marchandise, ou d'une marchandise contre de la monnaie. D'après Macleod, l'échangeabilité est le caractère *essentiel* de la richesse. C'est aussi l'une des définitions qu'en donne Stuart Mill. A ce compte, il n'y aurait, dans un pays hautement civilisé, d'autre richesse que la monnaie (c'est un peu l'idée générale et vulgaire), car, peu à peu, elle s'approprie le pouvoir de s'échanger contre toutes les autres marchandises, et celles-ci ne le sont *que contre elle*. Quant à l'échange d'une espèce de monnaie contre une autre espèce de monnaie, de dollars contre des thallers, de louis contre des roubles ou contre des billets de banque, d'un écu de 5 francs contre des pièces divisionnaires, il a un caractère tout à fait à part, qui n'a de commun que le nom avec l'échange d'une marchandise contre de la monnaie, ou même d'une marchandise contre une autre marchandise. L'échange d'une monnaie contre une autre monnaie (d'égale valeur, bien entendu) est un passage du même au même, puisque les deux choses sont identiques en ce qu'elles ont d'essentiel, leur valeur. Mais l'échange d'un tableau contre un piano, ou d'un bœuf contre une armure, est le remplacement d'un genre d'utilité par une utilité tout autre, absolument et essentiellement dissemblable. L'échange d'une monnaie contre une autre monnaie peut être comparé à une *proposition analytique*, à une tautologie, tandis que l'échange d'une monnaie contre une marchandise, et même celui de deux marchandises l'une contre l'autre, est comparable à une *proposition synthétique*, pour continuer à employer la terminologie de Kant[1].

— Mais précisons encore mieux la nature de la monnaie. — La monnaie n'est-elle pas dans le monde de l'action économique ce que sont les mathématiques dans le monde de la pensée? N'est-ce pas pour répondre à des nécessités au fond toutes semblables que nous soumettons au nombre et à la mesure, à l'empire des mathématiques, toutes nos connaissances, toutes nos observations, toutes nos expériences, en dépit de leurs diversités qualitatives, — et que nous évaluons en monnaie toutes nos joies et toutes nos douleurs, tous nos désirs, et tous leurs moyens de se satisfaire, en dépit de l'hétérogénéité manifeste de ces choses?

Nous exprimons les qualités universelles en quantités, en formules numériques, proprement scientifiques, pour rendre nos idées, nos perceptions, comparables et co-échangeables entre elles, démontrables et communicables d'homme à homme, et *socialisables*; et nous évaluons les biens de tout genre, si hétérogènes qu'ils puissent être, en monnaie, pour permettre leur échange et leur communication d'homme à homme, leur socialisation aussi.

Un sujet d'études est d'autant plus près d'être embrassé par une vraie science qu'il s'en dégage des lois plus mathé-

(1) C'est seulement à la Bourse, quand des titres financiers s'échangent contre d'autres titres financiers, que l'échange des signes monétaires les uns contre les autres prend un sens réellement important. C'est qu'ici, il ne s'agit pas seulement, comme chez un changeur, de troquer une monnaie, une *certitude* de richesses, contre une autre monnaie, contre une autre certitude, mais aussi et surtout de troquer une certaine probabilité de gain ou de perte contre une autre probabilité d'un degré souvent très différent.

matiques. On commence toujours par formuler des lois *qualitatives*, — puis des lois *demi-qualitatives*, comme par exemple celle de l'offre et de la demande où il s'agit non d'équation $=$ mais de $<$ ou de $>$: « la valeur *diminue* quand l'offre *augmente* », sans qu'on prétende que la diminution de l'une est *égale* à l'augmentation de l'autre, ce qui rend la formule très vague ou fausse si on la précise. — Enfin, des lois d'*équation*.

De même, à mesure qu'un marché s'élargit, s'élève, devient plus vraiment social et civilisé, l'échange des marchandises et des services cesse de s'y faire par le troc, par le troc d'abord capricieux et sans nulle règle puis un peu plus réglé, — ensuite s'opère par achat et vente mais à des prix très variables, objet de marchandages incessants, à des prix tout individuels, — enfin par achat et vente à des prix fixes, uniformes sur tout un grand territoire.

En se *mathématisant*, les lois d'une science en progrès deviennent plus claires, plus commodes, propres à s'appliquer à un plus grand nombre de problèmes, et à se répandre en un plus grand nombre d'esprits. Car la *science* est, avant tout, la *connaissance socialisée et indéfiniment socialisable ;* ce devrait être là sa définition essentielle. — Et, en se *monétisant*, les choses échangeables s'échangent plus facilement, plus rapidement et beaucoup plus loin. La monétisation de l'échange est la condition *sine qua non* du *commerce*. Le commerce est l'action économique socialisée de plus en plus, comme la science est la pensée socialisée de plus en plus. (*La science en train de se faire* répond à l'*industrie;* la *science faite* et, par suite, se vulgarisant, répond au *commerce*.)

Sans doute, un Robinson de génie, né dans une île déserte et s'y développant intellectuellement tout seul, autodidacte original, pourrait remarquer les similitudes et les répétitions des phénomènes, leurs rapports de *plus* et de *moins*, et même d'*égalité*, mais ce *côté numérique* des choses ne le frapperait que faiblement, infiniment moins que leur côté ondoyant et divers et leurs variations incessantes. Si l'instinct du progrès intellectuel, par hasard, le tourmentait, c'est à diversifier de plus en plus ses sensations et ses perceptions, à les accumuler en lui avec leurs diversités propres, qu'il s'attacherait, non à les uniformiser en les réduisant à des idées générales. Si l'esprit humain a tourné son besoin investigateur dans la voie des généralisations, des similitudes et répétitions phénoménales exprimées en *signes*, en *mots*, c'est qu'il y a été forcé pour entrer en communication avec ses semblables. Mais, *pour se comprendre lui-même de mieux en mieux*, il n'aurait jamais eu besoin de langage. Son développement intellectuel, s'il fût resté exclusivement individuel, aurait pu, à la rigueur, aller fort loin, mais à la condition de s'attacher avant tout aux variations et aux diversités qualitatives des phénomènes, au *côté poétique des choses*. Livré à lui-même, sans les excitations de la société ambiante, le cerveau de l'individu est capable de se développer poétiquement ; mais, scientifiquement, jamais. Il se peut qu'il y ait des poètes cachés chez certains animaux de génie. Il n'y a, à coup sûr, aucun savant.

Isolé, l'individu non plus n'aurait jamais inventé rien de pareil à la monnaie. C'est trop clair. Mais il n'aurait pas même eu l'idée, probablement, de comparer ses divers désirs, — dont la diversité seule l'eût frappé — pour reconnaître leur réelle comparabilité, leurs degrés de *plus* ou de *moins*. Ce n'est pas qu'il n'y ait un sens tout individuel de l'idée de *valeur*. Mais ce sens ne se dégage qu'après que celui de la *valeur sociale*, de la valeur proprement dite, a été conçu.

L'empire des mathématiques s'étend sans cesse plus loin dans le monde de la pensée, comme celui de la monnaie dans le monde de l'action. Après avoir envahi toute l'astronomie, toute la physique, toute la chimie, le *point de vue mathématique* s'empare de la biologie, où les instruments des mesures jouent un rôle toujours croissant, cherche à conquérir la psychologie et commence à s'annexer la sociologie par la statistique démographique, commerciale, judiciaire, etc.

Le *point de vue pécuniaire*, après avoir régi toute l'activité industrielle, s'impose en politique extérieure, où l'argent est le nerf de la guerre, où la nation la plus riche est la plus respectée, et, en politique intérieure, devient souveraine aussi, par la corruption de la Presse, par les marchandages des partis. Il n'est presque rien, en fait de *biens* de tout genre, même esthétiques, même religieux, qui ne s'achète et ne se vende : messes, rédemption des péchés, exemptions de jeûnes, leçons d'artistes, j'allais dire talent.

L'évolution mathématique passe de l'arithmétique à l'algèbre, de la théorie des nombres à celle des fonctions. L'évolution monétaire passe de la monnaie métallique à la monnaie de papier (signe *algébrique* en quelque sorte de la monnaie), et du commerce des marchandises (où une quantité de monnaie est troquée contre un article ou un service) au commerce des valeurs de Bourse (où les titres financiers s'échangent les uns contre les autres). A la Bourse, les *valeurs*, rapports entre une somme d'argent et un objet, sont elles-mêmes *évaluées* les unes par rapport aux autres. C'est un rapport du second degré. Par la cote, elles se présentent comme fonctions les unes des autres, haussant ou baissant ensemble suivant certaines lois.

Il n'en est pas moins vrai que tout n'est pas vénal, et que, *pour la même raison au fond*, tout n'est pas mesurable et nombrable. Il y a des choses uniques en soi, incomparables essentiellement ; et il y a des biens tout personnels, incommunicables, inappréciables.

Soit par la suggestion autoritaire, soit par la démonstration, nous ne pouvons communiquer à autrui nos pensées (ce qui est l'équivalent du *don* des biens, début unilatéral de l'*échange* des biens) qu'à la condition de les présenter par leur côté mesurable et quantitatif. S'il s'agit de faire entrer de force, par démonstration, notre jugement dans la tête d'autrui, il faut un syllogisme plus ou moins explicite, c'est-à-dire un rapport d'espèce à genre ou de genre à espèce établi entre deux idées, ce qui signifie que l'une est *incluse* dans l'autre, est *du nombre* (indéterminé ou déterminé mais réel) des choses *similaires*, et perçues en tant que similaires, que l'autre, la proposition *générale*, embrasse et contient.

— Par suggestion autoritaire même, on ne peut transvaser son idée dans la tête d'autrui, qu'autant qu'elle est faite d'éléments semblables aux éléments d'idées contenus dans ce cerveau étranger, et cette similitude ne peut apparaître que par le *langage*, qui est un composé d'*idées générales*, de choses vues par leur côté similaire et nombrable. Pour être communicable, une pensée doit être, sinon démontrable, du moins exprimable ; dans les deux cas, composée d'éléments comparables et nombrables. La monnaie, c'est-à-dire une commune mesure de biens hétérogènes, est, de même, la condition devenue nécessaire du commode échange de ces biens, sinon de leur don ou de leur vol. On évalue d'ailleurs, involontairement, irrésistiblement, les objets donnés, quand on les reçoit, et les objets qu'on vole ou qu'on nous vole.

III

La monnaie, étant la commune mesure des valeurs-utilités, sert à mesurer des croyances aussi bien que des désirs, puisque l'utilité est une combinaison de désir et de croyance incarnée dans un objet. Demandons-nous, maintenant, pourquoi elle ne sert pas de moyens d'échange aux valeurs-vérités, de même qu'aux valeurs proprement dites, aux valeurs-utilités ? Le problème vaut la peine d'être posé. D'abord, remarquons que la *vérité* n'est pas une combinaison de désir et de croyance, elle n'est que la *crédibilité* d'une idée. En effet, quoique la connaissance puisse être regardée comme la satisfaction du désir de connaître, et que, à ce point de vue, elle soit aussi une utilité, et même une utilité d'autant plus élevée qu'elle satisfait une curiosité plus forte, il n'en est pas moins vrai que la connaissance se présente aussi sous un autre aspect, indépendamment de la curiosité à laquelle elle correspond, et par rapport seulement *à la force d'adhésion mentale qu'elle suscite et au nombre des individus chez lesquels elle la suscite.* Cette abstraction du désir, qui est possible pour les connaissances, ne l'est pas pour les marchandises ou les services. Puis, en ce qui concerne ces derniers objets, leur consommation destructive, qui suppose l'échange et l'appropriation exclusive, est la condition même de la satisfaction du désir auquel ils correspondent. Mais les connaissances n'ont pas besoin d'être la propriété exclusive de quelqu'un pour satisfaire son désir de savoir. Il ne leur est donc pas essentiel d'être un objet d'échange pour se communiquer, quoiqu'elles puissent l'être, par exception, dans le cas de secrets jalousement gardés et qu'on ne communique que moyennant la communication d'autres secrets. On peut donc, quand il s'agit de connaissances diverses, contradictoires ou d'accord entre elles, en train de se répandre ensemble dans un milieu social, considérer le résultat du choc ou de l'alliance des croyances qui leur sont inhérentes sans considérer en même temps le choc ou l'alliance des désirs de connaître qu'elles satisfont. Il n'y a jamais à sacrifier un désir de connaître à un autre désir de connaître, il n'y a à sacrifier, dans certains cas, qu'une croyance à une autre croyance qui implique contradiction avec la première. Mais, quand il s'agit de marchandises diverses en train de se répandre dans le public, il n'en est pas de même. Le succès des unes suppose le triomphe du désir satisfait par elles sur le désir sacrifié auquel les autres donnent satisfaction, en même temps que la confiance en la bonne qualité et la supériorité des premières est un démenti implicite opposé à la confiance en la supériorité des secondes.

Supposons une société où chaque connaissance serait attachée essentiellement à la possession d'un talisman, d'un livre miraculeux qui la contiendrait, en sorte qu'on ne pourrait la posséder sans acquérir ce livre, et qu'en transmettant ce livre à autrui on lui transmettrait aussi cette connaissance, dont on se dépouillerait à l'instant même. Dans cette hypothèse, on ne pourrait acquérir une nouvelle connaissance qu'en sacrifiant une ancienne, alors même que les deux n'auraient rien de contradictoire. Les connaissances seraient donc objet de commerce, au même titre que des denrées quelconques. Il y aurait une valeur vénale, exprimable en monnaie, des diverses connaissances, une Bourse des valeurs-vérités.

Pourquoi cette hypothèse n'est-elle pas réalisable, en toute rigueur du moins ? Au fond, c'est parce qu'elle implique la non-existence d'une fonction essentielle de notre esprit, la mémoire. Toute pensée, toute connaissance, consiste en sensations remémorées, une sensation n'étant qu'un cliché dont la vie intellectuelle est le perpétuel tirage. Que nos sensations, nos perceptions, pour se produire, exigent l'appropriation et la destruction, lente ou rapide, d'une substance ou d'une force extérieure, cela se comprend, puisqu'elles sont un rapport de notre esprit avec les réalités du dehors. Mais nos pensées, emploi cérébral des multiples exemplaires intérieurs de nos sensations anciennes, ne sauraient être sous une dépendance analogue ou aussi étroite. Quand un monarque oriental, un jour de grande fête, répand des aumônes autour de lui, fait pleuvoir des largesses de vêtements, d'aliments, de pièces d'argent, il ne peut donner sans se dépouiller, si riche qu'il soit. Mais, quand un Claude Bernard ou un Pasteur propage parmi ses auditeurs des vérités qu'il a découvertes ou qu'il a lui-même reçues de ses maîtres, il ne s'en dépouille pas, ses dons intellectuels ne l'appauvrissent en rien. Pour qu'il en fût autrement, il faudrait qu'il oubliât ses idées au fur et à mesure qu'il les exprime. Qu'est-il donc arrivé? La suite de ce qui s'était produit quand ses vérités lui ont apparu. De même qu'elles sont nées de la rencontre de souvenirs, d'images, de sensations anciennes reproduites des millions de fois au dedans de lui-même, pareillement, grâce à sa parole, elles se répètent au dehors en exemplaires nombreux dans le cerveau de ses élèves, et cette répétition extérieure peut être considérée comme la continuation sociale des reproductions internes qui l'ont précédée. L'imitation, mémoire sociale, est ainsi toujours la continuation extérieure de la mémoire, imitation interne.

Dans une certaine mesure, dans une mesure variable — et dont les variations mériteraient examen — les conditions de l'hypothèse de tout à l'heure semblent se réaliser. D'abord, les connaissances n'étant que des répétitions combinées de sensations, de perceptions, il est certain qu'il faut, avant tout, avoir été à même d'éprouver les sensations élémentaires pour que les connaissances dérivées de leur répétition et de leur combinaison interne soient possibles. Les observations directes, les expériences de laboratoire ou autres, fondement de la science, doivent être achetées, comme les satisfactions quelconques des sens produites par l'industrie. Elles supposent des consommations et des destructions de substances ou de forces, des voyages, des achats d'appareils ou de matériaux. En second lieu, la combinaison des souvenirs de ces sensations élémentaires, une fois qu'elle a eu lieu dans l'esprit de l'inventeur, se matérialise en un livre, une conférence, afin de se répandre, et ceux-là seuls qui en ont pu acheter le livre ou assister à la conférence acquièrent ces nouvelles vérités. Si le conférencier ne se dépouille de rien en donnant ces vérités à son auditoire, ses auditeurs, quand ils ont payé le droit de l'entendre, se sont privés d'autres agréments pour obtenir celui-là.

Tout enseignement, surtout dans le passé, commence par

être plus ou moins hermétique, *ésotérique*, et plus il l'est, plus on se rapproche des conditions de l'hypothèse ci-dessus. Dans les siècles mystiques du moyen âge, la science paraissait attachée à la possession d'un manuscrit. L'étude de la jurisprudence, comme celle de la théologie, était quelque chose de cabalistique, une aimantation par le contact, restreinte à un petit groupe d'élus. Entre la communication des *connaissances* d'homme à homme, et la transmission des *richesses* d'homme à homme, il y avait beaucoup moins de différence au moyen âge qu'à présent, et dans les temps primitifs de la Grèce qu'au siècle de Xénophon [1]. L'évolution sociale semble avoir marché dans le sens d'une accentuation toujours plus marquée de cette différence.

A vrai dire, cependant, la communication des pensées a toujours différé essentiellement de celle des richesses. Même quand un sauvage ne révèle sa recette secrète de poison ou d'engin militaire à un autre sauvage que moyennant la révélation par celui-ci d'un autre secret, cet échange ne ressemble en rien à l'échange qu'ils font de leurs armes ou de leurs outils. Car chacun d'eux se dépouille de son arme ou de son outil en l'échangeant contre un autre, tandis qu'il n'oublie pas son secret en apprenant celui d'autrui.

En somme, cela revient à dire que les conditions de la transmission sociale des *sensations* ne sont pas les mêmes que celles de la transmission sociale des *pensées*. On ne peut, par la parole et par l'exemple, — sauf le cas de suggestion hypnotique — susciter chez autrui une sensation de goût sucré ou de douce tiédeur qu'on éprouve en mangeant tel fruit ou revêtant telle fourrure. Pour communiquer à un de ses semblables cette jouissance-là il faut lui procurer un peu du sucre qu'on mange ou un vêtement pareil à celui qu'on porte. Mais, par la simple parole, on suscite en lui des pensées toutes semblables à celles qu'on possède. Si donc

(1) Les initiés aux idées de Pythagore formaient un groupe aussi fermé que les initiés aux mystères d'Eleusis,

ces pensées répondent en lui à une curiosité très vive, aussi vive que la gourmandise ou la sensualité de l'homme inculte, une simple parole lui aura valu des jouissances gratuites, aussi intenses que les plaisirs matériels les plus coûteux.

Par suite, les désirs spirituels s'offrent à nous comme le grand, l'immense débouché de l'activité humaine dans l'avenir, et le progrès tend à la supériorité grandissante de leur développement sur celui des désirs physiques. Cherchons les désirs dont les satisfactions soient aussi aisées à répandre, à généraliser, que ces désirs eux-mêmes. Nous ne trouverons que le désir de connaître. Il est aussi facile, plus facile même, on s'en aperçoit souvent, de répandre des connaissances parmi des écoliers, ou même parmi des adultes, que de faire naître parmi eux le goût de les posséder. Au contraire, le désir d'exercer tel ou tel métier se répand facilement par l'exemple d'autrui, mais il n'est pas aussi facile de fournir du travail de ce genre à tous ceux qui en demandent. Le désir de consommer se propage encore plus aisément que celui de produire, mais la difficulté est de multiplier les moyens de consommation avec autant de rapidité. Cette inégalité entre la vitesse de diffusion de presque tous les désirs et celle des objets qui leur correspondent crée des problèmes anxieux et en apparence insolubles. Par bonheur, du choc des appétits et des désirs qui bataillent entre eux dans la lutte économique se dégage peu à peu, stimulé incessamment par ses satisfactions mêmes, le désir profond, caché sous tous les désirs, — sous les désirs les plus matériels même, tous réductibles, au fond, à des soifs d'expériences nouvelles, de vérification, de sécurité, de certitude, — la curiosité, passion finale, confluent et réconciliation de toutes les autres, qu'elle résume en les accordant. Là est le salut, l'au-delà non pas posthume mais ultérieur, où toutes les antinomies économiques se résoudront, autant qu'elles puissent être résolues, dans le domaine immensément élargi des félicités de l'art, de la pensée et de l'amour, aussi gratuites et aussi indivises qu'infinies, collectivisme idéal qui dispensera du collectivisme brutal, vraisemblablement impossible. Et il était bon, m'a-t-il semblé, d'indiquer cette considération ici, pour bien marquer la subordination de l'activité économique à l'activité intellectuelle, seule capable, non seulement de donner la solution théorique, mais de résoudre pratiquement les graves problèmes qu'elle pose.

IV

Revenons à la monnaie. En essayant de la définir plus haut, nous avons défini aussi bien l'économie politique. La monnaie est la notion économique par excellence. L'économiste est, avant tout, un financier. Jusqu'où va le domaine des finances, de l'achat et de la vente, jusque-là, mais pas au delà, va la science économique. Elle s'arrête au seuil du monde intellectuel. Les unes après les autres, toutes les richesses, même les plus incomparables entre elles en apparence, deviennent de plus en plus évaluables en monnaie, cette commune mesure des choses les plus hétérogènes; mais, de moins en moins, les connaissances, les vérités, se prêtent à ce genre d'évaluation. Tout ce qui a trait à la production et à la consommation sur place, qui s'opèrent dans les familles et les tribus closes des premières sociétés, échappe à l'économiste ; les seules relations d'échange entre familles, entre tribus, où la monnaie apparaît, commencent à le regarder. La civilisation a pour effet de faire entrer successivement dans le commerce, c'est-à-dire dans le champ de l'économiste, une foule de choses qui auparavant étaient sans prix, des droits et des pouvoirs mêmes; aussi la théorie des richesses a-t-elle empiété sans cesse sur la théorie des droits et sur la théorie des pouvoirs, sur la jurisprudence et la politique. Mais, au contraire, par la gratuité toujours croissante des connaissances libéralement répandues, la frontière se creuse entre la théorie des richesses et ce qu'on pourrait appeler la théorie des lumières. Science encore innomée qui consisterait à formuler les lois de la découverte et de la vulgarisation des vérités (réelles ou imaginaires), de la formation et de la transformation des langues, des religions et des sciences, et de leur propagation de classe en classe, de peuple en peuple, ainsi que de leurs luttes et de leurs accords, à peu près comme l'économie politique recherche les lois de la création et de la vulgarisation des richesses, de leurs concurrences et de leurs concours. Appelons *logique sociale* cette théorie des lumières, et nous la verrons s'opposer très nettement à la *téléologie sociale* dont l'économie politique est l'expression la plus étendue et la plus parfaite jusqu'ici.

Elle doit cette perfection relative précisément à la possession d'une quantité spéciale, la monnaie, qui lui donne un cachet singulier de précision. Mais, on le voit, elle ne doit cet avantage de forme qu'à l'infériorité de son contenu. C'est parce que les richesses ne participent pas au privilège éminent des connaissances, de pouvoir s'acquérir sans nul sacrifice, qu'il existe une monnaie ; et c'est parce que les connaissances ont ce privilège que leur libre diffusion ne donne lieu à rien d'équivalent. Il n'en est pas moins certain que toutes les connaissances, si dissemblables qu'elles soient, sont comparables sous un certain rapport, comme toutes les richesses ; à savoir par le degré de croyance qui s'attache à elles. Et si, tenant compte à la fois de l'intensité moyenne de cette croyance et du nombre d'individus qui la partagent, on mesurait par le *produit* de ces deux données la *quantité de vérité* qui est propre à chaque idée répandue dans le public, on pourrait dresser un *inventaire des lumières* d'une nation, aussi bien — mais beaucoup plus mal aisément — qu'un inventaire de ses richesses. On pourrait aussi, par cette manière toute simple de mesurer la *vérité sociale* des idées, suivre les variations historiques de la vérité des diverses connaissances et rechercher le sens général de ces variations. Seulement, faute d'un mètre objectif de cette valeur-vérité, les notions ainsi obtenues n'auraient rien de frappant pour l'esprit, malgré leur importance capitale.

La monnaie est le mètré objectif des valeurs, mais plus objectif en apparence qu'en réalité. Si on y regarde de près, on voit sans peine que toute la *substance monétaire*, pour ainsi dire, des métaux précieux, est subjective, qu'elle consiste, avant tout, dans une croyance générale, dans un acte de foi universel en eux, et que la théorie classique de la monnaie-marchandise est erronée. Si elle était vraie, l'or et l'argent devraient perdre de leur valeur monétaire dans un pays dès qu'ils commencent à y surabonder, et, par suite de leur dépréciation, les prix de toutes choses devraient se mettre à augmenter dans la proportion même de l'augmentation de leur quantité. Par exemple, dans tous les pays à circulation d'argent, où l'argent, démonétisé ailleurs, afflue de toutes parts, tous les prix devraient s'élever très vite de nos jours. Mais, en fait, rien de pareil encore. « La lumière s'est faite, dit M. Mongin [1], les enquêtes se sont multipliées, les agents consulaires ont fourni leurs renseignements, et tous les témoignages concordent sur ce point que la masse des prix est restée stationnaire. L'habitant de l'Extrême-Orient continue à recevoir le même poids d'argent pour sa journée de travail, pour ses porcelaines, ses incrustations et ses produits agricoles .» Autre observation plus instructive encore. Depuis un quart de siècle, un très grand nombre d'articles fabriqués ont baissé de prix par degré, et « cette baisse des prix a coïncidé avec une production des métaux précieux d'une extraordinaire puissance, avec une économie notable des frais d'exploitation, avec l'emploi le plus large

(1) *Revue d'économie polit.*, février 1897.

des moyens de crédit, avec les éléments les plus propres à déprécier la monnaie métallique. Toutes les conditions monétaires semblent s'être réunies pour entraîner la hausse générale des prix et c'est la baisse qui l'emporte! » Autre remarque encore, très pénétrante. Dans la théorie classique, il est question « d'un rapport entre les quantités de monnaie et les quantités de marchandises. Mais quelles sont ces quantités de monnaie? Celles qui existent dans le monde entier ou celles qui existent dans chaque nation considérée isolément? Il faudrait opter, et cependant les raisonnements oscillent de l'un à l'autre, suivant les besoins de la thèse particulière qu'on veut établir[1] ».

De tout cela, l'auteur cité conclut qu'il convient de rectifier la théorie classique en y faisant jouer un rôle prépondérant à l'empire de la coutume, lequel s'expliquerait, d'après lui, par une sorte d'effort universel afin d'obtenir la fixité de l'unité de compte, et, par suite, de maintenir la valeur nominale des monnaies où s'incarne cette mesure générale des valeurs, — jusqu'au moment du moins où soit l'afflux, soit la raréfaction des métaux précieux atteignent un point où il est impossible de soutenir plus longtemps cette fiction. — L'explication de M. Mongin me semble vraie mais insuffisante. Il y a ici autre chose que la coutume. Si les variations du stock monétaire, même considérables, même connues de tous, n'influent pas — pour un temps du moins — sur les prix, c'est que chacun, en recevant une pièce de monnaie, sait qu'il ne la gardera pas assez longtemps en poche pour que sa dépréciation ait sensiblement augmenté, pour que son pouvoir d'achat ait sensiblement diminué, jusqu'au moment où il la remettra en circulation. Cette diminution du pouvoir d'achat de la monnaie dans l'intervalle de son passage dans la poche de chaque consommateur, est une quantité infinitésimale dont nul ne tient

(1) Voir la suite p. 150.

compte et qui, par suite, ne parvient jamais à *s'intégrer ;* jusqu'au moment où la disproportion éclate soudain aux yeux entre la valeur nominale et la valeur réelle de la monnaie, et où un krack se produit.

Et, de fait, au bout d'un temps, la surproduction d'or ou d'argent se fait sentir sur les prix, qu'elle élève, mais elle les élève toujours beaucoup moins que la quantité d'or ou d'argent ne s'est accrue. De 1492 à 1600, en 108 années, après la découverte de l'Amérique, la quantité d'or et d'argent, en circulation sur le continent européen, a *décuplé* d'après les estimations les plus sérieuses. Or, les prix n'ont pas tout à fait *quintuplé* (ils n'ont augmenté que de 470 p. 100 environ), ce qui est beaucoup au point de vue des bouleversements sociaux qui en ont été la conséquence, ruine des uns, enrichissement soudain des autres, mais ce qui est très inférieur à ce que l'application de la loi de l'offre et de la demande aurait exigé. Autre exemple. De 1851 à 1870, il y a eu un énorme afflux de métaux précieux sur le marché européen, la quantité d'or et d'argent précédemment existante s'est trouvée doublée. Quel effet ce prodigieux accroissement a-t-il eu sur les prix ? C'est un problème très débattu. M. Paul Leroy-Beaulieu, après l'avoir longuement discuté, est amené à conclure que, quoique augmentée de moitié dans cet intervalle, la masse d'or et d'argent circulante n'a été dépréciée que dans la mesure de 15 à 20 p. 100 [1].

Tous ces faits sont inexplicables si l'on n'a égard à ce qu'il y a de purement subjectif, psychologique, dans la nature de la monnaie. — Aussi l'effet direct de la découverte d'une mine d'or ou d'argent, et le plus important à considérer, ce n'est point la dépréciation monétaire qui s'ensuit, et, par conséquent, la hausse des prix, mais c'est la surexcitation de l'activité par la surexcitation des espérances; phénomène qui, conformément à la loi générale de

(1) *Traité d'économie polit.*, t. III, p. 208.

la propagation des exemples, se produit d'abord dans les parties les plus denses, les plus affairées, les mieux informées de la population, dans les milieux urbains, et de là se répand peu à peu jusque dans les campagnes. — Les historiens n'hésitent pas à compter parmi les causes principales de la grandeur d'Athènes l'exploitation des mines d'argent du Laurium, qui étaient d'une richesse exceptionnelle à l'époque classique. On a pu dire, avec quelque exagération il est vrai : « Sans Laurium, point de marine athénienne; sans marine athénienne, point de bataille de Salamine ; sans bataille de Salamine, point de siècle de Périclès. » (Théodore Reinach.) S'il en est ainsi, voilà une découverte, peut-être accidentelle, la découverte de la mine dont il s'agit, qui a *aiguillé* toute l'histoire ancienne et moderne dans la voie où elle se déroule encore.

V

Arrêtons-nous à considérer encore les caractères distinctifs de la monnaie et les transformations économiques opérées par son avènement. Par elle l'économie politique revêt un air de *physique sociale* qui a séduit et trompé, non sans excuse, les premiers sociologues. La monnaie a ce caractère commun avec la *force*, notion essentielle de la physique, d'être une possibilité, une virtualité infinie. La force est la possibilité d'une certaine quantité de mouvement dans une infinité de directions ; la monnaie est la possibilité d'une certaine quantité de valeur obtenue par une infinité d'achats. Il est remarquable que l'évolution économique conduit inévitablement de l'échange en nature à l'achat et à la vente, des biens concrets aux valeurs monétaires, c'est-à-dire des réalités pures et simples aux virtualités réalisables, de l'énergie actuelle à l'énergie potentielle[1].

(1) Avec un peu d'imagination métaphysique, ne serait-on pas en droit de se demander, à ce propos, si cette nécessité évolutive ne jetterait pas

Il y a quelque analogie entre certains problèmes fondamentaux que soulève la monnaie et certaines difficultés non moins fondamentales que la mécanique soulève. Toute hausse des prix, par exemple, peut s'expliquer soit par une hausse de la valeur des objets dont le prix est coté plus haut en monnaie, soit par un abaissement de la valeur de la monnaie. Même alternative en mécanique relativement au mouvement apparent d'un corps : il peut s'expliquer soit par son mouvement réel, les corps environnants étant immobiles, soit par le mouvement de ceux-ci en sens inverse. — Une question semblable ne saurait se poser à d'autres égards, en biologie et en sociologie : on ne demandera pas si le vieillissement d'un individu tient au rajeunissement des individus voisins, ou si le développement d'un art, d'une science, d'une institution, tient à l'atrophie d'autres arts, d'autres sciences, d'autres institutions. Le seul fait que, à l'occasion de ces *changements* et de beaucoup d'autres, on ne peut pas se poser le dilemme que comportent les *mouvements* mécaniques et aussi bien les variations des valeurs, suffit à montrer que ces changements ont une réalité plus certaine, à coup sûr moins subjective, que ces mouvements et ces variations.

Suivant les physiciens, les phénomènes physiques seraient une conversion continuelle d'énergie virtuelle en énergie actuelle et *vice versa*. Pareillement, la vie économique est un perpétuel échange de la monnaie contre de la richesse concrète, et de la richesse concrète contre de la monnaie. L'argent a cela de particulier qu'il est une virtualité qu'on

quelque jour sur la genèse de la *force* physique ? Est-ce que, de même qu'il y a eu, nous le savons, une phase économique *pré-monétaire*, il n'y a pas eu, en un passé insondable au physicien, une phase physique *prédynamique* où ce n'étaient pas encore des forces, des virtualités réalisables de mille manières différentes, qui étaient les grands agents naturels, mais simplement des chocs et des impulsions, des mouvements reçus ou transmis ? Nous ne pouvons vraiment nous faire aucune idée un peu nette de l'énergie potentielle, si ce n'est en supposant qu'elle capitalise et représente de l'énergie cinétique, comme l'argent est le signe et la concentration de la richesse.

échange, sans travail aucun, pour n'importe quel genre de réalité vénale. Multiplier les virtualités de cet ordre, en accroître la quantité absolue et la quantité proportionnelle, c'est le signe d'une société qui s'enrichit. Il est trois grandes catégories de virtualités qui sont les forces sociales par excellence, et dont l'accroissement simultané sert de mesure au progrès social : le Pouvoir, le Droit, l'Argent. Ce sont les trois principaux moyens d'action sur les hommes. Le droit et le pouvoir agissent sur autrui par la crainte, car ils ont à leur disposition la force matérielle incarnée dans l'armée et la police, et dont la menace seule suffit, ou l'idée vaguement apparue, pour lui valoir l'obéissance et le respect ; la richesse agit par l'*espérance*, par le désir et la confiance qu'elle inspire. Mais cela n'est vrai de la richesse en nature qu'à l'égard d'un très petit nombre d'individus déterminés qui convoitent précisément les objets possédés par nous. La monnaie seule donne barre sur tout le monde, et dans un rayon bien plus étendu que le droit et le pouvoir. Le droit et le pouvoir ont une action circonscrite dans les limites d'un territoire plus ou moins étroit, commune, province, nation. La monnaie étend son champ d'action bien au delà des frontières d'un État, sur toute la terre civilisée. De là ce caractère international des sociétés fondées sur la richesse monétaire.

Une autre différence entre la monnaie d'une part, et le droit ou le pouvoir de l'autre, est à première vue beaucoup moins à l'avantage de la première. On dépense sa richesse monétaire ou autre, en s'en servant ; tandis que, en faisant usage de son pouvoir ou de son droit, on n'épuise ni l'un ni l'autre. Et même, si cela est quelquefois moins vrai du pouvoir que du droit, si l'on voit l'autorité d'un homme politique s'épuiser en s'exerçant, on voit, en revanche, bien souvent cette autorité se fortifier et s'accroître par son exercice même, comme un droit s'enracine par sa seule durée. — Mais cette différence n'a trait qu'aux petits emplois inférieurs de la monnaie, aux achats ; elle est inapplicable aux placements supérieurs, et toujours plus nombreux, de la richesse monétaire, par le prêt et le crédit. Le crédit a permis à la richesse monétaire, non seulement de s'utiliser sans se dépenser, mais de s'augmenter même, indéfiniment, grâce à l'intérêt de l'argent, par l'usage qu'on en fait. Nous reparlerons de l'intérêt de l'argent plus loin.

VI

Dans les sociétés primitives, il y a peu d'argent. A défaut de monnaie, on est obligé de payer en nature les services, ce qui est une satisfaction momentanée et passagère donnée à ceux qu'on désire s'attacher ; excepté quand on leur donne des *terres*. Les terres sont des virtualités aussi, mais des virtualités qui ne sont échangeables, en l'absence de monnaie, que contre d'autres virtualités semblables, et qui ne sont convertibles que moyennant travail en un nombre limité de réalités définies : les récoltes. La terre est une possibilité de jouissances, qui, à la différence de l'argent, ne s'actualise jamais sans labeur, ne s'actualise qu'en un certain lieu et non partout, et est enfermée dans un cercle très étroit de réalisations très précises. De ces différences découlent certaines institutions qui s'imposent d'elles-mêmes aux époques où la rémunération de grands services ne peut s'effectuer qu'en terres [1].

D'abord, la rémunération ne serait qu'illusoire si le donataire des terres n'avait pas le moyen de les faire cultiver, s'il devait les travailler lui-même. Donc, ce genre de payement

(1) Heeren, dans son *Essai sur l'influence des croisades*, 1808, explique ainsi l'origine du *système féodal*, incidemment. « Ce système au fond, et pris dans toute sa rigueur, est purement militaire. Il s'établira toujours quelque chose d'analogue parmi les peuples guerriers et qui manquent d'argent pour payer leurs soldats. Au lieu de solde, on donne à ceux-ci des terres : et réciproquement ils s'engagent, moyennant la possession de ces fonds, au service militaire. » En note : « Telle est encore à peu près aujourd'hui (1808) l'organisation de l'Egypte sous les Mamelouks. »

implique l'institution de l'esclavage ou du servage. De plus, il suppose une grande simplicité de besoins et de goûts et l'amour d'une vie sédentaire. Enfin, lorsqu'un roi barbare n'a d'autre trésor de guerre, d'autres ressources quasi financières pour payer ses capitaines ou ses officiers que les terres conquises, ce trésor s'épuise vite. Pour le renouveler de temps en temps, il faut entreprendre de nouvelles guerres, le droit des gens d'alors admettant — et ne pouvant pas ne pas admettre — l'expropriation des vaincus. Les exproprier, c'est comme, à présent, exiger d'eux une indemnité en argent. Et, même en temps de paix, il convient que, par divers procédés, le trésor royal, c'est-à-dire le domaine royal, se grossisse de recettes intermittentes : de là la *sécularisation* des biens monastiques, ou bien la *confiscation* des terres appartenant aux condamnés et à leurs familles. Cette odieuse forme de pénalité s'explique de la sorte, si elle ne s'excuse pas. Ne nous vantons pas trop de l'avoir abolie : car la nécessité qui l'avait fait établir a cessé d'exister. Une expropriation en masse, qui pouvait se justifier dans une certaine mesure aux époques de barbarie, serait monstrueuse à notre époque où, s'il n'y a plus de terre libre, on n'a plus besoin de terre libre pour rémunérer les services, puisqu'on a l'argent, la monnaie métallique ou fiduciaire, aux sources inépuisables.

La comparaison de la terre avec l'argent, au point de vue de leur rôle économique, est digne d'attention. Nous verrons plus loin que le prêt à intérêt s'explique, avant tout, par le fermage ou par le bail à cheptel. Il est arrivé pour l'argent ce qui est arrivé pour toute invention nouvelle qui, par le fait même qu'elle se substitue à une autre, en revêt la livrée ; les premières haches de bronze rappellent les haches en silex ; les premières maisons de pierre ont pris la forme des maisons de bois qu'elles ont remplacées. De même, l'argent qui, peu à peu, a pris la place de la terre dans les convoitises et les ambitions humaines, s'est modelé sur lui, a voulu être frugifère comme lui. Mais la vérité est qu'il diffère profondément de la terre et que l'ère où l'argent donne le ton, en succédant à celle où régnait la terre, l'a ensevelie sans bruit et à jamais.

Ces différences sont importantes, au point de vue soit de la manière dont de nouvelles terres ou de nouvelles quantités d'or et d'argent ou de monnaie de papier, viennent à s'ajouter à celles qui existent déjà, soit de la manière dont ces terres ou ces monnaies se distribuent entre les membres d'une population donnée.

En premier lieu, c'est très rarement par l'occupation d'une terre vierge, c'est le plus souvent par la conquête violente d'une terre déjà occupée, que le territoire d'un peuple s'agrandit, son territoire continental ou son territoire colonial. Même quand, à l'origine d'un de ces agrandissements, il y a une découverte, la découverte d'une île ou d'un continent, il n'a presque jamais suffi de découvrir, il a fallu conquérir aussi. — Mais, quand la quantité d'or ou d'argent à distribuer entre les hommes en rapports mutuels de commerce vient à s'accroître véritablement, c'est toujours par suite d'une découverte, la découverte d'une mine d'or ou d'argent, qui était *res nullius* auparavant. Les découvertes de ce genre se singularisent d'ailleurs parmi toutes les autres et méritent bien d'arrêter les regards de l'économiste. D'abord, elles sont purement fortuites ; les découvertes géographiques mêmes sont bien loin de l'être au même degré, car le calcul et le raisonnement y ont leur grande part. Mais, malgré leur caractère remarquablement accidentel, les découvertes des métaux précieux (y compris celles d'anciens trésors cachés) ont des effets profonds et prolongés, comme nous l'avons vu pour celle des mines d'Athènes. Quand on découvre des filons de kaolin ou des carrières de ciment, ou même des mines de fer, ces matières premières sont destinées à se détruire plus ou moins vite par l'usage qu'on en fait. Les porcelaines se brisent, le ciment ou la chaux ne servent pas deux fois, le fer se rouille, ou bien, une fois employé, il ne sert à d'autres usages que moyennant une perte de substance. Au contraire, l'or et l'argent découverts se conservent presque inaltérablement, à peine diminués par le frai. Toute richesse autre que la monnaie n'est échangeable qu'accessoirement, elle est consommable essentiellement. Mais la monnaie est inconsommable essentiellement, et, essentiellement, elle est échangeable. Comment peut-on dire d'une richesse qui s'échange toujours sans se consommer jamais qu'elle est une marchandise comme une autre ? — Les parties des métaux précieux utilisées pour la bijouterie sont refondues sans perte et monnayées quand on veut. En somme, les métaux précieux ont ce privilège presque complet, et presque unique, de pouvoir s'accumuler indéfiniment comme les théorèmes mathématiques qui, une fois découverts, ne cessent jamais d'être vrais. Et à la vérité éternelle de ceux-ci je comparerais l'utilité quasi éternelle de ceux-là, si la valeur de l'or et de l'argent ne s'altérait à la longue, bien lentement, il est vrai, comparée à celle des autres produits.

Mais, si les découvertes des métaux précieux portent sur des objets presque impérissables, elles s'épuisent vite, et leurs effets s'atténuent de plus en plus. Leur maximum d'efficacité correspond au moment où elles se révèlent au public ; tandis que la découverte de la locomotive ou du télégraphe électrique a des conséquences toujours grandissantes. En cela la découverte d'une mine d'or ne souffre aucune comparaison avec celle d'une île nouvelle. Si la découverte de l'Amérique n'avait consisté qu'à y découvrir des mines d'or ou d'argent, et que, sur ce nouveau continent, ni végétal, ni animal n'eût pu vivre, les résultats du merveilleux voyage de Colomb seraient depuis longtemps effacés : il n'en subsisterait qu'une notable élévation de tous les prix, chose de peu d'importance au bout d'une génération ou deux. — D'ailleurs, pour les découvreurs d'une mine d'or, ou pour le monarque qui bénéficie de cette trouvaille, ou pour les actionnaires de la société qui l'exploite, cette découverte est assimilable à celle d'une île nouvelle, et même elle est plus avantageuse encore. C'est comme s'ils s'étaient emparés d'un Eldorado inoccupé et paradisiaque, qu'ils n'ont besoin ni de conquérir ni de défricher même pour jouir de ses fruits spontanés. Mais, pour le reste de l'humanité, ce bienfait qui leur tombe du ciel se réduit à un stimulant de la production, à un aiguillon de l'espérance et du travail; tandis qu'une nouvelle terre ouverte aux explorateurs accroît la population humaine, enrichit la faune et la flore, offre à l'imagination de nouveaux spectacles naturels qui, en la diversifiant, la réjouissent et ajoutent à la lyre du cœur de nouvelles cordes, de nouvelles fibres patriotiques, destinées à vibrer dans le grand concert d'une civilisation élargie.

Quant à la monnaie de papier, ce n'est pas par des découvertes, c'est par des entreprises gouvernementales et financières, par des émissions d'assignats ou de billets de banque, que sa quantité s'augmente.

En second lieu, ce n'est pas de la même manière qu'une terre nouvellement conquise et qu'une masse d'or nouvellement extraite, se distribuent entre les individus d'une nation. C'est pour rémunérer des services militaires ou politiques que les terres conquises en tout pays, sont, à l'origine, distribuées en grands domaines entre les officiers du conquérant, entre les premiers concessionnaires de l'État, s'il s'agit d'un gouvernement moderne. Ces premiers *latifundia*, dont un grand nombre, dans la Gaule romaine, avaient l'étendue de nos communes actuelles, héritières souvent de leur nom [1], ont été divisés et subdivisés par chaque propriétaire entre ses vassaux, entre ses serfs, entre ses fermiers, ou bien, — si déjà des sources d'argent ont jailli, par exemple dans des villes industrielles, — entre des acqué-

(1) Les grands domaines concédés par l'Etat français en Tunisie peuvent soutenir la comparaison comme étendue avec ces *villæ* antiques.

reurs qui ont eux-mêmes affermé ou vendu des parcelles de leur fragment de bien. Peu à peu, on aboutit au morcellement actuel du sol entre des propriétaires petits, moyens ou grands. Et, certes, nul ne peut dire que la répartition du sol conquis national (ou colonial) ainsi opérée, soit la meilleure qui puisse être imaginée, au point de vue du *maximum* et de l'*optimum* du rendement. Mais il n'y a pas plus de raisons de penser que la répartition de l'or et de l'argent extraits soit la meilleure concevable, au point de vue de l'équité ou de l'utilité générale. Ici, à la vérité, on ne voit pas de distribution arbitraire et imposée de force. Les premiers découvreurs ou frappeurs des métaux précieux les ont répartis entre leurs concitoyens par l'échange librement consenti. Toutefois, les formes violentes de la spoliation et les formes visibles du privilège ne sont pas les plus redoutables ; le pouvoir que confère la possession de l'or, s'il est moins manifeste et moins envié que le pouvoir attaché à la possession du sol, est d'une nature infiniment plus subtile et plus efficace, il va beaucoup plus loin et beaucoup plus vite, et agit invisiblement. A combien d'abus de ce pouvoir, à combien d'exactions et de rapines impunies, impunissables à vrai dire, a donné lieu le monopole d'avoir de l'or, chez ses premiers détenteurs ! Ce n'est pas sans motif que l'Église et la conscience universelle ont flétri l'usure.

Du reste la répartition du sol est liée à celle de l'or, et, dès que le pouvoir de l'or s'est accentué, la première est devenue une dépendance de la seconde. A partir du moment où le capital mobilier fit son apparition historique, l'achat ou la vente des biens fonciers deviennent les modes habituels de la répartition des terres, et la terre va là où va l'argent.

Si donc on se demande : Quels sont les inconvénients du morcellement actuel du sol, et quels seraient ses remèdes ? on doit se demander d'abord : quels sont les inconvénients et quels seraient les remèdes de la distribution actuelle du capital mobilier ? Les deux questions sont connexes et ne peuvent être divisées. — Comme nous nous réservons de traiter du collectivisme plus tard, nous n'avons pas à les étudier dès maintenant. Disons seulement qu'elles intéressent la politique et la morale à un plus haut point encore que la science économique, et que la première injustice et la plus criante qui s'offre à nos yeux, en fait de répartition du sol ou de l'or, est d'une nature telle qu'elle semble presque irrémédiable. L'inégalité des apportionnements territoriaux ou monétaires, en effet, est grande entre les individus; mais elle est plus grande encore et plus monstrueuse entre les États. Tel peuple occupe un immense territoire, fertile et à demi inexploité, où se dilate à volonté son insuffisante population; tel autre étouffe dans d'étroites frontières, sous un ciel rigoureux, sur un sol ingrat. Tel peuple déborde de capitaux; tel autre en est totalement dépourvu. Et il paraît encore plus difficile de remédier à cette grande et fondamentale iniquité, à cette souveraine injustice internationale, en ce qui concerne le sol et le climat. Car, par la guerre, une nation brave et mal lotie en terres, peut rétablir la justice à son profit en expropriant en partie quelque nation voisine et plus privilégiée. Mais le peuple pauvre aura beau piller son voisin riche en capitaux, l'or trouvera mille canaux souterrains pour rentrer dans les bourses d'où il est sorti. Impossible, ce semble, d'empêcher entre les nations cette inique et prodigieusement inégale distribution des richesses. Et n'est-ce pas là, de beaucoup, l'inégalité la plus injustifiable? Elle l'est bien plus, à coup sûr, que toutes les inégalités qu'on prétend détruire entre les individus d'une même nation.

VII

Mais laissons là ce problème et disons un mot des effets psychologiques ainsi que des conséquences économiques et sociales de la monnaie. De ses effets psychologiques d'abord.

L'avènement de la monnaie a enrichi le cœur humain de sentiments nouveaux et de vices nouveaux. Nous lui devons l'orgueil financier, la béatitude spéciale du milliardaire appuyé sur son portefeuille, comme l'orgueil d'un capitaine se fonde sur son armée. Ce que le guerrier antique dit à sa lance et à son bouclier, dans une épigramme grecque : « Grâce à vous, je suis libre, j'ai des loisirs sans fin, je me fais servir par des esclaves », le riche moderne peut le dire à son coffre-fort. Le culte de l'or, cette passion qui a quelque chose de religieux par le caractère vaste et vague, indéterminé et illimité, des perspectives de bonheur que son objet lui fait entrevoir, est une fibre importante de l'âme humaine. Le plaisir d'économiser, de gagner de l'argent, est un enivrement tout spécial qui n'a rien de commun avec le simple avantage de recevoir un bien déterminé, un bijou, un meuble, un livre. Autre chose est le plaisir de manger un bon fruit, autre chose la satisfaction intime et profonde de sentir sa santé se fortifier. Il y a de l'un à l'autre la différence de l'actuel au virtuel, j'allais dire du *fini* à l'*infini*. De même, le chagrin d'apprendre que votre banquier a fait faillite, que votre notaire a pris la fuite vous emportant vos économies, — douleur ressentie, il y a quelques années, par un nombre considérable de paysans français — est quelque chose de tout à fait à part parmi les afflictions humaines, et qui ne se compare à rien. Dans la plénitude de joie sourde et constante qui remplit le cœur d'un avare en train de s'enrichir, l'analyse découvrirait une combinaison unique d'éléments empruntés à la joie de l'amoureux qui sent son espérance grandir, à celle de l'ambitieux qui monte vers le pouvoir, à celle du croyant qui se croit sûr du ciel. Ce n'est pas sans raison que les anciens confiaient leurs trésors aux temples, qui ont été les premières banques de dépôt. L'or est une religion malheureusement éternelle.

Et, par contre-coup, nous sommes redevables aussi à la monnaie de cet amour mystique de la pauvreté qui exaltait l'âme d'un saint François d'Assise. Cet amour paradoxal, ce défi jeté au mépris général de la pauvreté, autre sentiment spécial et malheureusement si répandu, né de la monnaie — n'apu naître que dans une société capitaliste, comme celle des cités italiennes du moyen âge. — Sous une autre forme, plus récente et plus contagieuse, se produit la réaction contre le culte de l'or : la haine du capitaliste, cette inspiration violente de Karl Marx et de son école, passion qui, en ce moment, remue le monde.

Mais est-il nécessaire d'insister pour montrer à quelle profondeur l'âme humaine a été labourée par les métaux précieux ? Il n'est point de drame ni de comédie qui épuisera jamais ce sujet. Parlons plutôt des conséqueces sociales de la monnaie. — Le transport de la force par l'électricité n'est rien en comparaison des services qu'a rendus aux hommes, et qu'est destiné à leur rendre encore, le transport de la valeur, par la monnaie métallique d'abord, fiduciaire ensuite. La monnaie a fait conservables indéfiniment des valeurs essentiellement passagères ; elle a fait mobilisables à des distances de plus en plus grandes, et avec une facilité croissante, des valeurs jusque-là localisées ; elle a fait, donc, susceptibles d'accumulation et de concentration indéfinies des utilités successives et éparses. Avant tout, elle a fait comparables des choses hétérogènes, elle a fait évaluables et nombrables des choses sans autre commune mesure. Par cette comparabilité, par cette mesurabilité de plus en plus généralisée, universalisée, elle soumet au calcul et au raisonnement ce qui était avant elle « affaire de goût », elle fournit une base en apparence rationnelle aux décisions volontaires par lesquelles certains biens sont sacrifiés à certains autres, et semble justifier de la sorte les empiétements successifs de la raison calculatrice sur le cœur coutumier et conservateur.

Elle seule a permis de voyager avec facilité, sans danger, sans escorte. Avant elle, qui disait voyageur disait pèlerin ou banni, et le pèlerinage était réputé une pénitence, comme le bannissement était regardé, avec raison, comme le plus cruel des châtiments. Toute la largeur d'esprit, toute l'ouverture d'imagination et d'âme, que donnent les voyages, c'est à la monnaie que nous le devons. — On peut même ajouter qu'elle a été un grand agent d'émancipation. Chaque pas du serf vers l'indépendance est marqué par une conversion de ses redevances en somme fixe, par le recul du métayage devant le développement du fermage. L'évaluation des redevances diverses en argent fait apercevoir entre elles des inégalités, des injustices qui, auparavant, ne pouvaient apparaître. Elle rend ces redevances, si hétérogènes qu'elles soient, comparables entre elles dans une vaste région, dans toute la région où a cours la monnaie en question, et rend, par suite, solidaires entre eux, étroitement unis d'un lien désormais senti, les débiteurs de ces rentes. Elle transforme aussi, sans en avoir l'air, la nature du rapport établi par ces redevances entre le seigneur et le tenancier, qui deviennent simplement l'un créancier, l'autre débiteur. Un payement en nature diffère presque autant d'un payement en argent, qu'un cadeau en nature d'un cadeau en argent. Le payement en nature est un lien personnel, d'homme à homme ; il symbolise et complète l'hommage ; de même qu'un cadeau en nature est un hommage affectueux, un tribut cordial. Mais un payement en argent, c'est quelque chose d'impersonnel, de sec et de froid.

Notons, en passant, que cette substitution des payements en argent aux payements en nature s'est accomplie par degrés, de proche en proche, et *de haut en bas*, conformément aux lois générales de la descente des exemples. Elle s'est produite en Angleterre, d'après Ashley, dans le domaine royal bien longtemps avant de s'étendre aux domaines seigneuriaux, puis à tout le royaume. Dès le XIIe siècle, le roi, dans son domaine, se faisait payer en argent la plupart des redevances, à cause de la difficulté de charroyer jusqu'à lui les redevances en nature, et aussi pour entretenir et solder ses troupes. Ce n'est qu'au xve siècle qu'on voit les seigneurs anglais affermer leurs terres. C'est seulement quand le goût du luxe, c'est-à-dire des produits étrangers, non indigènes, à l'exemple des cours royales, est venu aux gentilshommes, que le besoin d'être payés en monnaie s'est fait vivement sentir à eux. Aussi une classe de commerçants n'a-t-elle pu commencer à se former que pour l'usage des hautes classes d'abord et la satisfaction de leurs fantaisies luxueuses[1].

Ce passage des payements en nature aux payements en argent est irréversible, parce qu'il est un corollaire de la loi fondamentale du monde social, le rayonnement des exemples. Il est inévitable, à mesure que les hommes s'imitent et s'assimilent, que les choses humaines se comparent et s'évaluent. — L'évolution économique des diverses formes de la monnaie n'est pas moins orientée dans un même sens général. De la monnaie en nature, — c'est-à-dire de l'ivoire ou du tabac, ou de tout autre article choisi comme moyen d'échange, — on passe à la monnaie en métal, puis à la lettre de change ou au billet à ordre, puis au billet au porteur, — autrement dit, au billet de banque, à cours libre ou à cours forcé, — par la même raison logique qui contraint l'évolution psychologique à passer de la sensation à l'image, de l'image à l'idée et à l'idée de plus en plus abstraite et générale, concentrée et mobilisable. Cela ne veut pas dire d'ailleurs que cette série de phases soit unique et unilinéaire. Il y a bien des variantes et non sans importance. Le point de départ est multiple, en tout cas. Dans le monde classique, la monnaie a procédé du *bétail* (pecus, pecunia). Dans l'Extrême-Orient, en Perse aussi, elle provient des armes, couteaux ou cimeterres. La sapèque, par exemple, a com-

(1) « Les denrées que, dans un vieux dialogue anglais, le commerçant, suivant sa propre description, emporte avec lui, semblent être tous des articles de luxe, dont le besoin se fait sentir seulement dans les hautes classes... du drap de pourpre, des pierres précieuses... etc. » (Ashley.)

mencé par être une monnaie de bronze en forme de couteau muni d'un anneau pour l'enfiler. Peu à peu l'anneau s'est épaissi et la lame a disparu. Ces couteaux monétaires avaient certainement été, à l'origine, des couteaux ou des poignards bien réels. Les primitives monnaies persanes avaient la forme de cimeterres. En Afrique et ailleurs, cet emploi des armes comme moyen d'échange est répandu. Cela se conçoit conformément à ce que nous avons dit plus haut sur la nécessité d'avoir pour monnaie une chose qui soit l'objet d'un désir constant et universel. Cette condition est réalisée soit par les bijoux, soit par les armes, soit par le bétail, suivant les époques ou les régions[1].

On a prétendu que cette évolution économique de l'échange nous ramène, poussée à bout, au troc primitif, qui en serait à la fois, de la sorte, l'alpha et l'oméga. Ce qui a donné lieu à cette vue erronée, ce sont les *Chambres de compensation* (les Clearing-house), grâce auxquelles d'immenses opérations financières sont soldées avec un minimum de déplacement monétaire par le simple échange de liasses de papiers commerciaux. Je regrette de voir M. Gide, d'ordinaire si pénétrant, accueillir ici la métaphore illusoire de la *spirale* dont les sociologues ont tant abusé. En réalité, ce troc de valeurs de papier contre d'autres valeurs de papier, c'est-à-dire de possibilités indéfinies de richesses contre d'autres possibilités indéfinies de richesses, diffère autant du troc primitif, du troc

(1) J'ai dit plus haut que les bijoux, chez les sauvages, très vaniteux comme on sait, avaient pu être la première monnaie. Et cette hypothèse semble confirmée par l'emploi industriel de nos métaux précieux, cet emploi étant principalement, presque exclusivement, décoratif, à l'usage des bijoutiers. Mais ne pourrait-on pas dire inversement et complémentairement, que le rôle décoratif de l'or et de l'argent leur vient peut-être moins de leurs caractères chimiques et de leur éclat que du prestige qui leur est attaché par leur rôle monétaire? Si le fer était encore monnaie, comme il l'était au temps d'Homère, des incrustations de fer seraient encore un ornement recherché. La vue du fer, dans une décoration d'appartement, éveillerait l'idée de richesse. Les objets en nickel ne sont pas des objets de luxe, quoique ce métal soit aussi brillant que l'argent. Quand l'argent aura cessé d'être frappé, ce qui ne tardera guère, il perdra peu à peu tous les charmes qu'on lui reconnaît encore comme moyen de décoration.

d'un gibier contre un fruit ou d'une vase d'airain contre une captive, que les propositions verbales d'un métaphysicien diffèrent des jugements de localisation instinctivement formés par un animal ou même par un homme qui perçoit un arbre ou un rocher. Peu importe, en effet, que le progrès du commerce nous conduise à remuer d'immenses sommes en déplaçant quelques pièces d'or : ce n'est pas moins de monnaie toujours qu'il s'agit dans ces chèques et ces billets troqués les uns contre les autres ; et, par eux, la monnaie consomme son triomple final, son œuvre à la fois gigantesque et terrible, merveilleuse et désastreuse, qui consiste à rendre tout évaluable pour rendre tout vénal, à tout niveler sous sa règle pour tout soumettre à son joug.

VIII

J'ai parlé de ses bienfaits ; que n'aurais-je pu dire de ses méfaits ? Elle a fait sortir de terre des armées permanentes, elle a créé le despotisme des temps nouveaux, administratif et centralisateur, insidieux et envahissant. Avant elle, avant son règne, le monde a vu des démocraties que j'appellerai *terriennes*, telle que Rome primitive. Depuis elles, les démocraties sont devenues presque fatalement ploutocratiques. Je disais qu'elle a été émancipatrice. Oui, à certains égards ; mais il est plus vrai de dire qu'elle a substitué au sens ancien, profond, profondément humain, de l'idée de liberté, un sens tout nouveau, plus superficiel peut-être et plus artificiel, plus aisément généralisable par suite. La liberté véritable, dans la première acception du mot, c'est l'indépendance, fondée, sinon sur la suppression de tout désir, chose impossible, admirable absurdité du stoïcisme, du moins sur la réduction du désir à un faisceau étroit de besoins simples et forts que satisfait seule, mais que satisfait pleinement, la propriété d'un coin de terre. C'est là *liberté terrienne*, dont le patriarche antique a fourni le type, reproduit depuis par les premiers colons d'Amérique. Étendu au village, au bourg, ce type s'est réalisé dans le fief français, dans l'ancien manoir anglais, dont le caractère propre était de se suffire à soi-même, de n'avoir rien à acheter ni à vendre au dehors.

L'argent a brisé tous ces murs de clôture du désir, il pourchasse partout les derniers vestiges de cette farouche indépendance rustique et quasi stoïque qui est le démenti de ses prétentions, l'écueil de ses ambitions, et qui cherche sans cesse à se reformer, jusqu'en plein âge moderne, dans l'âme d'*un Rousseau* ou d'*un Tolstoï*. Qui sera vaincu dans ce duel ? Je l'ignore. Pour le moment, il est clair que l'idéal économique d'affranchissement propre aux sociétés modernes — et sur ce point économistes de toute école, y compris socialistes, sont d'accord — est précisément le contraire de l'idéal stoïcien. Au lieu de viser, comme Zénon, à l'émancipation par l'anéantissement du désir, les civilisés d'aujourd'hui tendent à s'émanciper, croient-ils, par la complication infinie des désirs et la solidarité de plus en plus intime des individus qui ne peuvent plus se passer les uns des autres, ou plutôt dont les uns, riches de monnaie, se font servir par les autres, — dans un rayon de plus en plus étendu, prolongé jusqu'aux limites du globe. Quand les hommes sont détachés de l'idéal de la liberté terrienne, il ne leur reste plus qu'à courir à l'extrême opposé, à l'idéal de la *liberté monétaire*, celle du financier cosmopolite qui, véhiculé par les wagons-lits, est domicilié tour à tour dans tous les grands hôtels et toutes les belles villas à louer de l'univers entier. Et, fascinés par l'exemple de ces brillants nomades, se modelant sur eux dans la mesure de leur bourse, toutes les classes du peuple, l'une après l'autre, rompent la chaîne du bonheur ancien, de la simplicité sédentaire au champ natal, pour entrer à leur tour dans la voie de cette frénésie de locomotion, de cette fureur de navigation vers un port imaginaire.

Est-ce que cette fièvre montera toujours ? Est-ce que l'on prendra toujours, de bonne foi, comme le meilleur indice du progrès, le degré même de cette instabilité, de cette inquiétude qui devient morbide ? J'espère bien que non. Mais à quoi bon anticiper sur l'avenir ? Constatons plutôt la transformation lente et profonde que l'avènement de l'or a fait subir non seulement à la notion de la liberté, mais à celle du droit. Cournot a très bien montré, dans un chapitre de son *Traité sur l'enchaînement des idées fondamentales*, la métamorphose, ou pour mieux dire la métempsycose de la notion de droit quand elle passe de la bouche du juriste, surtout du juriste ancien, dans celle de l'économiste. L'ère proprement économique s'ouvre pour les sociétés quand le sentiment du droit, tel qu'il remplissait l'âme d'un *paterfamilias* ou d'un féodal, est atteint dans ses sources et tend à être remplacé par une conception toute rationnelle, qui a infiniment moins de prise sur le cœur. Or, ce qui caractérise le plus nettement le droit tel que l'entend le juriste, c'est d'être avant tout un *droit terrien* : et je ne veux pas parler uniquement du régime juridique des biens, mais du régime des personnes et même du droit pénal. Ce qui donne le ton à toutes ces parties du droit ancien, c'est le rapport de l'homme à la terre, à une terre qui lui appartient, à lui individuellement, ou à lui et aux siens collectivement, à une terre qui lui est chère par-dessus tout, où dorment tous ses souvenirs, où toutes ses espérances germent et croissent. Tous les droits anciens reposent sur une coutume, qui suppose l'attachement héréditaire de plusieurs générations à un même sol. Tous les droits anciens ont trait à la dispute d'un même sol par les hommes d'une même race, ou au travail de ce sol, ou à l'héritage de ce sol, ou à la hiérarchie des personnes que paraît exiger la culture de ce sol ou sa défense, ou à l'expiation des crimes commis contre les dieux protecteurs de ce sol ou contre les détenteurs des fruits de ce sol, le vol et le sacrilège étant réputés plus criminels que l'assassinat. Mais, autant le juriste ancien, et même moderne encore, est préoccupé des relations, des adaptations de l'homme à sa terre, autant l'économiste est dominé par la préoccupation majeure des rapports de l'individu avec l'argent : prix, salaires, profits, rente, capital, voilà les mots autour desquels pivotent toutes ses spéculations. Si le droit ancien, le droit juridique pour ainsi dire, est un droit terrien, le droit nouveau est un *droit monétaire.*

L'avantage, l'immense avantage de cette transformation, est d'avoir contribué à battre en brèche l'exclusivisme antique de la cité, et plus tard du fief, ce protectionnisme féroce qui limitait aux remparts de la ville ou du bourg l'étroit jardin moral réservé aux obligations senties comme telles, à l'échange des devoirs et des affections. Cet élargissement graduel du domaine moral, qui peu à peu tend à comprendre le globe entier, est le bénéfice le plus net de la civilisation, et c'est au règne de la monnaie, sous l'impulsion de la sympathie imitative sans cesse agissante, que ce progrès inappréciable s'est accompli. Mais, à notre avis, il serait acheté trop cher s'il devait avoir pour effet de détacher tout à fait l'homme de la terre, de *sa* terre, et de reléguer aux catacombes du cœur humain les vieux sentiments enracinés dont il a vécu jusqu'ici. Car l'union de l'homme à la terre, de même que l'union de l'homme à la femme, à laquelle on peut la comparer sans manquer de respect à l'amour, est, de toutes les harmonies naturelles, la plus pleine et la plus profonde, et l'on ne peut lui reprocher, comme à l'amour, que d'être close en soi, égoïsme à deux, sociabilité incomplète. Toutefois, ne peut-on pas l'*ouvrir* sans la briser ? Et n'est-ce pas à résoudre ce problème que travaillera l'avenir ? La ploutocratie régnante n'aura peut-être servi qu'à préparer et amener l'ère d'une vaste démocratie rurale où, par une meilleure et plus égale répartition des terres, non par la nationalisation ou l'internationalisation chimérique du sol, les vœux les plus chers de l'homme seront comblés ; où le paysan ne sera plus le seul amant de la terre, mais encore le lettré, le savant, l'intellectuel, qui trouveront plus de charme à tailler leur vigne qu'à mener la vie de bureau; où l'on verra se vider les grandes villes, et les campagnes se repeupler, parce qu'on s'apercevra que la concentration urbaine de la population, due à la poursuite fiévreuse de l'or, a perdu sa raison d'être quand l'insécurité ambiante ne force plus les hommes à quitter leurs champs... Déjà quelque anticipation du tableau de cette félicité ne nous est-elle pas donnée par le spectacle des petits pays, la Suisse, la Norvège, où la paix sociale serait complète, si le voisinage de nos troubles ne l'altérait souvent ? On utilisera toujours alors la monnaie, on reconnaîtra ses services, on les étendra encore ; mais on ne sera plus dupe de sa magie propre, de ses illusions spéciales dont notre âge est abusé. L'or a un faux air libérateur, car il substitue aux servitudes visibles et précises que crée la terre des servitudes inaperçues, invisibles, insaisissables, infinies, dissimulées par leur complication même et leur apparence de réciprocité, si souvent trompeuse. Lor a un faux air égalitaire; il n'est que niveleur, et les inégalités qu'il creuse, inaperçues aussi, sont tout autrement profondes et injustifiables que les inégalités de nature terrienne, qui frappent les yeux.

La terre et l'or sont les deux grandes attractions, à la fois opposées et complémentaires, du désir humain. Il oscille entre les deux, sollicité par les deux ; et ce dilemme, parfois douloureux, parfois sanglant, qui s'impose à lui, consiste, au fond, à opter entre les deux faces des choses, le côté des diversités, des originalités sans mesure et sans prix, du pittoresque local et national, du charme et du génie propre à une institution, à un peuple, à un pays, et le côté des similitudes, des uniformités, de l'utile banal, vénal, international, sans caractère. Il y a des diversités nécessaires comme il y a des libertés nécessaires, auxquelles elles sont liées; et l'or n'en tient nul compte et tout âge monétaire les méconnaît. L'or est l'ennemi sourd de l'idée de patrie. S'il a paru longtemps l'aider et la favoriser, si, en permettant aux diverses provinces d'un même empire de commercer ensemble, il a dilaté le patriotisme étroit des premières cités jusqu'au patriotisme des grands États modernes, il n'a élargi ce sentiment que pour l'ébrécher, et n'est-il pas manifeste, à présent, qu'il tend partout à le démolir, comme un vieux rempart croulant et incommode pour la circulation générale ? L'amour de la patrie, de la *tellus patria*, qui a sa magie ensorcelante, sa valeur transcendante, sacrée et sans prix, avec tout ce qui émane d'elle, est le grand obstacle aux suprêmes entreprises de l'or, qui osent enfin s'avouer. La lutte est ouverte; il s'agit de savoir si le règne de l'or, père du cosmopolitisme, remportera ce triomphe final, de déraciner les hommes de leur patrie.

IX

Il ne réussira, je l'espère bien, qu'à désarmer les patriotismes, à les élargir encore, à les adoucir sans les affaiblir. Aussi n'ai-je nul regret à voir la monnaie poursuivre le cours de son évolution dont il me reste à indiquer la loi principale. Cette loi, qui est conforme à celle de la langue, de la religion, de toutes les institutions sociales, c'est le passage continuel d'une ère de monnaies multiples, ayant chacune une sphère rétrécie de circulation, à une sphère de monnaies moins nombreuses, mais séparément plus répandues ; en d'autres termes, c'est la diminution graduelle du nombre des monnaies en cours, mais l'accroissement graduel du domaine propre aux monnaies survivantes. C'est ainsi que les langues deviennent de moins en moins nombreuses, mais de plus en plus répandues.

Sans avoir la même importance que l'unification des langues dans une région donnée, l'unification des monnaies

— ainsi que celle des poids et mesures — y concourt notablement à aider l'action inters-pirituelle. Et, quand elle se borne à supprimer ainsi des entraves qui s'opposaient à la formation ou à la renaissance d'un patriotisme national, — comme c'est le cas pour l'Allemagne au cours de ce siècle — les hommes s'y prêtent assez aisément. Mais, quand elle se heurte aux frontières des nations qu'elle entreprend de franchir, ce n'est pas sans de vives résistances qu'elle parvient parfois à s'opérer. L'attachement des hommes, même les plus novateurs, à leurs vieilles monnaies, à leurs vieilles mesures, si arbitraires que soient ces unités, est très digne de remarque. Car il nous révèle, par une analogie *a fortiori*, quelles ténacités humaines il y aurait à vaincre si l'on entreprenait de combattre, décidément, l'attachement des individus à des habitudes tout autrement chères, tout autrement enracinées. Aux États-Unis même, — le croirait-on? — on s'est engoué, il y a quelques années, du « dollar des ancêtres » et on y est revenu[1]. Voilà qui est plus fort peut-être : malgré notre entichement du système décimal, nous avons été contraints de frapper, dans l'Indo-Chine, après plusieurs tentatives malheureuses pour y introduire notre système monétaire, des piastres et même des sapèques [2].

(1) *La Monnaie*, par Arnauné (Alcan, 1898).

(2) Les Athéniens avaient beau être novateurs et même révolutionnaires, par tempérament, ils ont senti la nécessité, sous bien des rapports essentiels, et notamment en tout ce qui touchait au culte, d'être conservateurs à outrance. Ils l'ont été même en ce qui concerne leurs monnaies. Non seulement le type n'en a jamais été changé, la chouette y figurant toujours, mais encore, depuis Pisistrate au moins, qui ajouta au côté droit la tête de Minerve, « le style même et la manière de représenter ce double type s'immobilisent ; jusqu'au temps d'Alexandre, l'art athénien (monétaire) reste stationnaire ». Il est curieux de voir les Athéniens, sur ce point et sur bien d'autres, aussi traditionnalistes que les Egyptiens, aussi respectueux des formes hiératiques. Quand une ville antique, par suite d'une révolution, d'une conquête, se voit amenée a changer le type de ses monnaies, l'*ancien type persiste dans le nouveau sous forme réduite*, à titre d'organe rudimentaire en quelque sorte (Lenormant, p. 108). Toutes les monnaies antiques témoignent, par leurs figures et leurs emblèmes, du caractère profondément religieux de la vie antique. Ce que dit Lenormant à propos

La pièce de monnaie tient à la fois du bijou, de l'amulette et de la médaille. Elle atteste ce besoin esthétique qui se mêle aux préoccupations les plus utilitaires. On aurait pu se contenter partout, comme en Indo-Chine, de marquer sur les pièces le poids du métal. Cela ne s'est fait que par exception depuis l'invention de la monnaie frappée, et là où la circulation est peu active. Dès qu'une nation s'enrichit et que son commerce se développe, ses pièces de monnaie deviennent des objets d'art. Mais ce caractère artistique n'est bien senti que lorsque les pièces vieillissent, se démodent, se raréfient. Les vieilles monnaies ont pour les collectionneurs un indicible charme, inexplicable. Ce charme agit même sur les profanes. L'un des inconvénients les plus regrettables — inévitable d'ailleurs — de la refonte des monnaies et de leur unification, est la disparition graduelle des vieilles pièces, la perte de l'attrait attaché à leur vétusté et à leur diversité caractéristique. Je dirais que cette perte est compensée par le progrès de la frappe, si, par malheur, la frappe ne devenait pas plus froide, plus régulièrement et mécaniquement uniforme. De vieilles pièces, gauchement frappées, avec des bavures, avaient un air d'œuvres faites à la main. — Qui sait si le plaisir de collectionner des pièces anciennes, différentes de type, n'entrait pas pour quelque chose — pour bien peu, je le crains, — dans la passion acharnée du thésauriseur d'autrefois? Harpagon, n'en doutons pas, était un numismate sans le savoir. Il collectionnait des médailles en croyant n'empiler que des livres tournois ou des livres parisis. Assurément, de nos jours, il aurait un plaisir moindre à entasser des pièces de

des *médaillons contorniates* (p. 189), à savoir que l'effigie d'Alexandre le Grand figurant sur ces pièces destinées aux cochers du cirque, était regardée comme un *porte-bonheur*, pourrait être généralisé. Les anciens, si superstitieux, attachaient à toute chose un sens de bon ou de mauvais augure; et il est infiniment probable que leurs monnaies mêmes étaient à leurs yeux des espèces de *talismans* quand elles représentaient leurs divinités tutélaires. Toute pièce de monnaie était *médaille* pour eux, dans l'acception pieuse du mot *médaille*, qui n'est pas pour rien synonyme d'amulette pour les femmes et les enfants.

20 francs toutes à l'effigie de la République française ou de Napoléon III.

Mais, si belles et si chères qu'elles soient, les monnaies archaïques, sont irrévocablement condamnées à périr comme les vieux patois si savoureux que gazouillent les dernières paysannes au fond des bois, au cœur des monts, dans les pays délicieusement arriérés. Si les monnaies nationales résistent encore à l'invasion du numéraire étranger, résisteront-elles toujours ? Les langues nationales sont bien plus résistantes et plus tenaces, et cependant elles cèdent quelquefois à l'inondation d'un idiome conquérant. Une monnaie nationale, comme une langue nationale, quand elle a un domaine suffisamment étendu pour répondre à tous les besoins d'échange économique ou d'échange mental, est propre en même temps à faciliter les relations entre les nationaux et à les entraver avec l'étranger. En tant qu'elle facilite les premières, elle obéit à cette grande loi d'amplification croissante, qui, avons-nous dit, domine le monde social ; mais, en tant qu'elle entrave la seconde, n'est-elle pas contraire à cette loi, et comme telle, ne doit-elle pas être fatalement emportée un jour ou l'autre par le torrent fatal ? N'est-il pas essentiel à l'idée de monnaie et à l'idée de langue, que la langue rende tout exprimable, et que la monnaie rende tout échangeable ; et cela ne suppose-t-il pas, finalement, une monnaie, une langue, sinon unique du moins universelle ?

Toujours l'anxieuse question de savoir si les nations seront ou ne seront pas ! Elles seront ou elles ne seront pas, cela dépend de la manière dont s'opérera la pacification finale, car il est inévitable qu'elle s'opère un jour. Si elle s'accomplit par la voie fédérative, les patries subsisteront, et l'international ne triomphera qu'à la condition de respecter toutes choses nationales, même les monnaies, sauf à leur superposer une monnaie internationale. Si elle s'accomplit par la voie impériale, par la voie du passé, toute nationalité périra, y compris celle du vainqueur, « enseveli dans son triomphe ». Et le même niveau linguistique, politique, scientifique, monétaire, passera sur le globe aplati. Quant à prédire lequel de ces deux dénouements de l'histoire a le plus de chance de se réaliser, je ne m'y aviserai pas. L'évolution de l'humanité est comme un fleuve à delta, elle peut avoir plusieurs embouchures.

X

— Au sujet de la monnaie se rattachent plusieurs problèmes secondaires que les économistes ont agités, des lois qu'ils ont formulées. Indiquons quelques-unes de ces questions. On connaît la loi de Gresham, d'après laquelle « la mauvaise monnaie chasse la bonne ». Elle n'est pas sans exception, même de nos jours ; aux États-Unis, la monnaie d'argent, quoique dépréciée, n'a nullement chassé l'or, dont la masse a été en augmentant dans la circulation du pays. Dans le passé, il ne semble pas que cette loi jette un grand jour sur les phénomènes relatifs au concours des monnaies royales et des monnaies seigneuriales, toutes pareillement altérées. Apparemment on ne croira pas que, si les monnaies des rois ont fini par se substituer à celles des seigneurs, c'était parce que les monarques étaient plus faux-monnayeurs que leurs grands vassaux. Il en est de ces fausses monnaies monarchiques dont les peuples se sont contentés pendant des siècles, comme, en général, de tous les mensonges conventionnels dont le monde vit, et qui ont toujours eu beau jeu contre la vérité quand ils ont été mis en circulation par des autorités respectées. Ce chapitre de l'altération des monnaies serait une curieuse page à joindre à l'histoire des transformations du mensonge. Les procédés changent, le fond reste. On n'altère plus le poids des monnaies ni leur titre, mais le papier à cours forcé les a remplacés avec avantage. « Le papier à cours forcé, dit M. Arnauné, est la fausse monnaie des gouvernements modernes. »

On s'est demandé quelles sont les causes qui, dans une société donnée, à un moment donné, font varier la quantité de numéraire nécessaire pour tous les payements. Cette question a été étudiée par un éminent géomètre, Joseph Bertrand, avec une précision remarquable [1]. Supposant une nation insulaire et fermée, où l'habitude s'est établie d'effectuer tous les payements le premier de chaque mois, il montre aisément que, puisque chaque caisse devra s'approvisionner en conséquence, la quantité de numéraire indispensable sera au moins égale au douzième du chiffre total des payements annuels. Mais, si toutes les caisses, quoique continuant à payer un jour par mois, ont des jours de paye différents, la quantité de numéraire exigée sera beaucoup moindre ; elle serait considérablement amoindrie si l'usage s'établissait de payer tous les jours; autrement dit, l'accélération du mouvement de la monnaie, le nombre croissant de ses changements de main, équivaut à l'accroissement de sa quantité. — Tout dépend donc des usages, lesquels dépendent de certaines initiatives imitées, dont l'imitation dépend du crédit, c'est-à-dire de la confiance plus ou moins grande que les hommes en rapport d'affaires ont les uns dans les autres.

Un autre problème a été étudié par le savant déjà cité : celui de savoir, s'il est vrai que, la quantité de numéraire venant tout à coup à doubler dans une nation, la conséquence serait une baisse de moitié sur tous les prix. Bertrand montre très bien que ce résultat n'est ni certain, ni probable, et que, plus vraisemblablement, cette infusion monétaire agira surtout en surexcitant la production. « La prévoyance, accrue par le bien-être, augmentera la réserve de chacun. » Beaucoup d'économistes sont du même avis, et

(1) *Revue des Deux-Mondes*, 1er sept, 1881.

nous avons vu plus haut que les phénomènes économiques observés à la suite des découvertes de gisements aurifères ou argentifères leur donnent pleinement raison. L'expérience et le calcul à priori sont ici d'accord. C'est une chose remarquable que cette surexcitation de l'activité productrice par le simple fait de la découverte d'un filon aurifère. Si, au lieu de découvrir une mine d'or, on avait découvert un gisement de guano d'égale valeur, suffisant pour fumer toutes les terres et augmenter prodigieusement toutes les récoltes, est-il bien sûr que la nation eût été, en fin de compte, plus enrichie qu'elle ne l'est par l'extraction des lingots ?

Par cette considération l'on répond implicitement à un problème plus général que les économistes ont agité, celui de savoir si la monnaie, en tant que monnaie, est une richesse par elle-même, ou n'est, comme telle, qu'un substitut de richesses. Alors même qu'elle consisterait en métaux impropres à tout autre usage que celui d'accomplir leur fonction monétaire, elle mériterait d'être *ajoutée* au nombre des richesses véritables, c'est-à-dire des objets *jugés* de nature à satisfaire les *désirs*. Comment une simple entité pourrait-elle jouer le rôle fécondant que tout le monde est forcé de lui reconnaître ? N'est-elle pas, elle aussi, l'objet de désirs distincts, et n'inspire-t-elle pas une foi profonde en son efficacité à satisfaire une infinité d'autres désirs ? — Mais ce que nous disons là de la monnaie métallique, il faut le dire aussi bien, et pour la même raison, de la monnaie fiduciaire, voire même de simples billets de commerce qui circulent un temps de main en main, monnaie passagère et restreinte. « S'il était vrai, dit très bien Macleod, qu'un billet à ordre fût dépourvu de valeur jusqu'à son payement, il s'ensuivrait que l'argent non plus n'a pas de valeur jusqu'à ce qu'il ait servi à acheter quelque chose, et qu'il n'a pas de valeur distincte de celle des marchandises. » A plus forte raison, la remarque est-elle applicable aux billets de Banque.

Il en est des billets de banque comme des mots. Les mots commencent par avoir l'air d'être un simple signe et un simple substitut d'images, qui, elles-mêmes, passent pour des équivalents des sensations qu'elles ressuscitent vaguement et illusoirement en nous. Mais il n'en est pas moins vrai qu'on se tromperait grandement si l'on ne voyait de réel, au fond des idées que les images et au fond des images que les sensations, méconnaissant ainsi le fait évident que ce sont là autant d'éléments psychologiques distincts dont l'esprit s'enrichit à chaque pas qu'il fait. Le mot, l'idée, apparaît bientôt comme une chose autonome que l'on ne songe plus à échanger contre les images dont elle est la combinaison. Le billet de banque commence aussi par paraître un simple substitut d'espèces métalliques, contre lesquelles à chaque instant on sait ou on croit qu'il peut être échangé; mais il ne tarde pas à révéler qu'il a sa valeur propre, indépendante de la leur, de même que les espèces métalliques sont si souvent et si universellement désirées, en partie, pour elles-mêmes. Le même travail de logique mentale et d'action inter-mentale qui a provoqué l'évolution intellectuelle d'où le mot est sorti, le mot de plus en plus abstrait, incarnant une idée de plus en plus générale, a produit l'évolution économique d'où est issue la monnaie de papier.

C'est donc bien à tort que les économistes préoccupés de bâtir leur science sur des fondements tout objectifs ont une prédilection pour le sujet de la monnaie et des finances, où leur rêve, de premier abord, semble se réaliser. En fait, il n'est rien de tel que les phénomènes financiers pour mettre en relief ce qu'il y a d'essentiellement subjectif dans les choses économiques. Par exemple, si les causes de la variation des valeurs de Bourse étaient objectives, comment expliquer cet effondrement ou cette dépression de tous les cours qui a lieu quand une catastrophe ou un événement fâcheux quelconque vient à atteindre un seul de ces titres, mais un de ceux qui donnent le ton aux autres, une rente d'État notamment ? Il semble que la baisse devrait être strictement limitée à ce titre, et que les autres, loin de la suivre dans sa chute, devraient, au contraire, se trouver rehaussés par comparaison. Mais il n'en est rien. Pourquoi ? Parce qu'il s'agit là d'un phénomène de psychologie et surtout de psychologie inter-spirituelle. Quand un événement heureux nous arrive, dans une circonstance particulière, nous voyons tout en rose aussitôt, nous sommes enclins à espérer, à avoir confiance en tout ; quand un malheur particulier nous frappe, un découragement général tend à nous accabler. Et cette disposition optimiste ou pessimiste, nous la communiquons sans le vouloir à notre entourage, elle émane de nous pour impressionner nos voisins, nos collègues, fussent-ils nos rivaux, qui, sans avoir aucunement les mêmes raisons que nous de se décourager ou d'avoir confiance, reflètent notre couleur psychologique à leur insu. Les palais de la Bourse sont ainsi, sans qu'il y paraisse, des laboratoires, continuellement actifs, de psychologie collective.

Il me resterait, enfin, à parler de la *circulation* de la monnaie et des rapports entre ce *cycle monétaire* et le *cycle des besoins* ou celui *des travaux*, dont il a été question ci-dessus. Mais cette question sera plus utilement discutée à propos du *capital*, sujet qui se rattache intimement à celui de la monnaie, et dont nous allons nous occuper.

CHAPITRE VII

LE CAPITAL

I

L'idée du capital, très distincte de l'idée de monnaie à l'origine, — car il a pu exister des cheptels avant que nulle monnaie n'existât — tend à se confondre avec elle en se développant. Le moment est donc venu d'étudier cette notion complexe et confuse, qui appartient essentiellement à la répétition économique, puisqu'il est un seul point sur lequel on s'accorde dans les définitions multiples du capital, c'est qu'il sert à la reproduction des richesses.

Si nous prenons ce mot dans son acception vulgaire, celle où capital s'oppose à revenu grâce au prêt à intérêt, nous n'aurons pas de peine, ce me semble, à en découvrir l'origine vraisemblable. La propriété mobilière, si l'on entend par là la possession de grands trésors en monnaie ou en créances, je ne dis pas en troupeaux nomades, n'a pu naître ou grandir qu'après la propriété territoriale. Or, celle-ci suppose une distinction universelle et profonde entre le sol et ses fruits, entre la possession du sol et la possession de ses fruits. Naturellement, donc, quand les fortunes en trésors ont commencé à prendre rang à côté des fortunes en terres, cette propriété nouvelle qui surgissait a été conçue comme devant, à l'image de l'autre, impliquer une dualité toute pareille. De là la distinction du capital et du revenu, calquée sur celle du sol et des fruits.

M'objectera-t-on l'étymologie de *capital*, la même que celle de *cheptel*, d'où il semblerait résulter que, le premier capital ayant dû être un troupeau, l'idée de capital serait antérieure et non postérieure au développement de la phase agricole et terrienne? Je suis aussi de cet avis, et j'en dirai plus loin les raisons; mais il s'agit de l'idée vulgaire et actuelle du capital, et, sans le moindre doute possible, jamais la possession de grands troupeaux, si elle n'avait été accompagnée ou suivie de la propriété de terres cultivées, n'aurait pu suggérer cette idée à laquelle il semble essentiel, vulgairement, que l'idée de revenu s'oppose. Jamais troupeau ne s'est distingué de son croît de cette manière, de la même manière que le sol cultivé se distingue de ses récoltes. Même considéré dans son ensemble, et à part des têtes qui le composaient, le troupeau, à l'époque pastorale, ne pouvait être regardé comme quelque chose d'impérissable, d'inaltérable en soi : combien de troupeaux périssaient souvent tout entiers au cours d'une épizootie!

C'est donc la propriété immobilière, encore une fois, qui, en frappant la propriété mobilière à son effigie, l'a fait imaginer comme fructifère aussi, et, par là, transformée en capital au sens ordinaire du mot! Ce sens n'a pas satisfait les économistes, je le conçois; et il faut les louer d'avoir cherché à l'idée qui nous occupe un fondement plus rationnel. Le malheur est que tous leurs efforts pour préciser cette notion et la justifier en évitant de recourir à l'analogie qui l'a suggérée — car la puissance de l'analogie n'est pas moins créatrice au point de vue économique que linguistique — ont été bien mal récompensés jusqu'ici. Le capital, pour l'un, c'est tout l'outillage humain; pour un autre, c'est l'accumulation des produits épargnés et destinés à une production ultérieure; pour Stuart Mill, c'est la somme soi-disant mise à part pour payer les ouvriers, le fameux « fonds des salaires »; pour M. Bohm-Bowerck, c'est un moyen détourné de produire ce qu'on pourrait produire directement, mais avec bien plus de temps et de difficultés;

c'est surtout du temps gagné. On a distingué les capitaux fixes et les capitaux circulants, les capitaux à revenus et les capitaux de jouissance.

A titre de curiosité, je citerai l'idée que Macleod se fait du capital. D'abord, il étend fort loin le sens de ce mot. Il désigne par là *toute chose qui peut procurer un profit ou un revenu, qui peut faire gagner de l'argent*. Les marchandises d'un négociant sont pour lui un capital ; des *terrains* qu'on achète avec l'intention de les revendre, sont des capitaux. « Le crédit commercial est un capital commercial. » Ceci posé, il divise les capitaux en deux grandes catégories, qu'il croit devoir désigner comme deux quantités, l'une *positive*, l'autre *négative*, à la manière des géomètres. Il considère comme *positifs* les capitaux qui consistent en profits passés (terres, maisons, etc.) et comme *négatifs* ceux qui se fondent sur l'espérance de profits futurs (crédit). Je ne dirai rien de cet essai d'application des mathématiques à l'économie politique, si ce n'est que, comme beaucoup de tentatives pareilles, il est malheureux et infécond. Entre le *passé* et l'*avenir*, l'auteur établit une opposition factice, dont l'état zéro, intermédiaire, est le *présent*. Je sais bien que les géomètres ont recours souvent à cette convention, mais ici elle est arbitraire et inexacte ; car ce n'est jamais en tant que passés, c'est toujours en tant qu'*actuels* que les profits antérieurs ou présents ont une valeur. Il n'y a de véritable opposition économique, exprimable légitimement par les signes mathématiques + et —, que dans le cas où l'on oppose des créances à des dettes, des prêts à des emprunts, des productions à des destructions. Mais l'antithèse de Macleod ne repose sur rien de solide.

A travers toutes les divergences des économistes relativement à la notion du capital, l'idée générale qu'ils s'en font peut se résumer en cette définition : le capital est cette partie des *produits* anciens qui est nécessaire ou utile aux *services* nouveaux (au travail) pour créer de nouveaux produits, soit[1] semblables à ces produits anciens, soit différents de ces produits, mais toujours semblables à d'autres produits anciens. Par là, on voit que quelque chose de l'idée vulgaire du capital est retenu dans ses notions les plus subtiles, à savoir qu'il est essentiellement reproducteur. Mais, par cette définition, on peut se rendre compte de ce qu'il y a d'indéterminé et d'indistinct dans l'idée du capital ainsi compris. Car, d'une part, le cas où le produit ancien — la semence — sert à créer un produit nouveau qui lui ressemble, méritait d'être mis en relief, — ce cas est celui de la production agricole — et de n'être pas confondu avec celui où le produit nouveau, comme il arrive toujours dans la production industrielle, est sans similitude aucune avec le produit ancien (la machine ou l'outil) qui sert à le fabriquer. D'autre part, où s'arrête la portion des produits anciens qui est *utile* à la création des produits nouveaux, semblables où différents? Il y a mille degrés possibles d'utilités. La partie des produits anciens qui est *absolument nécessaire* à la production des produits nouveaux peut être seule déterminée avec rigueur, et c'est celle qu'il importe de spécifier.

Si l'on y réfléchit, on verra que cette partie indispensable consiste uniquement dans l'existence et la connaissance des secrets de métier, des méthodes de culture, des procédés employés pour l'extraction des matières premières et pour la fabrication des outils ou machines propres à fabriquer les produits nouveaux. Sans doute, il faut bien aussi, pour que cette reproduction soit possible, qu'il existe au dehors des matières premières, des minerais de fer, ou, s'il s'agit de reproduction agricole, des plantes et des animaux.

(1) Semblables, comme lorsque, grâce à la semence du blé de l'an dernier, le cultivateur, par son travail actuel, fait lever une nouvelle moisson. Différents, comme lorsque, avec l'aide de sa varlope, de ses planches, de son établi, un ébéniste fabrique une commode ou un secrétaire, ou que, avec une lime, un serrurier fabrique une clef.

Car on aurait beau connaître à merveille les méthodes de culture du maïs, s'il n'y avait plus de maïs dans le monde, il serait impossible d'en reproduire. Mais il n'est pas nécessaire, pour qu'une récolte de maïs puisse être plus tard faite par nous, que nous soyons nous-mêmes propriétaires de graines de maïs ; il suffit qu'il en existe quelque part, en la possession de quelqu'un qui pourra nous la transmettre. En somme, la seule chose indispensable en toute rigueur à la production d'une locomotive nouvelle, c'est la connaissance détaillée des pièces d'une locomotive, de la manière de les fabriquer et d'abord d'extraire les matériaux dont elles sont faites. Ce faisceau d'idées, dont chacune est une invention grande ou petite, due à un inventeur connu ou inconnu, ce faisceau d'inventions rassemblé dans un cerveau : voilà la seule portion des produits anciens — car c'est bien là un produit mental, le fruit d'un enseignement scolaire — qui soit requise de toute nécessité pour la construction d'une locomotive. On en dirait autant de la fabrication d'un article quelconque.

Certes, l'individu qui, réduit à ce legs intellectuel du passé, n'aurait ni semences, ni approvisionnements, ni outils, serait dans de déplorables conditions pour faire œuvre agricole ou industrielle. Mais il ne serait pas dans l'impossibilité de produire un peu plus tôt ou un peu plus tard, — tandis que, si, pourvu des semences ou des matériaux les plus abondants, amassés et accumulés par l'épargne, et de l'outillage le plus perfectionné, il est en même temps ignorant des secrets de l'industrie qu'il prétend diriger, ou des méthodes de la culture à laquelle il se livre, il sera frappé d'impuissance productrice en dépit de tout son prétendu capital. Supposez que tous les ingénieurs américains, par un phénomène d'amnésie épidémique, viennent à perdre subitement la mémoire de toutes leurs connaissances techniques, les États-Unis auront beau être réputés la nation la plus riche et la plus capitaliste du monde, toute production s'y arrêtera. Mais les ravages d'une guerre, fût-elle dix fois plus désastreuse encore que la guerre de Sécession et eût-elle détruit tout l'outillage et tous les approvisionnements, n'empêcheraient pas l'Amérique, si elle restait éclairée et instruite, de reconquérir sa prospérité. En quelques années, comme l'ont remarqué avec raison Stuart Mill et Henry Georges, les maux économiques de ces grandes catastrophes sont réparés, avec une merveilleuse facilité, dont il n'y a pas lieu de s'étonner néanmoins, d'après la remarque qui précède.

L'histoire de l'industrie aux Etats-Unis fournit une remarquable illustration de cette vérité. M. Wright, dans son livre intéressant à ce sujet[1], nous raconte comment la grande fabrication fut inaugurée dans sa patrie. Ce fut en 1790, par Samuel Slater, que le président Jackson appelait le père de l'industrie américaine. Slater était Anglais, il était familier depuis son enfance avec les machines anglaises, et, ayant eu connaissance des efforts, jusqu'alors impuissants, que faisaient les États-Unis pour obtenir des machines à filer le coton, il alla en Amérique. Mais il n'y apportait ni machine, ni dessin quelconque figurant des modèles ou des plans de machines : les lois anglaises à cette époque interdisaient avec la dernière sévérité le transport à l'étranger de toute indication relative à des secrets dont la Grande-Bretagne prétendait conserver le monopole (c'était sa manière d'entendre à cette époque le laissez-faire et le *laissez-passer*). Donc, tout ce qu'apportait Slater avec lui en Amérique, quand il s'embarqua le 13 septembre 1789, consistait, dit M. Wright, « dans une cargaison, il est vrai, infiniment précieuse, mais une cargaison contenue tout entière dans son cerveau ». Cette *cargaison* invisible et impondérable a été tout le capital d'où la grande industrie américaine est sortie...

(1) *L'évolution industrielle aux États-Unis*, trad. fr., 1901.

II

Dans la notion du capital, à mon avis, il y a donc deux choses à distinguer : 1° le capital essentiel, nécessaire : c'est l'ensemble des inventions régnantes, sources premières de toute richesse actuelle ; 2° le capital auxiliaire, plus ou moins utile : c'est la part des produits, nés de ces inventions, qui sert, moyennant des services nouveaux, à créer d'autres produits.

Ces deux éléments diffèrent à peu près comme, dans la graine d'une plante, le germe diffère de ces petites provisions d'aliment qui l'enveloppent et qu'on appelle des *cotylédons*. Les cotylédons ne sont pas indispensables ; il y a des plantes qui se reproduisent sans cela ; ils sont très utiles seulement. La difficulté n'est pas de les remarquer, en ouvrant la graine, car ils sont relativement volumineux. Le germe, tout petit, se dissimule entre eux. Les économistes qui ont fait consister le capital uniquement dans l'épargne et l'accumulation de produits antérieurs, ressemblent à des botanistes qui regarderaient la graine comme constituée tout entière par les cotylédons.

Remarquons-le cependant. Si ce que je viens de dire est vrai de l'agriculture aussi bien que de l'industrie, c'est surtout vrai de l'industrie, ou c'est autrement vrai. La connaissance des secrets de métier, c'est-à-dire des *inventions* industrielles, qui est le capital-germe de l'ingénieur, est l'équivalent de la connaissance des méthodes de culture, c'est-à-dire des *découvertes* relatives aux propriétés des plantes et des animaux, à leur mode de croissance, qui est le capital-germe de l'agriculteur. Mais, à vrai dire, l'agriculteur ignore profondément le mode d'action des espèces végétales et animales qu'il fait travailler à son profit, dont il dirige simplement l'art mystérieux et héréditaire, tandis que l'ingénieur sait comment opèrent les forces physico-chimiques qu'il met en œuvre, et ne peut les diriger qu'en le sachant. Il convient donc de ne pas confondre les différences si profondes qui séparent l'agriculture de l'industrie, au point de vue non seulement du capital *essentiel*, mais du capital *auxiliaire*, dualité qui, du reste, est applicable à la première comme à la seconde.

Ces deux fractions du capital, si prodigieusement inégales par leur importance réelle, qui est en raison inverse de leur importance apparente, ont deux manières bien distinctes de s'accroître. La première s'accroît par une dépense de génie et d'ingéniosité ; la seconde, par le travail et l'épargne. L'une et l'autre peuvent être détruites, mais pas de la même façon. Le capital-germe, pour ainsi parler, ne peut être détruit que par la substitution à une invention ancienne d'une invention nouvelle jugée plus propre à satisfaire le même besoin, ou bien par la substitution à un besoin ancien d'un besoin nouveau. Il y a bien une autre cause d'anéantissement, l'*oubli total*, mais il est inutile d'en parler, car elle ne se produit que comme conséquence de l'une ou de l'autre des deux précédentes. Quand, par exemple, le fusil s'est substitué à l'arc pour répondre au désir de chasser, l'invention de l'arc a été détruite, non comme idée, car elle a subsisté comme telle, mais en tant qu'adaptation de cette idée à un besoin régnant, ce qui est l'essentiel. Et, quand la conversion de l'empire romain au christianisme y a fait disparaître la passion des jeux du cirque, ou des cérémonies païennes hors des temples, pour les remplacer par l'attraction puissante de la vie monastique ou le désir de la prière en commun dans l'intérieur de temples nouveaux autour d'une chaire, on peut dire que le type du cirque et celui du temple antique ont cessé de vivre socialement. Quant au capital-cotylédon, — c'est-à-dire à l'*outillage*, aux *matériaux*, aux *approvisionnements*, plus ou moins utiles, mais non absolument nécessaires à la réalisation de l'idée *germinative*, il suffit, pour la détruire, d'un débordement de fleuve ou de la mer, d'une catastrophe physique quelconque, ou d'un pillage belliqueux, causes de destruction qui n'atteignent pas le capital-germe. En revanche, tout ce qui porte atteinte à celui-ci altère par contre-coup celui-là. Après que le monde romain eut été christianisé, non seulement le changement des mœurs, effet du changement des croyances, vint frapper à mort les belles inventions architecturales, désormais inanimées, du cirque, du temple grec, ajoutons des thermes, des aqueducs, etc., mais encore il eut pour effet d'anéantir presque entièrement la valeur des innombrables exemplaires de ces types dont les architectes avaient couvert le sol de l'Empire, et c'est comme si un vaste tremblement de terre eût, en abattant ces beaux édifices, englouti cet outillage du passé.

Le cotylédon, le capital-matériel, suit donc le sort du germe, du capital intellectuel, tandis que le germe ne suit pas le sort du cotylédon et survit fort souvent à celui-ci. Ce n'est pas seulement l'invention ancienne qui est tuée par une invention nouvelle et jugée préférable, c'est aussi bien tout l'outillage adapté à l'invention ancienne et l'installation *ad hoc*. Si, par hypothèse, la direction des ballons était découverte pratiquement, c'est-à-dire par des procédés à la fois plus économiques et plus commodes que les autres moyens connus de locomotion, tous les travaux de terrassement des chemins de fer, tout leur matériel, gares, locomotives, rails, perdraient leur utilité, seraient des capitaux morts. — Au contraire, on aurait beau détruire toutes les voies ferrées de l'univers, si nul moyen de locomotion plus utile n'était inventé, ou si le besoin de voyage n'était pas extirpé du cœur humain, la connaissance détaillée de la locomotive par les ingénieurs conserverait toute sa valeur de capital, de *richesse reproductrice*. — Cette remarque suffit pour montrer que des deux fractions du capital, la plus importante, et de beaucoup, est la plus minime, la partie subjective.

Observons à ce propos que la destruction d'un capital-invention est bien rarement complète et en tout cas n'est jamais que graduelle. Ce qu'il y a de graduel, de progressif, dans sa destruction partielle, mérite d'abord d'être remarqué. Quand le procédé Bessemer a été découvert, il n'a fait reculer que peu à peu les anciens procédés d'accération, et, si on regarde les tableaux statistiques qui peignent d'une part la progression régulière des kilogrammes d'acier produits par le procédé nouveau, d'autre part la décroissance non moins régulière de l'acier fabriqué à l'ancienne mode, on sera frappé de cette expansion lente et graduelle d'une innovation dont la supériorité a cependant été reconnue dès son apparition. Il me parait difficile de ne pas voir dans cette continuité de progression croissante ou décroissante, révélée par tant de courbes statistiques, l'effet d'une contagion de proche en proche et la preuve, entre mille, de l'efficacité de l'exemple d'autrui, de l'exemple *du prochain*, qui, mieux que tous les raisonnements, nous détermine. La démonstration la plus opérante sur les intéressés, c'est la vue de ceux qui ont déjà adopté avec succès la nouvelle invention. La navigation à vapeur, comme nombre et comme tonnage de navires, est loin de s'être développée aussi rapidement qu'on aurait pu le prédire d'après les avantages évidents qu'elle présentait, dès son origine au commencement du siècle, sur la navigation à voile, qui a reculé avec une extrême lenteur.

Quand, par exception, d'impérieuses nécessités interdisent d'attendre l'exemple des voisins pour se décider à son tour, parce que, précisément, on a un intérêt urgent à inventer mieux que ses voisins plutôt qu'à les imiter, on ne voit plus ces lentes progressions. C'est le spectacle que nous donnent les États européens dans cette étrange paix armée où les armements se renouvellent avant d'avoir servi, où, tous les ans, éclôt dans chaque état-major, quelque perfectionnement de canon, de fusil, de cuirassé, de tactique, qui, du soir au lendemain, oblige à refondre des batteries, à reconstruire des flottes, à refaire des plans de mobilisation. Dans cette effroyable guerre que, en pleine paix, les inventions militaires se font entre elles au sein d'un même État, et où il périt autant de capitaux que dans les plus grandes batailles rangées, le but visé, ou l'illusion nourrie, est d'avoir quelque secret ignoré de l'ennemi de demain, du voisin, que l'on copie sans doute, comme pis aller, si on le juge en possession de secrets plus infaillibles, mais que, avant tout, on cherche à terrifier par la menace d'armes invincibles et inimitables. Aussi, dès que le nouveau modèle de fusil, de canon, de poudre, a été expérimenté et jugé supérieur, ce n'est pas peu à peu, c'est brusquement qu'on l'applique partout, sans regarder à la dépense.

Mais, en fait d'inventions militaires mêmes, et à plus forte raison en fait d'inventions industrielles, il n'arrive presque jamais, comme je le disais plus haut, que la nouvelle venue détruise complètement son aînée. Après l'avoir chassée, soit peu à peu et par degré, soit tout à coup, de presque tout son domaine, elle ne parvient pas à la déloger de quelque retranchement suprême où elle se blottit. La navigation à voile subsiste et subsistera probablement toujours, mais réduite à un petit cabotage, à côté de la navigation à vapeur. La navigation à rames elle-même se survit dans le canotage et la pêche fluviale. Les inventions agricoles ont rétréci le champ de l'art pastoral mais ne l'ont pas exterminé. La chasse vit toujours, bien que la période chasseresse soit passée. Quand l'invention des maisons, en bois d'abord, puis en pierre, s'est substituée à l'invention antique de la tente, la tente a néanmoins continué à servir aux nomades, de moins en moins nombreux. Il existe encore, çà et là, dans les petites villes, des réverbères que les becs de gaz ou les lampes électriques n'ont point éteints. Et les derniers sauvages survivants se servent encore d'arcs et de flèches, en dépit de l'invention du fusil. — Par exception, l'art de faire éclater le silex et de le polir a disparu tout à fait devant l'invasion du bronze; mais l'invasion du fer, plus tard, n'a refoulé celui-ci que jusqu'à un certain point. L'invention des allumettes chimiques a restreint l'emploi du briquet, elle ne l'a pas supprimé. Les chemins de fer n'ont pas supprimé non plus toutes les voitures publiques et il est peu probable qu'ils y parviennent un jour. Il en est des inventions comme des populations qui, expulsées par des races conquérantes des vastes plaines qu'elles occupaient, se réfugient dans le cœur des montagnes où elles se défendent indéfiniment.

Ce phénomène important a des causes évidentes : grâce à la diversité infinie des conditions d'existence, il n'est pas d'invention si simple et si grossière qui ne se trouve mieux adaptée à un certain genre d'emploi que l'invention la plus parfaite répondant au même besoin général. Ou bien, si tout emploi lui est enlevé, elle s'en crée le plus souvent un nouveau, et l'organe change de fonction. Le génie humain, comme le génie de la vie, tient beaucoup à ses idées et les utilise le plus qu'il peut.

Notons aussi que notre industrie, comme le monde vivant, nous fournit des exemples d'adaptation aussi parfaite que possible, non susceptibles de progrès. De même que l'aile de l'hirondelle de mer est merveilleusement adaptée aux grandes traversées aériennes, l'invention de la fourchette et de la cuillère, qui n'a pas progressé depuis un ou deux siècles, répond parfaitement au besoin de manger, — l'invention du fil et de l'aiguille, depuis les temps préhistoriques, au désir de coudre, — l'invention de la plume au désir d'écrire, — l'invention de la bêche au désir d'ameublir le sol à force de bras. Il est vrai que, lorsque ces désirs viennent à être modifiés dans une partie du public par des inventions nouvelles, on voit la charrue à vapeur faire reculer la bêche, la machine à écrire faire tomber qnelques plumes, la machine à coudre empiéter sur le domaine de l'aiguille simple et du dé, et la sonde œsophagique remplacer passagèrement la cuillère et la fourchette... Mais cela n'empêche pas les *outils* ainsi délogés de quelques-unes de leurs anciennes positions par des *machines*, de conserver toute leur perfection d'ajustement qui les rend inexpugnables là où ils se sont retranchés.

Les conséquences qui découlent de ce fait sont bonnes à signaler encore plus que ses causes : la plus remarquable est *la loi d'accumulation des inventions*, car, si la suivante détruisait entièrement la précédente, elles se succéderaient sans s'accumuler. Il pourrait y avoir progrès encore, dans le sens de perfectionnement, mais non d'enrichissement général. Une autre conséquence, intéressante au point de vue de la théorie des prix, c'est que, derrière l'invention nouvelle et meilleure, veille l'invention ancienne, toujours prête à reconquérir son ancien domaine au cas où l'exploiteur de la nouvelle abuserait de sa supériorité et voudrait la faire payer trop cher. Si la compagnie qui exploite le monopole des allumettes chimiques prétendait nous les vendre 1 franc la boîte, tout le monde reviendrait à l'usage habituel du briquet. M. Paul Leroy-Beaulieu a fort bien mis en évidence cette remarque sous le nom de *loi de substitution* qui reçoit les applications les plus variées. Il y a là un frein assuré contre les abus de toute exploitation privilégiée, une limite infranchissable opposée aux prétentions de tout monopole.

III

Malgré tout, le capital-invention subit fréquemment des pertes partielles, sinon complètes, et, quoique destinées à être comblées avec avantage, elles ne laissent pas d'être momentanément ressenties avec douleur. Pour juger de la gravité de ces pertes, distinguons entre les deux causes de destruction des inventions, ou plutôt de leur utilité, de leur adaptation sociale. Ces deux causes, nous le savons, sont : 1° leur remplacement par d'autres mieux adaptées aux mêmes besoins, aux mêmes goûts, aux mêmes caprices du public ; 2° le changement des besoins, des goûts, des caprices du public, par suite d'une nouvelle foi religieuse ou politique, d'une nouvelle esthétique, d'un nouveau vent de mode qui vient à souffler. La première cause est toujours avantageuse, en somme, à l'humanité, — sinon à la génération qui voit s'opérer la crise. *Si l'on ne vise qu'au bonheur de la génération actuelle*, si l'on ne tient compte que des vivants, il faut accorder à Sismondi que, bien souvent, le plus souvent même, les grandes inventions industrielles, destinées au plus merveilleux avenir, sont détestables, puisqu'elles commencent par infliger plus de douleurs vives et durables aux travailleurs réduits par elles à l'inaction et plongés dans la misère, qu'elles ne procurent d'agréments légers aux consommateurs et de grands bénéfices aux premiers exploiteurs. Et je ne sais pas de quel droit les socialistes ou même les individualistes quelconques (car les socialistes ne sont que des individualistes outranciers et sans le savoir) contrediraient en ceci la thèse de Sismondi et l'accuseraient d'être un rétrograde. Qui dit individualiste dit *actualiste* (qu'on me pardonne ce néologisme) ; se préoccuper de l'individu seul, c'est se préoccuper exclusivement du moment actuel ou des vivants actuels. Par la même raison que les individualistes refusent de justifier l'immolation du bien-être de quelques-uns au but national quand ce but exige ce sacrifice, ils doivent trouver injuste et déraisonnable que la génération présente se sacrifie aux générations futures.

Mais la question est de savoir si ce double sacrifice au but national et aux générations futures n'est pas le fondement même du devoir en ce qu'il a de plus sacré, et si le devoir ainsi entendu n'est pas l'expression des aspirations les plus essentielles de l'individu, projeté par sa propre nature hors de lui-même, au delà de lui-même. Si la *raison* devait être entendue au sens étroit où elle signifierait *égoïsme* et *actualisme*, il faudrait dire que la raison, fleur terminale de la vie, est la négation de la vie, qu'elle s'oppose — inutilement — à l'évolution vivante, au cours irrésistible des générations précipitées les unes vers les autres.

L'individualisme des économistes classiques est en contradiction avec leur optimisme. Par exemple, quand ils voient dans le *laissez-faire* la solution la meilleure aux problèmes économiques, quand ils essaient de prouver que les maux produits par la liberté, par le libre rayonnement des inventions et des machines, se guériront par la liberté même, que les ouvriers quitteront l'industrie ancienne pour se porter vers l'industrie nouvelle, en se détournant d'une branche de la production devenue branche gourmande pour affluer vers une autre branche d'un développement insuffisant, en sorte que, finalement, la production se rééquilibrera avec la consommation et les choses iront pour le mieux; quand ils raisonnent ainsi, en optimistes, ils se placent implicitement et inconsciemment au point de vue précisément opposé au point de vue individualiste. Ils supposent, en effet, que des biens *futurs*, des biens respectés par d'autres hommes, par d'autres individus que les individus actuels le plus souvent, doivent entrer en compensation des maux *présents* et que l'individu présent, en se sacrifiant de la sorte, doit être heureux de son immolation, en vertu de la solidarité qui le lie à ses semblables, présents ou futurs. L'individualisme économique ne saurait donc être optimiste qu'en se démontant. — Il s'ensuit aussi, comme corollaire, que l'optimisme économique devient soutenable dès que, renonçant à l'individualisme, on professe la doctrine plus haute de l'abnégation et du dévouement.

Mais, si la première cause de destruction partielle du capital-invention, l'invention nouvelle et meilleure, est toujours, finalement, un avantage social, en est-il de même de la seconde cause, de celle qui consiste dans le changement des besoins, des goûts, des caprices du public? Non, pas toujours, ni le plus souvent. A la vérité, quand l'avènement d'une religion supérieure, abolissant les sacrifices sanglants et les jeux sacrés du cirque, apporte au cœur des sentiments de pitié et de commisération fraternelle, et à l'esprit des sujets plus élevés de spéculation, on peut se consoler des temples et des amphithéâtres délaissés et tombant en ruines ; quand une révolution politique, aussi bien, ce qui est rare, remplace avec avantage ce qu'elle a détruit, il n'y a pas à regretter beaucoup la suppression de toutes les industries du luxe spécial et démodé qu'entretenait une cour brillante. Mais, tous les ans la mode fantasque, en fait de vêtements, et, tous les dix ans, en fait d'ameublements, change inutilement les goûts du public et réduit à néant les prodiges d'ingéniosité exécutés par les artistes, les tailleurs, les ébénistes, pour répondre à la demande antérieure. A quoi bon, sinon à faire gagner quelques commerçants ?

La simple *richesse*, fruit du travail, est faite, normalement, pour être consommée et détruite ; sa conservation même a sa consommation et sa destruction pour raison d'être. Mais le capital, le capital-invention, fruit de l'ingéniosité ou du génie, est fait, normalement, pour durer toujours et s'accroître sans fin ; et les changements de mœurs qui le détruisent — sinon comme idée, du moins comme valeur et réalité sociale — devraient être une exception. Si cette exception, en notre âge de crise, semble être devenue la règle, cette anomalie ne peut être que passagère. Tôt ou tard, la même nécessité logique qui a forcé les sociétés errantes sur la terre à se fixer, à convertir leurs tentes en maisons, forcera les sociétés moralement nomades à devenir moralement sédentaires, à s'asseoir en un idéal définitif, religieux, militaire, voluptueux, dont la stabilité favorise l'accumulation des inventions et s'oppose à leur substitution. C'est l'âge des perfectionnements progressifs et indéfinis. Une société essentiellement révolutionnaire, qui, par des cataclysmes périodiques, détruirait toutes ses espèces sociales pour créer à leur place d'autres types de toutes pièces, ressemblerait à ce monde catastrophique de Cuvier dont la science ne veut plus.

IV

Si, comme nous venons de le montrer, la connaissance des inventions utiles est le capital essentiel, germe et source du capital-matériel, il nous sera facile de juger certaines propositions accréditées parmi les économistes au sujet du capital. L'idée de Lasalle, suivant laquelle l'esclavage aurait été la première origine du capital, doit évidemment être rejetée. Le capital est né de la première invention, de celle du feu d'abord, moyennant un procédé de frottement dont la connaissance permettait de *reproduire* à volonté les services rendus par la chaleur solaire : cuisson des aliments, poterie, défense contre le froid, etc. Cette connaissance a été la première richesse *indéfiniment reproductrice* des primitifs. Aussi n'ont-ils pu tarir d'hymnes à sa louange. — La cueillette des fruits spontanés du sol, des graines, des baies, a dû donner nécessairement l'idée à quelque sauvage, un peu moins imprévoyant que ses pareils, de réserver pour la faim à venir quelques-uns de ces fruits. Puis, leur conservation a suggéré leur ensemencement, d'où leur *reproduction*, enfin leur culture et leur sélection. Parallèlement à cette évolution s'en produisait une autre. La chasse ou la pêche des animaux, surabondante tel jour, insuffisante tel autre, a donné l'idée à un chasseur ou à un pêcheur primitif de conserver le gibier mort ou le poisson sorti de l'eau pour la faim future, puis de capter des animaux vivants, qui pouvaient non seulement se conserver plus longtemps mais se reproduire et se multiplier. La capture des jeunes surtout a été un progrès sensible qui a rendu facile à réaliser l'idée de l'apprivoisement. Ainsi s'est développé le capital-humain, c'est-à-dire à la suite de tâtonnements successifs qui ont fait découvrir les conditions d'ensemencement propres à rendre fécondes les graines conservées, et les conditions d'élevage propres à rendre domestiques et féconds en captivité les animaux capturés vivants [1]. Jusque-là la conservation des fruits et du gibier n'avait servi qu'à empêcher la prompte destruction de la richesse produite par la cueillette, la chasse ou la pêche, sans assurer la reproduction de cette richesse. Cette certitude de reproduction, il n'y a que le capital qui la donne, et tout ce qui la donne est capital. Quand on conserve les graines et les animaux pour les manger, ce sont des produits comme d'autres; quand on les conserve pour les semer ou les faire reproduire — ou pour les faire travailler, et servir ainsi indirectement à d'autres reproductions — ce sont des capitaux.

Or, il est certain, d'après cela, que l'homme a dû commencer à capitaliser bien avant le régime esclavagiste, qui attend, pour se développer, la constitution du régime pastoral. L'esclavage a été sans doute institué à l'image de la domestication des animaux et non *vice versa*. Chez beaucoup de peuples chasseurs, tels que les Peaux-Rouges, qui ont déjà des animaux domestiques, au moins le chien, l'esclavage est inconnu.

La progression, l'accumulation indéfinie des capitaux est-elle réellement, comme Karl Marx l'affirme, une loi constante de notre organisation économiste? Et, si elle l'est vraiment, a-t-elle la cause que Karl Marx indique, c'est-à-dire la spoliation partielle du travailleur par le capitaliste, le non-paiement par celui-ci d'une partie du travail de l'ouvrier, de son *surtravail*?

(1) Ainsi, entre la chasse, la pêche, la cueillette, d'une part, et, d'autre part la domestication des plantes ou des animaux, il y a une étape intermédiaire qui explique sans peine le passage de la première phase à la seconde : c'est la conservation prévoyante des plantes ou des animaux capturés.

Notre distinction du capital-germe et du capital-cotylédon, répond à ces deux questions. Ce qui s'accumule vraiment, nous le savons, en vertu d'une nécessité non pas historique et restreinte à notre société moderne, mais logique et universelle, c'est le capital-germe, le legs des idées indestructibles du génie humain. A ce point de vue, parler de *régime capitaliste*, comme si le *capitalisme* était une phase transitoire du développement social, c'est employer l'expression la plus impropre, la plus capable d'égarer l'esprit. — Quant au capital-matériel, né de ce capital intellectuel, il se détruit et se reproduit à chaque instant, et c'est à lui seul que s'applique la remarque de Stuart Mill sur la rapidité avec laquelle le capital se régénère après les ravages d'une guerre ou d'une révolution. Mais il ne se régénère pas toujours, on l'a vu s'anéantir pour ne plus renaître ; et le spectacle des nations en décadence, qui vont s'appauvrissant, est bien fait pour nous convaincre que nulle nécessité interne ne le contraint à se grossir toujours.

C'est aussi à lui seul que peut s'appliquer, dans une certaine mesure, l'explication de la capitalisation par l'exploitation du travailleur. Quant à la formation progressive du capital essentiel, du capital spirituel, elle a pour cause non le vol, ni même l'épargne égoïste, mais, au contraire, le don et la dépense prodigue de soi. Songez à tout ce qu'il y a eu de tribulations et de fatigues dans la vie tourmentée des hommes de génie qui ont fondé la science et l'industrie modernes, et vous conviendrez que, comme chacun de nous, le plus humble des prolétaires, s'il est exploité par son patron, exploite aussi sans le savoir ces grands bienfaiteurs. C'est au *surtravail non payé* ou plutôt à la *surdouleur* mal récompensée de ces hommes qu'il doit d'être nourri, d'être logé, d'être vêtu, d'être gratuitement instruit comme il l'est, soigné dans ses maladies, transporté si rapidement et si économiquement d'un bout du monde à l'autre. — Ce n'est pas sans raison et par un jeu puéril de mots qu'Auguste

Comte rapproche si souvent, comme liés ensemble, les idées générales et les sentiments généraux. L'inventeur peut être égoïste dans sa vie ordinaire, mais il ne l'est pas quand il invente, quand, descendant dans l'abstraction et l'analyse plus profondément que ses prédécesseurs, il met la main sur des secrets de la nature qui sont des puissances nouvelles pour l'humanité [1]. Par une suite, par un enchaînement de recherches désintéressées, d'enthousiasmes féconds, non par un entassement de calculs et d'efforts personnels, s'enrichit le vrai capital-humain. Que la source de cette curiosité amoureuse, de cette passion du vrai pour le vrai, vienne à tarir, que les conditions nécessaires de cette libre activité scientifique viennent à être supprimées, ce capital cessera de s'accroître, et le progrès industriel s'arrêtera avec le progrès scientifique dont il est l'effet. Ces conditions, quelles ont-elles été jusqu'ici ? En général, un certain degré d'aisance et de loisir, d'aisance et de loisir héréditaires même, qui, dès les temps préhistoriques, a dû être le privilège de quelques-uns ; et, en second lieu, la connaissance non moins privilégiée des vérités déjà acquises. La réunion de ces deux privilèges dans les cités commerçantes de l'Asie Mineure ou de la Grande-Grèce au ve ou vi[e] siècle avant J.-C. a donné naissance aux mathématiques et à la physique. Supposez qu'une démocratie égalitaire ait de tout temps nivelé les fortunes dans la Grèce antique, l'aristocrate Archimède, parent de Hiéron, Archimède, de qui dérivent la géométrie et la mécanique, ne serait pas né ou aurait été un mort-né

(1) Pour l'humanité, et pour sa patrie d'abord. J.-B. Say cite ces paroles d'un homme d'État anglais, prononcées dans un discours public en 1824 : « Je ne puis m'empêcher de penser, en jetant un regard sur la lutte où nous avons été engagés pendant un quart de siècle, de déclarer que, si nous l'avons terminée glorieusement, nous en sommes entièrement redevables aux nouvelles ressources que nous a créées le génie de Watt. J'ajouterai que, sans les améliorations mécaniques et scientifiques qui ont donné à l'industrie et à la richesse de ce pays un développement graduel mais toujours certain, nous aurions été contraints de souscrire une paix humiliante avant l'époque où la victoire a favorisé nos armes. »
C'est donc Watt, bien plus que Wellington, qui a triomphé de Napoléon. Le génie industriel a battu le génie militaire.

social. Tous les découvreurs de vérités, tous les inventeurs d'utilités même, ou peu s'en faut, ont été des hommes libres dans l'antiquité, des « bourgeois » dans les temps modernes[1]. Qu'ils doivent cette inventivité supérieure à des avantages de situation sociale, nullement à une supériorité de race, j'en suis persuadé. Mais, si injustes qu'ils paraissent, ces avantages ont été nécessaires ; et, sans ces injustices, il faut avouer qu'une injustice autrement profonde, quoique célébrée et admirée partout, à savoir notre supériorité sur nos ayeux, eût été impossible. Ce n'est donc pas, à vrai dire, le travail non payé de l'esclave ou le sur-travail non payé de l'ouvrier qui a permis au capital de naître et de grandir, c'est, encore une fois, le loisir de l'homme libre antique et du « bourgeois » moderne, le loisir, père du plaisir qu'ils ont eu à découvrir et à inventer, après le tourment douloureux de la recherche, et qu'ils se sont fait payer quelquefois, mais jamais trop cher. — Cette considération, à la vérité, est la seule justification possible des inégalités et des iniquités du passé et du présent ; mais elle suffit souvent. En sera-t-il de même des inégalités et des iniquités de l'avenir, qui ne seront peut-être pas moindres ? C'est probable, mais nous n'avons pas ici à prophétiser.

Ce que nous pouvons affirmer, c'est que le nivellement des fortunes, s'il entraînait en même temps le nivellement des connaissances par l'abaissement de l'enseignement supérieur, mal compensé par l'exhaussement de l'enseignement primaire, serait désastreux pour le progrès de l'industrie. Les socialistes les plus éclairés le savent bien, et ce qu'ils demandent au fond, c'est, non la suppression de l'inégalité, mais la substitution d'une inégalité résultant d'un *concours*

(1) Si l'inventeur, — à la différence du travailleur, du « mercenaire », souverainemet méprisé — était admiré et parfois divinisé par les anciens, cela tenait à ce que les esclaves n'inventaient rien. Si les esclaves eussent été inventifs, on peut être assuré que les anciens, tout en utilisant leurs inventions comme leurs travaux, auraient affecté de mépriser celles-là comme ceux-ci.

exclusivement à une inégalité résultant en partie de l'héritage. Plus les problèmes à résoudre deviennent ardus par l'épuisement des inventions relativement faciles et à fleur de sujet, plus il importe de surcultiver l'élite intellectuelle appelée à découvrir péniblement leur solution pour le bien commun.

V

Ainsi, en résumé, telles sont les conditions de la genèse, de la conservation et de l'accroissement du capital essentiel : le génie d'abord, ou l'ingéniosité, condition fondamentale ; un certain degré de stabilité sociale et en même temps d'inégalité sociale ; un degré suffisant aussi de liberté, d'aisance, de loisir ; et une instruction supérieure pour un élite, et non pas médiocre pour tous. — Ajouterons-nous à ces conditions cette autre, réputée indispensable parmi les économistes libéraux, la propriété individuelle du capital, — ou la condition inverse, préconisée par les écoles socialistes : l'appropriation collective du capital ?

En ce qui concerne le capital-invention, la réponse est facile : toutes les inventions, naissant de l'individu, commencent par être la propriété exclusive de leur auteur; mais toutes aussi, au bout d'un temps plus ou moins long, finissent par tomber dans le domaine commun, dans le patrimoine collectif. Et nous voyons clairement ici la justice à la fois et l'utilité de cette transformation : l'appropriation d'abord industrielle de l'invention nouvelle a été sans nul doute une condition de sa genèse, condition sans laquelle le plus souvent elle n'aurait pas eu lieu. Mais, d'autre part, au bout d'un temps, l'appropriation collective de cette invention a été une condition presque nécessaire de sa conservation. Les recettes transmises de père en fils comme un secret de famille ne tardent pas à se perdre. Ainsi, pour le capital-invention, la propriété individuelle est une cause d'accroissement, et la propriété collective une cause de conservation. Les deux concourent au même but, loin de se combattre; et l'on va toujours ici de la propriété individuelle à la propriété collective, à l'inverse de la formule d'évolution, devenue banale, qui veut que la propriété collective ait précédé et engendré la propriété individuelle.

Ce qui est vrai du capital-invention l'est-il aussi du capital outillage? Pas au même degré. L'Etat aussi bien que l'individu peut faire bâtir de nouvelles gares et de nouvelles usines, et accroître ainsi le capital-matériel; et l'individu aussi bien que l'Etat peut l'entretenir et le conserver. Mais, en fait, c'est toujours l'initiative privée qui a précédé l'initiative publique pour la première mise en œuvre des inventions, comme c'est toujours un individu qui les a conçues; et c'est toujours par la diffusion de cet exemple individuel, propagé de proche en proche, que l'exploitation d'une invention s'est généralisée et vulgarisée, comme la connaissance de cette invention. Ici comme là, c'est en se répétant et se multipliant, que la propriété individuelle devient générale, et parfois, mais jusqu'ici exceptionnellement, tend à devenir même collective, à se nationaliser après s'être généralisée. Nous ne pouvons prétendre en quelques mots trancher la question capitale du socialisme. Tout ce que nous sommes en droit d'affirmer, à propos de la question spéciale que nous nous sommes posée, c'est que, au point de vue de la conservation, comme à celui de l'accroissement du capital-matériel, la propriété individuelle a fait ses preuves et que la propriété collective n'a pas encore fait les siennes.

Le but à poursuivre est que, d'une part, les connaissances théoriques et techniques, d'autre part les moyens pratiques de les mettre en œuvre, ne soient pas refusés au hommes les plus capables de les comprendre et de les réaliser, de les perfectionner et de les développer. Pour cela, que faut-il? L'expropriation violente des moins capables? Non, mais leur expropriation lente et sûre : c'est-à-dire l'accès ouvert à tous de l'enseignement théorique et technique, et la diffusion du crédit combiné avec l'association.

Il y a cette différence entre le capital intellectuel et le capital-matériel, qu'il est bien plus aisé de vulgariser le premier que le second. L'instruction intégrale, si elle était offerte à tous par l'Etat, mettrait tout le monde — une faible élite, en fait, il est vrai — à même de posséder mentalement toutes les découvertes et toutes les inventions, comme idées de l'esprit; mais cela ne ferait que rendre plus douloureuse la difficulté, l'impossibilité de permettre à tous l'emploi pratique de ces connaissances. Toutefois il n'est pas nécessaire d'être capitaliste, à notre époque, pour fonder une entreprise avec chance de succès : il suffit de s'associer et d'emprunter les capitaux d'autrui. Dix prolétaires en s'associant trouvent un crédit qu'aucun d'eux séparément n'aurait rencontré.

Pour bien comprendre ce qu'est l'outillage social, et ce qu'il doit être, il est bon de remonter à son origine psychologique. Une découverte ou une invention, qui accroît la science ou la puissance de l'homme, ou à la fois les deux, s'incarne toujours, soit, au dedans de nous, dans notre mémoire nerveuse ou musculaire, sous la forme d'un cliché mental ou d'une habitude acquise, d'une notion ou d'un talent, — soit, au dehors, dans un livre ou une machine. Un livre n'est qu'une rallonge et un appendice de notre cerveau; une machine n'est qu'un membre additionnel. On peut dire indifféremment qu'un livre est un souvenir extérieur, ou qu'un souvenir est un livre interne, qu'une sorte de bibliothécaire invisible, caché dans notre sous-moi, nous met sous les yeux au moment voulu. De même, une machine est un talent extérieur et un talent est une machine interne. Coudre et tricoter constituent pour une jeune fille deux talents qui peuvent être suppléés par une machine à coudre ou une machine à faire des bas. Chanter un air est un talent qui, lorsque le chanteur chante sans âme et sans art, peut être remplacé assez bien par une boîte à musique. Bien mieux, le rouleau d'un phonographe n'est-il pas souvent la voix même du meilleur chanteur matérialisée et mobilisée? C'est ainsi que les habiletés diverses et multiples des anciens artisans, leurs longs apprentissages, leurs emmagasinements lents d'habitudes spéciales, ont été rendus inutiles en grande partie par la fabrication des machines successives. Celles-ci ne sont que la projection extérieure et aussi l'amplification souvent prodigieuse de ces talents et des organes par lesquels ces talents s'exerçaient; et l'on peut dire aussi bien que, si la destruction de ces machines forçait ces talents à renaître, si, par exemple, la suppression des imprimeries faisait ressusciter les calligraphes et les enlumineurs de manuscrits, ou la suppression des filatures les anciennes fileuses, les talents ainsi renaissants seraient la réincorporation simplifiée et rapetissée des machines détruites [1].

Ce rapprochement est assez propre à éclairer la question de savoir jusqu'à quel point est fondée la doctrine suivant laquelle les ouvriers ont droit à se partager tout le produit de leur travail combiné avec le travail des machines qu'ils font marcher mais qu'ils n'ont ni inventées ni fabriquées même. La logique exige, à ce point de vue, d'après le résultat de notre analyse, que l'on aille jusqu'à dire que le travail des divers ouvriers doit leur être payé en raison de sa seule durée ou de sa seule intensité, sans nul égard à leur habileté inégale et dissemblable. Et, de fait, Karl Marx semble

(1) Les ouvriers, dit Gide, peuvent être remplacés par des *machines, non les patrons*. — Est-ce vrai? Est-ce que l'invention de la locomotive n'a pas supprimé tous les entrepreneurs de messageries aussi bien que leurs postillons, conducteurs et valets d'écurie? Est-ce que la machine à coudre n'a pas supprimé beaucoup de petits ateliers de couture, laissant à la fois sans emploi la patronne et ses deux ou trois ouvrières? Est-ce que les machines à tisser à la vapeur n'ont pas condamné à l'inaction aussi bien les maîtres tisserands que les ouvriers? En réalité, c'est la *direction* du travail, aussi bien que le *travail* lui-même, qui est produite mécaniquement par les machines perfectionnées. *Dans une certaine mesure*, les presses à vapeur règlent le travail des ouvriers, le leur distribuent.

avoir cédé à une impérieuse nécessité logique de ce genre en formulant, dans son premier volume, sa théorie de la valeur (si simpliste, fondée sur l'heure de travail), qu'il a raturée plus tard. En effet, l'ouvrier qui a acquis un talent par l'apprentissage, fait jouer, nous le savons, une machine intérieure et, dans cet acte complexe qu'on appelle confusément son travail, il y a à distinguer la dépense d'effort musculaire et d'attention requise pour mettre en jeu cette machine interne, et le fonctionnement même de celle-ci, conformément à un système de rouages imaginé par un inventeur, exécuté en chaque ouvrier par les patrons chez lesquels il a fait son apprentissage, par les camarades sur l'exemple desquels il s'est réglé. Cette machine interne, l'ouvrier la possède, comme l'entrepreneur possède les machines extérieures qu'il a achetées ou qu'il a construites; et si celui-ci n'a droit de bénéficier en rien du fonctionnement de la machine extérieure, on ne voit pas pourquoi l'ouvrier bénéficierait seul du fonctionnement de sa machine interne, qui existe en lui en vertu d'un véritable don social, par l'apprentissage et l'exemple. Il n'y a pas moins de raison, au fond, de rendre gratuit le jeu de cette machine interne, que le jeu d'une machine extérieure qui rendrait le même service. Et il n'y a pas moins de raison, à l'inverse, de faire payer le jeu de la machine externe à celui qui l'a fabriquée ou qui l'a achetée au fabricant, que l'exercice d'un talent à celui qui a pris la peine de l'acquérir.

De là, vais-je conclure, poussant à bout une comparaison qui, après tout, n'est pas raison, que la désappropriation des machines, des usines, des fermes, des chantiers, impliquerait aussi bien la désappropriation des talents, et que l'impossibilité de celle-ci frappe d'impuissance celle-là? Non, celle-là est possible dans une certaine mesure, et, en ce qu'elle a de pratique, s'accomplit sous nos yeux. Il y a longtemps déjà que M. Fouillée nous a montré l'étendue et l'extension croissante de la propriété collective. Mais ce qui vaut mieux que l'expropriation universelle, c'est autrement dit la socialisation des propriétés individuelles, la multiplication et la mobilisation de ces propriétés, et c'est ce bienfait surtout qui est assuré par la substitution des machines extérieures, échangeables et mobilisables, qu'on peut multiplier à volonté, aux machines internes et individuelles. Grand progrès, mais qui entraînait comme conséquence inévitable la séparation entre la possession de la machine et la possession de la force de travail nécessaire pour faire marcher la machine. Et de là tous les conflits entre le capitaliste et les travailleurs. La question est de savoir si, pour les apaiser, le meilleur moyen est de mettre fin à cette séparation en rendant les ouvriers futurs propriétaires collectivement des machines, comme les ouvriers passés étaient propriétaires individuellement de leurs outils. Cela est loin d'être démontré. Ne perdons pas de vue que l'appropriation des machines par tous n'importe qu'autant qu'elle est exigée par leur adaptation à tous. L'utilité collective, non la propriété collective, est le but final.

Le seul problème pratique à résoudre est de savoir dans quelles proportions le propriétaire de la machine, l'ouvrier et le consommateur, participeront aux avantages que le travail de la machine apporte à la société. Or, quand une invention nouvelle apparaît, — par exemple un perfectionnement notable apporté à l'éclairage électrique — la divulgation graduelle de ce secret, qui ne reste jamais un secret longtemps, a trois effets distincts : 1° d'accroître le bénéfice des entrepreneurs qui se l'approprient successivement, à cause de la productivité plus grande ou meilleure du travail des ouvriers qu'ils emploient; 2° de faire hausser les salaires de l'ouvrier, dont le prix tend toujours à s'élever, comme le dit très bien M. Levasseur, quand son travail devient plus productif; 3° enfin, de procurer au consommateur un avantage évident, soit que, le produit (la lampe électrique, par exemple) restant au même prix, son utilité (sa lumière), ait augmenté, soit que, son utilité restant la même, son prix ait diminué.

Rien de plus inégal d'un pays à un autre, rien de plus variable d'un temps à un autre que la proportion de ces trois éléments, de ces trois gains que se partagent le capitaliste-entrepreneur, l'ouvrier et le public. Il est inutile de chercher une loi empirique de ces variations et de ces inégalités dont l'explication, dans chaque cas, doit être demandée à la théorie générale de la valeur qui suffit à en rendre compte et que nous développerons plus tard. Mais il n'est pas douteux que, à mesure que l'exploitation de l'invention se prolonge et se vulgarise, si quelque perfectionnement nouveau n'est pas inventé, le bénéfice de l'entrepreneur va diminuant — de là résulte la baisse du taux de l'intérêt — pendant que le salaire de l'ouvrier se maintient ou progresse en général et que l'avantage du consommateur augmente. Il résulte de ce mouvement comparé des trois sortes de gains entre lesquels se répartit le bienfait total apporté par une invention à l'humanité, que le capitaliste qui l'exploite tend à être de plus en plus dépossédé des bénéfices, d'abord excessifs, qu'elle lui a valus. Si, par hypothèse, — et l'hypothèse n'a rien d'impossible — la source des inventions venait à tarir, on peut être assuré que l'exploitation progressive des inventions anciennes, de plus en plus vulgarisées, réaliserait cette tendance générale à une moindre inégalité des traitements, des honoraires, des salaires et des prix, où M. Paul Leroy-Beaulieu n'a pas eu tort de voir une des lois fondamentales de l'économie politique. Mais ce n'est vrai, remarquons-le, que d'une vérité *conditionnelle ;* et ce n'est pas à notre époque, d'une inventivité si tumultueuse, que la *condition* indiquée s'est réalisée.

VI

Dans ce qui précède, nous avons effleuré primitivement beaucoup de questions qui ont trait à l'*opposition* et à l'*adap-*

tation économique. Rentrons dans le cercle de la *répétition* économique, en disant quelques mots d'une question, à laquelle nous venons de toucher d'ailleurs, à propos des bénéfices de l'entrepreneur-capitaliste : la question, si importante, de l'intérêt des capitaux, qui est l'une des principales sources des revenus privés.

J'ai dit plus haut que la distinction du capital et du revenu s'était modelée sur celle de la terre et des fruits ou même, surtout quand les troupeaux ont été considérés comme un immeuble par distinction, sur la distinction du bétail et de son croît. Dans le bel ouvrage de M. Kovalesky sur la *Coutume des Ossètes*, je trouve une confirmation instructive de cette dernière dérivation. Il y montre que, les prêts de bétail ayant précédé les prêts d'argent, ceux-ci ont pris modèle sur ceux-là. Et c'est ainsi qu'on s'explique un phénomène historique dont il serait bien malaisé, je crois, de rendre compte par la loi de l'offre et de la demande, je veux dire le taux énorme de l'intérêt de l'argent dans les sociétés primitives, où l'argent, il est vrai, était fort rare, mais où le besoin d'argent était fort restreint. M. Kovalesky fait observer que, lorsqu'on prêtait une vache, on stipulait qu'à la fin de l'année elle serait rendue avec un veau, avec son croît annuel; et, si elle n'était rendue qu'au bout de deux ans, ce n'était pas un veau seulement mais une autre vache qui était due en sus. C'était donc un intérêt annuel de 50 p. 100. Or, plus tard, quand on prêta de l'argent, on se crut autorisé par ce précédent à demander un intérêt de 50 p. 100 pareillement. Il en était de même chez les Romains et les Grecs primitifs [1].

Les esclaves ont été, après ou en même temps que les bestiaux, un capital qu'on plaçait à intérêt. Chez les Romains de l'Empire encore, ils étaient la principale forme du capital,

(1) Autre exemple de cette formation imitative. « L'institution du cautionnement consenti par des étrangers, dit Kovalesky, se forma sur le type de la caution familiale. » Voir le développement de cette idée, p. 152 de son ouvrage plus haut cité.

puisqu'ils étaient l'équivalent de nos machines. A Athènes il y avait beaucoup de gens qui louaient leurs esclaves à des chefs d'industrie, comme nous plaçons nos fonds dans une affaire pour toucher des dividendes. — Ce capital servile ne pouvait aussi facilement ni aussi rapidement que le nôtre s'accroître en temps de paix. C'est en temps de guerre, par le pillage et la réduction des vaincus en esclavage, qu'il s'augmentait ; tandis que, à présent, notre capital pécuniaire s'accroît surtout dans les périodes paisibles et se détruit en temps de guerre, perspective qui contribue assurément à rendre les guerres plus rares.

Il s'agit là, bien entendu, du *capital-cotylédon*, du capital-matériel, non du capital essentiel, spirituel. C'est grâce à la monnaie surtout que ce capital secondaire, d'une haute importance néanmoins, a pu s'accroître avec la rapidité dont nous sommes témoins. Aussi est-ce sous sa forme monétaire qu'il convient d'envisager le capital-matériel pour comprendre la hauteur de son rôle économique. Le capital en devenant monnaie, et la monnaie en devenant capital, ont déployé une envergure immense qu'on ne pouvait prévoir avant cette alliance ou cette confusion féconde. — La monnaie métallique, — et, dans une certaine mesure, toujours grandissante, la monnaie de papier [1], — a deux caractères. Le premier est, comme nous l'avons dit, d'être un moyen d'échange tellement supérieur à tout autre, comme rapidité, commodité et universalité, qu'elle supplante toutes les marchandises à cet égard et finit par les dépouiller entièrement de cette qualité, — d'où les crises, quand elle se raréfie. Le second caractère de la monnaie, beaucoup moins mis en lumière, est d'être seule un moyen — fictif, mais réputé réel — de *capitalisation indéfinie et universelle*, c'est-à-dire d'emmagasinement et de conservation imaginaire des produits passés en vue de la production

(1) Je ne dis pas la monnaie *fiduciaire*, car toute monnaie d'or, d'argent ou de papier, est fiduciaire avant tout.

ou de la consommation futures. Si la monnaie n'était que le *signe* du capital (matériel), c'est-à-dire des produits épargnés et mis en réserve, outils ou machines, aliments ou autres denrées, elle devrait se détruire plus ou moins rapidement comme le font les blés en grenier ou les vins en chai ou les marchandises en magasin. S'il en était ainsi, si la monnaie était une substance qui se détruisît avec la rapidité moyenne de destruction propre aux articles emmagasinés, par le seul effet du temps, la monnaie, dans cette hypothèse, pourrait être vraiment regardée comme le simple signe représentatif de produits concrets réellement conservés et accumulés ; et, dans ce cas, on ne verrait point l'épargne annuelle de nouveaux capitaux élever la pyramide du capital à des hauteurs toujours plus formidables.

Cela vaudrait-il mieux ? Il y a certainement quelque chose de factice dans cette expression monétaire que nous donnons à nos épargnes réelles. Nous ne pouvons, en fait, épargner, « mettre de côté », que des biens essentiellement passagers ; mais, en les exprimant par des chiffres de francs, de dollars ou de livres sterlings, qui se conservent éternellement dans l'inventaire de nos fortunes, nous nous donnons l'illusion de soustraire au temps des richesses mortelles. De là la fiction partielle inhérente à la notion du capital monétaire, qui est conçu implicitement comme une richesse immortalisée, devenue indestructible. Mais, en réalité, la masse énorme de capitaux que nous sommes censés posséder ainsi[1], que nous chiffrons en francs, en dollars, en livres sterlings, en roubles, en thallers, inscrits sur des morceaux de papier, billets de banque, titres d'actions ou d'obligations,

(1) « *On estime* à 200 milliards (*en capital*) la richesse de la France, et la monnaie (métallique) n'atteint pas les 5 p. 100 de cette somme. De même ce que l'on appelle le *revenu* des Français est évalué à 25 milliards de francs qui donnent lieu, sans doute, à un chiffre de transaction triple ou quadruple, et la monnaie métallique en France n'est pas évaluée à plus de 8 milliards ou 8 milliards et demi. » (P. Leroy-B.)

Je voudrais bien savoir s'il n'y a pas beaucoup de doubles emplois dans cette évaluation de *200 milliards* donnée au *capital* français.

billets à ordre, etc., est bien supérieure, de plus en plus supérieure, à la masse des métaux précieux existants, qui est infime à côté, et aussi à la quantité réellement existante des épargnes en nature. Il y a là une double fiction. C'est une des nombreuses illusions d'immortalité par lesquelles l'homme cherche à oublier l'arrêt fatal : *debemur morti nos nostraque*.

Dans une certaine mesure, il est vrai, l'hypothèse que je viens d'émettre tout à l'heure, celle d'une monnaie qui irait s'évanouissant pour correspondre aux évanouissements des capitaux concrets, se réalise par la dépréciation graduelle des monnaies, dont la puissance d'achat diminue sensiblement de génération en génération. Mais cette lente usure est toujours bien moins rapide que ne l'est, en moyenne, l'oxydation, l'altération, la destruction multiforme des produits épargnés et de l'outillage. Le contraste entre les deux subsiste donc, et il en résulte que la monnaie, métallique ou de papier, est une expression menteuse du capital.

Mais est-ce que le droit *au revenu sans travail*, à l'intérêt de ce capital monétaire, est fondé sur ce mensonge ? Ne semble-t-il pas, en effet, que c'est en se représentant le capital monétaire comme une sorte de terre indéfiniment stable et permanente, quoique indéfiniment extensible, et, de fait, sans cesse accrue par des capitalisations nouvelles, par des Amériques et des Océanies sans cesse *découvertes*, qu'on se croit le droit de la faire fructifier tous les ans comme une bonne métairie et de moissonner sa récolte sous forme d'intérêt ? Il faut cependant remarquer d'abord que cette extraordinaire inflation du capital réel par son expression monétaire a eu cet excellent effet, de faire baisser dans des proportions considérables le taux de l'intérêt. Nous avons vu que, à l'époque pastorale-agricole, il était de 50 p. 100. Or, non seulement à notre époque, il est descendu par degré à 3 p. 100 ou même au-dessous, mais, à toute époque où la circulation rapide de la monnaie métallique et des instruments de crédit a fait miroiter aux yeux des chiffres de richesse en partie fantasmagoriques, l'intérêt est descendu aussi bas ou presque aussi bas que de nos jours. « A Venise, en 1624, un grand armateur, Jean Thierry, place 10 millions au taux de 3 p. 100 à la banque d'État. En Hollande, au temps de Louis XIV, on prête de l'argent à 2 p. 100 [1]. » En Espagne de même, au XVIIe siècle.

Puis, à quoi se réduit ce mensonge, si mensonge il y a? à quoi se réduit même l'illusion? Illusion féconde, d'ailleurs, qui consiste à multiplier les actes de foi et de confiance, source de toute activité. Il y aurait erreur criante, si la richesse concrète épargnée et conservée, dont la monnaie capitalisée est réputée être l'expression, se détruisait sans se renouveler, mais elle se renouvelle en s'augmentant d'ordinaire à chaque renouvellement, grâce à cette capitalisation ; elle se renouvelle au moins une fois par an, quand il s'agit d'approvisionnements agricoles ; plusieurs fois par an quand il s'agit d'approvisionnements industriels ; en sorte qu'un intérêt mensuel ou trimestriel de l'argent prêté se comprend très bien industriellement, et la prépondérance ou la survivance des habitudes agricoles a seule pu faire prévaloir et maintenir l'usage de l'intérêt annuel même dans le commerce et l'industrie. Quand on vous dit que la France ou toute autre nation épargne, capitalise, un milliard de francs par an, allez-vous croire que les tas de blés en grenier, de vins en chai, de souliers ou de vêtements en magasin, de machines construites, etc., représentés par ce chiffre formidable, sont destinés à rester ainsi inutilisés indéfiniment, jusqu'à ce qu'un nouveau stock pareil s'y ajoute l'année d'après? Vous savez bien ce que cela signifie : c'est que les consommateurs français, au lieu de dépenser tous leurs revenus pour leurs consommations personnelles, en ont *prêté* une partie à des producteurs français ou étrangers,

(1) Article de M. Paul Bureau, dans la *Science sociale*, mars 1893.

qui ont employé ces sommes prêtées, — s'élevant à un milliard, par hypothèse — à faire consommer par des ouvriers, en vue d'en reproduire la valeur et bien au delà, le blé ou le vin épargnés, les vêtements ou les souliers emmagasinés, etc., sans compter la réparation de l'usure des machines. C'est grâce à ces prêts de choses épargnées, ou de leurs équivalents monétaires, que ce cycle reproductif a eu lieu, ainsi que l'excédent de richesses qui s'y ajoute presque toujours. Il est donc naturel que, entre le prêteur et l'emprunteur, qui ont tous deux collaboré à ce résultat, le bénéfice se partage suivant des conventions préalables.

Le capital monétaire a un faux air de chose continue et continuellement en train de grossir, comme un fleuve qui déborde parfois et ne remonte jamais vers sa source. Mais, sous cette continuité illusoire, dont l'illusion même a son prix, se cachent bien des discontinuités réelles ; sous cet écoulement incessant, bien des rotations et des tourbillonnements sur place. Ce capital consiste toujours en placements distincts, en prêts multiples, qui sont autant d'impulsions décisives données à des reproductions périodiques de richesses par des cycles de travaux végétaux, animaux, humains, aux périodes définies et inégales, infiniment variées.

VII

Pendant que les épargnes réelles et concrètes, représentées par la capitalisation monétaire, se renouvellent incessamment et, grâce à elle, la monnaie, elle, ne se renouvelle pas, elle dure seulement ; mais en même temps, elle *circule*, elle revient, à chaque cycle reproductif, à chaque renouvellement augmentatif des capitaux réels, dans les mains d'où elle est d'abord sortie ; et l'on peut donner le nom de rotation monétaire à ce trajet circulaire qu'elle accomplit ainsi. Occupons-nous maintenant de ce cycle et de ses rapports avec le cycle des travaux et celui des besoins, dont il a été question ci-dessus.

Dirons-nous que la circulation monétaire se divise en deux cycles : le *cycle producteur* (accompli depuis la sortie de la monnaie des mains du fabricant jusqu'à sa rentrée par la vente des produits) et le *cycle consommateur* (accompli depuis la sortie de la monnaie des mains d'un consommateur quelconque jusqu'à sa rentrée par de nouvelles recettes) ? Cette distinction aurait pour inconvénient d'établir entre les deux cycles mis en regard une opposition ou une inversion purement apparentes. Le plus souvent le consommateur est en même temps producteur, et c'est à raison de sa production qu'il encaisse de nouveau après avoir décaissé. S'il n'est pas, à proprement parler, producteur, il remplit une fonction sociale, ne fût-ce que celle de rentier prêteur d'argent, laquelle, aussi longtemps qu'elle rend des services, lui donne droit à percevoir de nouveaux revenus après avoir fait de nouvelles dépenses. En somme, pour tout homme, fabricant ou rentier, il y a un même cycle monétaire, qui consiste dans le passage alternatif et continu de ses dépenses à ses recettes, de ses recettes à ses dépenses, c'est-à-dire, de la satisfaction de ses besoins à l'exécution de ses travaux ou à l'accomplissement de ses devoirs, et de l'accomplissement de ses devoirs à la satisfaction de ses besoins. On voit que la rotation monétaire chevauche à la fois sur la rotation des besoins et sur celle des travaux et qu'elle est bien distincte des deux.

Les *besoins* et les *travaux* n'ont pas besoin d'être mis en rapport par la *monnaie* quand l'industrie reste renfermée dans le vase clos de la famille primitive où l'on travaille pour soi. Mais, dès que l'on se met à travailler pour les besoins étrangers à ceux de la famille et de la cité, la *monnaie* seule permet de faire correspondre les travaux aux besoins, c'est-à-dire que, grâce à elle seulement, les travailleurs trouvent à acquérir ce dont ils ont besoin et peuvent produire ce dont leurs clients éloignés et inconnus ont besoin aussi.

L'*ère capitaliste* commence, d'après Karl Marx, à l'époque où le travailleur est séparé de ses moyens de production : alors il dépend du seul possesseur du capital *monétaire* de réunir ces deux éléments nécessaires et séparés de la production, le travail et les moyens de production (outillage et matières premières). Or, avant que cette séparation ait lieu, c'est-à-dire dans la famille primitive, on commence déjà à travailler parfois en vue d'un débouché extérieur ; et la marchandise produite, non consommée dans le sein de la famille, doit être transformée en argent par la vente. Cette transformation monétaire du produit n'est que le prélude à la séparation du travail et des moyens de production, c'est-à-dire à la nécessité de transformer l'argent en moyens de production et services d'ouvriers pareillement achetés, pour parvenir à la fabrication des produits... Je dis que la première transformation rend peu à peu la seconde nécessaire, ce qui veut dire que le seul fait de travailler de plus en plus pour un marché extérieur conduit l'ouvrier à n'avoir plus sous la main tous les moyens de production qu'il lui faut, puis à n'en avoir aucun ou presque aucun, pas même ses outils remplacés par des machines. Cela résulte de la *complication du cycle de production totale* par suite de l'*association des travaux* (division du travail) qui fait qu'il n'y a qu'à choisir, pour les travailleurs, entre deux choses : la propriété collective de ces moyens de production (expérience difficile) ou leur propriété exclusive au profit d'un seul, qui prend le nom d'entrepreneur, de patron, de capitaliste. En effet, il n'y a pas de milieu : il ne se peut que chacun des ouvriers ait sa part individuelle de ces moyens de production qui sont impartageables dans un atelier tant soit peu important.

Donc, à partir de ce moment, la monnaie (le capital monétaire) permet seule aux travaux de répondre aux besoins.

Et elle remplit cette fonction indispensable en passant de main en main jusqu'à ce qu'elle revienne (non pas la *même* monnaie, mais une monnaie d'égale valeur, ce qui seul importe) aux mains d'où elle est partie. Voilà le cycle monétaire qui s'accomplit pendant que le cycle des travaux opère sa rotation.

La monnaie est devenue le rouage principal de ce mécanisme très compliqué que nous appelons la répétition économique, sorte d'horloge dont nous avons cherché à démonter les ressorts et à faire voir les moteurs psychologiques. C'est aussi le rouage le plus rapidement tournant. « La rotation du capital fixe, dit Karl Marx avec raison, englobe plusieurs rotations du capital circulant : pendant que le capital fixe accomplit une rotation (c'est-à-dire s'use entièrement et force le fabricant à le refaire), le capital circulant fait plusieurs tours de roue. »

Il y a ici à remarquer deux tendances contraires du progrès économique : l'une au ralentissement, l'autre à l'accélération de la période de rotation monétaire, et il s'agit de savoir laquelle des deux a finalement l'avantage. D'une part la proportion des choses faites sur commande va diminuant sans cesse, comme nous l'avons déjà fait observer, et celle des choses faites à confection va croissant. Ce ne sont plus seulement les vêtements, les chaussures, les chapeaux, les meubles, qui, après avoir été longtemps fabriqués tout exprès pour des personnes déterminées, sont confectionnés pour le public ; ce sont aussi les maisons elles-mêmes. Car on ne bâtit guère plus sur commande qu'à la campagne ou dans les petites villes ; dans les grandes villes, on bâtit de plus en plus par spéculation, à confection en quelque sorte, pour revendre à qui se présentera. Or, ce changement a pour effet de retarder, pour l'entrepreneur, pour le capitaliste qui met ses fonds dans une industrie, l'époque où, par la vente des articles confectionnés, il sera remboursé de ses débours et touchera son bénéfice. Si l'on donne pour point de départ et pour point d'arrivée au cycle de reproduction capitaliste, les débours de fonds et leur remboursement augmenté d'un gain, il s'ensuit que ce cycle va à la fois s'agrandissant et se ralentissant ; s'agrandissant, car ce n'est plus, par exemple, *une* maison, mais *un groupe* de maisons qui forment le total de l'œuvre entreprise ; se ralentissant, car la rentrée des fonds est d'autant différée.

Mais, d'autre part, suivant une remarque de Karl Marx, « les circonstances qui rendent la journée de travail plus productive, comme la coopération, la division du travail, l'emploi des machines, diminuent la période de travail. Par exemple, les machines raccourcissent le temps de la construction des maisons... Le plus souvent, ces améliorations qui raccourcissent la période de travail et par conséquent le temps pendant lequel le capital circulant reste engagé, nécessitent une dépense plus grande de capital fixe [1]... ». Grâce au crédit, l'industrie peut ne pas attendre d'avoir vendu ses produits pour recommencer à produire. Le crédit favorise donc l'accélération du cycle monétaire de l'industrie. En outre, plus l'industrie des transports se développe et progresse, par la multiplication des trains ou des bateaux, par la régularité et la précision croissantes des heures d'arrivée et de départ, et plus s'amoindrit la nécessité de grands approvisionnements de matières premières, qui immobilisent des capitaux, dans toutes les autres industries. On peut se contenter de provisions d'autant moins considérables qu'on est plus sûr de pouvoir les renouveler au fur et à mesure des besoins de la fabrication. Et, moins il y a de capital immobilisé de la sorte, plus il y a de capital circulant. Toute invention, toute innovation qui augmente la

(1) Il y a d'ailleurs, ici, bien des distinctions à faire. L'usure des diverses parties du capital fixe est fort inégale. « Dans un chemin de fer, les rails, les billes, les terrassements, les ponts, les tunnels, les locomotives et les wagons diffèrent au point de vue de la durée de rotation (c'est-à-dire de renouvellement). La rotation des rails et du matériel roulant est la plus rapide : une locomotive doit être renouvelée tous les dix ou douze ans. » (Karl Marx.)

vitesse des trains ou des navires à vapeur, abrège donc la durée de rotation du travail industriel aussi bien que du travail commercial. De même, toute invention qui substitue au travail manuel le travail machinal ou qui perfectionne les machines, tend, en général, à abréger la production industrielle. Quand, par des procédés de chauffage artificiel, on sèche le linge plus vite, la rotation de l'industrie des blanchisseuses se raccourcit extrêmement. Autre exemple (que j'emprunte également à Marx) : le procédé Bessemer a « raccourci énormément » le temps de fabrication de l'acier.

Ajoutons que, plus, pour accomplir un travail donné, on dispose de capitaux monétaires, qui permettent de faire travailler à la fois un plus grand nombre d'ouvriers ou des machines plus puissantes, et moins il faut de temps pour accomplir cette tâche. Il y a donc rapport inverse entre la quantité d'argent mise à la disposition de l'entrepreneur et la durée de son cycle reproducteur. Or, par suite de l'abondance croissante des capitaux et de l'extension générale du crédit, les entrepreneurs ont à leur portée des capitaux toujours plus grands, qui leur donnent les moyens de travailler de plus en plus vite. Karl Marx a bien vu tout cela.

Pour toutes ces raisons réunies, il n'est pas douteux que, en s'agrandissant, le cycle reproducteur, et, par suite, le cycle monétaire, s'accélèrent. Et l'on en a la preuve manifeste par l'incroyable rapidité avec laquelle la dernière Exposition Universelle, y compris les deux Palais, est sortie de terre. Si la rotation des besoins, qui est retenue dans des limites naturelles par les lois de la vie et des saisons, ne servait de frein à la rotation des travaux, celle-ci irait se précipitant avec une vitesse extravagante. Il s'agit ici surtout, presque exclusivement, du cycle de la reproduction industrielle. Le cycle de la reproduction agricole, de même que celui des besoins organiques, n'est guère susceptible d'abréviation : tout ce que peut faire la sélection des éleveurs et des jardiniers pour obtenir des variétés de plantes ou d'animaux dont la croissance et la maturité soient plus rapides, est bien peu de chose. Et Karl Marx n'a point tort de signaler le contraste entre l'agriculture et l'industrie, à cet égard, comme propre à expliquer la situation précaire et dépendante des agriculteurs. « Ils ne peuvent, dit Hodgskin (cité par lui), apporter leurs marchandises sur le marché qu'au bout d'un an. Pendant tout ce temps, ils doivent faire des emprunts au cordonnier, au tailleur, au forgeron, au charron et autres producteurs dont ils emploient les produits, achevés en quelques jours ou en quelques semaines. »

VIII

— Puisqu'il vient d'être question de Karl Marx, je dois dire un mot de sa manière de comprendre la « rotation économique ». Cela me servira à mieux expliquer ma propre pensée. Sous trois noms différents, il étudie, en réalité, un seul et même cycle. Il s'occupe de la production capitaliste, et, à ses yeux, le capital est un protée qui, au cours de cette production, sans cesse achevée et recommencée, se transforme de monnaie en marchandise et de marchandise en monnaie. Cette production se compose de cinq termes algébriques : A, l'argent sorti de la bourse du capitaliste ; M, les marchandises achetées avec cet argent, c'est-à-dire les moyens de production et la force de travail des ouvriers ; P, la production elle-même, la série des travaux productifs ; M', la nouvelle marchandise, le produit fabriqué, qui vaut plus, par hypothèse, que M ; et enfin A', le prix de vente de ce produit, prix supérieur aux débours. Il appelle la série de cinq termes, le *cycle du capital-argent*. Puis, prenant pour point de départ, cette fois, M au lieu de A et chevauchant sur la série suivante, il aboutit à un nouveau M, c'est-à-dire à de nouveaux achats de moyens de production et de force de travail, et il appelle cela le *cycle du capital-marchandises*. Enfin, commençant par P, et finissant par un nouveau P, il appelle cette dernière série le *cycle du capital-production*.

Ce sont là trois cycles en un seul, n'en faisant qu'un seul, et, par suite, il n'y a pas lieu d'espérer grand'chose de leur rapprochement. Toute l'ingéniosité tenace et subtile de Karl Marx n'est pas de trop pour donner un air de fécondité théorique aux relations de ces trois séries circulaires. Il est évident, que sa seule préoccupation en posant ses équations quasi algébriques est de justifier sa conception du *surtravail* non payé au travailleur, surtravail qui serait la source unique de la *plus-value* du produit par rapport au prix des moyens de production et du travail, de M par rapport à M, et qui constituerait le gain illicite du capitaliste. Tous ses raisonnements à ce sujet sont d'ailleurs d'une logique parfaite si l'on admet sa notion de la valeur, d'après laquelle la valeur de tout produit serait proportionnelle à la quantité de travail humain dépensée à le produire. Malheureusement, ce principe a été reconnu faux, plus tard, par l'auteur lui-même, et il l'est manifestement. Il est permis de regretter que tant de force et de profondeur d'esprit, tant de puissance dans les analyses, ait été mise au service d'un point de vue erroné.

Karl Marx a fort bien montré ce qu'il y a de vraiment *cyclique* dans les transformations de l'argent du capitaliste. Cet argent, après avoir été consacré à acheter des produits et des services, d'où résulte une série d'opérations, se retrouve, avec augmentation, par la vente des produits ou des services ainsi opérés. Le premier stade est un achat, le dernier est une vente : aller et retour. Mais Karl Marx semble croire que, en cela, le cas du capitaliste est une singularité unique, qu'il n'y a de cycle monétaire que pour lui, et que, en tout cas, pour lui seul, la monnaie a une tendance à grossir en tournant. Cependant il y a un cycle monétaire pour l'ouvrier lui-même. De même que le capitaliste, avec l'argent qu'il a déjà gagné et qu'il débourse, achète des matières premières, des machines, des services, et à la fin est remboursé pour *redébourser* encore, pareillement l'ouvrier, après avoir reçu sa paie, la dépense et de nouveau reçoit son salaire qu'il dépense de nouveau. Il en est ainsi pour tout le monde, puisque chacun de nous, riche ou pauvre, à moins qu'il ne soit hospitalisé — aux frais d'un établissement qui lui-même a ses recettes et ses dépenses alternantes — tourne dans un cercle de recettes et de dépenses périodiquement renouvelées. Et, si le cycle monétaire du capitaliste tend à se grossir à chaque tour de roue — tendance, qui, du reste, est loin de se réaliser toujours, comme le prouve le nombre des faillites — on peut dire aussi bien de l'ensemble des revenus, y compris ceux des ouvriers manuels, qu'ils vont progressant en moyenne, comme on en a la preuve notamment par la progression générale et constante des contributions indirectes ; que cette progression est la règle et l'état normal, et que, lorsqu'elle s'interrompt ou rétrograde, tout le monde se plaint à grands cris de cette anomalie, toujours passagère à moins qu'elle ne soit le symptôme d'une irrémédiable et mortelle décadence.

— Les trois cycles que je compare, le cycle des besoins, le cycle des travaux (individuels ou collectifs) et le cycle monétaire, ne sauraient se confondre. Ils sont parfaitement distincts, sans nul synchronisme, ils sont non des entités abstraites mais des réalités tangibles. On le voit bien quand, faute de monnaie suffisante, le cycle monétaire se ralentit par force ; le cycle des travaux doit se ralentir aussi, ainsi que le cycle des besoins, non sans des souffrances vivement ressenties. C'est une des causes principales des crises économiques ; nous y reviendrons. Quand, au contraire, par suite d'une découverte de mines d'or ou d'argent, ou d'une période d'heureux trafic international, il y a surabondance de monnaie jetée sur le marché d'un pays, la rotation des travaux est stimulée, et, par contre-coup, celle des besoins : on ménage moins ses vêtements, ses meubles, on les renouvelle plus souvent, on consomme plus souvent des aliments ou des boissons de luxe. Le danger est que la roue des travaux se mette à tourner si vite que la roue des besoins ne puisse la suivre : d'où une autre sorte de crises. Mais quelquefois, à l'inverse, c'est l'accélération spontanée de la consommation qui stimule la production et appelle de nouveaux capitaux ou permet à la monnaie engorgée de circuler. — Ce cas est rare ; à la vérité, comme je l'ai dit, une infinité de désirs virtuels et endormis préexistent en nous à nos désirs actuels ; en ce sens, les besoins précèdent les travaux qui les satisfont. Mais, au point de vue économique, un besoin ne prend rang qu'à partir du moment où *il s'éveille ;* et nous savons que son réveil est dû, le plus souvent, à l'abaissement du prix des objets propres à le satisfaire, abaissement causé par des inventions nouvelles ou l'application récente et plus étendue d'inventions anciennes. En ce sens, c'est l'agrandissement du cycle de la production, par suite de cet abaissement de prix, qui provoque l'agrandissement du cycle de la consommation.

— J'ai distingué de la propagation indéfinie des besoins et des travaux, par une série d'imitations d'individu à individu, série nullement circulaire, la rotation des besoins et des travaux, par l'effet de l'habitude, cette imitation de soi-même. Cette distinction s'applique-t-elle à la monnaie ? Voici un passage de Karl Marx qui semble, à première vue, être une réponse implicite, et affirmative, à cette question. « Le cycle de la monnaie, dit-il (p. 379), c'est-à-dire son reflux vers son point de départ, considéré comme un moment de la rotation du capital, est un phénomène *absolument différent*, et même inverse (?) de la circulation de la monnaie, qui exprime son *éloignement* de son point de départ et son passage par une série de mains. » — Notons, en passant, que le terme de *circulation* employé ici par le traducteur pour désigner un phénomène qui, précisément, n'a rien de circulaire, rien de rotatoire, est des plus impropres ; mais peu importe. Ce qu'il est essentiel de faire observer, c'est qu'on se tromperait grandement si l'on admettait, comme Marx *semble* le supposer ici (peut-être m'abusé-je sur le fond, assez obscur, de sa pensée), que l'argent *tournant* et l'argent *fuyant*, pour ainsi dire, font deux. C'est le même argent, considéré soit en tant qu'il tourne, soit en tant que son cercle se dilate de plus en plus.

D'abord, remarquons qu'il ne saurait être question, en tout ceci, des pièces de monnaie ou des billets de banque individuellement considérés. Si l'on considère un écu ou un louis, individuellement, dans ses pérégrinations à travers le monde, il doit être infiniment rare de le voir revenir dans les mains d'où il est sorti ; rien ne doit être plus irrégulier que les zigzags de ses promenades dans le pays où son vagabondage est circonscrit, et d'où il ne sort guère. Mais ces itinéraires sont aussi insignifiants que bizarres ; car une pièce de monnaie n'a pas d'individualité à vrai dire. Toute son essence consiste dans sa possibilité d'échange jusqu'à un certain taux de valeur, et toute autre pièce de monnaie équivalente lui est *monétairement identique*. Il faut partir de là pour comprendre la rotation monétaire.

Ceci admis, il est certain que, pour chaque homme ou pour chaque famille, pour chaque société commerciale, pour chaque corporation, pour chaque état, il y a un aller et retour plus ou moins périodique d'une certaine quantité de monnaie, qui entre comme revenu (bénéfice, salaire, rente, honoraires, recettes quelconques) et qui sort comme dépense. Et c'est là le mouvement essentiel et unique de la monnaie, c'est là le cycle monétaire nécessaire et fondamental, dans lequel il faut distinguer d'une part la rotation de ce cycle, d'autre part son élargissement graduel, qui correspond à la propagation imitative des besoins et des travaux, comme nous allons le voir. Chaque fois, en effet, que les bénéfices d'un négociant se sont grossis par rapport à ceux de l'année précédente, cela signifie ou que la fabrication a eu lieu à meilleur marché ou que le produit a été vendu plus cher, ou que, si les frais de production ou les prix de vente n'ont pas varié, la clientèle s'est étendue. Eh bien, dans ces trois cas, et non pas seulement dans le troisième, l'accroissement de bénéfice — qui rend disponible un nouveau capital pour agrandir la production, — signifie que le besoin satisfait par le produit s'est propagé ou va se propager. Dans le troisième cas, c'est clair. Dans le second, ce n'est pas moins certain, car pourquoi le prix du produit se serait-il élevé (les frais de production, par hypothèse, étant restés les mêmes), si ce n'est parce que le désir auquel le produit répond et le jugement favorable porté sur le produit se sont répandus ? Et, dans le premier cas, est-ce que l'abaissement des frais de production ne va pas avoir pour effet, finalement, en abaissant le prix du produit, d'en étendre le débouché, d'en *éveiller* la demande actuelle[1] ?

Voilà pour les négociants. Il en est de même pour un particulier quelconque, ouvrier, rentier, propriétaire, domestique même. Lorsque le revenu de chacun d'eux s'accroît, c'est, en général, sous l'impulsion de ses besoins qui se sont accrus de quelque besoin nouveau, par suite d'exemples contagieux du dehors, qui ont créé de toutes pièces des désirs nouveaux ou tiré de leur sommeil des désirs inconscients. — Pareillement, quand les revenus d'un État s'augmentent, c'est que les consommations de tout genre, frappées par l'impôt, s'y sont développées, propagées, entrecroisant leurs irradiations imitatives indéfiniment multipliées, et c'est ainsi que les productions de tout genre, imposées aussi, s'y sont agrandies pour correspondre à la demande grandissante des consommateurs.

(1) Sans compter que l'augmentation des revenus du négociant s'accompagne aussi, habituellement, d'une augmentation de ses dépenses personnelles, d'une extension de ses besoins personnels.

Par suite, s'il n'est pas vrai qu'il y ait deux masses de monnaie distinctes dont l'une serait en train de se propager de plus en plus loin, et l'autre en voie d'aller et de retour perpétuel, il y a à distinguer de la rotation monétaire l'élargissement même de cette rotation, toujours causé par une propagation de besoins ou d'activités laborieuses. Et cet élargissement implique l'expansion de la monnaie qui va de plus en plus loin avant de revenir à son point de départ. Les choses que nous consommons, à mesure que notre consommation se diversifie et se complique, ne nous viennent-elles pas de producteurs de plus en plus éloignés, et, inversement, nos revenus, à mesure qu'ils s'accroissent, ne nous parviennent-ils pas de mains de plus en plus lointaines, sous forme de coupons ou de dividendes versés par des sociétés anonymes ou autres, dispersées sur le globe entier? Le domaine géographique où se répand l'ensemble d'une monnaie à l'usage d'un même marché, s'étend ainsi, comme ce marché lui-même, pendant que les fractions innombrables de cette monnaie tournent en cycles inégaux, de plus en plus larges en moyenne, malgré des resserrements individuels et accidentels.

De tout ce qui précède, il résulte donc que tous les phénomènes financiers, tous les mouvements et les fonctions de la monnaie, soit comme capital, comme moyen de reproduction, soit comme moyen de consommation et d'échange, procèdent, ainsi que tous les phénomènes sociaux en général, de l'action intermentale grâce à laquelle les exemples se répandent d'abord et s'enracinent ensuite en habitudes ou en coutumes.

IX

— Je pourrais m'arrêter là ; mais j'ai encore à faire remarquer, à propos du capital (*du capital-cotylédon* et non du capital-germe, pour employer notre expression habituelle), que sa véritable source, dès les plus anciens débuts de l'évolution économique, est un acte de foi et de confiance, premier embryon du crédit, qui est, manifestement, l'âme de la vie productrice des sociétés civilisées. On n'a dit que la moitié de la vérité quand on a vu dans le contrat d'échange le fait économique essentiel et initial. L'échange, à vrai dire, ne favorise et ne développe directement que la consommation. L'agent direct de la production est un autre contrat, non moins initial, non moins fondamental, le contrat de prêt. Par l'échange, on se rend service l'un à l'autre, mais en se défiant l'un de l'autre : donnant donnant; par le prêt, on se confie.

Les prêts d'outils, de denrées, d'objets quelconques, sont usités en tout village arriéré, de même que parmi les enfants. On prête beaucoup plus encore qu'on n'échange parmi les primitifs. Il y a, dans un groupe de familles villageoises, une maison relativement bien outillée, et dix ou quinze maisons pauvres qui l'entourent. Quand les membres de ces maisons dépourvues des ustensiles agricoles ou domestiques indispensables à certains travaux exceptionnels, veulent exécuter ces travaux, ils sont forcés d'emprunter à leur voisin riche ces outils. Celui-ci joue à leur égard le rôle de créancier prêteur de capitaux. Prêt gratuit en apparence, mais, en réalité, reconnu et rémunéré par de fréquents petits cadeaux. Il n'est gratuit en réalité que lorsqu'il est habituellement réciproque ; mais quand, suivant notre hypothèse qui exprime le cas ordinaire, c'est toujours la même personne qui prête ses meubles et ses ustensiles, sans que ses emprunteurs aient jamais rien à lui prêter à leur tour, la coutume exige que ceux-ci, à certaines époques réglées, lui apportent des primeurs de leur verger, des œufs de leur poulailler, etc. C'est là le premier rudiment de l'intérêt des capitaux. Sans ces prêts en nature, une bonne partie du travail producteur n'aurait pas lieu dans les populations non civilisées. C'est donc le prêt, bien plus que l'échange, qui, chez elles, sert à activer la production. En effet, quelle apparence y a-t-il que, entre deux voisins d'égale et pareille rusticité et simplicité de mœurs, ayant les mêmes besoins et les mêmes occupations, l'un se trouve posséder précisément les outils nécessaires au travail de l'autre, et *vice versa*, de telle sorte qu'il leur soit avantageux de les échanger? Loin d'avoir un excédent d'outils superflus, aucun d'eux, le plus souvent, n'a tous ceux qu'il lui faudrait. Un seul, le plus riche, les a tous, et celui-là se gardera bien d'en aliéner une partie, indispensable, contre une autre, ni plus ni moins nécessaire. A quoi servirait l'échange en cas pareil ? A ajourner simplement l'emprunt mutuel, le prêt alternatif, qui deviendrait urgent tôt ou tard.

Un second stade est atteint quand ce ne sont plus des ustensiles seulement, mais des bestiaux qui sont prêtés. Le prêt de la vache, le prêt de la brebis, est un acte de foi important qui, d'après la coutume des ossètes, nous le savons, donne droit à une partie du croît. — Enfin, quand, au lieu de bétail, c'est une somme d'argent qu'on prête, le pas décisif est fait vers « l'ère capitaliste ». Tout ce qui suit s'en déduit. Si, au lieu de prêter de l'argent à un emprunteur pour qu'il achète des moyens de production et produise, on achète soi-même, avec son propre argent, des machines et des journées d'ouvriers, et qu'on fabrique ce que l'emprunteur aurait fabriqué, est-ce qu'il n'y a pas là un acte de foi aussi, un risque volontairement couru, une espérance, et même un quasi-prêt ? Est-ce que l'argent qu'on engage ainsi dans une entreprise, on ne le prête pas en quelque sorte avec l'espoir qu'il vous sera restitué sinon par ceux auxquels on l'a remis (vendeurs de machines, ouvriers), du moins par les acheteurs futurs de l'article fabriqué ? Toute industrie, donc, de même que tout commerce et tout crédit, est un prêt ou un quasi-prêt ; et c'est là, bien plus que l'échange, le rapport proprement économique entre deux hommes. — Ajoutons que *rendre* est précisément l'inverse et le complément d'*emprunter*, que ce sont là les deux faces opposées du prêt, et qu'un prêt suivi d'une restitution constitue précisément le cycle monétaire, sur lequel nous nous sommes si longtemps étendu.

Ne pourrait-on pas conjecturer, avec une grande vraisemblance, que, à l'origine, l'institution de la monnaie a exigé, avant de s'établir, une dépense considérable d'actes de foi analogues à ceux que nous venons de voir à la base de toute production avec ou sans capital monétaire ? Quand, dans une région d'abord très étroite, dans le cercle d'une ou deux tribus, un article, tel que certains coquillages ou de l'ivoire, commence à jouer le rôle de monnaie, on n'est pas bien sûr, en l'acceptant, de trouver facilement à s'en défaire. Un barbare alors, un sauvage qui se dessaisit d'un bien réel, d'un sac de blé ou d'une pièce d'étoffe pour recevoir, non pas un autre bien propre à satisfaire un de ses besoins actuels, mais cette monnaie embryonnaire, donne une *certitude* de satisfaction immédiate contre une simple *probabilité*, au début assez faible, de satisfaction ultérieure. Il a fallu sans doute autant de force de foi pour accepter ces premières monnaies qu'il en faut aujourd'hui à un banquier pour recevoir le papier d'un négociant, de solvabilité incertaine, à qui il remet son argent[1]. C'est peu à peu, bien lentement, à coup sûr, que la probabilité de pouvoir, au moment voulu, échanger la monnaie contre une satisfaction quelconque des besoins connus s'est élevée en degré et convertie en certitude ; transformation qui, seule, a fait disparaître entièrement le caractère de *crédit* inhérent au contrat de vente primitif, même au comptant. Mais, sous une nouvelle forme et plus hardie, à partir de ce moment, le crédit tend à renaître, tel que nous le connaissons. Ne nous vantons pas, hommes

(1) Reste à savoir si, à l'origine, l'acheteur, en donnant sa monnaie en paiement, n'est point resté personnellement garant de l'échangeabilité future de cette monnaie. Ne reste-t-il aucun vertige de cela dans les coutumes des peuples les plus arriérés?

modernes, ni nous, ni les hommes civilisés quelconques qui nous ont précédés, d'avoir inventé le crédit. Il est contemporain des plus anciens âges de l'humanité la plus grossière, de la première aube économique. L'échange lui-même, à vrai dire, tel qu'il est donné parfois aux voyageurs de l'observer dans les rapports de tribus ou de peuplades barbares, implique une sorte de crédit. Les marchands déposent leurs marchandises (comme le faisaient les Phéniciens sur les rivages de la Méditerranée) en un terrain neutre, puis ils se retirent. Les acquéreurs s'approchent et, si la marchandise leur plaît, l'emportent en laissant à la place ce qu'ils ont apporté. N'y a-t-il pas ici acte de confiance mutuelle? La vente au comptant est chose extrêmement rare encore dans nos petites villes, dans nos bourgs ; elle se développe — pour les petits achats au détail, — aux dépens de la vente à crédit, dans tout pays qui se civilise. Ainsi, l'âme de toute industrie, comme de toute religion, comme de tout pouvoir et de tout droit, comme de tout art, c'est la foi. Elle suscite les passions et les besoins encore plus peut-être qu'ils ne la stimulent.

Tout ce qui vient d'être dit au sujet du prêt concerne, ne l'oublions pas, le *capital-cotylédon* seulement. Quant au *capital-germe* qui consiste en connaissances d'inventions et de découvertes, il ne saurait être, en toute rigueur, ni prêté ni échangé, puisque celui qui le possède ne s'en dessaisit pas en le communiquant à autrui. Il y a là *émanation*, non aliénation. Il ne saurait être donné non plus, ni volé, pour la même raison. Cependant sa possession exclusive est un bien d'une grande importance souvent, et la perte de ce monopole par le partage de cette possession devenue indivise avec autrui, par une communication à titre onéreux ou à titre gratuit, équivaut à un don, à un prêt ou à une vente. En fait, dans les familles primitives, tout ce capital-germe, à savoir les secrets de fabrication, de remèdes, de poisons, etc., est jalousement gardé, héréditairement transmis, ce qui montre le sentiment profond qu'on a de son importance majeure. Et, tandis qu'on se prête complaisamment le capital-cotylédon, les outils, le mobilier du ménage, on se garde bien, dans chaque famille, de rien laisser percer en dehors d'elle des inventions séculaires qui lui sont propres et qui s'y perpétuent. Quand ils finissent, pourtant, par se répandre dans les maisons voisines, ce n'est point par vente ni échange, c'est par voie de confidence amoureuse, d'indiscrétion échappée à un Samson dompté par quelque Dalila, ou bien c'est par la violence, par la torture qui arrache ces secrets comme ceux de trésors cachés.

TABLE DES MATIÈRES

PARTIE PRÉLIMINAIRE

LIVRE PREMIER

LA RÉPÉTITION ÉCONOMIQUE

EVREUX, IMPRIMERIE DE CHARLES HÉRISSEY

www.ingramcontent.com/pod-product-compliance
Ingram Content Group UK Ltd.
Pitfield, Milton Keynes, MK11 3LW, UK
UKHW020300230726
13925UKWH00001B/149

9 782013 441476